U0791561

为健康中国计

中国医药会计学会 2020～2021 年度
优秀课题成果选集

杨珊华　主编

中国财经出版传媒集团
经济科学出版社
Economic Science Press

图书在版编目（CIP）数据

为健康中国计：中国医药会计学会 2020－2021 年度优秀课题成果选集／杨珊华主编．—北京：经济科学出版社，2022.10（2023.2 重印）

ISBN 978－7－5218－4032－2

Ⅰ.①为…　Ⅱ.①杨…　Ⅲ.①医药产品－商业企业－商业会计－中国－文集－2020－2021　Ⅳ.①F721.8－53

中国版本图书馆 CIP 数据核字（2022）第 174823 号

责任编辑：白留杰　杨晓莹
责任校对：郑淑艳
责任印制：张佳裕

为健康中国计

中国医药会计学会 2020～2021 年度优秀课题成果选集

杨珊华　主编

经济科学出版社出版、发行　新华书店经销

社址：北京市海淀区阜成路甲 28 号　邮编：100142

教材分社电话：010－88191309　发行部电话：010－88191522

网址：www.esp.com.cn

电子邮箱：bailiujie518@126.com

天猫网店：经济科学出版社旗舰店

网址：http://jjkxcbs.tmall.com

北京密兴印刷有限公司印装

710×1000　16 开　26.75 印张　430000 字

2022 年 10 月第 1 版　2023 年 2 月第 2 次印刷

ISBN 978－7－5218－4032－2　定价：86.00 元

编委会名单

主任，高级会计师

薛　源　福建省立医院经营管理办公室负责人，高级会计师

线春艳　北京大学第三医院国有资产管理科副科长，会计师

李　靓　上海市浦东新区公利医院财务负责人，高级会计师

朱江华　上海市第十人民医院医学装备处副处长，高级工程师

王　婷　四川大学华西第二医院会计科负责人，高级会计师

陈　诗　中国医学科学院北京协和医院财务处干部，会计专业硕士

主编的话

中国医药会计学会是由中华人民共和国民政部于1989年12月21日批准成立的国家一级学会，由国务院国资委及中国工业经济联合会领导，是医药和医疗卫生健康行业从事财务、会计科学研究及咨询活动的全国性社会团体，是医药和医疗卫生健康行业的财会工作者及相关单位自愿结成的学术性、行业性、非营利性的社会组织。30多年来，在民政部、国资委中国工业经济联合会的领导、监督和指导下，通过学会历届理事会的努力和广大会员单位的支持，学会不断发展壮大。

特别是2019年6月学会换届选举后，新一届理事会高度重视学会的专业研究工作。学会于2020年5月成立了学术委员会，由本人和汤谷良教授担任主任，具体负责科研工作的组织领导及科研课题的立项、评审及指导。2020~2021年，共立项46个课题，评选出17个优秀课题。本书即是对2020~2021年主要优秀课题成果的选编。

本书共选编14个优秀课题，其中12个是针对医院财务管理、运营管理方面的研究；2个是针对医药企业财务相关问题的研究。上述课题从立项、中期评审到结题评审全过程均由学术委员会指导把关，总体研究质量较高。全部课题的负责人和主要执笔人员多数都是医院或者医药企业的总会计师、财务总监；主要研究人员也都是医院或者医药企业的高级会计师、注册会计师或会计师。他们共同的特点是即使在实务部门工作多年，但依然保持着对科学研究的那份执着与热爱。在课题研究经费十分有限的情况下，他们努力克服工作、生活中的各种困难，目的就是让课题成果更加优秀，更能解决实际问题。

所有参与这些课题研究的同仁们的精神都是可贵的，因为在当今普遍追求货币价值最大化的社会和时代，他们在“对美好生活的向往”这样的奋斗目标中，对精神世界的追求也不可或缺。我相信他们心中一定有一种建设“健康中国”的使命感，也一定有一份贯彻落实党中央、国务院“健康中国”战略的责任心。

于是我给本书起了一个名字——“为健康中国计”。这句话也是中国医药会计学会理念“为医计，为药计，为健康中国计”中最耀眼的一句。我喜欢这个名字，希望您也喜欢。

每个课题我都参与了评审。我认为，本书至少有以下几个特点：第一，全部坚持问题导向，是对真问题的研究；第二，全部用数据和事实说话，论证科学合理；第三，着眼解决实际问题，有方案有对策。全部课题研究，按规范的研究逻辑和要求开展，编入本书的研究成果又再次经过专家的审核把关，从而保证了本书的质量。

学会对课题总体上分为重点课题和新苗课题。新苗课题主要鼓励年轻的专业工作者积极参加课题研究。两者对课题的选题、立项及字数要求也有差别。选入本书的优秀课题成果，既有重点课题，也有新苗课题。总体上质量都相当不错，故本书没有加以区分。另外，2020～2021 年的优秀课题成果，除本书选编之外，有的已被作者单独出版，或改成论文单独发表，或被其他专业部门组织编入案例集出版。在此不一一列示。

在本书编辑过程中，上海国家会计学院李颖琦教授、中国财政科学研究院赵治纲研究员做了大量审核、校正工作。特此专门感谢！

本书选编的研究成果难免存在不足之处，希望读者诸君不吝赐教，以便我们今后能拿出更多更好的成果出版，为建设“健康中国”贡献微薄之力。

杨珊华

2022 年 8 月 5 日

目 录

医改新政对医药流通企业应收账款的影响及对策建议

应收账款规模大、账期长，一直是医药流通企业发展的痛点和难点。近年来，为规范医药市场流通秩序，减少药品流通环节，降低药价，国家推行了一系列医改新政。受医改新政影响，医药流通企业增速放缓，应收账款规模大、账期长的问题也更加突出。应收账款问题使医药流通企业承受巨大的资金压力和经营风险，严重影响医药流通企业配送服务的转型升级和高质量发展，进而影响整个行业集中度的提升，严重阻碍医药行业生态健康发展。因此，提高医药流通企业应收账款管理水平，解决医药流通企业应收账款问题，促进医药流通行业的良性发展迫在眉睫。本文旨在研究医药流通企业应收账款的成因、医改新政对其的影响，以及应收账款问题对医药流通行业的影响，并对如何解决应收账款问题提出了政策建议和相应的对策。为研究医药流通企业应收账款问题，我们向215个医药流通企业发放了包含44个问题的调查问卷，并对部分企业开展了相关调研。

一、医药流通行业简况

医药行业是关乎民生福祉和社会和谐稳定的重要行业，也是国家深化改革的重点领域。在医药行业中，由医药生产企业、医药流通企业和医疗卫生机构组成的医药生态链共同为保障人民健康服务。上游医药生产企业作为药品的生产制造者，主要功能是研发与制造化学药、中药以及生物药制品；中游医药流通企业主要发挥“渠道”作用，将医药制造企业生产的药品等分销、配送到下游医疗卫生机构；下游医疗卫生机构主要是指医疗机构和医药零售企业，包括各类医院、诊所、乡镇卫生院、社区卫生服务中心及零售药店等。三大市场主体共同为满足国民健康需求服务。根据中经网统计数据，截至 2018 年，我国规模以上医药制造企业数量约为 7 500 家，限额以上医药及医疗器材批发企业数量约为 9 053 家，医疗卫生机构数量约为 100 万家，其中公立医院 1. 2 万家、民营医院 2 万家、基层医疗卫生机构 94 万家、其他 2. 8 万家。

（一）医药流通行业市场规模及增速

医药流通企业作为医药物资供应链主体，连接着医药产业链的上下游两端，作为连接上游医药制造企业和下游医疗卫生机构的“渠道”，承担着将药品、医疗器械及耗材等医药产品配送至医疗终端的功能，发挥着保障医疗物资供应的重要作用。特别是新冠肺炎疫情暴发以来，在防疫物资调拨过程中，医药流通企业为有效保障医疗物资高效、安全供应到重点疫区及全国医疗终端机构做出了重大贡献，其价值更加凸显。

根据统计局数据，2019 年，我国七大类医药商品销售总额达到 23 667 亿元，同比增长 8. 6% （见图 1）。受国家医改降价政策影响，近年来增速放缓，2017 ~2019 年增速分别为 8. 40% 、7. 70% 和 8. 60% 。

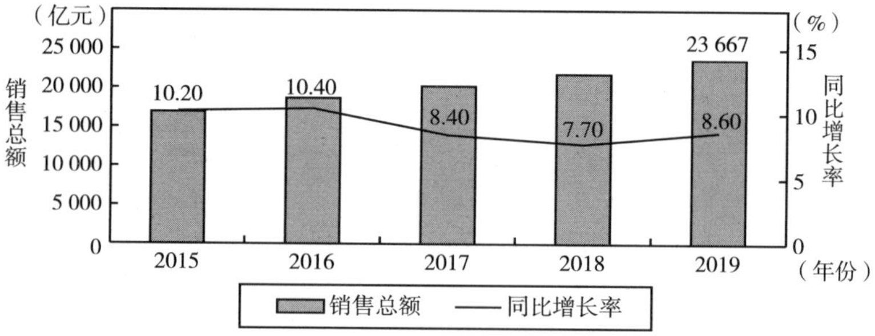

图 1　2015 ~2019 年我国医药流通行业销售额

资料来源：2020 年中国药品流通行业发展报告。

（二）医药流通行业市场集中度

当前我国医药流通企业数量众多，虽然在国家政策鼓励下国内医药流通行业集中度逐年提高，但截至 2019 年末，我国前三大全国性医药流通企业（即国药控股、上海医药、华润医药）市场占有率仅为 34% ；九州通、华东医药、南京医药、英特集团、瑞康医药等位列第 4 ~20 名的企业市场占有率为

24%；位列第 21 ~50 名的企业市场占有率为 8%；其他企业市场占有率为 34%（见图 2）。近年来，随着药品零加成、两票制、集中采购等政策的实施，一些中小型医药流通企业正在逐步被兼并、收购或退出市场，行业集中度有提升的趋势。根据《2020 年中国药品流通行业发展报告》，2019 年药品批发企业主营业务收入前 100 名占比为 73.3%，同比上升 1.3 个百分点；前 10 名占比为 52%，同比上升 2.0 个百分点，行业集中度提升依然缓慢。而美国前三大医药流通企业早在 2015 年市场份额已达到 96%（见图 3）；日本前五大医药流通企业 2014 年的市场份额为 72.38%（见图 4）。从发达国家医药流通行业发展过程及趋势来看，我国医药流通行业市场集中度仍有较大上升空间。

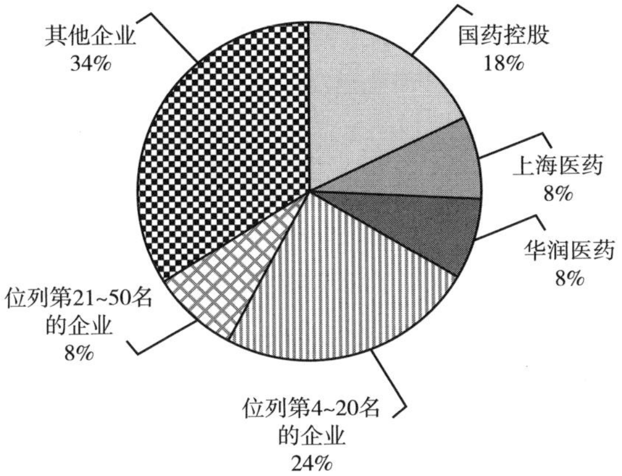

图 2　2019 年我国医药流通企业市场份额

资料来源：2020 年中国药品流通行业发展报告及上市公司年报。

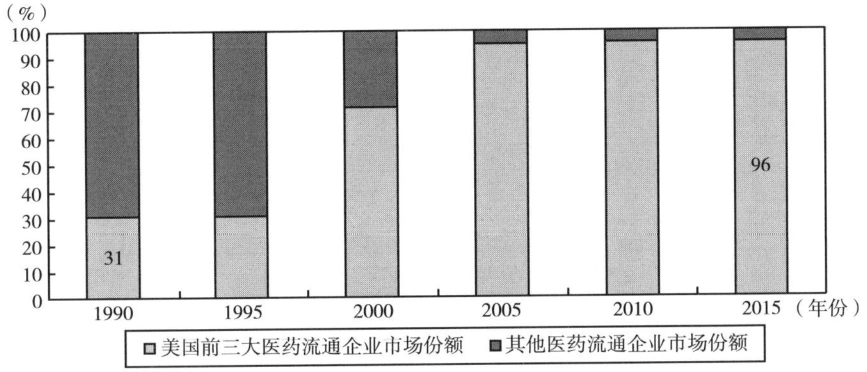

图 3　1990 ~2015 年美国前三大医药流通企业市场份额

资料来源：Bloomberg；南方医药经济研究所；广证恒生。

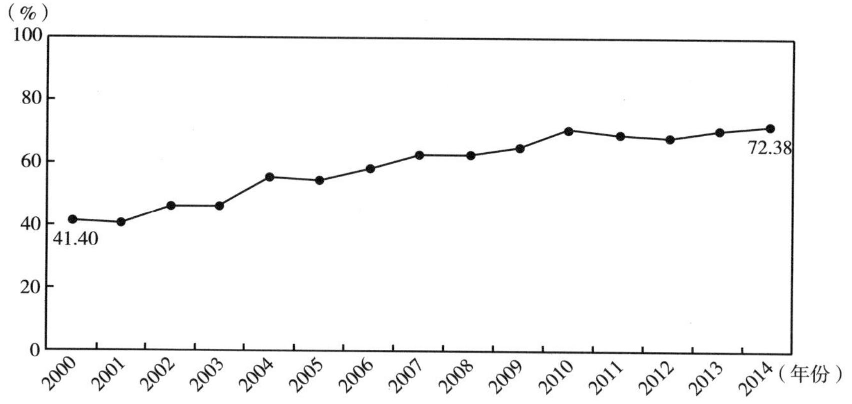

图 4　2000～2014 年日本前五大医药流通企业市场份额

资料来源：日本厚生劳动省；兴业证券研究所。

（三）医药流通企业销售结构变化

医药流通企业除对医疗终端的直接销售外，还会对批发企业销售。但随着"两票制"政策的实施，对批发企业销售占比由 2014 年的 43% 降低至 2019 年的 30%，而对终端销售占比由 2014 年的 57% 提升至 2019 年的 70%（见图 5）。

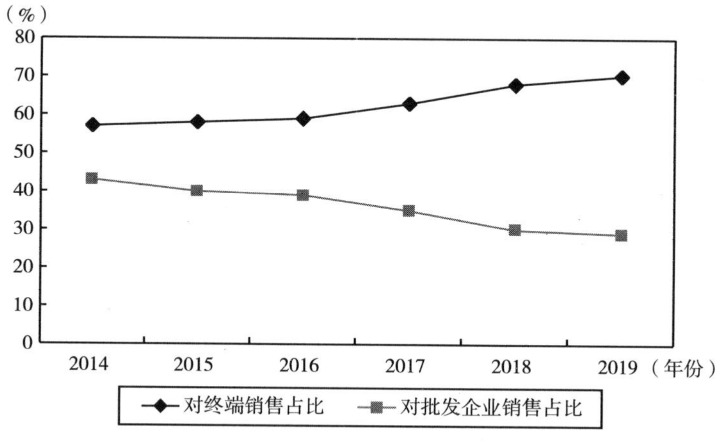

图 5　2014～2019 年我国医药流通企业销售渠道结构变化

资料来源：2020 年中国药品流通行业发展报告。

二、医改新政及其对医药流通行业的总体影响

受我国医疗卫生体制影响，公立医疗机构（包括公立医院和公立基层医疗机构）是我国医药行业市场份额最大的终端市场。根据米内网统计数据，2019 年公立医疗机构市场份额接近 70%，而医疗保险基金（以下简称“医保基金”）是公立医疗机构的主要买方。因此，我国医疗保障制度以及公立医疗保障体系改革对我国医药行业影响重大。

（一）医改新政简况

近年来，国家医改政策频出，特别是 2018 年国家医保局组建后，整合了医保政策的制定、医保基金管理、药品价格管理、招标采购等职能，启动了新一轮医改。本轮医改以破解“看病难、看病贵”为目标，从医疗终端及医疗保障制度入手，聚焦医药行业长期以来被诟病但又未能彻底解决的问题，在医保制度、医保目录调整、药品带量采购、医保支付改革等领域不断深入。

1. “两票制”

“两票制”指药品生产企业到流通企业开一次发票，流通企业到医疗机构开一次发票。2016 年 12 月 26 日，国务院医改办会同原国家卫生计生委等八部门联合发布《关于在公立医疗机构药品采购中推行“两票制”的实施意见（试行）》，要求综合医改试点省（区、市）和公立医院改革试点城市的公立医疗机构要率先推行药品采购“两票制”，鼓励其他地区执行“两票制”，宣告全国“两票制”的正式启动。2018 年，“两票制”在全国 31 个省份全面实施。“两票制”的实施能够有效减少药品流通环节，提高流通效率，降低药品虚高价格。

2. 带量采购政策

所谓带量采购，是在药品集中采购过程中开展招投标或谈判议价时，明确采购数量，让企业针对具体的药品数量报价，低价者中标。通过企业间的市场化竞价，起到以量换价的作用，降低采购药品的价格。2018 年 11 月 15 日，国家医保局在探索全国各地集中采购经验的基础上，发布了《4 +7 城市药品集中采购文件》，以 11 个城市为试点，统一执行药品集中采购竞标结果。在激烈的价格竞争后，25 个品种入围第一轮“4 +7”集采，中标价格平均降

幅52%。2019年9月，国家带量采购扩面正式启动，此次集采扩面在山西、内蒙古等25个地区推开，涉及第1批试点的阿托伐他汀口服常释剂型等25个中标产品，同时还引进“多家中标”新规，带量采购进一步扩面。2020年7月29日，上海阳光医药采购网公布了全国药品集中采购正式文件，标志着第3批全国集采正式开始。第3批全国集采开始后，带量采购逐渐常态化已成定局，必将涉及更多的药品种类，行业集中度将不断提升。

3. 取消药品加成、耗材加成

国家发改委等8部门在2006年5月19日联合发布的《关于进一步整顿药品和医疗服务市场价格秩序的意见》中规定，县及县以上医疗机构销售药品，以实际购进价为基础，顺加不超过15%的加价率作价，在加价率基础上的加成收入为药品加成。2009年4月6日《中共中央、国务院关于深化医药卫生体制改革的意见》提出，“通过实行药品购销差别加价、设立药事服务等多种方式逐步改革或取消药品加成政策，同时采取适当调整医疗服务价格、增加政府投入、改革支付方式等措施完善公立医疗机构补偿机制”，取消药品加成开始逐步在全国范围内推行。2011年，基层公立医疗机构取消药品加成；2015年，县级公立医院全部取消药品加成；2016年，200个公立医院综合改革试点城市全部取消药品加成；2017年，公立医院全面取消药品加成。在全面取消药品加成的基础上，2017年11月8日，国家发改委发布的《关于全面深化价格机制改革的意见》明确提出，为巩固取消药品加成成果，进一步取消医用耗材加成。在国家政策的引导下，部分省份已经宣布并取消耗材加成。截至2019年1月，已有超过6 000家医疗机构取消耗材加成，取消耗材加成在全国逐渐蔓延。2019年6月15日，北京市全面取消医用耗材加成。

4. 疾病诊断相关分组（DRGs）付费改革

2019年6月5日，国家医保局、财政部、国家卫健委、国家中医药局联合发布《关于印发按疾病诊断相关分组付费国家试点城市名单的通知》，要求30个试点城市及所在省份在国家DRGs付费试点工作组的统一领导下，按照“顶层设计、模拟测试、实际付费”三步走的思路，确保2020年模拟运行，2021年启动实际付费。DRGs通过统一的疾病诊断分类定额支付标准的制定，达到医疗资源利用标准化，有助于激励医院加强医疗质量管理，迫使医院为获得利润主动降低成本，缩短住院天数，减少诱导性医疗费用支付，有利于费用控制，提高医疗绩效。

5. 规范用药目录和重点监控目录

2019 年 6 月 11 日，国家卫健委办公厅和国家中医药局办公室联合发布《关于印发第一批国家重点监控合理用药药品目录（化药及生物制品）的通知》，第一批国家重点监控合理用药药品目录（化药及生物制品）包括 20 种药品。2019 年 11 月 6 日，国务院深化医药卫生体制改革领导小组印发《关于进一步推广福建省和三明市深化医药卫生体制改革经验的通知》，要求各省份于 2019 年底前制定出台省级重点监控合理用药药品目录（化药及生物制品）并公布。截至 2019 年末，陕西、海南、黑龙江、浙江、四川、江西、江苏、青海、安徽、广东、河北、湖北、甘肃、山西、贵州等省份均公布省级重点监控合理用药药品目录。

6. 推进医疗服务价格改革

2016 年 7 月 1 日，国家发改委、国家卫生计生委、人社部、财政部联合印发的《推进医疗服务价格改革的意见》提出，要按照“总量控制、结构调整、有升有降、逐步到位”的要求，全面推进医疗服务价格改革。要遵循医院收入不降，公众总体负担不增，医保基金可承受的原则，力争到 2020 年基本理顺医疗服务比价关系，初步建立分类管理、动态调整、多方参与的医疗服务价格形成机制。

7. 福建“三明医改”模式

2012 年 2 月，福建三明市召开“关于努力降低医疗成本提高‘三险’资金运行使用效率”专题会议，明确“三医联动”的改革路径，被视为“三明医改”的起点。改革措施主要包括降低药品价格、挤出药价水分，统筹医保基金、加强基金监管，加强用药监管、减少药费支出，整合监管职能、加强政策力度等。2017 年福建省在三明市经验的基础上，在全省范围内开展药品联合限价阳光挂网采购，建立了一系列招采机制，确保实现全国最低价。同时在全省建立医保统一结算药品货款制度，由医保基金直接与药品流通企业结算，大大缩短回款期。2019 年 11 月 15 日，国务院深化医药卫生体制改革领导小组印发《关于进一步推广福建省和三明市深化医药卫生体制改革经验的通知》，对福建省和三明市医改模式进行了经验总结及充分肯定，并在全国范围内推广。

（二）医改新政对医药流通行业的总体影响

1. 集中带量采购政策持续推行将使药品耗材价格大幅下降，医药行业“降价”趋势已经形成

当前的“福建阳光采购模式”和“4 +7”集采实际上仅仅是医改刚刚起步。随着各地医改不断深入推进，影响将逐步全面显现。2019 年是国家带量采购政策完整落地的一年，根据 2020 年 1 月 10 日全国医疗保障工作会议精神，未来国家集采计划目标是“将医院采购金额由高到低排下来的前 160 多个品种作为未来集采的重点”，计划 2020 年后未来 3 年，再开展 5 ~6 批；考虑每批至少保证有 25 个品种，针对已达到 3 家或以上企业通过一致性评价的品种，自动启动国家集采，其他不符合条件的品种由地方组织采购。

以“4 +7”为例：2018 年 12 月 6 日，“4 +7”城市中标结果（中标 25 个品种、43 个品规），与试点城市 2017 年同种药品最低采购价相比，平均降幅 52%，最高降幅 96%。2019 年 9 月 24 日，联盟地区（25 个省）带量采购中选结果出炉（中标 25 个品种、60 个品规），与联盟地区 2018 年最低采购价相比，中选价平均降幅 59%；与“4 +7”试点中选价格水平相比，平均降幅 25%。2019 年 12 月 29 日，国家公布第 2 批药品带量采购 33 个新品种。2020 年 1 月 21 日，相关机构发布集采中选结果，包括中选企业、中选价格以及相应市场分配情况。本次集采的 33 个通用名品种中 32 个采购成功，共 77 家企业的 100 个品规中选。与联盟地区 2018 年最低采购价相比，拟中选价平均降幅 53%。

2. 规范用药目录以及重点监控目录使药品使用量增长受限

医疗机构用药目录规范化、阳光化、统一化，并且对“治疗性用药”“辅助性用药”“营养性用药”进行分类管理，使得公立医疗机构的用药更加规范、透明。国家深化医药卫生体制改革领导小组明确要求各地要对“药占比”指标进行监测。此外，各地医保招标部门和医疗机构开展了各种控制重点用药目录行动，国家也出台了首批重点监控用药目录，对用量及价格进行监控，从而导致药品销量受到影响，这部分药品在公立医疗机构用药金额中普遍占比较大，基本没有增速，有些甚至快速下滑。

3. 受降价及用量限制的影响，药品、耗材市场规模增长受限，增速将持续放缓

公立医疗机构是医改重点改革对象，也是我国药品市场的主要终端客户，

2019 年公立医院及公立基层医疗药品销售额为 13 759 亿元，占 2019 年全部药品销售额的 60% 以上。在公立医疗机构集采及招标药品降价、用药量受到抑制的影响下，未来药品规模增长将受到限制，特别是化学仿制药增速将造成较大影响。

根据米内网发布的 2019 年度 3 大终端 6 大市场数据，2019 年药品终端销售额仅增长 4.8%，其中公立医疗机构（中国城市公立医院、县级公立医院、城市社区中心及乡镇卫生院，下同）药品终端销售额为 13 759 亿元，较 2018 年增长 4.1%。2019 年增速为近年来增速最低值，不仅与高峰增速（如 2012 年为 18%）差距巨大，而且低于 2018 年的 6.3%。医药流通行业增速持续放缓。

以医改先行先试的福建省为例（见表 1）：2018 年福建省县级以上公立医院药品及耗材总收入为 274.64 亿元，仅比 2014 年增加 23.84 亿元，年复合增长率仅为 2.3%，其中 2016 年、2017 年为负增长。2018 年由于 36 个国家医保谈判药品及 17 个抗癌品种开始执行，药品及耗材收入才出现增长。药占比逐年降低，由 2014 年的 55.46% 下降到 2018 年的 43.05%。在药品及耗材收入缓慢增长甚至个别年份下降的同时，医院总收入却快速增长，由 2014 年的 452.10 亿元增长到 2018 年的 637.91 亿元，年复合增长率为 8.99%，远高于药品及耗材增速。

表 1　2014～2018 年福建省县级以上公立医院医药总收入情况

年份	医院总收入		其中：药品及耗材费用		
	金额（亿元）	同比（%）	金额（亿元）	占比（%）	同比（%）
2014	452.10	15.48	250.80	55.46	18.74
2015	492.18	8.87	251.18	51.03	0.40
2016	532.49	8.19	245.82	46.16	-2.13
2017	564.74	6.06	242.51	42.94	-1.35
2018	637.91	12.96	274.64	43.05	13.25

资料来源：《坚持政府主导三医联动改革——三明医改实践分析》。

4. 医药流通行业市场份额将进一步向优质企业集中，小企业有望逐步自然淘汰，行业集中度提升

“两票制”的实施，意味着在过往流通领域中代理商、经销商、配送商的角色将被压缩成 1 个，流通环节中的层层过票和加价情况会迅速减少，小的经销商和代理商将大量退出或者被收购，具有上下游资源优势的大配送商获得新业务的概率更高，整个行业的集中度也会大大提高。自 2015 年拉开“两票制”序幕以来，医药流通行业进一步整合，市场份额向头部企业归拢集中趋势明显。前三大医药流通企业市场占有率从 2016 年的 28. 30% 上升到 2019 年的 33. 66%（见表 2）。

表 2　　2016～2019 年前三大医药流通企业收入及占比

项目	2016 年	2017 年	2018 年	2019 年
国药控股（亿元）	2 583. 88	2 777. 17	3 445. 26	4 252. 73
上海医药（亿元）	1 207. 65	1 308. 47	1 590. 84	1 865. 66
华润医药（亿元）	1 413. 26	1 454. 06	1 678. 31	1 849. 07
收入小计（亿元）	5 204. 79	5 539. 70	6 714. 41	7 967. 46
收入增幅（%）	—	6. 43	21. 21	18. 66
全国七大类医药商品销售总额（亿元）	18 393	20 016	21 586	23 667
增幅（%）	—	8. 82	7. 84	9. 64
市场份额（%）	28. 30	27. 68	31. 11	33. 66

资料来源：上市公司年报及商务部药品流通行业运行统计分析报告。

三、医药流通行业应收账款现状及医改新政对应收账款的影响

当前医药流通行业最大的问题就是应收账款问题，医疗机构拖欠医药流通企业货款这一“顽疾”已经严重影响了医药流通行业健康良性发展与转型升级。医疗机构利用其强势行业地位，不按合同约定回款的现象普遍。随意拖欠，甚至存在不签订合同或在合同中不约定回款期的情况，导致医药流通行业应收账款规模大、回款期长，占用企业大量营运资金。特别是医改新政以来，医药流通企业从医疗机构回款的周期不仅未改善，反而不断延长。

（一）医药流通行业应收账款现状

1. 应收账款金额大、增长快，占用了企业大量营运资金

2019 年我国医药流通行业市场规模 2. 37 万亿元，根据某医药学会 2019 年对 587 家药品批发企业样本的统计结果，其平均回款周期为 144 天。如果

将开具承兑汇票的情况考虑在内，平均回款周期高达 172 天。根据行业市场规模和平均回款周期匡算，应收账款总规模约 1 万亿元，按照现行银行贷款利率测算，医药流通行业年资金占用成本高达 500 亿 ~ 600 亿元。此外，587 家药品批发企业对医疗机构的应收账款总额为 2 359 亿元，占对医疗机构销售总额的 39.79%。与 2018 年相比，应收账款占医疗机构销售总额的比例上升 2.03 个百分点。

前三大医药流通企业在市场份额提升的同时，其应收账款规模也日益攀升。2019 年末，三家头部企业应收账款合计 2 035.29 亿元，同比增长 14.59%；应收账款占收入的比重从 2016 年的 23.97% 上升到 2019 年的 25.55%（见表 3）。应收账款也成为医药流通企业单项金额最大的资产之一，其中规模最大的国药控股应收账款占总资产的比例最高，2019 年末该指标高达 40.60%；占比最低的华润医药也达到 27.42%（见表 4）。

表 3　　2016 ~ 2019 年我国前三大医药流通企业应收账款及增幅

公司名称	2016 年	2017 年	2018 年	2019 年
国药控股（亿元）	598.90	637.04	966.01	1 095.12
上海医药（亿元）	272.93	313.77	421.52	473.40
华润医药（亿元）	375.75	418.63	388.69	466.77
应收小计（亿元）	1 247.58	1 369.44	1 776.22	2 035.29
应收增幅（%）	—	9.77	29.70	14.59
应收占收入比重（%）	23.97	24.72	26.46	25.55

资料来源：上市公司年报。

表 4　　2019 年前三大医药流通企业应收账款占资产总额比例

公司名称	应收账款（亿元）	资产总额（亿元）	应收资产比（%）
国药控股	1 095.12	2 697.38	40.60
上海医药	473.40	1 370.26	34.55
华润医药	466.77	1 702.21	27.42

资料来源：上市公司年报。

2. 应收账款回款期长

根据某医药协会样本统计结果（见表 5），2019 年 587 家药品批发企业应收账款平均周转天数为 144 天，比 2018 年延长 4 天；如果将开具承兑汇票的情况考虑在内，应收账款平均周转天数为 172 天。其中，三级医院应收账款平均周转天数 149 天，较上年延长 4 天；二级医院应收账款平均周转天数 152 天，与上年持平；一级医院应收账款平均周转天数 120 天，较上年延长 2 天；基层医疗卫生机构应收账款平均周转天数 117 天，较上年缩短 1 天。如果将开具的承兑汇票考虑在内，三级医院、二级医院、一级医院、基层医疗卫生机构 2019 年应收账款平均周转天数分别为 177 天、184 天、143 天、142 天。美国医药流通企业回款期仅为 25 天左右，我国医药流通企业的回款期比美国企业长 100 天以上。

表 5　2017～2019 年含承兑的应收账款平均周转天数对比

单位：天

医疗机构分级	2019 年	2018 年	2017 年
总体	172	169	159
一、县级以上医院	176	175	160
三级医院	177	174	160
二级医院	184	182	164
一级医院	143	142	129
二、基层医疗卫生机构	142	143	132

分地区来看（见表 6），2019 年，海南、青海、新疆、河南、内蒙古、湖南、辽宁、陕西、甘肃、湖北、黑龙江、吉林等 12 个省份的回款期均在 180～270 天，平均回款期 204 天，较 2018 年延长 6 天。回款期最长的海南省高达 250 天；青海省 239 天，青海华源医药有限公司为省内 68 家医疗机构配送，付款期限最长高达 69 个月。

表 6　2018～2019 年应收账款周转天数 180～270 天省份情况

类别	年份	省份	占应收账款总额的比重（%）	全年应收账款平均周转天数（天）	含承兑全年应收账款周转天数（天）
回款天数在 180～270 天（含 270 天）	2018	海南、青海、内蒙古、新疆、河南、湖南、陕西、辽宁、甘肃、黑龙江、湖北	36.63	198	241
	2019	海南、青海、新疆、河南、内蒙古、湖南、辽宁、陕西、甘肃、湖北、黑龙江、吉林	36.95	204	243

（二）医改新政对医药流通行业应收账款的影响

1. 医改新政后医疗机构回款期不仅未改善反而不断延长

2017~2019 年，医疗机构平均回款期（含承兑汇票）分别为 159 天、169 天、172 天，逐年延长。特别是"零加成"以及集中带量限价采购政策实施以来，医疗机构的药房从利润中心转变为成本中心，但按照"腾笼换鸟"思路调整医疗服务价格的相关配套补偿机制尚未完全落实到位，医院拖欠医药流通企业贷款的情况更加严重，回款期大幅延长。2018 年（"零加成"政策实施后完整的第 1 年）全国医疗机构平均回款期延长 10 天，辽宁、河北、青海与四川等省份延长 35~45 天。此外，尽管集中带量采购政策中明确规定回款期不超过 1 个月（2015 年 6 月，国家卫生计生委下发《国家卫生计生委关于落实完善公立医院药品集中采购工作指导意见的通知》，其中第 5 条规定，医院从药品交货验收合格到付款的时间不得超过 30 天），但从实际情况看，并没有落实到位。目前多数地区带量采购协议量以内的回款范围在 30~60 天，与政策要求的 30 天差距较大，并且多数地区超协议量部分视同非带量采购品种，不执行 30 天回款的规定；部分地区无论是协议量内或协议量外，回款天数均视同非带量采购品种，医院不对带量品种单独回款，流通企业回款期在 6 个月以上。

2. 医改新政延长医药流通企业应收账款回款期的具体原因

（1）取消药品加成、耗材加成后医院收入下降，医院通过拖欠医药企业货款以保证正常运营。受全面取消药品加成影响，2017 年平均每家医院的总收入增幅 13.41%，较 2016 年的 14.65% 下降 1.24 个百分点，其中药品收入增幅为 4.72%，较 2016 年的 6.84% 下降 2.12 个百分点（见图 6）。可见，全面取消药品加成后对医院收入，特别是药品收入均产生负面影响。"以药养医"持续多年，取消药品 15% 加成后，在医疗服务价格动态调整相关配套补偿机制尚未完全落实到位、医疗服务收入尚不能弥补药品加成收入缺口的情况下，如果医保部门不能及时拨付医保款项给医疗机构，医疗机构支付能力下降明显。医疗机构强势的产业链地位导致医疗机构即使无法按合同约定期限回款，医药流通企业也不敢随意断货或发起诉讼等催收程序。医疗机构支付能力下降传导至医药流通企业的最终结果是应收账款持续攀升。

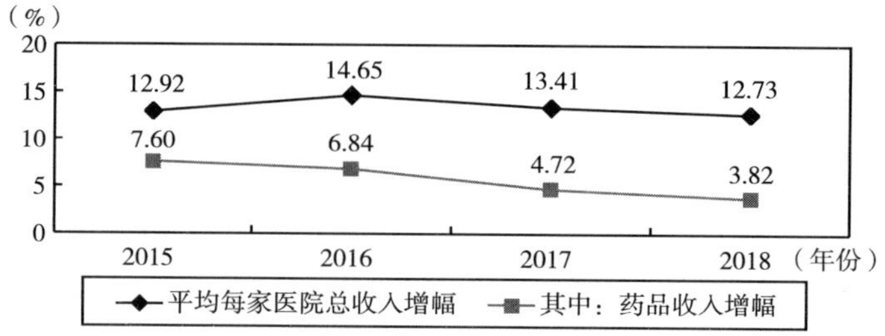

图6　2015～2018年我国平均每家医院总收入增幅、药品收入增幅

资料来源：2019年中国卫生健康统计年鉴（国家卫生健康委员会编）。

（2）未按集中采购政策规定及时支付货款。虽然政府在《医疗机构药品集中采购工作规范》《关于完善公立医院药品集中采购工作的指导意见》中明确规定了回款政策，例如，招标采购回款账期不超过60天、“4+7”回款账期不超过30天等，但是由于公立医疗机构在产业链中的强势地位，公立医疗机构对医药流通企业的应收账款回款并非纯粹的市场信用行为。同时由于政策缺乏监管及强制执行力，所以上述政策实施并不到位，导致医院未按规定及时支付货款。以北京市为例，目前北京绝大多数军队医院都没有按照政府带量采购的品种要求在30天内付款，还是按照正常采购账期进行支付（见表7）。

表7　医改新政延长医药流通企业应收账款回款期原因统计

医改新政对应收账款的影响	提及样本数量（个）	占比（%）
取消药品加成、耗材加成后医院收入下降，医院通过拖欠医药企业货款保证正常运营	151	70
集中采购政策下的采购未按规定及时支付货款	104	48
“两票制”政策导致直接销售医疗机构比例增加，医疗机构回款缓慢	104	48

资料来源：医药流通企业调查问卷。

（3）“两票制”政策导致直销比例增加，而医疗机构回款缓慢。“两票制”政策之前，医药流通企业如果无法一次性承担药品所需的资金体量，可以通过多级代理的方式，由代理商分担资金压力。2018年，公立医疗机构药品采购“两票制”政策在全国范围内实施，国内医药流通层级被压缩，原资金周转效率较快的、对下游经销商的医药调拨业务大幅减少，直接销售给医疗机构的直销业务占比持续上升，医疗机构拖欠货款对医药流通企业应收账款的影响进一步凸显。“两票制”政策与“医药分开”“药品零加成”政策叠加，使得医药流通企业整体的回款周期进一步延长。

四、医药流通行业应收账款问题的成因

（一）医院在行业生态链中处于绝对强势地位

我国医疗资源主要集中在公立医疗机构（包括公立医院和公立基层医疗机构），其为患者获得医药产品的主渠道，也是医药行业市场份额最大的终端，药店、民营医疗机构等终端渠道所占市场份额低。长期以来，多数医疗机构利用在医药产业链的强势地位，来获取延迟支付带来的资金收益，甚至以弥补工程建设及大型设备采购、加大学科及人才建设等资金支出为借口，随意占压（拖欠）医药流通企业贷款。有些运营良好的大型公立医院也是如此，这些医院资金充足、支付能力强，但缺乏契约精神，支付意愿弱。甚至同一地区不同医院之间互相攀比谁的账期更长，正常回款反而被认为有问题。而这些医院均为当地最大的药品终端，医药流通企业为保住业务不得不被动接受。

2019 年我国三级、二级医院平均回款期（含承兑汇票）比一级医院分别长 34 天、41 天。以经济发达地区北京市经营状况良好的三甲医院为例，中国人民解放军总医院 2019 年平均回款期 320 天（含承兑汇票），中国人民解放军第三零七医院 307 天，中国人民解放军总医院第六医学中心 301 天，北京积水潭医院 215 天，中日友好医院 210 天，首都医科大学附属北京安贞医院 190 天，中国医学科学院阜外医院 168 天，对比鲜明的是北京大学第三医院仅为 70 天。因此，运行良好的大型医院回款期长的根本原因是利用强势行业地位故意拖欠，获取延迟支付带来的资金收益，而不是付款能力不足。

（二）医保基金付款不及时、政府医疗投入不足

1. 医保基金付款不及时

医保基金是我国医药终端市场最大的买方，支付占比为 70% 左右。按照现行医保政策，病人看完病只需缴纳自费部分的费用，其余费用由医院先行

垫付，医院再与医保基金进行结算。但当前普遍存在医保基金付款不及时的问题，有些地区医保基金付款时间超过一年，甚至个别地方政府从医院抽款，将医院作为筹资主体。在医保支付不及时的情况下，一些运行情况不是十分良好的医疗机构以及县级以下医疗机构缺乏资金来源，付款能力不足。例如，吉林省所有市级及县级医院均存在医保付款不及时和医保额度不足，从而导致医院不能按时回款的情况。黑龙江省医保款基本都不能及时支付给医院，最少压款 3 个月，甚至更长时间；海南省各医院均存在医保付款不及时的问题，其中海南省第五人民医院、海口市第四人民医院、海南省肿瘤医院的情况尤为突出。

2. 政府财政投入不足

根据《2019 中国卫生健康统计年鉴》（见图 7），2014～2018 年，我国财政投入占公立医院收入的比例由 7.71% 逐年增至 9.54%，虽然持续增长，但仍不足 10%。根据胡路佳等 2019 年 8 月在《中国医院》杂志发表的《公立医院的政府投入现状与对策研究》，发达国家政府对公立医院的投入一般占公立医院总收入的 30%。相对于发达国家，我国对公立医院的财政投入严重不足。公立医院作为二类事业单位，编制多年来从未调整，医院为满足诊疗需要，不得不聘请大量编制外员工，有的医院编制外员工占比几乎接近 2/3，如青海省西宁市第三人民医院员工 710 人，其中编制内员工仅 253 人，457 位编制外员工需要医院自筹资金发放工资福利，自有资金捉襟见肘。医院在资金紧张时普遍通过拖欠货款来缓解资金压力，特别是有些地区的医疗机构急需建设扩容床位和改善就诊环境，或者购置先进医疗设备等。故财政拨款不足或不及时，会导致医疗机构无法按时支付医药流通企业货款。

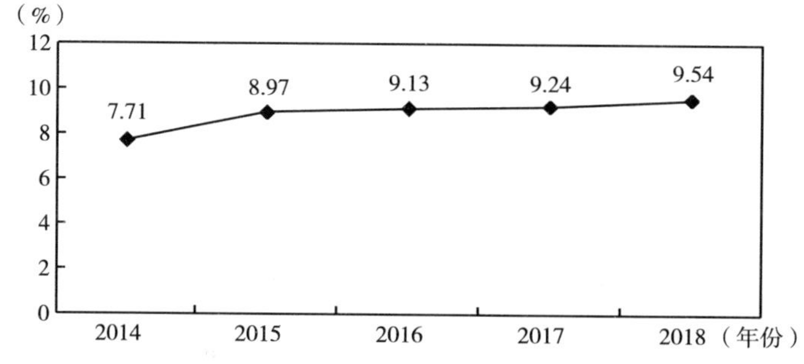

图 7　2014～2018 年我国财政补助占公立医院收入比例

资料来源：《2019 中国卫生健康统计年鉴》。

（三）医药流通企业自身管理方面的原因

造成医药流通企业应收账款问题的原因，除了行业政策、医疗机构的强势地位、医保支付不及时、财政投入不足外，医药流通企业自身管理方面的问题也是很重要的因素。调查问卷结果显示，缺乏完善的信用体系、应收账款信息管理系统及考核体系等是医药流通企业在应收账款管理方面的主要问题。这些问题进一步推高了医药流通企业的应收账款。

1. 缺乏完善的客户信用管理体系

由于客户信用管理体系不完善，医药流通企业一味地把给客户提供信用销售作为吸引客户的唯一手段，而忽视对客户财务状况、资信度等的评估，给企业带来了较高的应收账款风险。具体表现在：信用管理粗放，信用管理流程在设计上存在缺陷，未对信用额度、信用期限定期进行评估和调整；对客户超信用期及超信用额度的情况不进行控制，也不需审批；对信用期的设置过于宽松，与实际回款期差异较大，基本形同虚设。没有设立信用管理部门或独立的信用管理岗位，信用管理职责由销售部门承担，不符合不相容职务岗位分离的内部控制原则，起不到实质上的制约、管理作用。

2. 缺乏完善的应收账款信息管理系统

应收账款系统信息化水平低下，导致应收账款管理能力无法与快速发展的业务相匹配，造成应收账款管理效率低下。此外，由于缺乏有效的信息化系统，对收款期限将至的应收账款没有提前预警功能，因而对防范应收账款回收风险的作用很小。高效的应收账款信息系统，可以在应收账款信用防范、提示预警、准确核算等方面提高应收账款管理效率，进而促进应收账款管理水平的提升（见表8）。

表8　　医药流通企业应收账款管控问题调查问卷结果

原因	提及样本数量（个）	占比（%）
没有定期做信用评估	60	28
对超信用额度、超信用期限客户系统均未自动锁定	41	19
没有设置专职信用管理部门或岗位	39	18
缺乏完善的信息化系统管控应收账款	89	41
只考核应收账款回款结果，不考核催收过程	41	19

资料来源：医药流通企业调查问卷。

3. 未建立起系统、科学的与回款挂钩的考核体系

部分医药流通企业的回款考核体系不够系统和完善，缺乏完善的应收账款回款考核体系，一方面不能将公司重回款的理念传递到每一个销售人员；另一方面不能有效地激励销售人员积极催收应收账款。主要表现在：（1）对销售人员进行业绩考核时，销售收入比重大于回款比重，传递出销售比回款更重要的信号；（2）绩效考核与回款指标挂钩过于粗放、对回款激励作用有限；（3）有的公司甚至未将回款纳入考核体系，销售人员的业绩仅与销售额挂钩。

总之，医药流通企业在应收账款管理方面表现出来的主要问题就是尚未建立起应收账款全流程的管控体系，没有对应收账款的全部节点进行精细化和科学化管控。仅重视应收账款的事后管理，忽视应收账款事前和事中的管理。但根据问卷调查结果（见表9），医药流通企业应收账款问题的产生，主要还是由于医院在行业生态链中处于绝对强势地位，医保基金付款不及时、政府对医疗的财政投入不足，医改新政的影响方面的原因。

表9　　　　应收账款产生原因的问卷调查结果

原因	提及样本数量（个）	占比（%）
医院在行业生态链中处于绝对强势地位	201	93
医保基金付款不及时、政府医疗投入不足	165	77
医改新政的影响	120	56
医药流通企业应收账款管控方面的原因	41	19

资料来源：医药流通企业调查问卷。

五、应收账款问题对医药流通行业的影响

（一）高负债运行加大医药流通企业经营风险

因被医疗机构占压大量资金，医药流通企业主要通过银行贷款等有息负债的方式筹措资金，从而导致资产负债率、有息负债规模居高不下，利息支出不堪重负，资金风险日益积聚，给医药流通企业带来了巨大的经营风险。2020年6月末，我国典型医药流通上市公司资产负债率超过70%，其中最高的南京医药达到78.5%，前三大医药流通企业带息负债规模达到2 000亿元。

在叠加药品降价与医保控费等医改政策下，行业利润率持续下滑，行业增速持续放缓，医疗机构占款带来的资金成本负担日益沉重。高杠杆、低周转效率、低利润水平等问题交织，给医药流通行业带来巨大风险，一旦爆发资金链问题，将对我国医药供应保障体系造成严重冲击，影响国家药品供应安全。

2016～2019 年，前三大医药流通企业的带息负债总额逐年增长（见表 10）。2019 年末国药控股、华润医药带息负债总额同比略有下降，但仍高于 2017 年末水平；上海医药带息负债继续增长。除上海医药 2019 年财务费用率同比略有下降外，国药控股和华润医药财务费用率也逐年增加。

表 10　2016～2019 年前三大医药流通企业财务指标

财务指标	公司名称	2016 年	2017 年	2018 年	2019 年
带息负债总额（亿元）	国药控股	335. 71	357. 40	589. 20	547. 14
	上海医药	124. 84	167. 62	316. 59	334. 61
	华润医药	229. 99	308. 25	446. 30	349. 52
财务费用率（%）	国药控股	0. 65	0. 82	1. 15	1. 15
	上海医药	0. 49	0. 52	0. 77	0. 69
	华润医药	1. 37	1. 67	1. 67	1. 80
资产负债率（%）	国药控股	71. 76	69. 76	71. 04	71. 49
	上海医药	55. 48	57. 95	63. 40	63. 96
	华润医药	59. 47	60. 72	65. 66	63. 38

资料来源：上市公司年报。

（二）影响医药流通行业实现“规模经济”和行业集中度提升

“规模经济”是指在一特定时期内，企业产品绝对量增加时，其单位成本下降，即扩大经营规模可以降低平均成本，从而提高利润水平。在“降药价”的医改方向下，医药流通行业营业利润率将大幅下降，医药流通企业必须以规模优势提高效率、降低费用率以维持可持续发展，从而形成“规模经济”。例如，作为国内第二大电商公司的京东，成立于 2003 年，2014 年 5 月在美国纳斯达克交易所挂牌上市，2007～2018 年，成交总额（GMV）的复合年均增长率（CAGR）达到 114%，京东核心优势在于远高于行业平均水平的规模增速。随着物流前期投入逐步摊销，规模经济效益初步体现，物流效率、人员效率、资金效率均有所提升。

然而，医疗机构占款问题严重影响医药流通企业扩大业务规模。医药流通企业每增加100元收入需投入48元资金，对资产负债率本已很高的医药流通企业来说难以为继，持续增加资金投入实现规模经济显然是很困难的。当前我国前三大全国性医药流通企业市场份额仅为34%，与美国的96%、日本的72%差距很大。医疗机构大量拖欠货款，占用医药流通企业大量营运资金，造成医药流通企业投入能力不足，大量医药流通企业“小散乱”，严重影响了医药流通业行业集中度的提升和发展质量，影响企业转型。

（三）影响医药流通企业配送服务的转型升级和高质量发展，制约国家药品供应保障体系高质量运行

随着新医改政策的执行和市场竞争的加剧，医药流通企业毛利率将进一步受到挤压，传统的商业购销模式面临巨大的挑战。创新经营与服务模式、开展供应链管理将成为医药流通企业增强核心竞争力的关键。医药流通企业向生产企业和医疗机构延伸现代医药物流增值服务，建立与上游供应商和下游客户的新型合作关系，可以有效整合资源，实现从医药商业购销模式向全产业链服务模式的转变。服务转型升级需要大量的资金投入，由于应收账款占用了医药流通企业大量资金，在资金有限的情况下，企业只能将资金优先用于维系传统运营，从而大大制约医药流通企业物流配送服务的转型和升级，制约了国家药品供应保障体系高质量发展。特别是在当前数字化转型升级的关键时期，医药流通行业转型升级和高质量发展必须依靠高效的信息化管理工具，需要在软件/硬件、基础设施等方面进行大量投入。

（四）不利于医疗机构管理水平的提升

一方面，医药流通企业是医疗机构仓储物流信息系统数字化的积极推动者和支持者，前几大医药流通企业都非常重视对重点医疗机构提供供应链信息系统方面的增值服务。如果医药流通企业应收账款长期居高不下，营运资金周转紧张，企业就无法投入更多资金用于服务医疗机构的信息化、数字化建设，从而影响医疗机构仓储及院内物流管理水平的提升。另一方面，由于医疗机构利用行业强势地位，通过拖欠医药流通企业货款获取收益，一定程度上会减少医疗机构通过加强内部管理和改革来提升内部管理效率和效益的

压力。如果医疗机构的账期能够市场化，将倒逼医院加强管理和改革，提高自身管理水平和经营效率。

（五）影响国家深化医疗保障制度改革、“三医联动”改革政策实施效果，严重阻碍医药行业生态健康发展

党中央、国务院一贯高度重视人民健康问题。近年来，随着健康中国的不断推进，国家在推进全民医疗保障制度改革，特别是在降药价方面取得了突破性进展。但要使医改政策达到预期效果，核心是依靠“三医联动”重塑行业运行模式与生态环境。医疗机构占款问题从产业链终端向整条产业链传递，形成了“牛鞭效应”：导致医药流通企业被迫延长对上游医药生产企业的回款期，形成“三角债”。在不断“降价”导致全产业链利润率下降的大趋势下，资金回款不畅将最终导致医药生产企业与研发企业对创新性药品研发资金投入能力不足。进而使国家医改大力推行的一致性评价、集中带量采购、创新药物研发等政策难以实施，也将从根本上影响“三医联动”改革效果。

六、对策与建议

（一）医改政策层面

1. 政府从医改政策制定与实施方面入手推动，是解决医药流通企业应收账款问题的根本之策

在我国公立医疗卫生体制下，大部分药品属于医保目录范围的公费药品。因此，公立医疗机构对医药流通企业的药品欠款最终主要由医保基金进行偿付。医保基金除参保单位和参保人缴纳的医疗保险费及其收益外，还包括财政补贴收入，也就是说医保基金最后由国家财政兜底，其本质上具有专款专用的性质。公立医疗机构从根本上无权占用医保基金中对医药流通企业偿付的药品款部分，而国家层面更有义务去监管这部分资金的使用。

因此，应收账款问题表面看是医药流通行业的问题，本质上反映出政府医疗体系中财务价值关系错位、政府对医保基金使用的监督不到位及医药卫生经济秩序的紊乱。严重违背了市场经济规律，市场调节机制失灵。鉴于医

疗机构主体特殊性以及市场地位的特殊性，要想从根本上解决这一行业顽疾，急需政府出手通过行政手段强力干预，促使医药行业回归到正常秩序。政府通过出台明确医改的资金支付政策并监督医疗机构严格执行，是解决这一问题的根本之策。

事实上，只要政府推动，这一顽疾是能够得以解决的。福建省的医改就已经积累了成功的经验。比如福建省实施医改政策后平均结算时间和支付时间显著缩短，分别为14.2天和30.5天，是目前我国各省、直辖市中回款期最短的，也是唯一一个回款期30天左右的省份。

福建省的经验就是建立医保支付模式及统一结算药品货款制度，由医保经办部门与药品供货企业先行代为结算货款。首先，建设全省统一的医疗保障电子结算系统，各市区按照统一的模式，建立相应的电子结算平台，并依托平台实施电子结算支付工作；其次，各级医保经办机构按照月度完成费用统计和支付结算工作，先行直接支付给药品供应企业。与医疗机构的结算规则是，费用统计完成后，医保费用结算款扣除已代付药品货款的剩余部分，由医保经办机构支付给定点医疗机构。医保费用结算款不足抵扣已代付药品货款的，不足部分由医保经办机构向医疗机构收回。福建省为保障医保统一支付模式的顺利实施，出台了《福建省实施医保支付结算价为基础的药品联合限价阳光采购规则》等一系列配套操作性文件。

2. 医改政策建议

（1）对国家医改政策进行补充和完善，强化执行。明确规定全国医院统一货款结算模式及期限，并采取措施开展有效监督。

①在国家以及各省医改政策中应明确，“非集采品种”医院货款结算期限不超过60天。当前医改政策中对“非集采品种”的回款期没有明确规定。尽管2009年卫生部等五部委联合发布的文件中有“最长不超过60天”的原则性规定，但也许是发文单位的级别或权威性不高，基本上形同虚设，实际工作中没有执行，而且发布时间较早，时效性严重不足。因此，建议以党中央、国务院或国务院深化医药卫生体制改革领导小组文件的形式，对“非集采品种”的药品、耗材、器械等回款期进行明确规定，例如，明确医院对药品、耗材应按照合同约定的时间支付货款，从交货验收合格到付款不得超过30天或60天。

②对“集采品种”30天回款期执行情况开展严肃监督。集中带量采购政

策中已经明确“集采品种”回款期30天的要求，但也未得到严格执行。针对“集采品种”不按期（30天）回款、变相拖欠（延长超协议量或非集采产品回款期）等未执行国家医改政策的情况，应采取有效措施进行监督，推动政策落地实施。

（2）尽快推动各省出台配套实施政策，由医保基金直接向医药流通企业付款。当前的支付关系为医保基金支付给医疗机构，再由医疗机构支付给医药流通企业。这种模式在当前的产业链条中，容易形成上述长周期债务问题。建议从国家层面出台明确的政策规定，参考福建省医保支付模式，直接由医保部门同医药流通企业进行结算，从而切断医疗机构与药品供货企业之间的直接支付联系，统一结算模式，规范工作流程，确保医保资金的使用安全和有序结算。

（3）国家以及各省出台配套政策，将医疗机构按期付款纳入考核，并监督执行。虽然有些省份在执行国家药品集采要求中，将医院付款情况与医院考核、院长考核挂钩，但实际执行情况仍然模糊。建议从国家层面统一要求，组织各地建立量化、明确的考核规则，从而实现可定量评价、有准确的罚则对应、有台账记录、评价结果公开、处罚情况公开的考核机制。监督医疗机构按期支付货款，对于不按期付款的采取实质性惩戒措施。同时，明确将医院欠款列入各地医改领导小组的重点职责，设定目标，明晰小组成员的分管主责，确保合力、执行力。国家组织对地方此项工作开展情况进行抽查。同时明确医疗机构资金结算法律，作为必须遵守的财经纪律，并严格监督执行。

建议将医疗机构及时付款纳入医院等级评定及院长绩效考核。对超过60天付款或不按照政策规定付款的医疗机构纳入黑名单管理，对院长进行约谈，限期改进。对拖欠货款严重的医疗机构，免去院长职务等。

相关政府部门应加强日常监管，加强政府监督网和公示制度的建设。由卫生、工商管理部门对医疗机构药品集中采购工作中药品购销合同执行情况进行严格监督，对医疗机构不按时回款行为严格执行惩罚措施。

（4）将医疗机构回款情况纳入国家深化医改的重点督导工作任务，建立常态化的工作机制。将治理医院欠款列入全面深化医改重点工作任务，列入各省医改领导小组的重点任务。明确总体目标、分步走时间要求和阶段性量化目标评价机制。建立专项治理跨部门联席会工作机制，形成有明确部门牵头、多部门有效分工、形成合力的治理格局。

从督促医院严格按照各省市药品集中采购招标文件或签订的配送协议约定执行付款账期，将治理医院欠款工作进展和量化统计，纳入《国务院深化医药卫生体制改革领导小组简报》，作为固化内容，并定期、持续跟踪回顾。

组织专题工作会，针对重点难点问题集思广益，推进部署解决方案，交流地方经验和有效做法，树立先进典型、通报负面典型。

（5）依托大数据进行治理，将治理基础做实做牢。依托各省药械集中采购平台，扩展平台功能，制定统一的功能规范和基础标准，将医疗机构下达采购订单后的流程状态统一纳入平台管理，包括配送到货、医院验收入库、医院与配送企业结算支付等，形成对全流程的数据采集和过程可视化。

进一步以国家药管平台（国家药品供应保障综合管理信息平台）或其他适宜的平台为协同聚合平台，连通汇集各省级平台的全流程、全地域数据集成，建立从订单到结算支付情况全程可追溯的全国大数据。基于数据的透明化，发挥大数据和信息技术在提升应收账款拖欠问题治理能力中的作用，并对地方执行情况、执行质量可视化，以适当形式向社会统计公开，促进形成多源监测、多层协同、多方共治的格局，作为国家对各地医院欠款治理情况评价的一手依据。

（6）推动医保基金省级统筹，加大对公立医疗机构的财政投入。一是明确医保部门向医疗机构预付货款，可以参照集中带量采购规定的30%的比例提前预付医疗机构；二是全面实现医保基金的省级统筹，解决省内各地区社保基金支付能力不均衡的问题；三是落实公立医院政府投入责任，化解符合规定的公立医院长期债务，解决医院资金来源问题；四是及时动态调整医疗服务价格，改革公立医院运行机制，提升管理运营水平。

（7）精准纳入营商环境评价。《优化营商环境条例》已于2020年1月1日起施行。第8条规定，国家建立和完善以市场主体和社会公众满意度为导向的营商环境评价体系，发挥营商环境评价对优化营商环境的引领和督促作用；第32条明确规定，国家机关、事业单位不得违约拖欠市场主体的货物、工程、服务等账款，大型企业不得利用优势地位拖欠中小企业账款，并要求县级以上人民政府及其有关部门应当加大对国家机关、事业单位拖欠市场主体账款的清理力度，并通过加强预算管理、严格责任追究等措施，建立防范和治理国家机关、事业单位拖欠市场主体账款的长效机制。建议以此为契机，在国家营商环境评价体系中，将公立医疗机构拖欠货款明确列入营商环境评价指标，并以营商环境为抓手促进治理改善。

（二）医药流通企业层面

应收账款回款难的问题已经成为行业顽疾，从根本上解决要靠政府给予一系列的政策支持，但是作为行业主体的医药流通企业，更要从自身做起，修炼内功，提高应收账款的精益化管控水平，从而提高资产运营效率。

1. 对应收账款进行全流程、全节点、精细化、科学化管控

应收账款管控应覆盖应收账款的全流程、全节点，从事前、事中、事后3个维度出发，构建全流程、全节点的应收账款管控体系，并对重要节点进行重点监控，加强应收账款精细化和科学化管控。在应收账款全过程、全节点管控的基础上，将每个过程、每个节点做精做细，运用科学的管理手段对应收账款进行精细化管理。

（1）加强信用管理。事前高度重视业务源头管控，强化事前风险评估，规范风险业务审批流程。一是对赊销客户特别是风险客户进行充分的信用能力调查，制定科学合理的信用评估政策。二是对客户进行分类、分级管理。根据客户不同的资质、性质、经营情况，给予不同的信用天数及额度。三是执行账期及额度双管控原则。对同一类客户给予相同的信用政策，一旦超过信用天数或额度，系统自动锁死，停止对该客户的开票。四是对客户信用进行实时动态管理，对于临时超资信情况要严格审批。五是严格遵循企业内控制度，设置专职信用管理部门或信用管理岗位，信用管理岗位应设在财务或其他部门，严禁设在销售部。

（2）充分运用信息化手段。在当前数据量庞大的情况下，要做到精益管理必须依靠信息化手段。完善的应收账款信息管理系统不仅可以提高核算的准确性，更能提高应收账款管理的效率，及时规避风险。以某医药公司为例，该公司运用信息化手段，实现业务系统、信控系统、办公系统数据联动。超信控审批单从业务系统自动获取信息传递到办公系统进入审批程序，当发现风险客户时自动提示，提醒公司业务部门规避与风险客户的业务风险。同时，该公司还自行开发了“微信移动端的应收账款管理操作平台”，该平台可将发票信息导入，方便业务员及时与客户进行对账。平台还具备逾期推送、核销推送和货款到账提示功能。公司管理层可以直接通过该平台了解销售部门的应收账款回收情况，以便督促销售部门加大应收账款的催收力度，控制应收账款的坏账风险，实现自上而下的应收账款全节点管控，提升了应收账款回款效率。

（3）对应收账款回款设置科学的绩效考核奖惩机制，形成真正的激励约束。某医药流通企业根据预算管理系统的客户预算回款天数以及客户回款在途天数等，确定单家客户的目标回款天数。在业务发生时，系统每月自动抓取相关销售数据计算得出实际回款天数，严格与目标天数进行对比。该企业制定“提前回款奖励、超期回款扣罚”等制度，奖惩相结合的管理制度，在提高销售人员催款积极性的同时，更重要的是加大应收账款管控的惩罚力度，加强了销售部门的风险意识，也使应收账款管理更加有效。

2. 建立资金投入约束和业务的资金收益率底线约束机制

应收账款问题不仅仅是回款端的问题。应收账款的形成过程有三个环节，“资金端”—“业务端”—“回款端”，“回款端”是最后一个环节。医药流通企业应根据自身融资能力、业务特点对“资金端”“业务端”进行梳理，结合梳理结果做出业务战略选择，并建立起资金投入约束和业务的资金收益率底线约束机制。资金投入约束就是要根据资金投入能力制定每年的新增带息负债预算，而不是简单盲目地按照业务规模扩张确定带息负债增加额；业务的资金收益率底线约束，是要解决哪些业务值得投、有所为有所不为的问题。建立充分考虑毛利率、回款期、资金成本、回款风险等综合因素后的资金投入产出模型，从而做出业务决策。资金投入产出模型既可以用于新增业务的决策，也可以用于原有业务的评估。对于新增业务，要严格控制单纯追求规模扩张、不符合战略的低效无效业务投入；对于原有业务，回款期长、利润率不高、战略意义不大的要果断放弃，盘活资金。将有限的资金配置到收益更高、更符合战略的业务上去（见表11）。

表11　　医药流通企业加强应收账款管控措施的调查问卷结果

加强应收账款管控的措施	提及样本数量（个）	占比（%）
建立全流程、全节点、精细化、科学化的应收账款长效管控机制	173	80
建立更加科学有效的应收账款考核奖惩机制	167	78
搭建信息化系统平台实现全节点管控	130	60
签署规范有效的销售合同或协议	116	54
建立规范的客户信用管理制度	113	53
按照内部控制制度规范销售管理流程	111	52

续表

加强应收账款管控的措施	提及样本数量（个）	占比（%）
建立独立的信用管理部门或岗位	100	47

资料来源：医药流通企业调查问卷。

参考文献

［1］蔡昱．新医改政策背景下的医药商业应收账款管理探讨［J］．首都食品与医药，2018（3）．

［2］郭姝君．浅议医药商业企业应收账款的管理［J］．财会学习，2016（20）．

［3］胡路佳等．公立医院的政府投入现状与对策研究［J］．中国医院，2019（8）．

［4］国家卫生健康委员会编．2019 中国卫生健康统计年鉴［M］．北京：中国协和医科大学出版社，2019．

［5］商务部．2016 年药品流通行业运行统计分析报告．http：//www. mofcom. gov. cn．

［6］商务部．2017 年药品流通行业运行统计分析报告．http：//www. mofcom. gov. cn．

［7］商务部．2018 年药品流通行业运行统计分析报告．http：//www. mofcom. gov. cn．

［8］商务部．2019 年药品流通行业运行统计分析报告．http：//www. mofcom. gov. cn．

［9］王春晓．三明医改：政策实验与卫生治理［M］．北京：社会科学文献出版社，2018．

［10］詹积富．坚持政府主导　三医联动改革——三明医改实践分析．http：//ishare. iask. sina. com. cn．

课题负责人：杨珊华　中国医药集团有限公司总会计师，管理学博士，正高级会计师

主要执笔人：李晓娟　国药控股股份有限公司财务总监，高级经济师、注册会计师

课题组成员：李晓娟、丁燕、余剑、吴轶伦、丁茜

DRG 支付方式下医院成本管理现状及转型研究

一、引言

疾病诊断相关分组（diagnosis related groups，DRG），是指将病历按主要诊断、主要治疗方式、病情的复杂和难易程度、患者的年龄、性别、住院天数等因素，细致划分到各个组别当中。而按 DRG 支付是指以上述分组为单位制定付费标准。这种支付方式在规范医疗业务流程、控制医疗费用、提高医疗机构效率方面具有非常积极的作用。

2019 年 6 月 5 日国家医保局、财政部、国家卫生健康委、国家中医药局联合发布《关于印发按疾病诊断相关分组付费国家试点城市名单的通知》："确定了 30 个城市作为 DRG 付费国家试点城市""各试点城市及所在省份要在国家 DRG 付费试点工作组的统一领导下，按照'顶层设计、模拟测试、实际付费'三步走的思路，确保 2020 年模拟运行，2021 年启动实际付费"。

在 DRG 医保付费结算方式将要广泛推行的大背景之下，医疗费用管控的责任转移到各公立医院的同时，也加大了公立医院的财务风险和管理压力，多年来医院已经习惯了按项目收费的运行模式，由于项目收费无费用封顶限制，临床诊疗行为较少考虑疾病治疗的经济性和效率，那么随着支付方式的转变，医院也亟须转变管理方式，加强成本管理，从原来的粗放式管理向精细化管理转变，从外部扩张业务向加强内涵建设转变，探索在限定诊疗费用上限的情况下，既保证医疗质量，又能够增收节支。本文围绕 DRG 支付方式下将会对公立医院产生哪些影响，医院应如何通过成本管理策略转型来应对未来支付方式的转变，达到医院可持续发展、患者负担可减轻、医保支付可承受的共赢局面。

本文具有如下两个方面的研究意义：

1. 为医院应对 DRG 的支付方式做好准备

DRG 支付方式不同于传统的按项目结算方式，医保支付方式的变化会对医院的收入、成本、质量安全、患者满意度以及预算、绩效管理等方面均产生影响，医院将面临成本管理压力增大、医疗风险管控难度增加等一系列问题。因此，提前摸清现状，了解医院目前成本管理的薄弱环节，未雨绸缪，将未来支付方式的变化所带来的影响与挑战提前预计，早做打算，做好医院的成本管理规划工作，以使医院能够平稳过渡到新的结算方式中，保证医院的各项工作平稳运行及可持续发展。

2. 为医保部门制定 DRG 支付标准提供依据

目前的 DRG 支付标准是以医疗费用为参照确定的，但是由于医疗服务领域存在着收费结构不合理、项目价格不能真实反映医疗服务成本的情况，基于费用计算的支付标准可能会偏离实际成本。医院通过 DRG 成本核算及分析，能够科学地确定诊疗患者的实际资源消耗情况，为医保部门科学合理地确定支付标准、动态调整支付标准提供数据支持，既起到控制医疗费用的作用，又不会因得不到合理补偿而影响医疗机构的正常运转及发展。

二、DRG 国内外应用情况

（一）国内外 DRG 支付方式的应用情况

1. DRG 支付方式的起源及在美国的应用

关于 DRG 的起源，可以追溯到 20 世纪 20 年代医疗服务当中的一个实际问题，即"如何比较出医疗服务提供者的优劣以便做出适当的选择?"这个问题在当时是难以回答的，因为不同的医疗服务提供者之间收治病人的数量和类型不同，难以直接比较。在随后的探索中，"病例组合"（case - mix）这个概念应运而生，它将临床过程相近和（或）资源消耗相当的病例分类组合成为若干个组别，组与组之间制定不同的"权重"（weight）来反映各组的特征，因此同组之间的病历便可以直接比较了，不同组的病历经过权重的调整也可以进行比较。1976 年，耶鲁大学学者经过近 10 年的总结和研究，对取自新泽西州、康涅狄克州及宾夕法尼亚州共 70 万份出院病例进行总结，提出了 DRG 理论。美国 DRGs 的初衷并不是将其用来付费，而是把它作为现代医院精细化管理工具，对保持医疗质量及推动医院间评估起到一定的作用。

1965 ~ 1980 年，美国的医疗总费用由 139 亿美元增长至 996 亿美元，增长比率高达 616.55%；卫生费用占 GDP 百分比从 2% 增至 3.8%（Health and Security，2000）。为控制医疗费用的快速上升，1983 年美国通过了《社会保障法》修正案，正式采用 DRG 作为住院费用的支付制度。疾病诊断相关分组（diagnosis related group）是通过对住院患者的年龄、性别、主要诊断、手术、合并症或并发症、住院时间和出院转归等病情和诊治内容进行分组，从而对各诊断组制定对应的偿还标准的一种方法（孙航等，2019）。美国实施 DRGs 付费后，在控制医疗费用增长方面取得了显著成效，医疗卫生费用增长率从 1983 年的 18.5% 左右下降到 1990 年的 6% 左右。从 DRG 诞生至今，美国的 DRG 经历了医疗保险 DRG、改良 DRG、全患者 DRG、严重程度 DRG、改良的全患者 DRG、改良的国际化 DRG 等 6 个主要阶段，已经成为医院的管理工具（郭富威等，2006）。

2. DRG 支付方式在国外其他国家的应用

英国于 1986 年开始对 DRG 进行研究，启动了卫生保健资源分类法。该分类方法起源于美国的 DRG - PPS，主要运用于医疗服务评价和卫生资源管理分析。经过多次修订，结合临床路径，适用范围可同时兼顾门急诊患者与住院患者，对控制英国医疗费用的增长行之有效（王珊珊，2018）。

1988 年，澳大利亚引进 DRG 付费方式；1991 年成立病例组合临床委员会，负责研究 DRG 病例组合；1993 年开发了基于美国的 DRG 系统的 AN - DRG。开始在维多利亚州试行，随后辐射至全国；1999 年，AR - DRG 取代 AN - DRG，并根据具体情况进行修正（崔涛等，2011）。澳大利亚采用的方式主要用于医院内部及医院之间的评估，经多年的逐步发展，建立了具有澳大利亚特色的 DRG 制度。

德国实施 DRG 付费起步稍晚，以澳大利亚 DRG 系统为基础，将 AR - DRG 完全转换为适合德国应用的 G - DRG 系统，并于 2003 年在部分医院进行试点，试点工作开展顺利。此后，德国花费了长达 9 年的时间将其稳定和推广，在缩短患者住院时间、控制医疗费用方面均取得了显著效果，不但没有因为费用和时间控制影响医疗服务质量，反而医院的成本管理和服务方面得到进一步提高。

3. DRG 支付方式在中国的应用

2009 年我国新一轮医药卫生体制改革以来，国家层面针对 DRGs 付费制度陆续出台了一系列的制度和要求。2015 年，《关于印发控制公立医疗费用不合理增长的若干意见通知》提倡按照基于疾病诊断相关组（DRGs）的预付费制度进行医疗保险支付；国务院办公厅《关于城市公立医院综合改革试点的指导意见》鼓励推行 DRG 付费制。2016 年，《“十三五”深化医药卫生体制改革规划的通知》明确指出要深化医保支付方式改革，提倡实行按疾病诊断相关分组付费，并逐步开展按 DRGs 付费的试点工作。2017 年 6 月，国务院办公厅下发《关于进一步深化基本医疗保险支付方式改革的指导意见》，提出探索建立按疾病诊断相关分组付费体系，并要求选择部分地区开展按疾病诊断相关分组付费试点，可以按照疾病诊断相关分组技术的分组相关数据作为各医疗机构诊疗成本和疗效测量的评价依据。2018 年 12 月 10 日，国家医疗保障局办公室发布《关于申报按疾病诊断相关分组付费国家试点的通知》，开始实行按疾病诊断相关分组（diagnosis related groups，DRGs）付费国家试点，这意味着我国将正式开始建立和推广 DRGs 付费体系。2019 年 6 月，国家医疗保障局确定按疾病诊断相关分组付费国家试点。2019 年 10 月，国家医疗保障局发布《关于印发疾病诊断相关分组付费国家试点技术规范和分组方案的通知》，意味着各试点城市在接下来实际落实 DRG 付费组的过程中，必须以统一的技术规范和分组方案为统一标准，再结合地方实际情况，制定本地的细分 DRG 分组。

从 DRG 支付方式在我国的具体实践来看，北京是首个成功将 DRG 本土化并将其应用到医疗保险支付和绩效评价实践中的城市。2008 年，北京市研发出适合中国医疗机构的诊疗模式和北京本地病案信息环境的 DRG 分组体系（Beijing-diagnosis related groups，BJ – DRG）应用于医疗服务质量和效率评价，以此促进各级各类医疗机构的管理水平；2011 年北京市医保部门选取BJ – DRG 中的 108 个 DRG 组，在北京的 6 家大型综合医院进行按疾病诊断相关分组预付费制度试点；2013 年开始在北京市远郊区医疗中心进行新农合试点，均取得良好成效。此后又先后出现了 CN – DRG，CR – DRG，C – DRG 等多个版本，主要侧重于医疗服务绩效评价、质量监管，在部分城市费用支付（见表 1）。

表 1　　国内 DRG 实践

机构	版本	组数（ADRG/DRG）	应用时间	应用范围	版本特点
北京医保协会	BJ – DRG	393 组/752 组	2008 年	12 省市	主要侧重于费用支付，兼顾医疗质量评价，充分反映了医保管理诉求

续表

机构	版本	组数（ADRG/DRG）	应用时间	应用范围	版本特点
国家卫健委基层司	CR－DRG	477 组/694 组	2013 年	7 省 15 市县	主要面向地市级和县级医院，充分反映了基层疾病谱的特点，适用于新农合支付和管理
北京市卫健委信息中心	CN－DRG	415 组/804 组	2008 年	29 省市近千余家医院	主要侧重于医疗服务绩效评价、质量监管，在部分城市费用支付，充分反映临床实际和需求
国家卫生发展研究中心	C－DRG	455 组/958 组	2017 年	3 省 5 市	创新覆盖全部疾病谱的临床诊断术语和 CCHI 为分组工具，由医生依据中国疾病谱制定分组，1 400 余家医院成本和费用数据测算权重，住院患者收付费一体化

2019 年国家医保局发布 CHS－DRG 分组方案，综合了各个版本的特点，实现了多版本兼容，同时也明确了 CHS－DRG 是全国医保部门实行 DRG 付费的唯一标准。

（二）DRG 成本核算在国内外的应用情况

1. 国外医院 DRG 成本核算及应用情况

国外的 DRG 成本核算主要服务于支付标准的制定。1979 年，美国基于成本数据对 DRG 成本标准进行测算，将医院基准成本中的医院总成本通过直接医疗成本和其他成本加总，其中直接医疗成本包括护理成本、辅助诊疗成本和医师服务成本。护理成本采用均数法，将各 DRG 组的总护理成本除以住院日总数；辅助诊疗成本的核算类似于护理成本，医师服务成本等于病例部门成本与医师成本乘积然后除以总成本。其他成本由间接医疗成本、资产相关成本等构成，采用分配率法（陈颖等，2013）。2001 年，美国医疗保险与救助服务中心公布了 DRG 成本核算模型，该模型中的主要参数包括历史成本数据为基础的 DRG 权重和费率。

澳大利亚在对公立医院服务进行分类的基础上，独立医院定价管理局对医院的各项服务开展成本核算。医院成本核算关注点在于为患者提供服务过程中的各种资源消耗和花费成本，从而为科学确定公立医院服务的全国指导价格提供确凿依据。为统一医院成本核算方法，提高数据的可比较性，独立医院定价管理局制定了统一的澳大利亚医院成本核算标准（australian hospital patient costing standards，AHPCS）（Marie J.，2002）。各医院成本核算工作完成之后，独立医院定价管理局每年将对来自全国范围内公立医院和私立医院的医院成本数据（national hospital cost data collection，NHCDC）进行收集、复核、分析及报告。NHCDC 通过收集整个澳大利亚卫生提供机构提供服务的成本数据，为确定全国指导价格（NEP）、建立基于医疗活动的筹资体系提供基础和依据（Independent Hospital Pricing Authority，2016）。

德国“医院赔付系统研究中心”基于 DRG 分组数据库和成本数据，负责 DRG 成本标准的制定，并确定 DRG 成本核算模型。模型中的关键参数包括 DRG 权重、平均住院天数和基础付费标准。关于 DRG 权重的确定，德国考虑了很多因素，包括疾病诊断、病情的严重程度、治疗方法、医院以及地区差异，经过统计分析进行计算。2003 年，德国基于 DRG 成本核算模型和相关数据信息制定了 664 个 DRG 组的成本标准。2007 年，采用同种病种成本标准一致的原则，德国开始在全国范围内实施统一的 DRG 成本核算（Busse R. et al.，2011）。DRGs 覆盖了资本成本之外的一切运营成本，如医生、护理、重症监护、医药、移植物、理疗、管理成本等。同时，对于过于复杂的疾病医院可以申请额外支付，这主要针对高级别的医院。

通过国外发达国家多年的 DRGs 成本管理的经验表明，DRG 支付方式兼顾了政府、医院及患者等多方利益，不同国家 DRG 支付方式在标准制定、成本核算等方面因国情不一而略有差异，但大多是通过建立统一的监管机构对 DRG 成本进行统一核算、监控与分析，以达到预期的管理目标：包括一定程度上控制医疗费用的不合理增长；提高医院的效率和产出率，加强医院经营能力及管理效率等。

2. 我国医院 DRG 成本核算及应用情况

我国在 20 世纪 80 年代末开始了对 DRG 的研究和探索，当前医院的 DRG 成本管理研究多从成本核算着手，核算工作是成本管理的基础，由于《医院财务制度》中并没有对 DRG 成本核算方法做出具体说明，因此有条件的医院均是根据自身情况及管理需要确定具有个性化的成本核算方案。目前医院采取的 DRG 成本核算主要是参照病种成本核算方法进行。归纳起来，其中一个大原则是能够直接归集到 DRG 病组的成本，如药品、卫生材料成本直接计入；不能直接归集到病组的成本可以通过科室成本、项目成本、服务单元成本费用率3种途径来进行计算计入。

（1）基于科室成本的DRG核算。基于科室成本的DRG核算是指除药品、卫生材料等能够直接计入病组的成本外，其他成本是由科室成本通过一定的分摊参数分配到病组成本中。这种方法开展起来相对较简便、容易，医院只要有科室成本核算的基础和一定水平的信息化水平即可实现，从科室成本直接到病组成本，成本溯源更清晰，但需要注意分摊方法及分摊参数的选择是否合理，否则将影响成本计算的准确性。同时，有条件的医院也可根据实际情况对核算方法进一步改良与细化，如对操作流程相对标准的医技科室开展项目进行项目成本核算，从而使计算结果更加精确（见图1）。

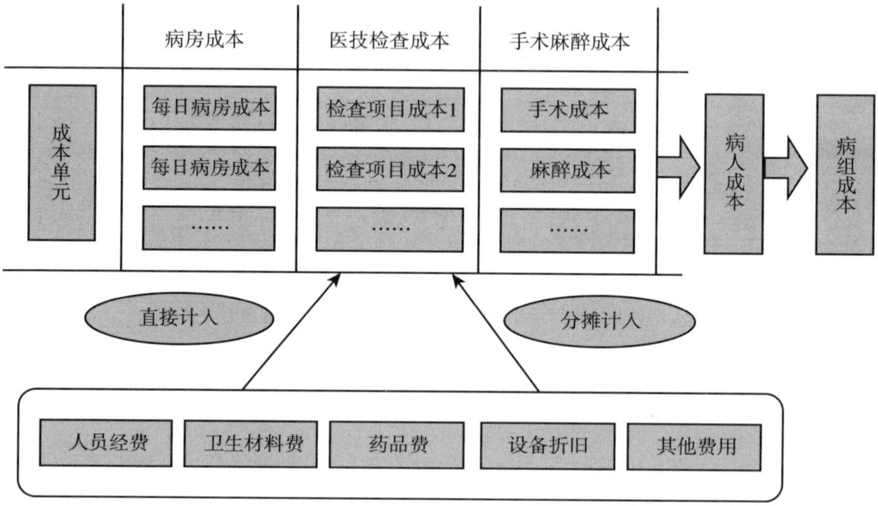

图1　基于成本发生地进行成本归集的DRGs核算模式

依据病人诊疗发生地点分为病房成本、医技检查成本和手术麻醉成本，地点成本相加得到病组成本。每一地点成本又包括人力成本、卫生材料、药品、资产折旧和其他成本，各项成本的归集遵循能够直接计入的直接计入，不能够直接计入的，根据不同地点的医疗服务特点选择适合的分摊系数进行成本分摊。将临床路径中所发生的医疗护理工作内容按照发生地点进行归集，这样既能够明确临床路径中的医疗责任，也有利于明确成本责任。

病组总成本＝病房成本＋医技检查成本＋手术麻醉成本

病组例均成本 = 病组总成本/病例数

（2）基于项目成本的 DRG 核算。通过项目累加计算 DRG 病组成本是目前大多数开展病种核算的医院普遍所采用的方法。采用项目累加的计算思路是一致的，但在具体项目成本核算时所采用的方法各家医院又区别很大。主要包括项目收入比法、作业成本法以及点数成本法。

①收入比法。项目收入比法即以项目收入在科室收入中的比重为分摊系数，将科室成本分摊到项目中去。

某医疗服务项目总成本 = 该项目医疗收入/（科室医疗总收入 - 单独收费卫生材料收入 - 药品收入）×（二级分摊后的科室总成本 - 药品成本 - 卫生材料成本）

某科室医疗服务项目单位成本 = 该项目总成本/该项目工作量

这种方法操作简单，但只有在项目收入与成本消耗是呈正比例关系的情况下，计算结果才相对准确。而现实情况中，目前还有部分项目成本是与价格相背离的，因此采取这种方法计算时，建议对成本收入倒挂的项目作特别处理。

②作业成本法。作业成本法（activity-based costing，ABC）是一种最先产生于 20 世纪美国的先进成本管理思想与方法，因在分配间接成本的科学性、成本控制的有效性方面作用比较突出，费峰、葛人炜、李林贵等先后将作业成本法理论引入医院，用于医疗服务项目的成本计算。以“服务项目消耗作业，作业消耗资源”为指导思想，依据医院的医疗业务流程和财务数据，归集项目直接费用，以成本动因作为间接费用的分配依据，采用各自不同的分配标准，追踪资源消耗过程，分配计算项目间接成本，提高成本的可归属性和成本信息的客观性。

陈民（2016）运用作业成本法计算并分析了内分泌科医疗服务项目成本与盈亏，据此对医疗项目成本管理提出改进建议。陈良将（2019）梳理超声科作业流程，采用人员成本动因率和设备成本动因率双因素驱动方法，核算科室医疗服务项目成本，揭示产能利用效率，具有较大的参考价值。易颜新等（2019）采用 TDABC 计算肾内科手术服务项目成本后发现，TDABC 成本低于传统成本法计算的项目成本，基于 TDABC 的医疗项目成本核算方法更为准确，能发现成本与定价的不适配问题，有利于医院成本管理和正确决策。

医院应用作业成本法进行 DRGs 成本核算，其关键在于作业的划分及成本动因的选择，医疗服务项目本身科学划分作业流程就是一个难点，有些项目的操作流程需要依据患者的具体情况而定，难以形成标准统一的作业流程，同时管理者要对医院内部运营特征、各医疗服务流程及资源消耗特点的准确把握，需要高质量、精细化的数据支持，对医院的各项管理要求较高，因此应用作业法的项目目前多局限于放射科等作业流程相对简单的科室。

③点数成本法。应用分项点数法即在科室成本四类二级分摊后（扣除药品费及可单独收费的卫生材料费），综合考虑项目的物质消耗（包括不可收费的一次性材料和低值易耗品，以及设备折旧、能源耗费等）、人力消耗及耗时、技术难度和风险程度，测算各医疗项目的分项点数，形成项目之间的比价关系，计算出各医疗项目的实际单位成本（夏培勇等，2020）。具体步骤为：首先，建立科室成本核算单元，可细化到专业组，同时设立各核算单元的一级成本项目和二级成本项目；其次，建立医疗项目一级点数库，分别与二级成本项目相对应，如人力成本点数库包括工作时长、技术难度、工作人数、人员职级等；再其次，计算医疗项目二级点数库，它是科室成本向项目成本分摊的最终权重，根据一级点数与服务例数的乘积确定；最后，将科室各项二级成本项目根据二级点数分摊到各项目中，计算出成本（见图2）。

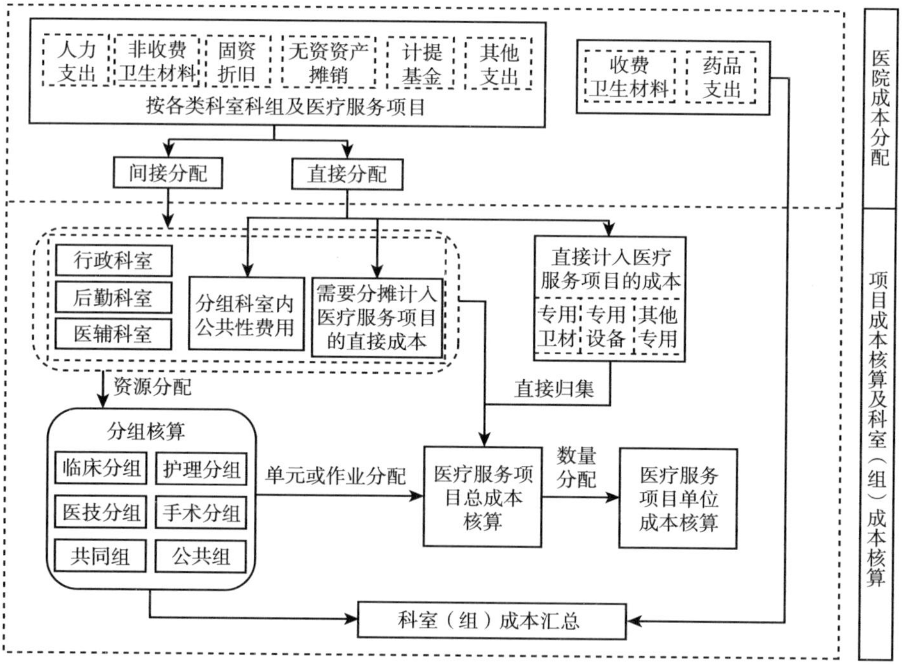

图2　点数成本法下科室成本和项目成本核算流程

点数成本法相比作业成本法要操作简便些，减少了划分作业流程这项工作，同时在项目人力成本核算时考虑了技术难度和风险系数，使人力成本分配更加科学合理。但要想核算精细，需要对每个项目中医生、护士的配备人数、服务耗时、设备使用、材料消耗等进行详细的调查，数据采集工作量较大，需要临床、医技科室人员的配合及信息系统的支持。

（3）基于服务单元成本费用率的 DRG 核算。利用医院患者病案首页费用记录的服务内容，将所有医疗服务项目按“大类概括、逐层细化”的原则进行大类分组，呈现资源消耗相近的服务单元，确定服务单元的费用与发生这些费用的实际成本进行比较，计算出服务单元的成本费用率，各服务单元的成本费用率 = 该服务单元消耗的成本 ÷ 该服务单元产生业务收入（即对应的医疗费用）。最后依据成本费用率和病案信息，计算出各病种组成本、收益、收益率（刘雅娟等，2020）（见图 3）。

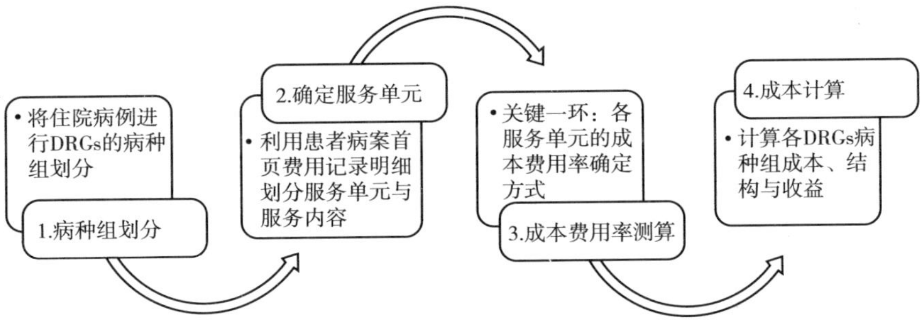

图 3　基于服务单元成本费用率的 DRG 核算流程

这种方法减少了在按病种收付费改革背景下项目成本的分摊过程，有效规避了复杂烦琐的几千项医疗服务项目成本一一核算清楚的工作，通过对大量病案数据的分析，可以提供一定区间内较为合理的病种成本数据，应用性强。同时能够满足医院内部管理实际需求，具备较好的拓展性（宋雄等，2020）。但服务单元成本费用率的计算未划分门诊、住院，且所有病组资源消耗均采用同一成本率，未考虑病组间在各医疗服务项目的消耗及技术风险难度等方面的差异性。

这三种思路各有优缺点，具体到科室成本、项目成本、服务单元成本费用率的计算方法又可细分为多种方法，其应用条件和基础各不相同，在一定程度上代表了不同管理基础的医院根据自身实际情况所做出的具体选择。总之，我国尚未探索出 DRG 成本核算的普适性方法论。

（三）我国医院 DRG 成本管理情况

除成本核算外，DRG 支付的应用对医院成本管理提出了新的要求，针对成本核算的结果如何进行成本管理以有效地提高医院管理效率，也是公立医院面临的重要问题。成本管理是指企业在营运过程中实施成本预测、成本决策、成本计划、成本控制、成本核算、成本分析和成本考核等一系列管理活动的总称。对于医院来讲，同样需要关注事前（成本预测、成本决策和成本计划）、事中（成本核算）以及事后（成本分析与考核）成本全周期的控制活动。

郭勇（2018）指出从 DRG 模式的医疗费用支出方式研究，到基于 DRG 思路的医院亏损原因分析以及医院绩效管理和内部控制，探索方向越来越广。王珊珊（2018）提出依托决策树模型确定病例分组，制定基于 DRG 成本分析报告，通过分析报告结果实现成本控制作用，并将 DRG 成本管理体系与预算管理、绩效考评有机结合，合理分配医疗资源。李琼、刘昌盛（2019）建立了一套 DRG 与 ABCM 相融合的医院成本管理体系，利用作业成本法的思想进行战略决策，通过与实际成本进行差异分析，找出合理控制和节约成本的空间。刘雅娟等（2019）按照 DRG 分组规则划分病种组，利用病案首页费用信息确定服务单元，结合成本动因测算各服务单元的成本费用率，根据各单元发生费用和成本费用率计算各病种组的平均成本，同时，利用病种成本核算结果数据，开展了病种收益情况和成本结构分析，不同科室、不同难度系数病种成本和收益分析，为医院内部运行管理提供了重要参考。由于核算是管理的基础，DRG 核算的数据不够准确且不充分，所以关于医院在此核算下的成本管理研究文献较少，而且多停留在理论层面，少有结合实际医院案例的研究，只有少数发达地区的三甲医院开展了 DRGs 付费方式试点工作。

总体来说，我国在 DRG 支付方式以及 DRG 成本管理等研究方面均取得了一定的理论成果，但多着眼于结合医院的现实情况的局部研究，尚未形成事前、事中、事后的全过程成本管理体系，缺少应用步骤与应用有效性的研究，且医保部门只将 DRG 作为一种付费方式进行推广，少有医疗机构将 DRG 作为成本管理手段。在我国医药卫生体制改革进程不断推进的情况下，进行 DRG 支付模式下医院成本管理研究具有重大的理论和实践意义。

三、国内公立医院 DRG 支付方式下的成本管理调研

本文研究的落脚点是在 DRG 支付方式改革背景之下，分析公立医院成本管理现状，提出应对支付方式改变的切实可行、有实践意义的方法及对策。为使对策能够满足公立医院成本管理需要，具有较强指导性，本文通过调研公立医院管理现状、成本管理工作中面临的问题与挑战，借鉴其先进经验和实践案例，旨在提出以供行业借鉴与应用的 DRG 支付方式下的公立医院成本管理方案。

（一）公立医院成本管理现状的调研

本文共选取 8 家公立医院作为调研对象。其中，5 家北京地区医院，3 家京外医院；6 家三甲综合医院，2 家三甲专科医院。

1. 医院成本管理组织结构一定程度上体现了医院对成本管理的重视程度

在调研的 8 家公立医院中，有超半数医院形成了以院长为组长，分管院领导为副组长的成本管理工作领导小组（决策和监督机构）、设在财务处的成本管理工作办公室（领导小组的日常办事机构）以及其他部门职责（基层机构）的三级成本管理组织架构，负责全面推进和落实医院的各项成本管理工作。其他医院未在财务处设置专职成本核算员级次，未形成全院联动的组织体系。医院成本管理组织结构的定位高低，一定程度上也反映了医院对成本管理的重视程度。

2. 科室核算基础较好，DRG 核算仍在探索中

8 家调研医院全部开展了科室成本核算，已形成了较为完善的科室成本核算体系，能够保证成本核算数据的准确性、及时性、高效性，为管理层了解医院经济运行状况、决策及资源分配提供了信息基础；4 家综合医院已初步完成项目成本核算的总体框架建设、核算体系建立以及业务数据收集与加工处理工作，并在部分科室对具有运用价值、代表性强的项目开展了项目成本核算试点工作，但并未涉及所有医疗服务项目。由于 2021 年将推行的国家标准 DRG 政策尚未落实，政策的执行细节存在不确定性，各家调研医院在病种及 DRG 成本核算方面均处在探索研究阶段，多数医院都在根据自家医院现行 DRG 支付方式实际应用情况制定 DRG 成本核算方案，拟在项目成本核算的基础上，采用项目叠加法对病种和病人成本进行核算，但会受到项目成本

核算进度的制约。专科医院由于学科少，专业性强，更容易将成本管理工作做精做细，而大型综合性医院由于业务复杂、病种繁多，成本管理工作难以做到面面俱到。

3. 医院均提出要开展 DRG 成本管理，必须要提高精细化管理水平的诉求

医院都迫切希望从过去粗放型管理模式，扭转至集约型、精细化的管理模式。从宏观层面（全院、全科等）逐步细化到微观层面（诊疗项目、病人、设备等）。在服务全流程的层面，要从各流程、各环节的成本管理上入手，为医院管理层提供更为科学的量化数据，使他们面临成本控制和效益提升的问题时，能够快速精准地做出决策，实现资源高效配置与流程的有效运转。

4. 各医院成本信息化建设水平与进展不同，软件功能与定位不同

4 家调研医院依托 HRP 系统，通过连接 HIS 系统、账务系统接口采集数据，归集临床、医技、医辅和行政后勤 4 类科室发生的、能直接计入各科室或采用一定方法计算后计入各科室的直接成本，建立基础成本数据库，开发成本分摊模块，主要用于 4 级成本分摊，进行成本核算；1 家医院应用成本核算系统，用于科室成本分析、绩效考核等内部管理，不作为对外报送报表使用，该系统收入数据直接与 HIS 系统接口，成本数据取自会计账，但部分成本数据需科室报送，如供应室的消毒成本、复印室的复印费，由医院内部价格计算得出，单独导入成本核算系统，工作量数据由相关科室通过成本核算系统报送；1 家医院尚未应用信息化软件进行成本核算，每月固定时间通过数据接口采集 HIS 系统、财务系统、物流系统、固定资产系统等数据，仍停留在人工采集数据进行成本核算阶段。

5. 成本信息有所应用但多为事后评价

4 家调研医院根据 2013 年 1 月 8 日北京市财政局、卫生局联合发布的《医院成本核算办法》，按照指标的比较方法不同，采用比较分析法、趋势分析法、比率分析法、因素分析法、收支平衡分析法、量本利分析等方法进行成本分析；1 家医院根据财政部发布的《管理会计应用指引——成本管理》中的目标成本法、标准成本法、作业成本法、变动成本法，将以上管理会计方法运用到医院实际工作中，进行了探索和创新。各家医院成本数据分析方法受医院实际管理水平影响不尽相同，但各家医院在一定程度上均将成本分析结果应用到医院的运营管理中。

在 DRG 支付方式改革背景之下，疾病的诊疗费用有了上限约束，医院不能通过增加服务项目来增加收入，必须要适应支付方式所带来的影响和变化，由原来的做大做强，收入扩张转变为做精做细，成本管控，实施精细化、精准化的成本管理，在医疗质量、社会公益性以及医院可持续发展中寻求平衡。

（二）成本管理工作中面临的问题与挑战

本文从分析 DRG 支付方式的变化对医院预期带来的影响，以及医院目前成本管理工作未开展或开展不理想的原因入手，总结医院成本管理工作中面临的问题与挑战。

1. 国家相关政策方面的问题

（1）在医保政策方面，《国家医保局　财政部　国家卫生健康委　国家中医药局关于印发按疾病诊断相关分组付费国家试点城市名单的通知》指出，各试点城市要按照国家制定的 DRG 分组技术规范的要求，在核心 DRG（A – DRG）的基础上，根据当地实际，制定地方 DRG 分组体系和费率权重测算等技术标准，但目前地方尚未出台具体的分组体系及支付标准，医院暂时无法进行模拟分组测算，并与收费水平进行对比分析。

（2）在国家标准 DRG 推行政策方面，由于 DRG 分组方案采用的是国家医保版 ICD – 10 疾病诊断编码以及 ICD – 9 – CM – 3 手术和操作编码进行分组，对于中医诊疗病种及精神科病种基本未涉及，使得相关专科医院如何推行及开展 DRG 成本管理，无指导性的政策文件可以依据。

（3）在医疗服务项目规范政策方面，全国各地区使用的版本和收费价格并不统一。北京市经过 2017 年医药联动综合改革和 2019 年医耗联动综合改革后，正逐步向全国医疗服务项目价格规范 2012 版过渡中，服务项目既包含原有旧版本的项目，也包含 2012 版的新项目，由于各地的医疗服务项目名称、内涵、价格标准并不完全统一，因此通过项目成本累加计算病组成本在全国范围行业内进行比较，较为困难。

2. 支付方式的变化可能会带来医院管理风险的增加

DRG 支付方式在控制医疗费用的不合理上涨，提高效率、促进分级诊疗以及医院间的绩效考核方面具有积极的作用，医院还需要避免为提高收费而出现的诊断升级，为降低成本而出现的治疗不足，为规避入组结算而向门诊转移费用等情况。因此，在医疗质量与成本效益中医院需要下更多的力气来权衡与选择。如果过于关注成本，可能会以牺牲医疗质量为代价，从而造成患者满意度下降甚至医疗纠纷增多，影响医院的声誉从而影响医院的长远利益，但过于关注医疗质量而不考虑成本问题，又可能使医院入不敷出，不能可持续发展。

3. 目前医院DRG成本管理开展不理想的难点问题

（1）医院DRG成本核算基础薄弱，尚不能满足成本管理的要求。

首先，受管理精细化程度所限，DRG成本数据难以准确采集。一是数据冗杂。成本核算过程中发现许多系统中的数据未统一管理，导致数据冗杂，无法满足分析或计算需求。比如高值耗材材料库中出现“脊柱内固定系统”“脊柱内固定系统—椎版成型系统”等，由于材料品名、规格不同造成数据量大，无法简单分类汇总。二是数据口径不同。不同部门的管理系统仅为满足各自部门需要，导致数据口径不同。如人事部门管理的人员考勤信息以考勤单元为基础，财务部门的人力成本数据以核算单元为基础。如人力成本核算系统和考勤系统脱离，一旦人员发生变动，则成本核算缺乏依据。三是数据的准确性。有的医院各个系统联系程度小，数据无法实现共享，容易造成资源利用率低下。系统间数据不能进行对接，通常需要手工的方式导出数据，数据准确率、传送率及工作效率大幅度降低。四是数据缺失。成本信息在从科室向财务部门传递的过程中会清洗掉相关的业务信息。例如，机器工时、人工用时等业务信息是在各科室分别记录的，而在成本信息传递的过程中，这些业务信息被清洗，传递到财务部门的只是以货币为单位的财务信息。因此，财务人员只能对财务信息进行简单的归集和计算，无法看到财务数据背后的业务信息，进而难以实现成本的精确计算。

其次，成本核算方法在实操中存在难点。就目前的管理现状看，直接成本中人员成本核算不够准确和精细，由于人工成本具有专业性强、复杂程度高等特点，以医护人员来说，每位医护人员每天进行的工作是非标准化的，比如门诊、手术、查房、科研、教学等工作，而且医护人员与病人之间往往是多对多的交叉网络关系，同一医生对不同疑难程度的病人诊治所花费的成本也不是简单可以通过时长来衡量的，如果仅用工时来分摊人工成本，那么势必造成计算的偏差。但是，如果要求医院在成本管理时，充分考虑到每一位医护人员和每一件工作的价值差异，将人工成本进行事无巨细的拆分和计量，那也是非常不现实的，同时也是不经济的。在间接成本的分配环节，科室成本中的公用成本、医疗辅助成本、管理成本分摊系数设置不尽科学合理，在为临床医技科室的直接服务中产生的间接成本需合理确定分摊原则，如消毒供应中心服务、药库药房服务、设备维修服务、供气供氧服务等以及院办、后勤、医务、科研、护理、安保等管理费用。因此，需要仔细分析每项间接成本的服务对象，合理进行内部定价，找出有代表性的参数作为分配系数，并不断改进与调整。在实际分摊过程中，因各方面影响因素导致摊销金额不能准确落实到科室，无法明确核算单元进行分摊的金额则统一归并到全院公共成本，导致科室实际成本大于成本报表所反映的核算成本，影响核算结果准确性。

（2）成本核算尚在完善之中，成本预测、分析及考核应用较少。前述 DRG 成本核算中存在的问题，导致成本数据在准确性、完整性、及时性方面存在欠缺，导致不能很好地服务于成本预测、分析及考核。成本数据没有与临床的业务端连通细化到具体的诊疗环节消耗，导致无法准确找出成本核算数据背后的可控点从而进行有效的成本控制，为成本控制带来阻力。目前公立医院普遍存在“财不知业、业不懂财”的问题。财务部门往往仅聚焦成本核算本身，无法获取业务信息，未能深入了解医院业务工作，看不到数据背后需要解读的业务内容，更难以基于成本管理数据提出医院运营管理建议。同时，业务部门的工作人员较少了解财务部门可以提供什么服务，也较少关注财务部门对业务部门的协作要求，无法根据财务信息调整自己的行为。“业财融合程度差”直接影响了成本分析的精度与数据应用的广度，降低了成本数据对医院管理决策的有用性。

（3）成本管理意识不足，部门间缺乏协同配合，导致成本管控难以落实。成本管理工作不仅仅是一项财务工作，更是一项全院、全员参与的工作，是一项综合性很强的系统工作，成本反映的是资源的消耗，而围绕病人所产生的资源消耗发生在医院各个部门的各个操作环节，部分公立医院成本管理组织结构定位偏低，成本责任落实不到位，成本管理组织的执行力不足，部门间沟通协调不畅，由于没有形成自上而下一体联动的组织形式，导致成本管控推动无力，无法联动落地。

（三）成本管理工作转型策略

1. 成本管理组织机构由财务部门单打独斗转变为全院全员共同参与的组织体系

成本管理工作涉及医院的每个部门，虽然成本核算工作主要由财务部门承担，但成本管理责任是落实到医院各部门甚至每个人身上的，因此应当建立有序的成本管理组织体系，形成自上而下统一领导、分工明确、责任明晰的管理架构，为成本管理的有效实施打好基础。

首先，医院成立由院长为组长，总会计师（或主管经济工作的副院长）为副组长的成本管理工作领导小组，成员包括财务、人事、信息、后勤、器材、医务、护理、统计等相关部门负责人。领导小组是成本管理的决策和监督机构。其次，在医院成本管理工作领导小组下设成本管理工作办公室，作为成本管理工作领导小组的日常办事机构，一般设在财务处。最后，在医院各科室确定兼职成本核算员，有条件的科室也可指定人员负责成本管理工作。三级成本管理组织机构的建立有利于加强部门间的沟通与协作，推动成本管理措施的有效实施。

2. 从科室成本核算推进到 DRG 成本核算，指导医院成本管控提供数据支持

目前，公立医院全面开展 DRG 病组成本核算的不多，成本核算样本数据量小，核算方法也不尽一致。通过调查我们发现各家医院的条件和基础各不相同，一家医院的做法很难整体复制到其他医院，因此想要确立一个标准化的、统一的 DRG 核算方案能用到所有公立医院是不现实的，短时期内，还是会维持各家医院根据其自身成本管理重点、医院的管理目标及成本信息需求来制订相应的成本管理方案，这里可以分几个层级，如只开展科室成本核算的医院应如何管理，开展科室成本核算、部分开展项目成本核算的医院如何管理，已开展科室、全部项目及部分病种核算的医院又应如何管理，以此层层推进，分别提出相应的解决方案，并通过逐步完善基础数据和核算方法，提高核算层次从而提升管理水平。

国内医院病种成本核算方法主要包括以下三种：基于科室成本的二级分摊法、基于项目成本的项目叠加法、基于费用的成本费用比法。此三种方法的实质均是通过医疗服务项目成本、药品和卫生材料成本三者的叠加，操作关键节点都在于医疗项目费用和成本的转化上。基于项目成本的项目叠加法数据精确度和管理价值均最高，但实施门槛较高，医院需要有成熟的项目成本核算体系，信息化程度要求高；二级分摊法和成本费用比法，基础数据均源于科室成本核算，两者操作难度均低于项目叠加法，在具体操作层面上医院也均需要根据自身的数据基础适当简化或细化相应的核算单元和分摊参数。

以上三种方法在核算中均存在一定优势与局限性，医院可根据自身成本管理发展阶段和能力选择适宜的方法。各类方法在未来医院大数据的积累和支持下，可进行更多的验证。

3. 从历史成本向目标成本、标准成本管理扩展

医院的成本核算目前大多是基于历史成本进行计算，用于分析与评价，考核对象多为科室。DRG 付费的模式下，核算对象为患者，对于患者诊疗成本，事后评价往往成本已经发生无法进行干预，因此成本管理需要从事前开始，使得管理者的管控视角得到前移，在患者入院之初就做好成本计划，并在诊疗过程中实时监控成本消耗情况。

在医院整体预算管理层面，可增加 DRGs 病种相关的编制标准和任务。各临床部门、科室应先明确自身开展的医疗业务所涵盖的 DRGs 病组支付费范围，从而测算下一年度科室内各 DRGs 病组所消耗的人员、药品、卫生材料、设备等各类成本资源消耗总量。该预算数据以临床路径为基础，使医院的预算目标具有一定的科学性和准确性。同时应将 DRGs 成本预算作为成本控制的标准，发挥其在成本管控中的约束作用。例如，对医疗服务实际执行中药品或耗材使用与成本预算之间的偏差进行原因分析，对不合理的支出予以纠正，期末进行成本预算分析和绩效评价。

在具体业务层面，医院可根据支付价格，确定目标成本，以价格为导向，将诊疗成本控制在支付价格范围内，提高成本管理的效率和效果，也可通过临床路径制定合理可行的标准成本。通过比较标准成本与实际成本，揭示差异动因，实施成本控制。

4. 成本考核要从经济性向兼顾风险与技术难度转变

目前在管理实践中经常运用的 RBRVS（以资源为基础的相对价值比率）考核工具，可有效地与 DRGs 病种成本管理结合使用，以技术难度为导向合理评价医务人员的劳动价值。基于 DRGs 绩效管理的实施中，将为绩效目标设定设立更加科学直观的指标。例如，科室或个人的成本控制程度、资源使用效率、与 CMI 等技术难度结合的指标。员工可以绩效目标设定值为工作依据，努力实现个人的价值。绩效考核的前后，应加强绩效沟通与反馈，包括上下级的沟通、医院与科室间的沟通，使得绩效管理得到全员参与认可，并对医院考核内容进行动态调整。医院通过建立日常审核体系和年度考核制度，设置成本管理控制的相关指标，发挥 DRGs 促进医疗服务标准化的优势，实现改革的平稳推进。

5. 成本信息化建设要向业务财务一体化转型

医院的信息化建设需要做好以下几项工作：一是加强顶层设计和规划，完善系统之间的数据对接，提升整体信息化建设水平和协同运作效率，协助临床管理和管理层决策的制定。根据 DRGs 收付费的要求，改造电子病历系统和病案系统，为医院实行 DRGs 付费后的成本核算提供有效保证。二是建立从患者入院到出院的全流程成本管理体系。患者入院即可根据其入院诊断预判断入组情况、DRG 费用情况。患者在治疗过程中，按照标准化临床路径，控制各类成本。当治疗方案变化、出现差异时调整分组以及目标成本。患者出院时，可计算当前成本与支付标准的价差，判断单个患者成本收益率。三是医院需要建立 DRG 成本核算与分析系统。包括基础数据的收集与集成（包括病案首页数据、人员库、材料库、设备库等各类数据的集成）、基础数据的治理、制定基于资源动因及作业动因的分摊规则、科室调研并基于临床路径填写成本资源消耗数、根据 DRG 分组器分组结果计算 DRG 病组成本。并且，系统能形成细致的数据帮助医院扬长避短，不断提高成本管理水平。四是加强对财务信息化人才的培养，对财务信息进行系统性管理，确保财务信息的规范性和准确性。财务工作人员在熟练掌握 HIS 系统、财务信息系统的基础上，了解其他相关业务流程，逐渐实现对医院信息资源的精确整合与共享，提高财务信息的使用效率，以更好满足 DRG 成本核算需求。

（四）成本管理应用案例示范

1. 目标成本法的运用

某医院以单病种收费为契机，开展了一系列目标成本管理工作。以“双侧甲状腺全部切除术”为例，在对某月 19 个患者数据进行分析后发现，按项目付费时，医院平均医疗收入可达 34 652 元，其对应的平均实际成本为 33 942 元（见表 2）。该病种付费标准为 17 500 元，如仍然按照以往成本执行，则每例“双侧甲状腺全部切除术”患者医院都将面临亏损。在此情况下，医院管理部门组织甲乳外科、药学部、手术室、麻醉科等相关科室开展了目标成本测定工作。严格按照临床路径管理规范，将成本划分到临床及医技科室，实行定额管理。通过定额控制，该病种成本为 16 237 元，低于目标成本 17 500 元。

表 2　　“双侧甲状腺全部切除术”单病种收费及项目付费对比　　单位：元

患者费用类别	单病种付费模式	项目付费模式	
	科室定额	定价标准	实际成本
药品费	2 559	9 202	9 081
材料费	2 411	13 131	12 474
化验费	1 001	1 418	889
检查费	1 481	2 062	1 432
手术费	3 356	2 923	2 616
麻醉费	1 812	1 815	1 330
病房治疗护理等	3 616	4 102	6 119
总计	16 237	34 652	33 942

2. 标准成本法

标准成本法是以标准的临床路径为基础核算的项目和病种成本。通过比较标准成本与实际成本，揭示差异动因、实施成本控制、评价经济业绩。在 DRG 数据的分析过程中，该院发现针对同一 DRG 组，如 BB25 其他开颅手术，不伴有并发症或伴随症，不同医疗组时间消耗指数相差较大，费用消耗指数也相差较大，且费用结构不尽相同（见图 4）。在此情况下，基于临床路径建立标准成本意义重大。

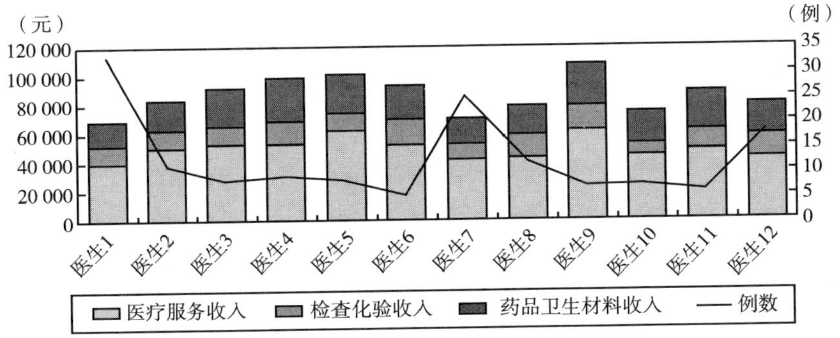

图 4　BB25 其他开颅手术，不伴有并发症或伴随症各医疗组 DRG 费用情况

3. 作业成本法

作业成本法是以医疗作业流程为基础核算项目和病种成本。它是医院将资源费用准确分配到每个服务活动、项目、病种等成本对象的一种成本计算方法。有助于深入了解成本动因，强化成本控制。

2019 年某医院手术室使用紧张，主刀医生工作量大。为提高手术室的周转，减少患者等候时间，提高医护人员的工作效率，医院对“手术患者划刀前作业流程”进行了梳理，并测算了该作业流程下人员成本。该项作业耗费人力成本 1 120.25 元（见表 3）。

表 3　　手术患者划刀前作业流程

序号	作业流程	时间消耗（分钟）	人员消耗	人力成本（元）
1	手术室护工到病房，与病房护士一起过床	10	护士 2 名	48.33
2	进入手术室门口等待，巡回护士确认患者正确、静脉通道是否建立、是否需要尿管，是否备血，确认有无手术中用特殊药物等	30	护士 1 名	72.50
3	护理整理前台器械、打扫清洁	10	护士 1 名	24.17
4	麻醉师核对心电图、胸片等结果，核对后与手术医生一起开始麻醉过床	15	医生 2 名	153.25
5	四肢手术，麻醉师先行神经阻滞，再行喉罩	60	技师 3 名	731.00
6	与手术室护士、麻醉师、手术医生一起摆体位	10	护士 1 名 医生 2 名	91.00
合计				1 120.25

在新增医疗服务价格申报中，医院针对该项体现医务人员劳务的服务提出新增服务项目申请。经过专家论证及审批，对手术前每体位安置技术给予了价格补偿。如“俯卧位安置技术”每体位项目定价为 146 元。虽远低于该作业的成本价格，但在一定程度上弥补了该项目服务的人力付出。

4. 变动成本法

变动成本法是以盈亏平衡点为导向的成本控制方法。根据成本与业务量的相互依存关系，分析固定成本、变动成本的构成，寻找盈亏平衡点。

变动成本主要应用于各科室的工作量分析中。根据医院成本属性，将成本分为固定成本与变动成本。在一定时期、一定业务范围内，成本总额相对固定，不受业务量变动的成本项目，如工资、固定资产折旧费、无形资产摊销费、大型设备维保费、物业管理费等归集为固定成本。固定成本的产生由资源配置决策决定，能发挥规模效益作用。而日常运营活动中产生的，在一定时期、一定业务范围内，其总额随着业务量的变化而变化的成本归集为变动成本，如卫生材料费、药品费、水电气消耗、洗衣费、消毒费等。变动成本的高低能体现医院或科室的运行效率。

某医院通过对成本形态的划分，对所有科室核算单元进行了盈亏平衡点的计算和分析，根据科室盈亏情况可将科室分为三类：第一类，达到盈亏平衡点的科室，一般也是结余为正的科室，该类科室可通过降低患者平均住院天数，提高病床使用率、出院人次等工作量指标，以高效率为科室的经济增长点，扩大收支结余。第二类，未达到盈亏平衡点，但实际工作量离盈亏平衡点较近的科室。该类科室在成本保持不变的情况下，应扩大收入的斜率，通过开展新技术、新业务，改善病种结构，增加疑难重症患者人数。在收入保持不变的情况下，通过精细化的管理推动科室成本管控。第三类，未达到盈利平衡点，且实际工作量距离盈利平衡点较远的科室。针对该类科室需划分其成本构成，分析成本产生动因，是决策产生还是日常业务产生，以便于不同成本管理部门业绩评价。

5. 基于成本发生地进行成本归集的 DRG 成本核算模式

应用条件：本案例采用的成本核算模式，适用于成本管理组织机构健全、科室成本核算体系完善，但尚未全面开展医疗服务项目成本核算的公立医院。

DRG 病组成本按成本发生地方划分为三部分：病房成本、手术麻醉成本和医技检查成本，具体的计算方法如下：

（1）病房成本的测算。病房成本 = 人力成本 + 卫生材料 + 药品 + 固定资产折旧 + 其他

①人力成本：病房人力成本 × DRG 病组患者实际占用总床日数/病房实际占用总床日数 – 医师手术人力成本

注：病房的医师既服务于病房也服务于手术，因此需要将病房医师的人力成本分成两部分，分别计入病房人力成本和手术麻醉人力成本。

②卫生材料：根据实际使用的卫生材料计算成本。

③药品：根据实际使用的药品计算成本。

④固定资产折旧：按 DRG 病组患者占用床日比重计算。固定资产折旧 = 病房资产折旧 × DRG 病组患者实际占用总床日数/病房实际占用总床日数

⑤其他成本：包括水费、电费、取暖费、物业费、设备维修费、燃料费等。按 DRG 病组病人占用床日比重计算。

其他成本 = 病房其他成本 × DRG 病组患者实际占用总床日数/病房实际占用总床日数

（2）手术麻醉成本的测算。

手术麻醉成本 = 人力成本 + 卫生材料 + 药品 + 固定资产折旧 + 其他

①人力成本 = 麻醉师成本 + 手术室护士成本 + 医师手术成本

= 参与手术人数 × 参与手术时间 × 每小时工资

= 参与手术人数 × 参与手术时间 × 年工资总额/年度工作时间

②卫生材料成本：根据实际使用的卫生材料计算成本。

③药品成本：根据实际使用的药品计算成本。

④固定资产折旧 = 房屋折旧 + 设备折旧

房屋折旧 = 手术室麻醉科房屋折旧 × DRG 病组患者手术时间合计/手术室年手术时间合计

设备折旧 = 实际手术时间 × 设备每小时费率

= 实际手术时间 × 设备原值/折旧年限/设备年工作时间

⑤其他成本 = 手术室麻醉科其他成本 × DRG 病组患者手术时间合计/手术室年手术时间合计

（3）医技检查成本的测算。医技检查项目操作相对规范，标准统一。如果医院有医技科室的项目成本数据，可直接通过项目成本累加进行计算；如果没有项目成本数据，可以采用直接归集结合科室收入比分摊法计算。

①人力成本 = 每小时工资 × 操作人数 × 操作时间

②卫生材料成本 = 材料次均消耗量 × 成本价

③药品成本 = 药品次均消耗量 × 成本价

④固定资产折旧 = 设备每小时费率 × 设备次均使用时间

⑤其他成本 = 项目价格 × 医技科室其他成本/科室执行收入

根据成本发生地点划分临床医技科室的成本责任，根据成本项目划分职能科室的成本责任，采用该模式进行 DRG 病组成本核算，可产出住院患者从入院到出院，主要经过病房护理治疗—医技检查—手术麻醉治疗—病房护理治疗每一流程环节消耗的医疗成本，以及 DRG 病组病房、手术麻醉和医技检查各成本地点的成本项目构成，从而有针对性地确定成本管理重点，合理控制成本，优化诊疗环节（见表4）。

表 4　　××病组例均成本构成情况　　单位：元

成本类别	病房	手术麻醉	医技检查	合计
人员费用	936.65	651.34	23.98	1 611.97
固定资产折旧	141.14	145.24	15.17	301.55
卫生材料	188.58	1 532.83	44.58	1 765.98
药品	1 237.06	608.06	—	1 845.12
其他成本	161.58	124.19	144.48	430.26
成本合计	2 665.01	3 061.67	228.21	5 954.88

依据成本结果，明确成本责任。根据成本发生地点划分临床医技科室的成本责任，根据成本项目划分职能科室的成本责任。以上面病组为例，成本管理的重点在病房和手术室，而相应的医技检查科室则无须重点关注；从成本项目上来说，卫生材料和药品成本是管理重点，那么对于负责使用的临床科室和负责采购的职能部门就应加强对这两项成本的管理，合理控制成本。

梳理诊疗流程，优化诊疗环节。对住院患者的管理从入院到出院，主要经过病房护理治疗—医技检查—手术麻醉治疗（外科患者）—病房护理治疗，每一步都会消耗相应的医疗资源，并且每一环节又会影响下一环节工作的顺利开展，通过对同一病组历史诊疗流程的分析（最容易获取的数据是同一出院诊断患者的历史项目收费明细清单），统计同一疾病组中所采用的诊疗措施在内容、数量、频次上的使用情况、效果及资源消耗情况，梳理出成本效果较优和较差的项目，从而实现诊疗环节的优化。

6. 基于成本费用率的病种成本核算方法应用

以样本医院化疗为例，由于其主要以用药为主，CMI 只有 0.41；药品零加成政策实施后，绝大多数科室开展该项目均为亏损，唯独肿瘤科开展该项目有 3% 左右的收益率（见表 5 和表 6）。

表 5　　2018 年样本医院不同科室化疗均次利润情况

科室名称	DRGs 名称	例数	均次住院费用（元）	均次成本额（元）	均次利润额（元）	均次利润率（%）
肿瘤科	化疗	2 530	16 355.37	15 863.07	492.30	3.01
BNW 科	化疗	94	7 182.97	7 542.71	−359.74	−5.01
PW 科	化疗	1 721	11 321.73	12 267.09	−945.36	−8.35
GCW 科	化疗	1 387	9 056.56	9 841.76	−785.20	−8.67

表 6　　　　2018 年样本医院化疗科室收入成本结构

科室名称	例数	平均住院天数（天）	收入结构（%）			成本率（%）		
			药耗占比	检查化验占比	操作类占比	医护成本率	床位成本率	科室运营成本率
肿瘤科	1 496	4. 02	65. 36	22. 60	8. 50	68. 00	0. 80	2. 00
GCW 科	641	3. 07	82. 47	10. 96	4. 48	61. 62	0. 96	9. 64
PW 科	760	2. 07	86. 79	4. 16	3. 31	66. 76	0. 98	8. 54
BNW 科	64	2. 06	92. 49	3. 31	2. 68	60. 79	1. 03	9. 09

以化疗病种测算结果为例，可基于化疗病种收益率分布与各科室资源利用效率之间的关系，通过对其关键成本动因进行识别后，落实相关管理策略。根据分析结果，样本医院着手成立了临床肿瘤中心，以大平台模式充分发挥平台的规模效应，完善肿瘤患者的系统性诊疗临床路径设置，统筹资源配置，以内部质控中心模式进一步提升绩效。同时，依托下级医院做好患者转诊治疗工作。这样一来，优质肿瘤患者将成体系收治，一方面优化临床业务结构；另一方面提升肿瘤病种运营效益，从而使各科室资源成本发挥最大效应。实施后效果明显：一是医疗资源的利用率普遍有所提升。肿瘤中心每百元固定资产创造医疗收入同比增长 12%，成本收益率增幅 5. 5%。二是临床安全得到有效保证。肿瘤科化疗患者的临床入住率超过 90%，集约化的化疗平台临床安全质量明显更易管控、改善和追踪。三是患者医疗费用同比不同程度下降。就患者个体而言，日间病房管理流程促使平均住院天数缩短 0. 8 ~ 1. 5 天，化疗前等待时间同比大幅度减少，相同诊断下患者的住院费用同比下降 3% ~8%。

四、研究结论

本文综合了多家三甲医院的成本管理现状资料，对公立医院的成本现状有较为全面的了解，在此基础上提出符合医院实际情况、具有实践意义的成本管理建议，并结合具体管理案例，提出可实操的方法，帮助医院在 2021 年启动 30 个城市 DRG 试点工作做好准备。

支付方式的变革对于医院发展既是挑战，也是机遇，在疾病的诊疗费用有了“天花板”的限制后，医院更要注重内部的精细化成本管理，建立三级成本管理组织机构，明确成本责任，使成本管理分工明确，有责可究；开展DRG 成本核算，使成本管理有据可查；加强成本管控，并将管理延伸到业务端，使成本管理有因可循；在成本绩效中引入风险和技术难度因素，使成本管理更加科学人性；最后通过信息化手段将成本管理的各个环节进行整合，实现 DRG 支付方式下的医院可持续发展。

参考文献

[1] U. S. , Health care financing Administration. Medicare 2000：35 Years of Improving Americans! Health and Security [R]. 2000.

[2] 孙航，夏琳. 医院成本核算在 DRGs 实施过程中的作用研究 [J]. 江苏卫生事业管理，2019，30（11）：1438 -1440.

[3] 郭富威，任苒. DRGs 在美国的发展及在我国的应用对策 [J]. 中国医院管理，2006（2）：33 -35.

[4] 王珊珊. 基于 DRGs 公立医院成本管理案例研究 [D]. 武汉：华中科技大学，2018.

[5] 崔涛，王洪源，胡牧等. 澳大利亚 DRGs 在北京的实用研究 [J]. 中华医院管理杂志，2011，27（11）：849 -853.

[6] 陈颖，闫亚玲，王禄生等. 公立医院 DRGs - PPS 支付标准研究 [J]. 中国医院管理杂志，2013，29（3）：172 -174.

[7] Marie J. , Martine C. DRG Information System，healthcare reforms and innovation of management in the western countries [J]. Casemix，2002（4）：16 -19.

[8] Independent Hospital Pricing Authority. Data collection [EB/OL]. [2016 -08 -10]. https：//www. ihpa. gov. au/what-we-do/data-collection.

[9] Busse R. , Geissler A. , Quentin W. et al. Diagnosis Related Groups in Europe：Moving towards Transparency，Efficiency and Quality in Hospitals [M]. Maidenhead，UK：Open University Press，2011.

[10] 李春，陈颖，线春艳，薛林南. 两种 DRGs 成本核算方法的比较研究 [J]. 中华医院管理杂志，2013（3）：175 -178.

[11] 陈民. 基于作业成本法的医疗服务项目盈亏分析 [J]. 卫生经济研究，2016（10）：39 -42.

[12] 陈良将. 时间驱动作业成本法在医疗服务项目成本核算中的应用 [J]. 卫生经济研究，2019（4）：46 -55.

[13] 易颜新，胡虹等. 基于 TDABC 的医疗项目成本核算研究 [J]. 卫生经济研究，

2019，382（36）：42－45.

［14］夏培勇，童杨．以 RBRVS 为基础的分项点数成本法在手术项目成本核算中的应用［J］．卫生经济研究，2020，37（3）：42－45.

［15］刘雅娟，宋雄．基于成本费用率的病种成本核算方法应用研究［J］．中国医院，2020，24（5）：9－12.

［16］宋雄，刘雅娟．基于 DRGs 的病种成本核算方法比较研究［J］．中国医院，2020，24（5）：5－8.

课题负责人：李春　北京大学第三医院总会计师，高级会计师

主要执笔人：线春艳　北京大学第三医院国有资产管理科副科长，会计师

张晓琦　北京大学第三医院财务处副处长，会计师

课题组成员：线春艳、张晓琦、薛源、李秀华、李敬伟、戴小喆、李彦敏、王爱青、李雪辉、王冰倩、张晓溪

高质量发展下医院智慧财务管理体系的构建与应用

一、引言

进入21世纪以来，随着信息技术的高速发展，经济社会发生了深刻的变革。特别是近年来，大数据、人工智能、移动互联网、云计算等新兴科学技术的应用更是进一步提高了社会的信息交互和智能化水平。同时，随着经济全球化的发展，大型企业特别是大型跨国企业对于财务信息的共享和应用，则成为企业发展需要考虑的重点和难点问题。大型企业物理区域上的布局愈发成为制约其财务信息共享的掣肘。因此，财务共享服务中心的理念应运而生。财务共享服务中心被视为节省成本、提高效率的新型管理方式，如今已成为企业财务管理向精益化发展的标准配置。

智慧财务管理是在财务共享服务中心管理模式的基础上，充分利用大数据、物联网、云计算等先进的技术手段，拓展财务数据的广度和深度，深度整合财务管理职能，实现企业财务管理的智能化、精细化和系统化。智慧财务是理念的变革，它将传统财务管理事后记录价值的观念转变为财务管理为企业实时创造价值的理念。智慧财务管理以企业使命为构建财务管理活动的逻辑起点，通过建立各种控制机制进行管控，运用相关标准和规则实施管理；依托于各项具体的财务职能，落地于财务信息管理系统，实现企业财务管理职能的升级和发展。

2009年3月，中共中央、国务院发布《关于深化医药卫生体制改革的意见》，标志着新医改正式拉开序幕。新医改提出“建立实用共享的医药卫生信息系统”，即大力推进医药卫生信息化建设，以推进公共卫生、医疗、医保、药品、财务监管信息化建设为着力点，整合资源，加强信息标准化和公共服务信息平台建设，逐步实现统一高效、互联互通。同时，新医改提出要建立现代医院管理制度，改变医院以前不注重运营管理的观念，对医疗资源进行整合，从而提高整个医疗资源的利用效率。2018 年，国务院提出要健全“互联网 + 医疗健康”服务体系，鼓励医疗机构应用信息技术提升医疗服务的能力和效率。2020 年，新冠肺炎疫情期间，国家医保局和国家卫健委先后发布新冠肺炎疫情期间“互联网 + 医疗”的相关政策，如《关于进一步完善预约诊疗制度加强智慧医院建设的通知》，智慧医院和“互联网 + 医疗”的推行倒逼医院财务管理模式的创新。2021 年 3 月，国家卫健委制定了《医院智慧管理分级评估标准体系（试行)》，可以看出，无论是国家政策的调整和要求，还是新冠肺炎疫情下医院发展的需要，抑或是信息技术的发展形势，公立医院推行智慧财务势在必行。财务管理工作作为医院管理的一个重要抓手，贯穿于医院业务流的始终，同时反映医院资源的利用效率。因此，医院财务管理工作的改革将对医院高质量发展发挥至关重要的作用。

在智能化时代下，智慧财务被赋予新的内涵。它是财务管理与信息技术相结合，通过应用大数据、电子档案、RPA 人工智能等信息技术手段开展各项财务工作，并实现智能化管理的过程。“智慧”主要体现在全面、准确、及时地收集和传输各项信息数据，并通过信息化手段提高财务工作效率。智慧财务的应用将进一步深化业财融合，提升医院财务信息化，提高财务管理能力，促进公立医院可持续发展。本文具有如下几个方面的理论与现实价值：

（一）建立“业财融合”的智慧财务系统，实现业务财务深度融合

在智能化时代，通过大数据、云计算等新信息技术手段建立业财融合的财务信息系统，将医院的业务流、物资流和资金流进行有机整合，使业务和财务深度融合，实现数据及时性和准确性，提高财务管理水平。

（二）推进财务转型，支持医院决策，提升医院运营管理水平

相比较企业财务管理的现代化建设进程，医院信息化建设起步较晚，财务管理建设处于滞后地位，但是医院的智慧财务管理体系建设可以充分借鉴企业财务共享服务中心的先进经验，并结合医院实际，从顶层框架设计的角

度进行融合和完善，实现内部外部数据的互联互通，将医院内控制度嵌入智慧财务管理体系中。通过研发智慧财务信息系统建设推动财务管理方式及财务人员的转型，充分运用大数据、云计算等信息技术，对医院各项经济数据进行分析，为决策者提供及时、可靠的数据。同时结合公立医院特点，提出更合理的管理方案，为提升医院运营管理水平提供新思路、新方法、新见解，保证医院智慧财务管理体系能够为医院财务管理水平的提升起到支撑的作用。

（三）总结实践经验，推动医院管理改革进程

本文以 RJ 医院为研究对象，RJ 医院作为三级甲等公立医院，在医院规模和管理模式上具有显著的代表性，以其作为研究对象，将研究结果在 RJ 医院进行实际应用并得出实践研究经验，对同类医疗机构加速推进智慧医疗，提高医疗服务质量、整体科研实力等综合竞争力提供一定思路和借鉴意义，同时为医疗制度改革提供翔实资料，推进小康社会的进步。

（四）推动理论研究，提高智慧财务理论研究水平

从理论方面，医院财务管理理论研究相对滞后于企业，现代财务管理手段应用相对匮乏。随着新医改的逐步深入和互联网医疗的兴起，建立现代医院管理制度，改变医院管理观念，提升医院管理水平，有效整合医疗资源逐渐成为医院管理改革的出发点，在这个过程中医院财务管理的地位越来越重要。医院智慧财务管理体系的建设将会优化医院财务流程，提高医院风险管控意识，为医院财务管理工作及运营决策分析提供可靠的数据支撑。

二、智慧财务相关研究的文献综述

（一）国内文献综述

国内对智慧医疗的研究，采取案例分析、模型构建和调查问卷等定量分析的方式较多，暂时缺乏质性研究。

根据业内的普遍认识，中国的财务管理已经历了电算化到信息化的发展阶段。从 1979 年开始的我国财务管理电算化阶段，特点是用小型数据库和简单的计算机软件取代部分人工会计核算工作，初步实现了从工资核算、固定

资产核算、成本核算等单项核算到账务处理的计算机辅助处理的转变（杨纪琬，1985）。电算化阶段的财务软件和财务人员的工作基本上是分离的，本质上信息技术并没有改变财务处理的流程和基本的组织结构，只是用软件实现了部分处理环节的自动化。

20 世纪 90 年代，ERP 的诞生和计算机网络的普及使财务管理进入了信息化阶段（周金华，2003），企业开始利用强大的数据处理和网络传输能力，将业务管理和财务管理进行了初步整合，开始实现对业财信息的快速处理和实时共享，实现了财务信息的跨时空处理和利用，逐步实现了财务管理从核算型向管理型的转变（杨周南，2003）。财务信息化强调人机工作的协调配合，信息技术已成为财务管理流程乃至业务管理流程的优化和再造工具。

2005 年以来，财务共享服务模式在中国的逐步普及，使财务信息化的进程在光学字符识别（optical character recognition，OCR）、移动通信、云计算和大数据等技术的大力推动下获得了突破性进展。尽管如此，处于财务信息化阶段的财务共享服务，仅借助标准化和流程化为财务转型提供数据基础、管理基础和组织基础，主要针对的是财务会计流程的信息化处理（张瑞君等，2010），并未实现业务活动流程、财务会计流程和管理会计流程的全面智能化。

进入 2010 年以后，由于人工智能技术的突破性进展，人们对看上去更具象征意义的智能技术应用重拾希望，不仅结合高性能计算能力和大数据分析技术，将沉寂已久的机器推理、专家系统、模式识别、机器人等技术赋予很多新的应用场景，更是对基于神经网络和遗传算法的机器学习进行深入的研究，提出了新一代人工智能的发展目标（杜传忠等，2018）。

张霞（2020）认为共享服务模式产生的基础是系统管理软件的发展和网络信息技术的成熟。财务共享服务中心的建立依托 ERP 等系统对业务进行统一处理，才能实现业务单元的集中，并且需要组织的推动才能施行。孟乾坤和裴潇（2018）认为智慧财务管理是数字经济背景下财务管理发展的新阶段，它的本质是一种资本价值的运营过程，核心功能在于实现业务流程与价值流动的精准匹配。高雷（2018）认为财务共享服务中心面对的主要是大量规则性强的重复业务操作，可以实现大部分业务内部的自动化和智能化变革。依托智能化、自动化、协同化的智能共享财务平台，共享财务开始向智慧模式转变。随着未来智慧化技术的广泛使用，共享财务向智慧化发展成为必然。

张庆龙（2017）认为财务共享服务目前已经成为大型企业集团广泛关注和采用的一种新型财务管理模式。这种模式在提高财务工作效率、加强企业内部控制、财务信息数据共享、内部资源配置以及提升客户满意度等方面，都会带来明显的效果。

（二）国外文献综述

在 Web of Science 英文数据库中进行主题和标题检索，采取高级检索形式，检索式为 TS =（“wise medical” or “intelligent medical”），检索数据库为 Web of Science 核心合集，并对其中的高被引论文进行引文检索和施引文献检索，检索出文献数目 175 篇，剔除无效数据，最终确定与本文主题相关文献为 152 篇，在国外智慧医疗领域的研究中，出现频次最高的关键词为“算法”“诊断”“数据挖掘”“专家系统”“医疗保健”“模糊逻辑”等，这表明国外该领域的研究热点聚焦于智慧医疗算法与系统的融合。国外智慧医疗研究共形成 8 个聚类，分别是 medical ontology，knowledge reuse，intelligent device，auc score，medical center，diagnosis process，intelligent medical system，intelligent segmentation。国外智慧医疗领域的研究在 2010 年之前主要集中于系统更新完善和应用领域扩展，2010 年至今研究重点逐渐过渡至算法、逻辑、技术等方面。

共享服务中心的建立被视为提高财务职能效率并实现成本节约的重要动力（Frank Helbing，2013）。从理论上讲，共享服务提供了明确的好处：降低成本，更好的服务和资源效率的提高。共享服务中心（SSC）是一种将业务流程集中化、工业化的跨部门组织形式（Christian Wrage，2014）。它的出现是由于公司结构分散、准则各异，大量重复性会计导致高成本低效率。共享服务通过统一的组织管理，集中知识和专注资源来提高服务质量，达到流程优化和劳动力成本降低的目的。

三、相关概念与理论框架

（一）相关概念

1. 业财融合

业财融合是将企业的业务活动和财务管理活动融合在一起，财务人员可以借助由业务收集到的准确的信息，将财务管理应用到企业的业务中去，进而有效配置企业资源，强化风险管控，支撑战略实现。业财融合要实现信息流、物流和资金流三流集成，而要实现三流集成，企业一是应当做到全部的财务信息都是同源相生，统一存储，随时可溯；二是应当打破企业内部各管理模块之间的信息交流障碍，使得数据及其财务共享服务的一个重要目标就是实现全面的业财融合。通过财务共享实现全面的业财融合需要做到信息的双向传递，一方面，当业务发生的时候，业务能直接产生信息流反馈给财务，这其中包含财务和业务两方面的信息，并且双方有机地结合在一起，这种信息传递的直接性、准确性能够保证财务报表更真实地反映企业的经营状况；另一方面，财务部门要依据得到的精准信息，转换其传统事后核算的观念，蕴含的信息可以在财务部门与业务部门之间共享。

财务共享服务的一个重要目标就是实现全面的业财融合。通过财务共享实现全面的业财融合需要做到信息的双向传递。

2. 业务流程再造

业务流程再造理论，简称 BPR，由美国学者（Michael Hammer and Jame Champy）最早提出。业务流程再造是指借助先进的技术手段，对企业现有的业务流程进行重新设计，重点改造低质、低效、高耗能的业务流程，整合部门职能，来寻求降低成本、提高产品质量、提升服务能力的目标，进而满足企业发展的需求，提高客户满意度。业务流程再造按照空间范围的不同可以分为三类：功能内的业务流程再造、功能间的业务流程再造、组织间的业务流程再造。实施业务流程再造的主要步骤为对企业流程现状进行分析、识别流程关键点和优化流程设计。

由于财务部门是企业内的核心部门，财务部门的业务流程是否合理将直接影响到企业的经营效果，所以财务流程再造在众多流程再造项目中具有重要地位。财务流程再造是通过对财务流程的现状加以分析，识别流程中的冗余环节，将其剔除，在此基础上重新构建财务流程，提升企业在重点环节上的工作效率。财务共享服务建立的过程，其实就是财务流程再造的过程。通过财务共享服务，把各分、子公司财务部门中一部分不会带来价值增值的重复性业务分离出来，成立一个财务共享中心集中整合后统一处理，在组织上进行了再造。同时通过结合先进技术，由传统的线下模式转为线上模式，对业务的具体处理形式也进行了改造。财务共享服务是依托于业务流程再造实现的，业务流程再造是财务共享建设的必要途径。

3. 智慧财务

区别于传统财务管理，智慧财务系统概念的重点在于智慧二字。智慧出自《墨子·尚贤中》："若此之使治国家，则此使不智慧者治国家也，国家之乱，既可得而知已。"狭义的智慧是指生物所具有的基于神经器官（物质基础）的一种高级的综合能力，广义的智慧是生命所具有的基于生理和心理器官的一种高级创造思维能力，包含对自然与人文的感知、记忆、理解、分析、判断、升华等所有能力。在新华词典中，"智慧"的定义是对事物能迅速、灵活、正确地理解和解决的能力。由此可以看出，智慧包含有两层含义：一是能够对事项进行感知记忆并理解分析；二是根据分析结果进行适当处理。由此可以得出，智慧型的财务管理必然是在记录分析的基础上可以进行适当处理的管理方式。

通过查阅相关文献可知，国内外对智慧财务的概念尚无权威定义。在国内，田茂永（2016）认为，随着移动互联网技术在企业内部以及供应链体系中日益广泛应用，精益型财务管理转型后的财务体系在组织形态和运行状态上已经酝酿出更加智能的转变，这种转变将会从实践中催生出新型的财务管理模式，即智慧财务管理模式，但它只是针对智慧财务管理模式的演变做出推测，并没有对"智慧财务管理"的概念给出完整定义。

相比之下，李闻一给出的智慧财务定义则是，基于信息时代的商业模式，采用互联网、大数据、云计算以及物联网等信息技术，对财务数据实现自主采集、计算、处理和报告，为非结构化的财务管理工作提供智能决策支撑，为内外部利益相关者提供数据服务的智慧管理系统。

由以上相关文献研究本文对智慧财务系统的内涵作出归纳，智慧财务系统是基于智慧财务管理相关理论，通过先进的信息技术手段支持，将财务职能嵌入信息系统规则中，同时利用业务与财务的深度融合，准确、及时地将企业运营中决策所需的数据进行采集、分析和报告，实现业务流程和价值流动的精准匹配，从而为决策提供多角度、全方位数据支撑的智能管理体系。

（二）智慧财务理论框架

相比传统财务管理适用于一成不变的经济发展趋势和企业管理模式，智慧财务管理体系在灵活多变的经济形式下更加适应。构建智慧财务管理体系可以实现医院财务管理向智慧财务管理的转型，因此，设计出符合智慧财务管理模式的管理体系，需要对智慧财务管理有全方位、多层次的理解和认识。本文认为，智慧财务的建设需要从三个层次对智慧财务管理体系进行认识：理念层、方法层和技术层。如图 1 所示。

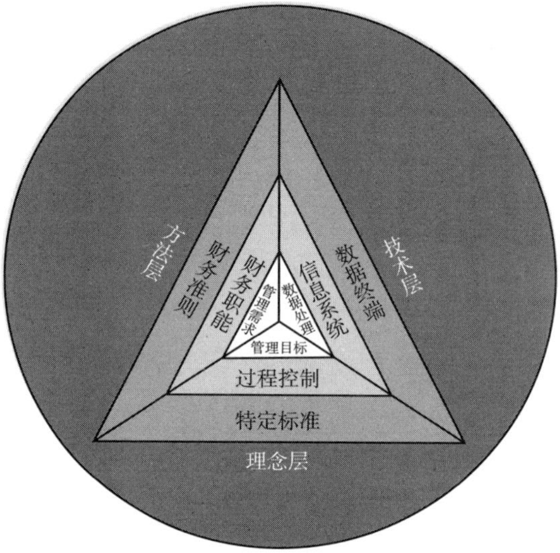

图 1　RJ 医院智慧财务管理体系理论框架

1. 理念层

智慧财务管理区别于传统财务管理最大的特点是信息技术特别是互联网技术的发展，信息技术的发展促进了智慧财务管理理念的诞生和发展，互联网经济的思维也扎根在智慧财务管理的理念中。因此，智慧财务管理体系的设计需要从理念层进行深入的挖掘和总结。

智慧财务管理的本质是依托于先进的信息系统，通过设置具体的标准，通过系统运行流程中的控制，实现管理目标的过程。因此，智慧财务管理理念可以分为三个层次：管理目标、过程控制和制定标准。首先，管理就是为了实现某种目标而进行的决策、计划、组织、指导、实施、控制的过程。智慧财务管理的本质也是为目标而服务的，只有明确目标，才能构建起闭合的财务管理系统，从订立目标出发，到实现目标结束。其次，为了保证财务管理目标的实现，对于过程的控制是系统良好运行的关键机制，财务管理系统的运行建立在对流程全面控制机制之上，只有做好流程控制，才能确保财务管理的方向。智慧财务管理的控制区别于传统财务管理，不是利用简单的控制机制，而是一种针对全流程的综合控制，智慧财务管理将内部控制、预算管理、风险管理等控制手段通过信息技术手段进行整合，嵌入业务整个流程，可以完成对流程的事前、事中和事后控制。最后则是标准的制定，智慧财务管理的物理基础是基于信息技术开发的信息平台以及相对应的信息处理终端，根据财务管理标准制定相应的规则，嵌入财务信息平台，这样才能保证信息系统对数据的准确记录、统计和分析。财务管理的标准需要进行转化，转化为可以进行信息化处理的规则，既包括日常财务管理中各类政策和内控制度，也包括信息记录、转换、统计、传输、分析、储存等信息技术标准。

2. 方法层

智慧财务管理理念的具体实施需要具体方法的支撑，智慧财务管理方法的实现需要在继承传统财务管理方法的基础上，结合互联网思维和技术，形成创新的财务管理方法体系，构成智慧财务管理的主体。智慧财务管理的方法体系由 3 个层次组成，分别是目标识别、财务政策和财务职能。医院智慧财务管理的目标是针对医疗行业新形势下如何实现医疗资源的最大化利用，提高管理效率，促进医院可持续高质量发展。

首先，智慧财务管理的目标是整合医疗资源，更好地为人民群众服务，所以智慧财务管理体系的建设需要以医院的目标为出发点，构建财务管理方法体系；其次，随着新医改的深入，各项政策特别是财务政策接连颁布，智慧财务管理体系的设计需要以政策为导向，提前布局；最后则是财务管理的具体职能设置，将财务职能转换为信息化的标准和规则，将财务职能和业务职能相融合，并根据财务政策的变化适时进行调整，这样才能确保智慧财务管理体系更好地服务于医院的目标。

3. 技术层

医院财务管理的基础是数据，特别是转换为财务口径的数据，及时、准确的数据是先决条件。传统财务管理模式只是注重数据的采集，而且由于意识和技术的限制，不能对采集的数据进行深度挖掘和分析。智慧财务管理体系则要求对数据实现及时、准确、全方位的记录分析，这就涉及配套信息系统和信息平台的开发以及智能数据采集终端的开发与应用。

信息系统和智能终端是智慧财务管理体系的基础，智慧财务全流程的数据记录分析依靠智能终端进行数据实时采集记录，依靠信息系统进行统计分析，财务数据不仅及时、准确，而且变得可以追溯至业务。信息系统和智能终端的使用不仅提高财务管理的效率，而且能够监督数据真实性，防范财务风险的发生。随着社会信息化的发展，各类业务单据逐渐电子化，智慧财务管理体系通过数据接口的转换，可以完成更加完善的原始数据的自动化采集和智能化分析。

四、智慧财务管理体系架构设计

（一）智慧财务管理体系的设计思路

智慧财务管理作为新型的财务管理模式，要改变传统医院财务管理模式，不仅需要足够深度的理论依据，还需要完善的体系设计。智慧财务管理体系的设计和建设首先需要进行理念的转变，转变医院传统财务管理思维，转变财务人员对于财务管理的认识，其次要进行完善的顶层设计，依托先进的信息技术，通过完善的信息系统设计，实现业财深度融合，将财务管理嵌入业务流程中。因此，医院智慧财务管理体系设计需要从理论和实践两方面入手，建立全方位的智慧财务理论框架，同时建设信息化平台予以辅助，实现智慧财务管理体系的构建。

1. 设计思路

智慧财务管理体系的设计以前文所述 RJ 医院智慧财务管理体系理论框架为基础（见图 1），以医院管理目标为系统目标，以全流程控制为方法，以财务管理标准为规范，以信息技术为手段，建立智能化的信息系统平台，为医院管理者决策提供数据支持。

2. 标准设计

财务管理作为医院管理的重要组成部分，应当设计标准化、规范化的操作流程，制定精细化的操作标准，固化流程中各环节、各岗位的操作要求，规避操作风险的发生。在财务流程规范化的同时，推动业务流程向标准化、规范化发展。

智慧财务管理体系的标准设计应当以财务指标为数据口径，根据医院制度和相关会计准则进行精细化操作要求的设置。标准设计范围不仅包含预算编制审批、预算执行控制、医院业务报销、资金支付、票据管理等活动，还包括财务数据统计、财务报表分析、医院成本管控分析、财税政策更新等。

全面完善的标准设计能够更加直观简便地呈现智慧财务体系，能够使得医院业务人员通过简单的操作进行业务活动的财务化转换，增加医院员工对智慧财务体系的认同感，方便医院员工接受智慧财务体系，促进业财融合。

财务管理的标准化是信息化建设的基础，在标准设计完善的基础上，实现各类财务数据的标准化，智慧财务信息系统能够实时收集数据、准确转换数据，并通过大数据技术、云计算技术对财务数据进行深度挖掘，为医院决策做出及时、准确的数据支持。

3. 阶段建设

智慧财务管理体系作为全流程、全方位的综合财务管理体系，其建设过程不是一蹴而就的，不仅需要医院管理理念的更新和接受，还需要做好承担制度变迁成本的准备。智慧财务体系的建设必然需要投入大量的资金，特别在系统设计以及建设的初期需要承担更大的资金风险。所以为了降低系统建设期间的风险，应当将系统建设分阶段进行。在系统建设每一阶段建设测试完成后直接进行实际操作，从实践操作中积累数据和经验，同时开始进行系统下一阶段的设计和建设。

（二）智慧财务管理体系的阶段建设

RJ 医院智慧财务管理体系建设分为三个阶段：第一阶段打好基础，搭建财务综合运营信息系统平台，创建医院智慧财务体系框架，通过 HRP 系统无缝衔接院内其他业务信息系统，开创医院业财融合的好局面；第二阶段进一步拓展，结合智能信息终端和人工智能技术，完善优化业务财务信息流，促进医院智慧财务体系更为丰富，业财融合更紧密；第三阶段利用大数据、云计算等信息技术探索数据的深度挖掘、分析和运用，促进医院财务管理聚焦医院价值管理和风险管控，为医院运营管理决策实现多角度、全方位的数据支撑，促进医院层面业财融合达到一个新高度。

1. 第一阶段建设

（1）建设思路。第一阶段是智慧财务管理体系建设的基础，需要财务人员梳理规章制度和财务职能，从医院内部控制、风险管理方面制定相关财务管理标准，从医院预算管理、资金管理方面制定医院线上报销标准。同时与软件公司沟通，将各项财务管理标准转换为信息系统的二进制编码控制语言，完成财务管理信息化的转变。

（2）信息系统建设。信息系统的建设也在第一阶段完成，以 HRP 已有建设成果为基础，以全面预算管理功能的实现为切入点，通过统一管理、灵活自主的集成平台，实现 HRP 系统与智慧财务系统的高效对接，进而实现各业务、财务系统与智慧财务管理体系的数据互联互通，实现对业务事前、事中、事后的全面覆盖，消除信息孤岛，打造一个“专业财务、业务财务、战略财务”三驾马车并驱的智慧财务管理系统，其中，专业财务涉及全财务核算流程，包括智能结算、资金核算、收支、预算、成本、报表、薪酬、报销、合同管理、电子档案等方面；业务财务聚焦业财融合，整合资产、人力、绩效、采购、合同、科研、教学等系统内容；战略财务支持医院运营管理，通过实时的业务及财务数据可视化分析结果，辅助院领导决策，为运营管理创造价值，助力卫生健康领域高质量发展。

（3）第一阶段建设实践。收款收费环节智能结算：提高多元化自助就医服务水平，通过自助机具端（门急诊一站式自助机、住院自助服务机结算）以及手机移动端（手机 App、支付宝生活号、微信公众号、云闪付、手机自助出院结算渠道），不断提高群众就医效率和医院服务能效。RJ 医院于 2019 年 9 月 30 日推出沪上首个住院床旁服务机器人，实现自助出院结算。以上智能结算方式为智慧财务体系的建设奠定扎实基础。

医疗收费电子票据：依据财政部、国家卫健委、国家医保局联合印发的《关于全面推行医疗收费电子票据管理改革的通知》要求，RJ 医院于 2020 年 4 月 26 日成功开出上海市第 1 张电子收费票据（住院收费票据），并于 2020 年 7 月 30 日、31 日分别上线门急诊医疗收费电子票据和互联网医疗收费电子票据，实现了医疗电子票据全覆盖，患者缴费后无须排队即可通过网络领取医疗收费电子票据。在提升患者就医便捷度的同时，提高医疗票据处理效率、降低票据管理成本，并有效实现票据防伪电子化，使收费票据的数据准确性和使用安全性得到保障。

电子会计档案管理系统：为贯彻落实财政部、国家档案局发布的《关于规范电子会计凭证报销入账归档的通知》，RJ 医院于 2021 年 4 月上线医院电子会计档案管理系统，与多业务系统、会计系统互联互通，衔接医疗收费电子票据与电子会计凭证，实现档案全流程电子化管理，并可随时检索调阅，提高其在审计、纪检、风控、内控工作中的利用率，在档案管理的有效性和规范性上显著提质增效。

2. 第二阶段建设

应对外部环境的变化和内部管理的要求提升——财务智能化转型，核心是效率和敏捷响应，而 RPA 是智能化转型的重要工具。智慧财务管理体系第二阶段建设以第一阶段的信息系统为基础，设置智能终端设备接入信息系统，同时借助人工智能技术实现财务管理中简单性、重复性劳动的自动化和智能化。第二阶段的建设分为两个模块：对账管理模块和核算管理模块。

RJ 医院在已有 HRP 系统的基础上，于 2019 年开始筹备智慧财务建设工作。采用“成熟软件 + 定制开发”的研发模式，利用 RPA 和 OCR 结合的新技术，着手开发“药品发票自动入库、审计需抽取凭证号比对、机票借款核对、POS 机收退款核对、成本支出管理、院内借款数据分析并提醒、往来账款自动对账”等智慧化应用模块。经过需求调研、分步实施、上线运行、优化完善等步骤，财务自动服务机器人于 2020 年上线使用至今，运行平稳，初步实现了“自动化、智能化、精细化”全流程管理的建设目标。

此外，RJ 医院在全面预算管理、成本核算及管理的智慧化等方面也做了有益尝试。

（1）智慧化全面预算管理系统。以 HRP 系统为依托，结合财务管理精细化的开展，努力打造和完善医院全面预算管理信息化、综合化、立体化的信息平台，通过将预算控制与 RPA、财务共享、AI 等技术相结合，制定智慧化的预算控制策略，打造智慧财务路径，从编制到执行、从调整到控制、从分析到考核，对预算全流程实施精细化控制。目前正同步研究财务机器人在全面预算管理工作中的具体应用场景，结合微信公众号的技术功能，充分运用各类新型信息技术手段，同时与医院 HIS 系统、物资管理系统、报销管理系统等对接，业务从起点到终点都镶嵌在全流程中，使预算管理全流程可视化、可追踪，达到控制费用、明确责任、提高效率的目标，对医院的经济活动进行全面管控，及时洞察运行风险，促进医院各类资源科学、高效、优化配置，为医院的长期、健康、有序发展贡献更多财务力量。

（2）全成本核算及管理的信息化建设。医院全成本核算根据不同的成本归集对象，可分为科室成本、项目成本和病种成本等。RJ 医院综合使用项目叠加法、系数分摊法、成本费用率法进行成本核算。成本核算及管理工作可大致分为基础信息管理、数据采集、成本计算、报表管理以及数据分析五大步骤。其中，数据采集和成本计算需要以大量的数据归集与核算为基础，数据归集和计算的难度和复杂程度与核算精度和统计数据的应用深度呈正向关系。通过建立数据接口，实现病案信息系统、HIS 系统、HRP 系统、成本管理信息系统的互联互通，初步满足了基础信息管理和数据采集的需要。成本计算通过将基础数据根据对应的计算公式和逻辑进行计算，得出成本、收益、收益率指标，为成本报表和数据分析提供支持。目前成本计算模块尚在建设当中，成本计算的公式、逻辑关系仍有待理顺，全成本核算与管理尚未形成业务闭环，后续将探索如何利用 AI 和人工智能对公式逻辑进行核验以及实现成本数据的智慧化分析，从而与全面预算管理、成本控制等深度融合，全面深化医院运营管理的内涵。

3. 第三阶段建设

智慧财务管理体系第三阶段作为智慧财务系统的最终阶段，设计目标是利用前两个阶段记录统计的数据辅助医院运营决策，智慧财务管理体系通过数据采集、分析、预测、处理，形成“数字神经网络”，用可视化的图形或图像呈现动态、实时、直观的数据分析结果（运营效率、收益分析、成本管控、资源利用率等），实现运营管理从“粗放型”到“精益化”转变，从医院运营管理角度出发，推进优化业务流程，推进医疗资源有效配置，实现多角度、全方位、有深度的决策支持。同时通过专题分析和定期分析，设置数据风险标准进行数据校验，对医院财务数据进行深度挖掘，实现对医院的运营风险进行及时预警，强化医院财务风险管控的职能。

智慧财务体系建设不仅是财务流程中部分环节的自动化，也不仅是某个财务流程的整体优化和再造，而是财务管理模式，甚至是财务管理理念的革命性变化，它借助于人机深度融合的方式来共同实现前所未有的新型财务管理功能。智慧财务体系建立在云计算、大数据、人工智能等新技术基础上，通过大数据技术进行建模与分析，助力医院打造高效规范的财务管理模式，提高效率，降低成本，控制风险，从而有效促进财务转型。

（三）智慧财务建设综合评价指标体系构建

1. 智慧财务建设综合评价指标体系构建的必要性

医院在智慧财务管理水平方面对比企业相对滞后，现代财务管理手段应用相对匮乏。随着新医改的逐步深入和互联网医疗的兴起，建立智慧财务建设综合评价指标体系，改变医院管理观念，提升医院管理水平，有效整合医疗资源逐渐成为医院管理改革的出发点。在这个过程中，医院智慧财务管理体系的地位越来越重要。医院智慧财务管理体系的建设将会优化医院财务流程，提高医院风险管控意识，为医院财务管理工作及运营决策分析提供可靠的数据支撑。

2. 智慧财务管理评价原则

（1）财务指标与非财务指标相结合原则。公立医院现行管理评价指标主要是以财务报表为基础进行分析而得出的，即狭义上的财务分析，而智慧财务管理评价除了使用财务报表提供的资料进行分析之外，还需要许多非财务信息。非财务信息在医院的运营管理中有至关重要的作用。故在进行智慧财务建设综合评价指标体系构建时，要将财务指标与非财务指标充分相结合，全面分析医院运营情况，为管理者提供有用的决策信息。

（2）经济效益与社会效益相结合原则。在构建智慧财务建设综合评价指标体系时，要遵循深化医药卫生体制改革的指导思想，坚持公立医院的公益性质，注重公立医院的社会效益。公立医院发展的动力是经济效益，而最终发展目标则是社会效益。两者相辅相成，故在构建智慧财务管理评价指标体系时，要遵循经济效益与社会效益相结合的原则。

（3）横向分析与纵向分析相结合原则。随着公立医院外部竞争压力的加大，原有的本期发生数与同期历史水平相比较的纵向分析方法，已满足不了医院管理者决策的需求，还需要与同行业同水平的公立医院进行横向分析，所以在智慧财务建设综合评价指标体系构建时，要遵循纵向分析与横向分析相结合的原则。

（4）长期与短期目标相结合原则。在构建智慧财务建设综合评价指标体系时，除了要关注常规的收支结余等短期目标，还要关注工作质量、工作效率等长期目标。因此在构建指标体系时，要坚持长期与短期目标相结合的原则。

（5）定量与定性指标相结合原则。设计评价指标体系，必须要考虑到并不是所有的评价内容都能做到准确量化，有的评价内容可通过定量指标实现，如线上审批报销平均时长等；而有的评价内容是难以直接通过定量指标实现的，若仅靠定量指标来衡量略显草率和武断，因而需要通过定性指标来评价。

而定性指标需要依赖财务人员个人的工作经验和专业知识来评判，显然不同的财务人员很可能给出不同的判断，这就有可能造成智慧财务管理评价的随意性，然而全部使用定量指标也未必能够得出最准确客观的结论。为了客观公正地进行评价，避免主观性和随意性，必须科学合理地规划定量指标与定性指标在智慧财务建设综合评价指标体系中的比例结构，最终实现公允评价。

五、公立医院智慧财务管理评价的组织实施

（一）制订评价方案

评价方案是公立医院开展智慧财务管理评价的指导。公立医院在开展智慧财务管理评价时，要制订完整、科学合理的评价方案。评价方案是公立医院在开展智慧财务管理评价的大纲，其设计制定既要系统、完整、全面，又要科学、合理、可行，要以医院的基本情况作为主要依据，根据医院的发展方向、部门职责、业务性质、业务范围、管理架构、经济活动、管理主体等，明确智慧财务管理评价的工作目标，即医院开展智慧财务管理评价的基本要求和重点内容，重点关注重要业务事项；智慧财务管理评价的基本原则，即坚持问题导向，对医院的智慧财务管理进行全面评价；智慧财务管理评价的主要任务及有关要求，即智慧财务管理评价应当全面覆盖单位业务活动，综合反映医院的智慧财务管理运转情况。对公立医院实施智慧财务管理评价，要做出全面、系统的部署与安排，指导公立医院智慧财务管理评价顺利有序进行，圆满完成智慧财务管理评价任务，推动公立医院智慧财务管理体系的不断完善。

（二）构建评价指标

评价指标是公立医院开展智慧财务管理评价的依据与标准。智慧财务管理评价主要采用指标进行考核与衡量，评价指标是对评价范围和评价内容的具体化。公立医院在开展智慧财务管理评价过程中，要全面梳理公立医院智慧财务管理流程，从财务和业务两个层面构建智慧财务管理评价体系。指标构建应具备层次性，智慧财务管理评价指标体系由评价类别、评价指标和评价要点不同层次构成，不同层次的指标涵盖不同的业务内容；指标构建应遵循系统性，评价指标相辅相成又不重复，构成完整的指标体系。

（三）选择评价方法

评价方法是公立医院开展智慧财务管理评价的具体手段。智慧财务管理评价的方法有定性与定量两类，定性评价方法有专家咨询法、调查表法、个别访谈法、流程图法等；定量评价方法有层次分析法、模糊评价法、指标法等。不同的评价方法有各自的优缺点，适用不同的评价主体，不存在固定的或通用的方法，只存在哪种方法比较适用。不同的公立医院具有不同的特点，不仅医院规模大小不等，具体业务性质，业务流程和业务范围也不同，由此决定了没有哪种方法和程序是标准的，有的方法适用于对公立医院宏观的组织构架、决策机制、归口管理等经济活动进行评价；有的方法适用于对事业单位微观的具体经济业务活动的有效性作出判断。公立医院智慧财务管理基础性评价方法的选择，可以根据自身的特点与评价的具体模式，结合评价程序选择采用符合单位实际且行之有效的评价方法，有效地完成公立医院智慧财务管理评价的实施。

（四）明确评价重点

公立医院智慧财务管理评价工作的总体目标，决定了公立医院智慧财务管理评价的重点内容，即公立医院的主要经济以及业务活动。对医院智慧财务管理水平进行评价时，需要运用多个方面的指标来综合反映医院的智慧财务管理情况。较为全面地评价指标体系需涵盖多方面具有代表性的若干指标，并能够对指标进行分解。评价指标体系应以定量指标为主，辅以定性指标，以减少主观因素对评价结果的影响。

（五）提供评价报告

公立医院智慧财务管理评价报告，是公立医院智慧财务管理水平的总结，是对公立医院智慧财务管理运行情况进行客观、公正、完整的评价。智慧财务管理评价报告，是对智慧财务管理情况总结性的文件，是评价活动的最后环节，是督促整改的依据。评价报告要集中反映评价活动的全貌，体现评价目标、评价原则、评价标准等具体信息，内容完整，形式规范，披露的信息有实用价值。评价报告要总结被评价主体的成功经验及有效做法，加以移植推广；评价报告要披露被评价主体经济运行活动中存在的问题，应作出相应说明，认真分析产生的原因，提出改进建议并督促落实整改，促进公立医院不断提高管理水平。

六、公立医院智慧财务建设综合评价指标体系构建

在上述构建思路的基础上，本文将《卫生财务管理》《医院财务制度》、咨询专家的指标纳入财务分析的参考指标体系，同时在参考相关学者相关研究的基础上，结合业财融合的实践理念，初步构造公立医院智慧财务建设综合评价指标体系，其中一级指标分别为服务患者效率、服务员工效率、服务医院能力、人才队伍建设、信息技术水平，并设 33 个二级指标。为使公立医院财务综合评价体系中的指标更具科学性、合理性和可操作性，本文邀请了 30 位熟悉公立医院管理理论及实际情况的专家（医院管理人员、医院财务人员、高校和科研机构的专家学者以及卫生、财政部门的行政管理人员等），通过匿名函询方式征询专家对前文所述指标及其权重、计算方法等的意见，并最终确定公立医院智慧财务建设综合评价指标体系。

（一）专家权威程度评测

在专家咨询表中附有专家权威程度量化表和专家基本情况调查表，由专家进行自我评价。专家自评权威系数 Cr 由专家判断系数 Ca（见表 1）和专家熟悉程度 Cs（见表 2）决定，$Cr = (Ca + Cs)/2$，Cr 值在 0 ~ 1 之间，值越大，说明专家的权威程度越高。由表 3 可知，各一级指标的 Cr 均高于 0.7，可说明专家的权威程度相对较高。

表 1　　　　指标判断依据及其影响程度系数

判断依据	对专家判断的影响程度系数（Ca）		
	大	中	小
实践经验	0.4	0.35	0.2
理论分析	0.25	0.15	0.1
同行了解	0.25	0.15	0.05
直觉	0.05	0.05	0.05
参考国内外资料	0.05	0.05	0.05

表 2　　专家对于指标的熟悉程度系数

熟悉程度	系数（Cs）
很熟悉	1
比较熟悉	0.8
一般熟悉	0.6
不太熟悉	0.4
不熟悉	0.2
很不熟悉	0

表 3　　专家自评权威系数结果

指标分类	熟悉程度 Cs	判断依据 Ca	专家自评权威系数 Cr
服务患者效率	0.83	0.77	0.80
服务员工效率	0.93	0.81	0.87
服务医院能力	0.97	0.81	0.89
人才队伍建设	0.87	0.79	0.83
信息技术水平	0.79	0.72	0.75

（二）指标体系调整

通过专家咨询对指标体系进行部分增减调整和修正，最终确定公立医院经济运行的综合评价指标体系，共包括 5 个一级指标和 33 个二级指标。综上所述，公立医院经济运行的综合评价指标体系见表 4。

表 4　　公立医院经济运行综合评价指标体系

二级指标		指标代码	指标解释	定义
1.1	门急诊自助结算占门诊结算业务量比例	HZ001	反映门急诊结算业务效率及便捷度	门急诊自助结算业务量/门急诊结算业务量×100%
1.2	门急诊移动结算占门诊结算业务量比例	HZ002	反映门急诊结算业务效率及便捷度	门急诊移动结算业务量/门急诊结算业务量×100%
1.3	出入院自助结算占出入院结算业务量比例	HZ003	反映出入院结算业务效率及便捷度	出入院自助结算业务量/出入院结算业务量×100%
1.4	出入院床旁结算占出入院结算业务量比例	HZ004	反映出入院结算业务效率及便捷度	出入院移动结算业务量/出入院结算业务量×100%

续表

二级指标		指标代码	指标解释	定义
1. 5	人工窗口服务满意度	HZ005	反映患者满意度	人工窗口服务满意度
2. 1	规范设立财务制度查询机制	YG001	反映医院员工查询财务制度的便捷度	是否设置规范的财务制度查询机制
2. 2	规范设立员工薪酬咨询服务专员	YG002	反映医院员工咨询薪酬情况的便捷度	是否设置薪酬咨询服务专员
2. 3	开通员工便捷付费模块	YG003	反映医院员工支付党费、胸卡费用等的便捷度	是否设置员工便捷付费模块
2. 4	报销专职管理人员数与报销业务数量之比	YG004	反映医院报销专职管理人员与报销业务数量之间的合理性	报销专职管理人员数量/报销业务数量×100%
2. 5	专项经费业务管理人员数与项目数量之比	YG005	反映医院专项经费业务管理人员与专项经费项目数量之间的合理性	专项经费业务管理人员数量/专项经费项目数量×100%
3. 1	线上报销审批平均时长	YY001	反映智慧财务体系下线上报销审批的效率	线上报销审批平均时长
3. 2	专项经费管理	YY002	反映智慧财务体系下专项经费管理水平	专项经费管理数量
3. 3	会计核算规范	YY003	反映智慧财务体系下会计核算管理水平	是否针对智慧财务更新会计核算规范
3. 4	内控风险管理	YY004	反映智慧财务体系与内部控制的交互程度	与智慧财务对接的内部控制业务数量/需提供财务数据的内部控制业务数量×100%
3. 5	全面预算管理	YY005	反映智慧财务体系下预算管理水平	与智慧财务对接的预算管理模块数量/预算管理模块总数量×100%
3. 6	智慧财务体系下项目成本覆盖率	YY006	反映智慧财务体系下成本管理水平	与智慧财务对接的成本管理模块数量/成本管理模块总数量×100%
3. 7	资金管理效率	YY007	反映智慧财务体系下货币资金管理水平	收益/货币资金数量×100%
3. 8	规范设置价格动态管理机制	YY008	反映智慧财务体系下价格动态管理水平	是否针对智慧财务规范设置价格动态管理机制

续表

二级指标		指标代码	指标解释	定义
3.9	运营数据反馈	YY009	反映智慧财务体系对医院运营的支持程度	运营数据反馈频率
3.10	承担财务分析深化的成效	YY010	反映智慧财务体系的数据分析能力	智慧财务体系是否对抓取的财务及业务数据进行深度分析
4.1	窗口服务满意度	RC001	反映医院职工对财务窗口服务的满意度	窗口服务满意度
4.2	员工首次参加中级会计资格考试通过率	RC002	反映财务人员专业能力水平	本年度首次参加中级及以上会计资格考试的人数/平均在职职工人数
4.3	内部交流培训次数	RC003	反映内部培训力度	本年度内部交流培训次数
4.4	外部交流发言次数	RC004	反映外部交流机会	本年度外部交流发言次数
4.5	团队职称结构	RC005	反映团队职称结构	中级及以上职称的人数/平均在职职工人数
4.6	团队学历结构	RC006	反映团队学历结构	本科及以上学历的人数/平均在职职工人数
4.7	发表学术论文数与专业技术人员数之比	RC007	反映学术论文发表情况	发表的学术论文数/专业技术人员数×100%
4.8	承担课题项目数量	RC008	反映承担课题项目情况	获得的院级及以上课题数
5.1	HRP系统业务覆盖率	XX001	反映HRP系统与医院各业务系统的集成程度	HRP系统已对接的业务模块数量/业务模块总数量
5.2	RPA技术应用后平均业务用时	XX002	反映RPA技术应用后的业务处理效率	RPA技术应用后平均业务用时/RPA技术应用前平均业务用时×100%
5.3	新技术应用数量	XX003	体现智慧财务体系下新技术的应用情况	新技术应用数量
5.4	在新技术应用及培训方面的经费投入	XX004	反映智慧财务建设和人才培养发展能力	自筹或匹配的新技术应用及培训方面的经费/医疗收入
5.5	信息技术新规范制定	XX005	反映智慧财务建设过程中相应制度建设的规范性	是否设置信息技术新规范

七、RJ 医院智慧财务管理体系案例分析

（一）RJ 医院概况

RJ 医院建于 1907 年，是一所集医疗、教学、科研为一体的三级甲等综合性医院，有着百年的深厚底蕴。医院占地面积 12 万平方米，建筑面积 30 万平方米，绿化面积 4 万平方米，核定床位近 4 000 张。近 5 年来，医院获得国家重点研发计划和各级部市局级项目、新药创制重大专项、国家自然科学基金项目、科技部 973 和科技支撑项目千余项，其中 2021 年医院共获得各级资助项目共计 231 项，国家自然科学基金首次突破百项，118 项纵向科研经费 1.99 亿元。作为公立医院，RJ 医院贯彻落实国家和上海市医改精神，积极推进医联体建设，不断提高医院信息化智慧水平，全面落实现代医院管理，深入提升医疗内涵质量。

（二）RJ 医院智慧财务建设背景

1. 医院财务信息化建设现状

随着医院业务规模的不断扩大以及对财务精细化管理要求的日益提高，财务管理工作面临着巨大的挑战，主要存在以下问题：

财务信息系统整合程度不高。经过近几年的信息化建设，医院初步形成了以 HRP 系统为核心，外连医院其他业务信息系统的财务信息化框架。但由于医院业务系统众多，且相对独立于财务信息系统，各系统间数据口径尚未完全统一，各系统间数据的频繁核对与加工需要大量的人工操作，不仅加重了财务人员的工作负担，还导致效率低下。

财务处理并未完全实现信息化，现有的财务业务流程中也还存在着纸质单据流转处理，数据导入导出，人工数据核算、并表等情况，亟须一种技术来解决需要人工且重复烦琐的工作，实现医院财务从数字化到智能化再到智慧化的转型。

2. RJ 医院智慧财务建设的诉求

一是提升财务工作效率。原有线下流程存在以下问题：人工比对易出错，翻阅、查询、输入、对比等操作都耗费了大量时间和精力，导致财务管理工

作效率难以提升。二是提升精细化管理水平。随着医疗卫生体制改革的进一步深化，医院内部精细化管理需求趋势越来越明显，要求医院管理者致力于最大程度地提升医院在运营管理不同阶段所能达到的价值创造高度，而财务智能化无疑是提升医院运营管理水平的重要手段。三是推动财务转型。随着医院业务量持续增加，财务人员埋头于海量数据、工作被动、与业务脱节，导致财务管理工作人力投入不足，无法实现财务转型，通过智慧财务建设，将流程、标准内置于财务系统，通过强大的数据支撑，推动财务管理从财务走向业务、从会计走向管理、从数据走向价值、从核算走向智能，为医院经济管理提供决策支持（史晓川等，2020）。

（三）基于 RPA 和 OCR 结合新技术的智慧财务建设

1. 需求调研

需求调研是智慧财务建设工作的重中之重，直接关系到上线后的应用效果，财务部门发挥主导作用。对 RJ 医院内部管理制度、财务管理制度进行了精细化梳理，并充分考虑医院管理需要和内部控制要求，坚持“统一化、清晰化、智能化”的设计原则，规范基础数据，强化财务标准管控，为智慧财务建设打下了坚实的基础。

2. RPA 及 OCR 技术概述

机器人流程自动化（robotic process automation，RPA）指的是软件流程自动化，它采用了非侵入式的模式和架构，可以按照事先约定好的规则，对软件进行点击执行、信息输入、数据处理等“拟人”操作。模拟人类与计算机的交互，代替人工处理复杂、烦琐以及大量的各项事务。通过将 RPA 技术应用到财务领域（财务机器人），可以实现以自动化替代财务手工操作，辅助财务人员完成交易量大、重复性高、易于标准化的基础业务。财务机器人类似于虚拟劳动力，对于财务工作中基于明确规则的可重复性工作流程，财务机器人是能够在特定流程节点代替传统人工操作和判断的财务自动化应用。因此 RPA 也称“数字员工”，是财务管理向数字化转型的重要技术之一。

光学字符识别（optical character recognition，OCR）是人工智能领域的一项技术，利用电子设备检查纸上打印的字符，通过检测暗、亮的模式确定其形状，然后用字符识别方法将形状翻译成计算机文字。通俗地讲，利用 OCR 技术可以对图片、发票、手写文档等非结构化数据进行数据识别和提取，经转化后的结构化数据再通过 RPA 技术进一步智能化处理。OCR 与 RPA 技术的结合可以最大限度实现业务无纸化、自动化。

3. 建设实践

RJ 医院通过努力构建覆盖前中后台信息管理与分析的数据中心，破除各模块化系统的数据壁垒，实现医院数据总线级贯通。通过人工智能产品璇玑 OCR 引入财务自动服务机器人（RPA）的方式，解决单据表单等非结构化数据的结构化处理和数据业务操作的自动化问题。RPA/OCR 与 HIS 系统对接，可以实现票据匹配入库、银行收款核对、往来自动对账等功能；与 HRP 系统结合，可以辅助票据审核报销；应用于账务系统，可以自动记账、自动报表。这些模块生成的结构化数据，结合电子票据在医院的应用，又可以大幅减少电子会计资料的采集工作量并奠定电子资料元数据规范性的基础，促进电子档案系统的开发与建设，最终实现智慧财务贯穿于全财务管理流程，整合业务财务内容，支持运营管理的战略目标。

（1）药品发票自动入库。RJ 医院药剂科药品采购发票核销流程一直沿用“人工比对、手动核销”的模式。工作人员获得供应商发票后，需要通过翻阅大量发票数据，将发票信息与 HIS 系统上的数据人工比对后，最后进行入库操作，翻阅、查询、输入、对比等操作都耗费了大量时间和精力。医院借助 RPA 与 OCR 技术，打通医院的 HIS、HRP 以及国税总局的发票查验系统，实现药剂发票处理流程的自动化，使得工作效率显著提升。首先将纸质发票通过专用发票扫描仪转化为影像件，然后调用 OCR 服务器自动识别出发票图像中的关键信息，将非结构化的发票图像数据转为结构化的发票信息数据。机器人自动获取发票关键信息后通过国税总局数据库直接进行发票真伪查验，并将发票验真的结果以邮件形式通知有关工作人员。机器人同时登录 HIS 系统，将验真过的发票结果信息逐条与 HIS 药品收货信息比对勾选，匹配上的发票自动操作完成发票入库工作，并将入库成功及匹配失败结果反馈给工作人员，最后只需人工处理少量未匹配的发票。经过评估发现，原有流程下 200 张发票入库的时间需要 6 ~7 个小时，而新流程通过机器人处理仅需要 20 多分钟，整项工作处理时间缩短超过 90%。显著提高了工作效率及工作准确性，大大降低人力的投入。

（2）POS 机收退款核对。通过 RPA 对 POS 机收退款核对流程进行优化，流程中需要工作人员进行操作的部分仅为录入少量人工记账的急诊绿色通道患者应收款，以及在门急诊、出入院总金额和银行收入对不平的情况下查明原因，剩余操作全部由机器人完成（包括登录银行端口获取表格、登录HIS2.0系统获取表格、登录HIS3.0系统获取表格、数据比对制作对账表、反馈结果等），对账的明细表会以邮件形式进行反馈，方便业务人员后续操作。引入RPA技术后，银行POS收退款对账效率提升47.22%，平均对账时间降低了94.44%（见表5）。

表5　人工以及RPA方式下银行POS收退款对账效率统计　单位：分

方式	步骤一	步骤二	步骤三	步骤四	合计
人工	60	30	40	50	180
RPA	60	30	5		95

（3）机票借款核对。RJ医院员工发生的国内差旅、因公出国（境）机票相关费用会在HIS系统和HRP上进行借款，财务人员每月会收到与医院签约代订机票的外航公司发来的上月代订机票汇总账单，通过此账单与系统借款记录进行匹配后，成功匹配的账单记录即可完成付款，但由于代订机票借款业务量大，且机票退改签率高，导致核对效率低，影响付款效率。利用RPA技术，可大大提高核对效率。财务人员仅需上传外航公司发来的代订机票账单以及之前未成功匹配的账单记录，其他流程均可由财务自动服务机器人在RPA技术的辅助下实现快速核对。机器人可同时登录HIS、HRP系统导出机票借款数据报表，并将未完成比对汇总表中的记录通过行程、出发日期、乘机人、票价等维度，与HIS系统和HRP系统中的借款机票数据进行匹配，匹配后生成比对情况汇总表，匹配成功的账单记录加入与之匹配的借款记录编号。对于未匹配成功的账单记录单独生成表单，并将与该记录疑似匹配的借款记录（两个维度以上相似）显示在同一表单中，方便工作人员将未比对成功的账单及借款记录进行手工匹配，大大提高了外航机票借款的核对效率。

（四）RJ医院智慧财务管理体系构建的保障措施

1. 组织保障

加强医院的顶层设计和总体规划，提高医院管理层和实施层的全局意识。建设智慧财务管理体系的公立医院应当结合宏观环境和医院实际状况，制定出整体规划，按照实用性的原则确定工作目标，力求获取更多有效资源。医院外部环境涉及各项政策、医疗保险控费措施、上级主管部门对医院信息化建设的整体规划等，内部环境涉及医院的未来发展规划、分院区（下属单位）的财务管理模式、医院目前财务信息化管理状况等。在医院内部，应增强重视程度，推进多部门协同一体化，实现共建、共享。医院各部门应当打破信息孤岛，重新梳理和整合业务流程，拥有攻坚克难的决心和团结一致的行动力。信息化建设工作开展以后必然会遇到一定的阻力，必须重视管理协调方面的问题，才能确保该体系能够尽快建设完毕。

2. 制度保障

建立项目负责制，成立智慧财务管理体系建设管理小组，明确其职责，精准定位，发挥统筹管理职能，这样不仅能够保证系统建设自上而下统一目标，顺利推进，而且可以形成自下而上的反馈机制，建设期间出现的具体问题由专人负责，针对问题及时解决，对不能解决的问题可以及时反馈上级领导，由上级领导协调解决。

3. 人员保障

一方面，加大复合型财务人才的投入力度。综合能力较强的人才既熟悉财务管理系统，又能够利用系统有效开展各项管理工作，分析数据，为医院领导层提供更具有参考价值的管理决策数据，提升医院财务的管理决策分析能力；另一方面，建立与公立医院需求和发展相适应的人员培训机制，培训对象不仅是财务人员，还包括信息专业人才，必须重视工作人员业务能力的提升问题，做好财务信息化管理人才队伍建设。

八、结论与展望

（一）研究结论

1. 智慧财务管理体系促进财务工作效率极大提升

智慧财务重新定义了财务处理流程，利用 RPA 技术将原来大量人工处理的复杂烦琐的手工流程转化为财务自动化、标准化的统一流程，实现了数据标准化、内控规范化、业务自动化，RJ 医院自运用 RPA 技术处理部分财务工作以来，财务工作效率显著提升，以部分已上线使用的功能为例，平均工作时长缩短了近 80%，在提高财务业务工作效率的同时，也推动了医院整体运营效率的提升。

2. 智慧财务管理体系深度推动数据交互业财融合

智慧财务建设通过运用RPA和OCR技术与HIS、HRP、物资等业务系统相互贯通（赵昕昱等，2020），实现了数据的实时交互，同时在业务流程上将跨部门业务流程用自动化机器人替代，不但解决了部门之间的业务交互的痛点，也减少了重复工作量，深化业财融合。智慧财务的构建基于管理会计的理念，以全面预算为起点，财务会计为基础，内部控制、成本控制为核心，融入电子票据管理以及电子会计档案系统，站在更为全面的角度去统筹规划医院各项财务数据并将其与业务数据一一对应，从业务维度分析财务数据，使财务能够深入融合医院各类业务，参与医院重大经济活动的监督、控制、管理，从宏观上对医院经营决策保持前瞻性与预见性，与医院业务及战略需求紧密相连，实现业财融合、创造价值。

3. 智慧财务管理体系加快财务转型

财务转型要聚焦价值创造。一方面，智慧财务建设改变了财务人员管理模式，财务人员聚焦预算管理、成本管控、财务分析等附加值较高的财务管理活动，深度参与医院经营，从而推动整个医院的财务管理转型；另一方面，在RPA技术的支持下，智慧财务具备更广泛的数据采集能力、更强大的数据处理和分析能力，实现了对医院经济活动的全方位管理和全过程控制。通过对成本、收入、预算等数据的全面分析，智慧财务可以有效协助医院进行资源分配以及提高经济运营水平，在科技赋能下推动医院数字化转型。

4. 智慧财务管理体系助力医院高质量发展

财务可能无法决定一个医院的走向，但却能决定一个医院能走多快多远，因为做得出色的财务管理工作一定能促进医院经济运行效率不断提升，助力医院高质量发展。RJ医院财务自动服务机器人的成功上线，标志着上海公立医院首例RPA智能机器人的人机协作项目率先探索成功并顺利落地，旨在探索RPA机器人应用的特点，推动业财一体化以及财务流程的智能化进程，为医院精细化管理提供技术支撑，为医疗行业财务工作智能化探索做出自己的贡献，也为国内公立医院提供更多可借鉴、可复制、可推广的财务工作模式。

（二）研究展望

智慧财务管理体系为患者、医护人员、医疗机构之间的信息共享和交互提供了便利，具有良好的发展前景和研究空间。目前关于智慧财务管理体系的相关研究较少，因此，本文的研究仅为尝试性研究。受到时间及学术水平限制，还存在一些局限和不足，尚有需要探讨和完善的学术空间。本文的不足主要有以下两点：（1）智慧财务体系具有多种应用情境，根据不同属性可以划分为多种类型，本文选取当前应用较为广泛和具有代表性的财务报销、RPA 机器人和电子会计档案系统为主要研究情境，虽然反映了共性规律，但在覆盖范围上不够广泛，缺乏对其他智慧财务情境的研究。（2）智慧财务体系下的用户信息交互是一个联系、发展、运动着的动态体系，该体系包含多种交互因子，随着使用者（用户）需求和信息内容的更新，各因子之间的互动关联也随之变化。本文虽然分析了用户信息交互过程，但对于智慧财务的应用场景转换衔接、用户需求变化和数据跟踪应用等方面的动态研究尚存在一定的缺失。

针对上述研究中的不足之处，本文认为在下一阶段研究中需要从以下两个方面进行改进：（1）积极关注智慧医疗最新研究成果和动态，全面挖掘智慧医疗应用情境，建立更多的符合用户需求意愿的平台和模块。强调用户的场景化服务，满足不同用户的服务需求，为用户提供适配其需求的多样化的场景资源。（2）进一步分析智慧财务情境下各交互因子的运行规律及形态变化，了解和掌握因子运动的全过程，引入动态分析方法对因子之间的制约关系和运动趋势进行描绘与预测。同时，持续挖掘和追踪用户行为数据，将因子的存在形式和应用场景相结合，深化完善该领域的研究。

参考文献

［1］Frank Helbing/Thilo Rau/Alexander Riedel Hans. Finance Bundling and Finance Transformation［J］. Future Trends in Finance Shared Services Organisations, 2013（8）：379 – 407.

［2］Christian Wrage. Controlling in der Konsumgüterindustrie［J］. Konzeption und Einführung von Shared Service Center Finance, 2014（8）：123 – 142.

［3］杨纪琬. 开发人才，开发智力，尽早实现我国会计电算化［J］. 会计研究，1985（4）：20 – 25.

［4］周金华. 会计电算化与会计信息化［J］. 中南财经政法大学学报，2003（2）：137 – 140.

［5］杨周南. 论会计管理信息化的 ISCA 模型［J］. 会计研究，2003（10）：30 – 32，65.

［6］张瑞君，陈虎，张永冀．企业集团财务共享服务的流程再造关键因素研究［J］．会计研究，2010（7）：57－64，96.

［7］杜传忠，胡俊，陈维宣．我国新一代人工智能产业发展模型与对策［J］．经济纵横，2018（4）：41－47.

［8］张霞．财务共享服务中心构建研究［J］．会计师，2020（17）：26－27.

［9］孟乾坤，裴潇．智慧财务管理：本质、形式及实施路径［J］．财会月刊，2018（3）：59－64.

［10］高雷．从共享财务向智慧财务演进的实践思考［J］．会计师，2018（19）：14－15.

［11］张庆龙．财务共享服务中心现实问题与未来何去何从［J］．商业会计，2017（19）：6－9.

［12］史晓川，雷志勤．基于全流程的医院智慧财务系统建设实践探索［J］．中国卫生经济，2020，39（3）：86－88.

［13］赵昕昱，操礼庆，操乐勤，郭奕．安徽省立医院智慧财务建设实践［J］．财务与会计，2020（5）：58－61.

课题负责人：李雪辉　上海交通大学医学院附属瑞金医院财务处处长，正高级会计师

主要执笔人：陈仪瑢　上海交通大学医学院附属瑞金医院财务处副处长，高级会计师

课题组成员：陈仪瑢、黄玲萍、汪绪良、潘悦华、李梦斐、王蕾、白宏羽

投资并购财务尽职调查改进研究

——以某上市公司医养并购项目为例

一、引言

21世纪第一个10年开始的第六次并购浪潮至今方兴未艾。第六次并购浪潮由新能源技术和移动互联网技术推动，是一次全方位的并购，并购形式、支付方式都有创新，巨额并购交易不断涌现。在这一轮并购狂潮中，并购规模屡屡创造纪录，但并购交易却非常混乱、毫无章法。尽管上市公司进行并购重组的初衷是给经营业绩带来正面效益，但在实际中不少标的公司言辞确凿做出的业绩承诺并不能达标，由此而引发纠纷甚至对簿公堂的案例并不鲜见。面对并购重组交易中注入资产作价基础虚高、盈利预测盲目激进、补偿承诺背离实际等现象，中国证监会从2016年开始采取了更严格与密集的监管举措。可以预见，中国上市公司的并购在机制和监管政策的改革下将重回产业发展的合理道路，并购目的将从简单的资产配置过渡到以产业整合为主的精细并购。在这一形势下，尽职调查作为了解目标公司、评估风险的重要手段显得越来越重要。财务尽职调查作为并购尽职调查的一个重要环节，在消除信息理解上的偏差，判断交易的风险大小，评估目标企业的潜在价值，制订最佳的并购方案等方面更是具有不可忽视的重要作用。

投资并购是一把“双刃剑”，成功的并购可以让企业通过优化资源配置在金融和财务层面形成协同效应，壮大企业规模，提升竞争力，促进产业升级，为股东和企业创造价值；反之会使企业举步维艰，甚至毁于一旦。笔者认为，在当前的市场环境下，一项并购活动中并购尽职调查、并购估值和并购整合是并购成功与否的关键所在，其中高质量的并购尽职调查将为并购成功打下坚实基础。

本文通过对投资并购财务尽职调查的研究，梳理了并购及财务尽职调查的内涵边界，分析和总结其存在的问题，并提出有针对性的改进建议，以期为企业开展并购财务尽职调查带来帮助和借鉴，从而更好地提升并购财务尽职调查的效果。

二、并购及财务尽职调查概述

（一）并购概述

1. 并购定义

并购（M&A）通常被分为合并和收购。合并是指两个以上的企业或公司通过法定程序变为一家企业或公司的法律行为，一般有新设合并和吸收合并两类。收购是指对企业的资产和股份的购买行为，将变更被收购企业的资产、运营、管理控制权，前者变成后者的子公司，但是其法人地位并不消失。收购的目的是实现业务的战略投资组合。

在资本市场，并购重组是一个政策性概念。中国上市公司的并购重组主要有上市公司收购、重大资产重组、回购、合并分立等对上市公司股权结构、资产负债结构、利润及业务产生重大影响的活动。美国等西方国家的并购法律体系已经相对完善，我国目前的并购法律法规散落于众多的规范化文件中。在法律层面主要有《公司法》《证券法》等。上市公司并购还要遵从中国证监会及其下属上海、深圳两个交易所出台的部门规章及规范性文件，主要有《上市公司收购管理办法》（2020 年最新修订）、《上市公司重大资产重组管理办法》（2019 年最新修订）等。

2. 并购动因

（1）并购方动因。协同效应理论和竞争优势理论对理解发起并购的企业并购动因非常有益处。协同效应的理论由美国学者 H. 伊戈尔·安索夫（H. Igor Ansoff）于 20 世纪 60 年代首次提出。马克·L. 赛罗沃（Mark L. Sirower）对协同效应的定义运用最广：协同效应是合并公司的业绩增值部分，即对于两家公司已有的预期业绩或两家作为独立公司需要完成的业绩而言，协同效应是合并公司业绩的新增部分，协同效应表明合并公司的竞争能力好于预期。协同效应包括经营、管理、财务等多方面。

管理泰斗迈克尔·波特（Michael E. Porter）对竞争优势的观点是：企业

中最能创造价值而很难被竞争对手复制或复制成本很高的能力和资源。移动互联网时代新进入者创立的独特商业模式对老企业产生了巨大的冲击。公司的运营模式从大机器生产变为网络组织，公司的变革观念也不得不从渐变转为激进，在激烈的市场竞争中，不进则退是企业永远面对的问题。公司发展的战略和路径也必须不仅限于内部的自生发展，并购这一外延发展模式在企业发展到一定规模后都会主动或被动地接受。

对于中国上市公司而言，一方面需要保持核心竞争力，因为不管曾经多么辉煌的业务，都迟早会丧失成长空间，公司不得不周期性地进行业务重塑；另一方面通过前期上市积累了资金，且再融资的渠道和成本都比非上市公司优势明显，决定了上市公司必然通过并购获取更多资源和技术，增强核心竞争力，从而使企业规模快速扩张，降低经营风险，发挥竞争优势，实现协同效应。

（2）被并购方动因。企业愿意被并购的原因有以下几点：第一，企业业务及财务状况良好，大股东出于跨行业发展或其他投资考虑，通过出售部分或全部股权所换取的现金，用于投资于其他项目。第二，出于生存和发展的目的。在激烈的市场竞争中，企业市场竞争力不强，业绩增长缓慢乃至停滞。所以只能选择被实力较强企业并购，发挥联合的资源以及财务优势。第三，企业自身因管理不善，财务状况不佳，股东力求出售公司以换取现金得以脱身。

并购方在筛选并购目标时，应当通过初步的尽职调查辨析出潜在的目标企业被并购的动机。对于第一种原因，并购方必须一方面在尽职调查中识别目标企业的财务状况是否真有被并购方展示出来的良好状态，谈判较低的交易价格；另一方面要有合适的接任者，并购整合得当，目标公司的运营水平、财务状况都将提高，发展潜力将充分释放。对于第二种原因，潜在的目标企业管理层谋求的是企业发展，留任的可能性大，双方经营理念是否能够融合将是并购能否成功的关键。对于第三种原因，并购方应当首先甄别目标公司所在行业是否有发展前景；其次目标公司在业务上的一个方面或多个方面是否有独特的优势；最后要估量面对不佳的内部管理，整合成本是否可以承受，从而进行合理的估价。并非财务表现不佳的企业就没有被并购的价值。

3. 并购战略

制定行之有效的并购战略是保证上市公司通过并购迅速发展壮大的起点。

并购战略从属于企业发展战略，企业进行战略管理是为了在不断变化的环境下建立和保持长久的竞争优势。企业发展战略是指企业未来的发展目标及如何实现该项目标的总体规划。企业并购战略是实现企业发展战略的一种常规途径，其内在的思路是通过兼并的方式达到提升自己在行业内的竞争力、限制竞争对手的扩张、提升自己的品牌形象、进入一个新的市场、获得自身稀缺的资源、利用被收购方的营销网络或研发力量等目的，从而更好地服务企业发展战略。并购战略是对企业整体的、长期的谋划。

中国上市公司的并购在经历野蛮粗暴的粗放式并购阶段后，越来越多上市公司从全产业链整合的高度来制定公司的并购战略，并购不再单纯从短期获利和市值管理的角度出发，而是整个产业链的大整合，即产业并购。上市公司以产业并购对外进行产业扩张，是有内在产业逻辑的，选择的并购标的大多与上市公司不存在关联关系，在并购过程中控制权不变是基本诉求。

企业的发展战略主要有扩张战略、收缩战略和转型战略。基于不同的发展战略，产业并购主要有横向并购、纵向并购和混合并购。移动互联网时代的并购战略更需要创造性和洞察力，战略制定和修改间隔变得越来越短，并购战略也要根据行业及市场的变化及时调整。

有并购战略管理的企业能克服短期行为，有利于企业规避风险、稳步发展，同时有利于统一全体员工行动。制定并购战略还能指导制订具体并购重组方案。一个行之有效的重组方案应当符合国家产业政策，通过并购重组要有利于产业整合、结构优化、产业升级；有利于解决现存的关联交易、同业竞争，避免产生新的关联交易、同业竞争；有利于保护上市公司及全体股东的利益；符合节能环保的要求。

显而易见，真正的并购应当基于产业及企业成长的逻辑，有战略支撑的并购交易更容易让监管及市场看懂，有利于上市公司并购项目通过监管审核，达到预期目的。

4. 并购的关键环节

一项并购活动的主要步骤：第一步是寻找机会，选择目标；第二步是项目立项；第三步是全面尽职调查；第四步是项目估值及方案设计；第五步是决策、谈判及达成交易；第六步是并购整合（见图1）。

其中，并购尽职调查、并购估值和并购整合是否能有机结合相互支持，是该项并购成功与否的关键环节。

图 1　发现甄别目标企业

（二）并购财务尽职调查概述

1. 并购财务尽职调查的含义

尽职调查又称谨慎性调查，一般是指在收购兼并、企业上市发行、股权投资等资本运作中，投资人与目标企业初步达成合作意向后，投资人针对目标企业与交易事项相关的财务、法律和经营等事项进行现场调查和资料分析，了解目标企业，发现潜在的问题，揭示和降低并购风险。

按尽调的内容不同，尽职调查可区分为法律尽调、财务尽调、业务尽调以及其他尽调，其中，财务尽调，顾名思义即对财务的尽职调查。

并购财务尽职调查则是指以并购战略目标为导向，由具有财务专业知识的人员对目标对象资源情况进行调查，从财务角度结合运营数据评估目标公司是否符合并购方企业并购战略目标，为交易谈判、投资决策及整合方案设计提供相关信息。

2. 并购财务尽职调查的特点

与常规的财务尽职调查相比，以并购战略目标为导向的财务尽职调查具有以下特点：

（1）适用对象范围更有针对性。传统的财务尽职调查是指对目标企业与交易事项相关的财务状况进行的分析、审阅、核查等专业性审查，适用于所有的并购业务，而并购财务尽职调查适用于战略并购，并购方从战略出发清楚自身的资源缺口，以此需求寻找目标对象，希冀于目标对象资源的质量状况。

（2）调查范围目的性更强。传统的财务尽职调查通过对目标企业的资产状况、收入支出、现金流量等财务指标的调查和分析，了解企业的生产经营活动，揭示财务方面的并购风险，而并购财务尽职调查只围绕并购相关资源展开，非相关资源多不予以关注。

（3）调查人员需要与委托方更多的沟通。与常规尽调相比，并购财务尽职调查需要与并购双方更多的沟通，特别是与委托方的沟通，只有清晰明确委托方的并购目标，对目标对象资源的期待，才能有的放矢。

（4）调查出发点不同。传统的财务尽职调查主要从财务数据出发，核实目标企业财务状况，并购财务尽职调查则从战略目标出发，建立从资源到业务、业务到财务的链接，然后再从财务数据的分析和验证中确认目标对象资源的质量情况。

（5）效率更高。传统的财务尽职调查要对目标企业进行全面调查后决定下一步措施，而并购财务尽职调查，侧重于目标对象资源质量状况的分析，分析更有目的性，只要在调查中发现目标对象资源有硬伤的情况下就可以终止并购交易。

（6）调查人员综合素质的要求更高。传统的财务尽职调查主要是对财务状况的核实，调查人员对财务专业能力要求高，而并购财务尽职调查需要调查者对并购双方的业务了解程度高，综合分析能力强。在并购过程中，除了常规的财务信息了解，还要对企业的业务模式、行业惯例等情况进行了解，摸清企业业务与财务的逻辑联系，建立正确的链接，才能有效地佐证目标对象资源的质量状况。

3. 并购财务尽职调查的组织

财务尽职调查贯穿于整个并购过程中，持续时间短则几周，长则几个月。若并购时机不成熟，时间长达1年或更久。从尽职调查涉及的范围来看，并不是时间越久、范围越广、内容越详细的尽职调查越有效。对于并购交易的组织人员，是一个组织核查核实的过程，更是一个风险与价值发现的过程。

（1）一般程序。并购财务尽职调查一般分为计划、实施和报告三个程序。

在计划阶段，并购部门应当花大量时间做事前准备。首先，根据已有资料整理出相关的重大问题，并与所聘请的中介机构进行充分沟通，保证对方准确理解和派遣有相应能力的专业人员进行调查；其次，针对如何有效地进行沟通，以及如何协调整个尽职调查过程有可行预案，保证尽职调查的效率和质量。这里的沟通涉及上市公司、目标公司与各方中介机构，包括上市公司与目标公司、上市公司与中介机构、中介机构与目标公司之间的沟通。

在实施阶段，并购部门需要到现场去进行实地调查，从正式和非正式的接触中尽可能地深入了解目标企业。要建立一个有效的沟通协调机制，保证参与各方沟通交流的顺畅，确保包括财务尽职调查在内的工作能有效迅速地展开。

在报告阶段，要重视对尽调报告乃至原始资料的审阅和复核。在审核的基础上，结合调查现场收集的资料向管理层做出独立报告。

（2）各方责任。委托方的责任。委托方在调查工作中起到关键作用，其主要责任包括：明确并购目标，委托中介机构开展调查工作，并在调查过程中敦促目标企业提供尽可能详细的企业基础资料和财务会计数据等；认真听取中介机构的意见和建议并及时反馈内部讨论结果；正确使用调查报告，对调查报告的误用承担责任；为调查过程中所知悉的目标企业的各种情况和资料承担保密责任；按照约定支付调查费用等。

调查机构的责任。调查机构作为实施财务尽职调查的主体，应当忠实履行交易各方所赋予的调查权力，其主要责任包括：根据委托方的并购目标开展各项调查工作；秉承独立、客观、全面、谨慎和重要性原则，准时提交真实、合法的专业报告；为调查过程中所知悉的委托方和目标企业的各种情况和资料承担保密责任等；由于非故意的失误给委托方造成投资损失时，调查机构不应当承担由此带来的赔偿责任。

目标企业的责任。目标企业是被调查单位，其主要责任包括：为委托方和调查机构提供真实、完整和准确的情况介绍和证明材料；为调查机构和委托方提供工作便利和一切必要条件等。

4. 并购财务尽职调查的方法

财务尽职调查属于“对财务信息执行商定程序”。因此，与审计多采用系统测试、审查验证、寄询证函、存货盘点等方法不同，财务尽职调查更多会用到外部信息收集、资料查阅、现场调查、访谈、分析性程序等方法。

一是外部信息收集。通过网络、报纸和杂志等媒体渠道收集标的企业竞争对手和上下游企业的信息，了解并验证行业及企业情况。对于收集到的信息，尽职调查团队还要验证其可信程度，去伪存真，评估其重要性，并进行归纳总结以便最终编写尽职调查报告之用。

二是资料审阅。根据企业所处行业或业务性质的不同，查阅文件所涉及的内容也不同。一般包括查阅企业工商登记从注册到最近的全部文件、最近3~5年经审计的财务报告、股东会和董事会会议纪要及决议、经营的有关证照、专利证书、资质证书或证明、荣誉证书、业务合同及合同执行情况的相关资料、重大法律合同等。除此之外，尽职调查还可以在企业授权的情况下要求为企业提供审计服务的会计师事务所提供审计工作底稿。

三是现场调查。对目标企业相关的场所进行现场调查，根据企业性质的不同调查的内容也不尽相同，一般包括但不限于企业办公场所、生产运营场所、销售现场等。

四是访谈。访谈分为内部访谈和外部访谈。内部访谈主要对企业高层、中层及基层员工分别进行访问，了解并验证相关业务、技术、财务及法律问题。外部访谈主要是访问竞争对手及上下游企业负责人并获取他们对标的企业的评价；访谈行业权威专家听取他们对行业、技术及产品的看法；访谈行业主管机构的有关人员听取他们对行业政策、监管等问题的看法。此外，还应与企业外聘的律师和会计师进行密切沟通，听取他们的意见和看法。

五是分析性程序。分析性程序是并购财务尽职调查中最重要的调查方法。调查人员通过对业务模式的了解，分析相应的业务数据，再根据业务数据对应的财务数据进行分析。通过分析财务数据之间以及财务数据与业务数据之间的内在关系，对财务信息作出评价。

三、案例分析——以 G 上市公司医养并购项目为例

（一）并购双方简介及并购动因

1. G 公司情况介绍及并购动因

G 公司成立于 2011 年，是一家主要从事内衣及布料制造及销售业务的上市公司。公司主营业务包括两部分：一是内衣产品，以原设备制造方式（OEM）为客户制造内衣及成衣，其产品包括男女内衣裤及婴幼儿围兜等；二是针织布料，制造普通布料及功能布料。拥有自营品牌，业务主要覆盖中国、日本及美国等市场。作为外贸生产和销售企业，易受外部环境影响。特别是近年来，受全球范围贸易摩擦加剧、主要发达经济体货币政策收紧、地缘政治紧张局势升温等影响，世界经济下行风险增大，中国外贸发展面临的外部环境更加严峻复杂。纺织品贸易作为我国对外贸易的重要组成部分，不可避免受到外部环境的冲击。为增加新的稳定收入来源，公司拟从快速发展且不易受宏观经济波动影响的业务领域进行选择，开辟新的业绩渠道，其中就包括了医养结合领域。

2. W 医养集团情况介绍及并购动因

W 医养集团包括两个院区，其中 A 院区包括 2 家二级医院和 2 家养老院，B 院区包括 1 家二级医院和 1 家养老院。6 家运营主体均为改制的民营非营利机构。改制后，6 家运营主体的股东为自然人张氏兄妹二人。A 院区客户群体主要为周边社区居民，B 院区客户群体主要是市管离退休干部。经过若干年的发展，W 医养集团经营规模、业务收入都得到迅速提升。随着更多资本进入当地医养市场，竞争越来越激烈。W 医养集团长期存在的就医环境老旧、医疗设备落后、人才引进乏力等问题凸显，越来越成为发展的掣肘。W 医养集团急需拓展融资渠道，助力实现跨越式发展。

（二）G 公司财务尽职调查的流程

财务尽职调查按以下四个阶段组织进行：项目准备、项目计划、项目实施和项目报告阶段。

1. 项目准备阶段

（1）项目洽谈和磋商。G 公司与若干会计师事务所进行联系，介绍己方的并购战略目的和投资标准等信息，以及目标企业一般情况，各会计师事务所介绍本所的工作业绩、服务能力等。接洽后，各会计师事务所确定初步合作意向，就服务项目、费用标准和服务金额进行第一轮报价。

（2）谈判和签约。经过与各会计师事务所洽谈，G 公司与四大之一的 D 会计师事务所达成最终合作意向。D 会计师事务所根据确定的调查目标、调查时间和调查范围等基本情况，出具《项目建议书》，详细说明从自身角度理解的项目目标、项目工作过程、重点调查领域和预计调查费用等。最终，根据双方确定的《项目建议书》的相关内容，双方签订《业务约定书》。

（3）签订保密协议，项目立项。企业并购是投资方的重大战略举措，并购信息往往也属于企业敏感信息，对于上市公司更要求在公开信息披露平台予以披露。因此，G 公司和 W 医养集团与 D 会计师事务所分别签订了保密协议。针对 W 医养集团财务尽职调查正式立项。

2. 项目计划阶段

（1）预备调查。这是调查工作正式开始的标志，也是首次进入目标企业所必须开展的工作。G 公司派出了一名工作人员全程参与此次财务尽职调查，负责与参与各方进行沟通协调。进场后，D 会计师事务所项目组与 W 医养集团高层进行了首次会谈，了解医养集团的历史沿革、组织架构、主营业务范围、股权结构、投资结构、未来发展规划等。

（2）收集资料（见表1）。根据会谈掌握的情况，项目组调整并提供《财务尽职调查资料清单》，编制项目总体工作计划，包括项目目标、调查程序、重点调查内容、项目人员的组成、项目时间和地点安排、项目组联系方式等。

表1　　收集资料

资料	内容
整体层面	W 医养集团及所属各医院、养老院简介、股东情况、持股比例证明资料；各医养实体组织架构、科室设置、核心科室、业务介绍及高管简介；医疗和养老床位数（编制、开放）、使用状况统计（床位使用率、平均住院天数）
资质	民办非企业登记证书、医疗机构执业许可证、养老机构设立许可证、食品经营许可证、大型医用设备配置许可证、放射诊疗许可证、辐射安全许可证等
财务方面（2017～2018 年和 2019 年 1～6 月）	各医养实体 2017～2018 年度审计报告、各期财务报表；HIS 系统按照收费项目口径、科室口径统计的医疗收入；HIS 系统患者诊治人次（门诊、住院）；养老院按人员性质统计的养老收入；各医养实体固定资产折旧政策、折旧年限、固定资产分类汇总表及年折旧金额统计表；各医养实体名下房屋、土地等不动产项目的权属证明；各医养实体纳税情况（税种、享受的减免税政策、完税证明等）；各医养实体房屋、设备租赁合同；各医养实体关联方借款、大额担保等情况
人员方面（2017～2018 年和 2019 年 1～6 月）	各医院医生、护士、医疗技术人员和行政后勤人员的名单、数量、资历、职称、年龄结构；各养老院护理人员、行政后勤人员的名单、数量、资历、职称、年龄结构；各医养实体工资明细表、“五险一金”缴费明细表
管理方面	集团及各医养实体管理制度；2017～2018 年各医养实体运行报告或者年度工作报告；未来 1～3 年各医养实体发展规划、投资计划及投资预算

3. 项目实施阶段

（1）实施调查程序。项目组按照调查计划实施具体调查程序。在这个过程中，项目组采用访谈、查阅等方式，以 W 医养集团各医养实体提供的两年一期的财务报表为基础，通过医院 HIS 系统以及养老院提供的业务数据，对数据质量、重点事项进行甄别判断。项目组组长负责整体进度的把握，尽调报告初稿架构的搭建，并根据项目组成员提交的尽调数据资料进行初步分析。

（2）建立沟通协调机制。G 公司派出财务人员全程参与财务尽职调查工作。派出人员在整个尽调过程中主要起到穿针引线的作用，保证项目组与 W

医养集团沟通交流的顺畅，尽快理顺资料提供的渠道，使财务尽职调查工作能有效迅速地展开；同时保持与W医养集团关键人员的良好沟通，确保收集资料的全面性和真实性。

（3）在撤离现场前，项目组对所有工作底稿进行了彻底梳理，向W医养集团提交了《未决事项清单》，清单中注明了提交时间、接收人姓名和限期补充日期等。

4. 项目报告阶段

（1）撰写初稿和复核讨论。项目组组长负责组织项目组成员一道编写报告初稿。初稿撰写成功之后，D会计师事务所根据内部审核流程，确定可提交的未定稿内容报告供G公司讨论。

（2）出具正式报告和底稿归档。G公司进行内部讨论，提出需补充、需完善建议。项目组根据建议对初稿内容作进一步充实、修改，达到正式报告要求，履行内部审核和审批手续后向G公司提交正式报告。

（三）G公司财务尽职调查的内容

项目组人员在初步了解W医养集团运营管理情况的基础上，对调查中的潜在风险进行了初步评价，重点做了以下方面工作：

1. 公司基本情况的核查

首先，了解W医养集团的设立与发展历程，通过查阅所属医院、养老院的营业执照、民办非企业单位登记证书、医疗机构执业许可证等，对医养机构设立的合法性进行了调查。调查股东出资情况，通过查阅账目、银行流水等确认股东认缴实缴资金情况。调查W医养集团组织结构与公司治理情况，评价组织机构完善程度，结构是否划分清晰并且不同层级相互制衡。调查关联方交易，经过与高层管理人员沟通后，根据有关资料，识别出关联方和彼此利益关系，对关联方的经营情况对W医养集团产生的联动影响进行了初步判断。

2. 货币资金的核查

民营企业常见的货币资金管控问题主要包括：截留现金、账外资金、坐支现金、私人银行卡收款等。在对W医养集团进行尽调时，项目组首先获取了医院的《收费管理制度》《现金管理制度》等管理制度，了解了挂号、划价、结算、收费、入账、对账的基本流程。通过医院HIS系统和养老院台账对业务数据进行统计，随机选取了部分患者信息，进行穿行测试，提取流程中关键节点的单据，核实收费和货币资金管理制度的落地情况。通过银行流水、HIS 系统、台账、票据、会计账目等相互验证，了解 W 医养集团各医养实体医养收入资金的流向和账务处理方法，对货币资金的管控风险进行了初步评价。

3. 应收账款的核查

应收账款能直接反映企业的生产销售规模、企业效益、财务状况等信息，是财务尽调人员关注的重点之一。W 医养集团各养老院的养老收入主要包括住宿费、伙食费、护理费，由于实行预付制，应收款项很小，更多的应收款项来自医院，由于行业的特殊性，医院的应收账款主要是应收医疗款，包括应收医保款、应收住院患者医疗费和患者欠费。项目组通过查阅《医保协议》、银行流水、会计账目，以及与医保办、财务办人员的访谈，了解医保的种类、报销比例、医保拒付处理流程，对各类医保患者占比、费用占比、实际回款金额、回款周期等进行了分析，对拒付金额、回款周期逐年增长情况予以了特别关注。

4. 其他应收款的核查

其他应收款在每个行业、每个公司都可以算是一个垃圾桶科目，尤其对于民营企业来说，很多关联方交易、股东占款等都可能放在这里。项目组拿到科目余额表后，将该科目与“其他应付款”明细科目余额进行综合分析，确定了关联方，对股东占款进行了分析确认。

5. 固定资产的核查

首先，项目组重点关注了固定资产产权归属问题。通过调取固定资产清单，对价值在千元以上的资产，特别是医疗设备进行了抽查。在调查中发现，W 医养集团所有的医疗养老用房、办公用房等房屋及建筑物均是租赁或者政府无偿提供使用的，不具有任何房屋所有权。其次，对于装修费用长期挂账“在建工程”，未按照规定摊销，固定资产折旧范围不完整，折旧办法不符合会计政策，由此对医院利润造成的影响项目组进行了补充调整。

6. 存货的核查

通过翻阅账目、访谈，项目组发现，W 医养集团所属医院药品管理系统权限管理松散，药品成本未及时结转，已结转成本直接按照出库售价金额乘以 20% 计算，导致账面存货余额、系统存货余额、实际盘点数差距较大。鉴于此，项目组根据 2019 年 6 月底的库存盘点表、存货进销存数据倒扎出截至 2017 年末、2018 年末的存货余额，将账面存货余额与倒扎计算的存货余额之间的差额做存货盘亏调整，对存货管控风险进行了提示。

7. 应付账款的核查

W 医养集团账面应付账款均为尚未支付供应商的药品和医用耗材款项。项目组对应付账款的核查是与存货的核查相结合进行，并对采购金额排名前 5 的公司的资质、付款周期等进行了核查。

8. 应付职工薪酬的核查

由于 W 医养集团所属医院、养老院均是民营非营利性机构，项目组重点关注了医药护技人员工资发放与当地行业水平的比较，是否按照当地社保政策规定为员工足额缴纳了社会保险和住房公积金，是否存在以费用报销的形式替代工资发放等情况，并通过调取花名册、工资发放明细、社保系统缴费记录以及与医生、护士、管理人员访谈进行交替印证。

9. 收入的核查

财务尽调收入的核查主要包括准确性、完整性的核查，确认是否存在美化业绩，或少记、漏记收入的情况。项目组采取穿行测试方式核实收入的完整性，按照医院、养老院的相关流程，随机抽取若干笔业务，按照业务发生到财务入账的全流程进行穿透核查。财务尽调人员在 HIS 系统中随机抽取若干门诊、住院患者的挂号信息，按流程核对其挂号划价、单据结算、财务系统中的收入确认、现金日记账与银行日记账（网银）是否完备，记录的结果是否准确等。同时财务尽调人员随机抽取若干笔收入发生额，与对应期间内银行日记账借方发生额进行核查，比较是否一致，确认是否存在多记、少记、漏记的情况。

10. 费用的核查

费用科目是医院尽调中问题较多的科目。项目组人员对比分析了历年费用类明细科目数据的变动，并对异常数据查看原始凭证进行核查。在核查中，项目组人员重点关注了三方面：一是成本费用列支是否符合配比原则。薪酬福利、房租、水电费等支出是否在医疗业务成本和管理费用间合理分摊，有无错误使用管理费用科目核算，造成毛利率虚高。二是是否存在不合理的费用报销。尽调人员对中高层人员定期、大额的报销款予以重点关注，通过访谈了解其业务实质。三是是否存在隐性的费用支出。如减免的房租、股东直接支付的未报销的运维费用等。这些隐性支出，一旦并购成功很大可能会成为显性费用，继而影响 W 医养集团的利润水平。

11. 纳税的核查

执行财务尽职调查过程中，税收风险核查也是一个不容忽视的重要环节。很多企业，特别是民营企业，普遍存在着不合理的税收筹划，他们在向税务部门做纳税申报时，一般都会选用应缴税额最小的纳税方案，其纳税申报的收入往往低于真实收入。股东占款，在实施并购时如何确认，如何返还，如果视为分红不仅存在法律问题，还涉及补缴个税的问题。这些税务事项都可能对并购交易产生重大影响，能否顺利解决甚至成为影响并购交易能否继续下去的决定性因素。根据对 W 医养集团各医养实体资产、负债、收入、成本费用项目的核查结果，项目组对所涉税务风险进行评估。

12. 编制调整后财务报表

项目组以 W 医养集团各医养实体已有的财务报表为基础，按照企业会计准则，对在尽调中发现的少记、漏记、多记、错记的财务事项进行调整，编制调整后的资产负债表、利润表和现金流量表。

（四）G 公司财务尽职调查的分析

1. 营利性分析

（1）收入结构分析。一是对 W 医养集团医疗收入和养老收入占比及趋势进行分析。二是对三所医院药占比及趋势进行分析。药占比是分析民营医院收入结构是否合理的关键指标，对于引导医院改善收入结构有重要作用。三是对三所医院各期门诊收入、住院收入结构进行分析。通过分析各期间门诊收入、住院收入占比及结构分析，揭示 W 医养集团医疗服务的盈利优势。

（2）净利润及利润率分析。对 W 医养集团各期间医疗和养老收入、净利润的规模及发展趋势进行分析，特别是 2018 年后医院盈利能力趋缓予以关注和提示。

2. 成长性分析

（1）业务量分析。医院方面，主要是对各期门诊人次及趋势，平均住院日、床位使用率以及门诊入院比例进行分析；养老院方面，主要是对各期养老人次及趋势，养老人员结构进行分析。

（2）科室发展趋势分析。通过对科室接诊人次、住院人次、床位使用、收入规模等指标进行分析，揭示 W 医养集团所属医院的优势学科、发展趋势，并与发展策略相印证。

3. 财务风险分析

（1）收支结构分析。从 W 医养集团收入支出结构分析来看，工资、社保和福利等人力成本占总收入的比例约为 25%，占比较低。并购后，要对医疗人员、营销人员、高层管理人员进行更替和增加，会令人员相关的成本和费用大幅度提高。同时，W 医养集团一直按照最低标准为员工缴纳社保，规范经营后将面对高额补缴费用。为了提高发展能力需要加强学科学建设，扩大经营面积，租赁或者购买房屋和设备会造成经营租赁费用、装修费、折旧费的增长，进一步加大支出规模。W 医养集团虽然目前的利润水平很理想，但是流动资金严重不足，并购后的整合期面临着较大的收支失衡风险。

（2）融资风险分析。从 W 医养集团的固定资产清单来看，医院拥有所有权的医疗设备价值普遍不高，且经过折旧，账面净值很低。同时，医院经营所用的房屋皆为经营租赁或政府免租而来，不具有任何房屋所有权。鉴于 W 医养集团的固定资产价值过低，难以通过资产抵押来获得外部融资，而其民营医院的属性也很难获得政府的信用担保，尽管具有合理的投资回报率，融资风险仍处于较高水平。

四、投资并购财务尽职调查存在问题与改进建议

随着股权投资的发展，以及国内资本市场制度的建立健全，财务尽职调查得到了很大的发展。但是无论从国内的理论研究和实际应用来说，财务尽职调查还有许多需要提升完善的空间。通过回顾 G 公司并购财务尽职调查实例，结合所参与和了解的其他投资并购项目财务尽职调查，梳理了普遍存在的问题，提出了改进建议。

（一）财务尽职调查存在的问题

1. 来自委托方的问题

（1）财务尽职调查落在战术层面，缺少更高层次的谋划。未来企业的竞争主要是战略层面的竞争，因此，企业对外并购如果仅着眼于战术层面，而忽视战略机遇，就会失去宝贵的战略资源，不能形成与并购目标企业之间的

战略优势互补。目前很多并购方对自身诉求不够明确，财务尽职调查中有关战略板块的内容还尚欠缺。

（2）对财务尽职调查活动的投入不足，易流于形式。财务尽职调查做得越细致，投入的人力、财力和时间越多，对各种可能的风险就会了解得越清楚。但在实际调查工作中，投资者会出于节约并购费用、避免并购双方发生冲突、急于达成并购、防止竞争者抢先一步达成并购等原因，对调查工作未尽职尽责，从而造成财务尽职调查流于形式，降低了调查结论的准确性，增加了并购带来的风险。

（3）过度依赖第三方中介，缺少内部并购团队的参与。从实际情况看，企业并购活动，对并购标的公司实施尽职调查，无论从专业角度还是从时间成本和效率考虑，一般都依赖于会计师事务所等第三方机构执行财务尽职调查，内部团队参与度不高。第三方机构虽然在审计方面具有丰富的从业经验，但也频频暴露出对所涉行业特性不甚了解，对尽调方向和重点把握不准的问题，并购方专业团队的参与变得不可替代。

2. 来自调查机构的问题

（1）尽调项目成员胜任能力不足。从参与的项目看，会计师事务所派出的尽调项目团队一般采用抽组方式组建，项目组人员虽也进行投资并购、尽职调查等方面的培训，但日常并非专职从事财务尽调工作。此外，会计师事务所人员流动比较大，项目组多采用以老带新模式，除项目负责人外，多为任职1~3年的新手。整体看，项目组人员的实践积累和实战经验均不足。

（2）尽职调查的专业性有待提升。在财务尽职调查开展的过程中，项目组多沿用审计的工作模式、工作方法，在工作内容上重视审阅书面材料，忽视现场沟通交流，对财务报表数据分析较多，对财务数据和业务的关联阐释不够，表现在最后呈现的尽职调查报告，大篇幅用于描述目标企业的财务状况，对辅助并购决策所需信息的展示和分析不够突出。

（3）各中介机构配合不够密切。一个成功的尽职调查不但需要有精深的专业知识，还需要有高超的调查技巧，更需要依据个案尽可能地发掘各层次的调查渠道，从而从多方面收集关于目标公司的资料，最后得出一个最接近真实和有意义的结论。各参与中介机构间的协调合作也是一个项目能否成功的关键因素之一，配合默契不但可以避免重复提问，重复向被调查对象索要资料，提高工作效率，还可以充分发挥各专业机构的特长，综合各机构的优势，更高质量地完成项目，以利于更好地为委托人服务。

3. 来自目标企业的问题

（1）自我保护反应导致配合度较弱。在资本运作项目，尤其是并购项目中，由于双方信息的不对称，使并购企业蒙受损失的案例比比皆是。因此，被并购方的配合意愿和态度就显得尤为重要。在实践中，由于并购双方利益的冲突，目标公司人员对项目的理解不尽明确，管理层对并购后职位的担忧，占用过多的正常工作时间等原因，被并购方会采取不配合态度，不提供、少提供或者提供资料很慢，导致尽职调查人员因为材料的不足或者缺失无法得出结论甚至得出有失偏颇的结论。

（2）可能面临目标企业的道德风险。被并购方为了实现并购交易谈判价格的最大化，往往会采取修饰业绩、提供虚假的经营信息或者故意隐瞒可能导致收购失败的重大事实，如诉讼事实、对外担保等。如果财务尽职调查只看到并购目标公司提供的财务报表资料，而不重视或有事项的深入调查，很有可能会产生重大损失。这也是当下大多数并购企业存在的主要问题。

（3）提供资料的质量问题比较突出。尽调中，目标企业提供资料的完整性、准确性及规范性问题比较突出。这些问题多是由于目标企业内部控制不健全导致的，特别是在一些民营中小企业，由于法律意识淡薄，部门职责划分不清，财务核算基础薄弱，信息支持系统无法有效运作甚至缺失，导致提供的资料杂乱甚至是混乱的，给调查工作带来了很大障碍。

（二）财务尽职调查的改进建议

（1）明晰并购战略，以此为逻辑起点开展并购及其相关活动。并购战略从属于企业的战略规划，是企业并购活动顺利进行的前提和基础，对企业未来的并购整合及扩张发展具有重要影响。从全产业链整合的高度制定并购战略，并以此为逻辑起点开展一系列并购活动，有助于准确判断目标公司的投资价值，实现并购后双方企业快速的整合，充分发挥产业协同效应，切实助力增强本企业的实力。具体到财务尽职调查，清晰的并购战略将有助于调查人员理解并购方的战略意图和并购动因，将调查的重心聚焦在有助于揭示目标公司战略资源质量状况的事项，调查的目的性更强，效率更高。

（2）深刻了解并购动机，正确引导并购财务尽职调查顺利开展。并购财务尽职调查应当结合并购双方尤其是并购方的动因展开，正确了解和判断并购方的真实动因，可以给财务尽职调查工作提供较为正确的路径，指导财务尽职调查有的放矢地开展。在尽职调查展开前，并购方要与参与人员，特别是第三方中介机构进行充分沟通，阐述自身的并购动机和战略意图，由此帮助第三方中介机构尽快找准财务尽职调查工作开展的切入点，明确调查工作各个阶段的重点内容，制订合理的调查计划，有的放矢地执行财务尽职调查程序。

（3）并购方要重视对财务尽职调查的有效组织并积极参与其中。进入实质调查阶段后，作为并购方公司基于监管和自身的要求，多会聘请第三方中介机构来具体实施财务尽职调查。并购方的并购部门或并购小组应当协调同一项目财务、法律和业务尽职调查人员在同一时间进场，保证各中介机构全面而准确理解收购的意图、需关注的要点，并形成定时沟通机制，对调查中形成的阶段性成果以及发现的各种问题进行全面交流。此外，并购部门必须清醒认识到，中介机构的调查质量跟项目负责人自身的水平及其对行业的认识密切相关，在利用中介机构工作成果的同时，还要在调查过程中及时判断中介机构的业务胜任能力，才能保证尽职调查的效率与效果。

（4）加强参与各方的沟通提升并购财务尽职调查的效率效果。充分沟通是财务尽职调查工作高效进行的重要保障。首先，应当加强并购方、第三方中介机构、被并购方之间的沟通，及时就调查进度和所发现的各项问题进行反映和解决，保证财务尽职调查工作能够高效率、高质量地进行；其次，要加强参与项目的各尽职调查中介机构之间的积极相互沟通。在一个并购项目中，虽然不同方面的专业人员重点调查的领域不同，但是工作中相互之间也有很多交叉点。在财务尽职调查的过程中将发现的问题与其他相关专业人员进行沟通，运用各自的信息和专业知识相互佐证，弥补相互之间的信息空白点，进行优势互补，进而提高整个项目尽职调查工作的效率和效果。此外，还应合理选择外部单位进行沟通来获取需要的资料，对被并购方的基本情况和经营情况等进行核实。

（5）善于跳出审计的思维，重视非财务信息的收集和应用。在财务尽职调查中，核实和分析报表层面的数据关系是调查人员所擅长的，倾注了很多的时间和精力，但尽调人员不能寄希望于从财务数据中发现所有重大问题。尽职调查要挤出财务报表中的水分，夯实财务数据，更要重视非财务信息的收集，多渠道、多侧面了解目标公司的运营管理、内控制度、人事管理等状况，以及所处细分行业产业环境、竞争态势、市场前景等，通过财务、非财务信息相互印证、相互补充，全面准确地反映目标企业的真实状况，客观评估目标企业价值，防止因忽视非财务信息而导致调查失误。

（6）着力点要突出对投资价值与潜在风险进行全面客观的分析。在评价被并购方盈利情况时，会计师事务所成员容易将财务分析停留在报表层面，而忽略对公司财务承受能力的分析。在出具最终报告时，项目组成员应当就公司所处行业现状、市场份额、采购与销售、人力变动等所有能够收集的信息进行详细综合的分析，阐明目标公司的投资价值。在对风险进行评估时，应当着重考虑公司的经营风险、管理风险、偿债能力与融资能力。若目标公司的盈利能力指标低于同行业的平均水平，则应分析指标偏低的原因并判断其影响程度。在调查公司组织管理架构时，要重点关注管理的运行有效性与内部控制的缺陷，找出内部失效的原因，在出具报告时指出完善措施，提请并购方注意。此外，调查中还需关注企业的偿债能力指标、融资能力与资金周转率等可能引起资金短缺的财务风险。

参考文献

［1］杨宗葳．论企业财务尽职调查的程序和方法［J］．中国总会计师，2017（5）：143－145.

［2］李彬．并购财务尽职调查理论及应用案例分析［D］．沈阳：东北大学，2004.

［3］邱金辉，王红昕．我国企业并购理论研究现状分析［J］．经济问题，2006（7）：7.

［4］李风芹，王芙蓉．对医院并购的探讨与分析［J］．卫生经济研究，2007（10）：9.

［5］晋斌．新医改 TGYI 公司与 ZY 医院股权合作研究［D］．北京：北京交通大学，2015.

［6］张远妮．社会资本参与公立医院改制：模式、风险与路径选择［D］．广州：南方医科大学，2015.

［7］张颖．企业并购中的财务风险研究——以 SL 公司为例［D］．济南：山东财经大学，2016.

［8］彭月琴．企业并购中财务尽职调查存在的风险控制［J］．财经界（学术版），2017（16）：92－93.

［9］田永．浅议企业并购财务尽职调查实施［J］．中国内部审计，2016（6）：96－100.

[10] 尹豪. 中国企业并购的价值研究 [M]. 北京：经济科学出版社，2011.

[11] 韩磊. 企业并购的财务风险及其防范措施 [J]. 财税统计，2011 (126).

[12] 冯冠升. 企业并购的财务风险及防范 [J]. 企业活力—管理理论，2009 (5)：86－88.

[13] 王倩. 防范风险优化尽职调查流程的思考 [J]. 商业会计，2016 (16).

[14] 李娅. 浅谈企业并购的财务尽职调查 [J]. 现代商业，2010 (7)：258.

[15] 程凤朝. 中国上市公司并购重组实务与探索 [M]. 北京：中国人民大学出版社，2013.

[16] 冯越. ABC 公司并购的财务尽职调查实践 [D]. 上海：复旦大学，2008.

[17] 赵沫. 会计师事务所并购财务尽职调查的改进与优化研究 [D]. 兰州：兰州大学，2015.

[18] 徐建群. H 公司重组并购财务尽职调查研究 [D]. 广州：广东工业大学，2016.

[19] 王璐. 有效开展财务尽职调查的几点体会 [J]. 中国注册会计师，2014 (1)：93－96.

[20] 朱丹. A 上市公司战略并购 B 民营企业的财务尽职调查实务研究 [D]. 厦门：厦门大学，2017.

[21] 魏力. 股权投资下的财务尽职调查研究——以 A 公司为例 [D]. 郑州：华北水利水电大学，2018.

[22] Jeffrey W. Berkman. The Due Diligence Process and Pragmatic Considerations [B]. Apress，2013.

课题负责人：杜书伟　汉商集团股份有限公司副董事长，成都迪康药业股份有限公司董事长，高级会计师

主要执笔人：王慧慧　国药集团医疗管理有限公司财务总监，高级会计师

课题组成员：王慧慧、唐华、田志伟、周波、冯磊、杨蓉、华伟、熊珂、郑琳莎、郑大喜

医院自制药品成本管理优化研究

一、引言

自 2016 年 6 月财政部发布管理会计基本指引以来，陆续发布了包括成本管理在内的一系列管理会计指引文件，对管理会计的基本理论、基本方法做了普及阐述，对于管理会计理念的推广、在企事业单位扎根应用起到了引领作用。医院的自制药厂依据当地患者特点及诊疗中最具代表性病例开发研制的自产药品，有些经典的自产药品声名远扬，为医院带来了很好的声誉，自制药品的品质和疗效对于医院具有独特意义。本文拟以管理会计指引中成本管理的视角来探讨如何优化公立医院自制药厂的成本管理，期望在学习和使用管理会计指引的基础上，逐步提升自制药厂的成本管理水平，使中医自制药品这张古朴的名片更好地为医院代言。

目前很多医院对于自产药品的生产和财务管理并未给予足够的重视，药品在生产等各环节存在很多问题，浪费现象严重，产量难以上升。自产药品生产如能借鉴现代医药生产的管理经验和成本管控方法，将会有力促进医院自制药品的快速发展，对医院总体发展起到推动作用，也为自己所在的医院能够保留中医特色，提高综合竞争力，留住有忠诚度的客户起到积极的作用。

凡事都有纲，有纲才有实施的出发点和基本路径。管理会计的应用也是一样，将管理会计指引在一定程度上理解和应用，才能更深层次的发展和创新。将管理会计的相关方法和路径引入药品成本优化中，引导财务工作向管理会计逐渐倾斜和转型，目前医院内部的自制药厂，不论是药品生产还是精细管理都相对落后。基于此，我们从管理会计指引角度入手，审视公立中医医院中自制药品的成本管理问题，包括问题提出、影响因素、解决的路径，以及相关的政策建议提出。

二、医院成本管理现状与优化应用路径

（一）目前医院自制药品成本管理现状

（1）成本管控意识薄弱。医院的自制药厂是医院下设机构，而非社会经济中充分竞争的自负盈亏单位，在药品成本管理方面不够科学细致，管理会计应用自然也就非常之少，可以说就是凭感觉在进行成本管理。利润情况完全是靠医疗和患者的自然需求，没有将需求与收入成本联系起来，各个品种在整个生产中没能做到合理配置；对物料、人工等的核算也未明确到各个品种中，物料积压严重、人员机构臃肿；预算、内控、绩效未真正应用到生产流程管理中，药品浪费和过期报废现象时有发生；成本管控未真正应用于生产实践，成本管理的流程不够科学，不能达到单品种的成本核算，数据准确性低，成本管控存在较大困难。

（2）生产工艺大类多，未有效分组和分层。医院自制药品主要为满足个性化患者的需求，处方多变，所以制剂药厂的自制药品目前的状态是品种多，销量有限，工艺相对多样。在之前的生产中，没有将品种进行分层和分类，所有品种同等条件生产，产生的问题是有些品种产量低、用量少，根本无力补偿所动用的人力成本、材料成本以及制造费用。对生产没有科学规划，使得看上去很忙，但效益始终有些低下。如将药品配方相对固定下来，使疗效好的优势品种大力发展，增加销量的同时摊薄固定成本，可以达到增效节支的目的。

（3）成本管理水平有限，人员素质偏低。由于制剂药厂在医院的体系中属于医疗体系之外的一个小分支，在财务人员配置方面还存在一人多岗、编制不足的问题，仅能完成日常会计核算工作，不能做到对成本的精益管理，严重制约了自制药厂的财务管理强化工作。

（4）成本管理基础条件不足。医院从大的体系上属于行政事业单位，但是药品制剂生产的这部分从实质上来说应为工业生产的范畴，生产性核算相对较弱，理论上存在行政事业单位会计制度和企业会计制度同时应用的情况，行政事业单位会计制度重预算、资金来源性质的区分；而生产型自制药品重在生产要素的归集和数据使用，管理会计相关手段的应用是在基础财务数据

完善的基础上，提取数据、分析数据，然后再来应用数据，所以不可避免地需要提高基础核算的水平和精确度。目前来看确实还存在一定的困难，需要进一步打好基础，为管理会计的应用做些准备。

（5）业财融合程度非常有限。目前医院的自产药品生产仅能做到对会计历史数据进行记录，还远远做不到深入剖析生产业务内容的内在规律，对药品生产工艺流程的改变难以真正了解和把握，仅停留在表面做数字文章，不能起到对业务实质性的提升作用，应用管理会计难度相对较大。

（二）成本管理会计指引的前期准备

1. 环境分析

从公立中医院的发展状态来分析是否适合引入管理会计成本管理，从以下几个方面来看：

（1）医院自身需提高竞争力。在新的经济环境冲击下，医院大力提升自身竞争能力成为迫在眉睫的事情。公立中医院虽然在中医方面有较强的医疗优势，但是在自产药品方面，却是强弱不一，如不加强发展建设，只会不进则退，在患者心目中的影响力逐渐变弱，变相削弱医院的整体实力。这种情形下，提高生产成本管理水平，压缩生产管理成本，提高药品的品质疗效，保持价格优势，成为制剂自制药厂刻不容缓的管理任务。

（2）自制药厂已成为医院新的盈利增长点。在新医改的大形式下，药品与耗材差价基本取消，留有差价空间的只有中草药饮片和自制药厂的中成药。在此背景下，强化药品品质、提高生产产量，下力气发展自制药厂将成为医院新的结余增长点，具备将自制药厂整体效益提高、增加盈利的可行性。

（3）公立中医院自制药品品质良好，管理会计可助力药厂做强。自制药厂一般产量比较稳定，品种有胶囊、片剂、丸剂、膏剂、贴剂、汤剂等多种剂型。对于生产与核算来说都存在相当大的难度，能否以成本管理会计为切入点，找到成本管理中存在的问题，寻求适合的方法，将自制药厂的成本管理进行优化和提升，是医院迫切需要解决的问题，也是我们引入管理会计进行成本管理的直接原因。

2. 前期评估

管理会计指引体系包括基本指引、应用指引和案例库，学习管理会计指引，遵循基本指引的原则，指导我们进入管理会计的状态。我们的目标是通过运用管理会计指引中基本的工具方法，参与自制药厂的中长期规划、年度计划、生产销售决策，后期的绩效评价，实施全流程控制，为实现管理会计的落地应用打下基础。引入管理会计成本管理，结合药厂自身情况，需做以下几方面的评估：

（1）战略符合评估。自制药厂的发展需在医院整体战略规划之下，必先以整体战略作为管理会计应用的导向，在各个方法环节的制定上以总体目标分解后为出发点，以医院总体发展为目标来持续提升自产药品的内在价值，自制药厂正是在医院大的战略规划下进行，为增强医院的整体实力而努力。

（2）融合性评估。融合重点旨在业财融合，主要指成本管理应嵌入自制药品生产采购生产销售的各相关领域、不同层次、各个环节，以业务流程为基础，充分利用管理会计成本管理的具体工具方法，将财务和业务深入融合，使管理会计真正成为了解业务、发现问题、提升管控效力的工作，而不是一个自我核算的独立孤岛。

（3）适应性评估。充分考虑自制药厂本身的应用环境和自身特征，做到相适应。自制药厂是医院的内部单位，经典药品一般都经历过时代检验，品质疗效显著，享有较高声誉。中医院内部自制药厂的管理与现代化药品生产管理存在一定的差距，确实应当采用更为先进的管理手段，将优秀的药品用现代化的生产和管理理念进行改进，为患者提供更加药美价廉的医药服务，提升在本地医院中的综合竞争力。

（4）成本效益评估。在使用管理会计成本管理的方法和工具时，我们应实施成本和预期效益分析，考虑资金和时间的投入，在人力和资金等方面是否能够有效支撑。单位目前的状况是否适合应用这些方法和工具，要符合成本效益原则，确定是一项适合的改进计划，实施后的效益可被期待。如果经过评估并不适合，会导致单位的成本效益倒挂，则表明暂不适用，应更改计划重做评测。

3. 确定成本责任主体

将公立中医院自制药厂内的“成本核算责任中心”确定为成本责任主体，医院其他部门的成本支出不属于此成本责任主体范围。计划先在局部测试应用，如达到预期效果，则可以考虑扩大延伸至自制药厂及医院相关部门领域应用。

4. 工具方法的筛选确定

制剂药厂的生产特点一般为多次小批量生产，经过与工具方法的对比，符合作业成本法、定量成本法的特点。本次探讨将尝试不同方法糅合使用，对多品种生产的制剂药品的成本进行衡量优化。

（三）应用管理会计指引成本管理的具体路径

检视目前公立中医院自制药厂中的问题，研究管理会计指引中成本管理的内容，从应用环境、应用程序出发，选取西部某省级三甲公立中医院的自制药厂作为具体的研究实施对象，运用选定的工具方法，建立公立中医院自制药厂的成本管理的实施路径，进行实践应用，最后将实施前后的结果进行对比，将成果延伸至相关生产品种领域推广使用。

1. 产品类型判断

同一生产线生产多种产品；市场稳定、需求平稳；规模较大且药厂管理层期待要求对产品成本准确性提高；产品和生产过程多样化程度较高；间接费用所占比重较大。

2. 成本构成分析

①生产原材料；②辅助材料、包装材料；③生产部门人工成本；④生产部门水电折旧房租等间接经费（①～②为直接成本，③为需要分摊的直接成本，④为间接成本）。

3. 具体方法选用

作业成本法和标准成本法的结合应用。经过分析产品特性和成本构成因素，以管理会计指引中的具体方法做对应筛选，拟重点选用管理会计应用指引第302号、304号来结合应用，即作业成本法和标准成本法。对自制药品进行成本管理改革，理清思路和流程，制定成本优化路径。

4. 产品样本选取

产品样本选取原则为疗效确切、生产量大且稳定的经典药品，确定该自制药厂的“XSFW”为研究样本，以下简称“X产品”。“X产品”临床用于肝肾不足所致的脱发、白发的治疗，因其产量稳定所以可较好排除因为产量大幅变化产生的非正常干扰因素，决定将其选为标本药品进行研究，作为作业成本归集和第二步的定额匹配的产品对象。

成本管理方法应用路径制定的具体步骤是：

作业成本法归集→定额成本确定→与标准成本的对比→绩效评价。

5. 作业成本法确认成本归集

（1）作业链（价值链）成本动因分析。针对产品特点分析待分配成本的内容和成本动因，我们组织制剂药厂的生产、技术、销售、信息等部门相关人员和财务人员一起组成作业链的设计小组，对“X 产品”作业成本系统流程进行了前期确认和作业链的确认，从多个角度出发避免财务人员脱离业务独自设计，将全流程业务包容进来，有效组织实施作业链的确认分析。

（2）作业确认。使用作业成本法前我们要对所有资源和作业进行细致识别和确认，识别增值作业和非增值作业，以“作业消耗资源、产出消耗作业”为确认和归集原则，按照资源动因将资源费用追溯或分配至目标作业，得出作业成本列表，再根据作业动因，将作业成本追溯或分配至目标成本对象。

（3）编制作业字典。作为资源向作业、作业向产品归集的一个工具性资料，作业字典是将每一项作业分类别以不同的编码固定下来，按相应的作业代码提取和归类，将不同的作业成本追溯或分配至目标产品成本。作业编码以字典形式存在的优点在于，在业务端可以该字典代码向工时系统随时录入，财务端可随时按作业字典的代码调取当期的汇总数据，在作业标准统一的前提下，数据归集调用也比较规范，也便于后期作业成本的组成项目和包含因素的正向与反向追踪，形成数据信息的共享资源。

（4）设置工时统计系统。直接成本中的人工成本及间接成本均以工时耗用作为分配的依据，包括人员工资、水电、房产设备折旧等，按成本动因归入测试药品的成本中。通过作业量化的关键值工时，录入工时统计系统，通过要求员工每天在系统中录入工时耗用数据来实现工时的采集，实际中我们使用手机端工时统计系统来收集各作业工时耗用信息，最终与其他数据一起作为计算产品作业的基础数据。

（5）确认工时——计算的关键值（见表 1）。

表 1　　工时计算确认

项目	计算过程指标	计算公式
1	人工费单价	（实际期间人工费 ÷ 实际工时）× 级别系数
2	间接费单价	实际期间间接费 ÷ 实际工时
3	作业成本	工时 × 单价

（6）区分增值与非增值作业，提高作业稼动率。根据区分出来的可控因素——工时，我们可以在这方面进行内含挖掘和改善，其中很重要的一点就是稼动率（工作饱和度）指标的高低，存在于标准期间工时中。稼动率是指一台设备实际生产数量与理想生产数量的比值。稼动率的对应指标是空稼率，空稼工时的内容包含作业暂停时间、安检检修停工、工具配件更换调整、故障停止时间，上下游待工时间、不良返工、操作失误、作业缓滞停止等非增值作业所耗用的时间，例如，返工作业所占用的资源，这部分可以通过作业工时量化出来，找出造成产品返工的原因，再通过改进技术或加强生产管理降低这部分返工造成的成本。我们将这些作业所占用的工时统计后得出稼动率的高低，可以对设备使用和间接费用的效率进行有针对性的改善，也就是如何有效提高稼动率、降低成本空耗。

稼动率(工作饱和度比率)=(全部工时－空稼动工时)÷全部工时

在作业归集过程中通过对增值作业工时和非增值作业工时的识别，也就是对稼动率指标的衡量过程，将非增值作业（空稼动工时）识别后量化出来，努力降低非增值作业部分工时，将这部分无效作业最大可能性地消灭掉；同时着力提高有效增值作业部分的效率，提升成本投入的精准度，促使整体成本管理效率的提高。

（7）按照作业类别将人工成本、间接成本按工时与相应费用单价一起作业归集得出的成本，再进一步合并原材料、辅助材料、包装材料等直接成本，得出目标产品的药品成本数据。

作业成本法对成本进行优化体现在：提供了以作业为目标的多个维度更为准确的成本信息，改善和强化了成本控制，清晰理顺作业流程、作业链（或价值链），提高成本管理的能力（见图1）。

6. 标准成本定额确定，实际成本与标准成本进行对比

（1）根据作业成本法归集的成本数据，进行标准定额的确定。排除异常因素干扰，以不少于3次的不同期间作业成本法流程归集产品成本数据后，进行加权平均，得出一个以作业成本法工具实施为主的成本数据，作为本次测试药品的标准成本定额。

（2）实际成本与标准成本的对比。作业成本法加权平均计算出的标准定额与不同会计期间实际归集作业产生的成本数据，会有不同程度的差异，此差异为正常差异。标准定额作为绩效评价参照值，与不同会计期间实际成本

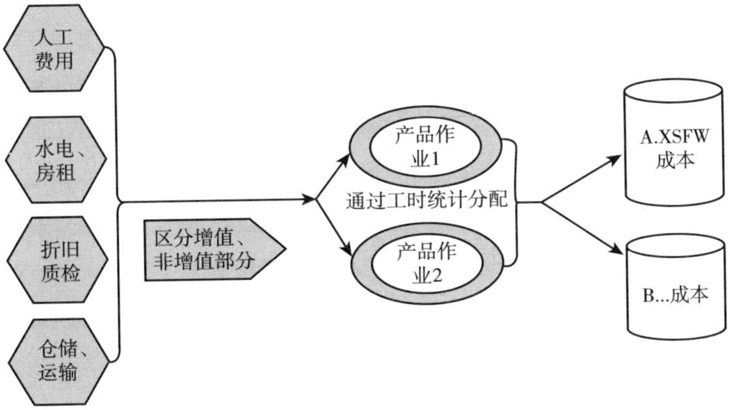

图1 作业成本流程归集

数据相对比，测试产品当期成本是否与标准成本有大的差异，以及进一步分析产生差异的原因。实际成本因为各种因素在不同期间有高有低，此时我们用确定的标准成本数据与实际成本对比评价，便于对实际成本的偏离进行分析纠正，对其中可以控制和优化的部分进行重点关注和优化（比如“空稼动”的降低，牵扯到与管理部门、业务部门的对接协调，如开会时间安排、设备维修安排，维修备用准备等，根据实际情况进行调整，制定由降低空稼率为发起的优化操作）。使用这一方法可以在每一期间进行成本对比，不断促使管理成本能力提高，成本控制效果有效显现。

7. 对成本测试指标的评价

对用管理会计指引中作业成本法和定额成本法进行多维度、更细化的成本确认和对比后，我们可以对成本管理的绩效进行评价（见表2）。

表2 “X产品”标准定额及实际成本

X产品项目	标准定额	实际1	实际2
间接费单价/工时（不可控要素）	0.66	0.66	0.66
工时（可控要素）	32	30	33
产品成本（元）	21.12	19.8	21.78
评价差异（%）	—	6.25	-3.12

注：此时假定不可控要素如材料价格或人工工时工资为不变量。

评价指标差异如显示为正值6.25%（实际1），则说明当期实际成本优于定额成本，如为负值-3.12%（实际2），则表明当期成本未达到定额成本的要求，应从当期成本管理中找原因，是哪些因素导致工时突破了定额，在下一期能否对其进行整改，不再出现类似的超定额问题。

通过对可控要素工时的对比评价，可以有效显现生产与成本管理过程的问题，并通过工时指标进行衡量，进一步采取措施控制其在可能的范围内不再发生，使无效工时作业最大限度地降低。降低无效工时占比，提高有效工时效率，与标准定额接近或甚至更优。

三、医院成本优化取得的初步成效

经过对医院自制药成本的系统优化研究，取得一定成果和结论，一是医院可应用管理会计的相关方法和理论；二是自产药品成本优化成果具体可运用于以下几个方面：

（一）成本优化成果运用

（1）产品定价。在标准工时的基础上，与单位工时成本、单位原材料、单位人工等一起计算得出成本单价，用标准成本单价作为成本加成定价的基础，然后用目标利润率进行加成得出产品出厂售价。由于此时的成本数据相对准确，所以根据此成本制定的售价也比较科学，真实利润率更接近目标利润率。

出厂售价 = 标准成本单价 ×（1 + 目标利润率水平）

（2）评价管理绩效。一是对实际成本与定额成本的对比，可以评价不同期间成本管理的绩效；二是通过对空稼动的分析列示，明确无效作业部分对成本的影响，从而有目标地降低空稼动工时，使其无效工作保持在尽可能低的水平，提高成本管理效率。

（3）为生产经营决策提供有用信息。在总体资源有限的情况下，根据相对精准的成本信息，对项目取舍进行决策。产品实际成本、产品的产量受市场药品售价高低的因素影响，进而对不同药品是否投入生产进行决策取舍。控制产品投产风险，关注成本领先及风险管理，为价值链分析和成本领先战略提供信息支持。

（4）对产品进行分组分层，同类同组运用相同的管理办法。分组分层后可进行同类管理，设备使用、操作工艺、包装质检等环节都能起到同类管理简单流畅，从而降低成本的效果；可以将分层分组后同类产品因设备或其他方面产生的空稼动，作为小组共同原因来分析和解决，这样管理的效率会有大幅提升，一次性分析解决一批问题；对成本管理、绩效评价等工作也可以形成同类项归并管理，使管理效率提升，起到良好的归并管理效果。

（5）培养了初步具有管理会计思维的财务人员。公立医院的财务人员对医院的运营管理更为擅长，对带有管理会计性质的偏生产性的成本管理比较薄弱。在此次运用管理会计成本管理指引的过程中，首先是扎实学习了指引的内容实质，在此基础上联系自身药厂的实际情况，从业务到财务，对成本管理控制有了更深入的理解，初步有了管理会计的意识，培养了具有管理会计思维的财务人员，积累了一点使用管理会计的初步经验，对医院制剂药厂的后期管理会计转型打下了良好的基础。

（二）应用管理会计成本管理后的收获

（1）建立标准工时成本与实际工时成本的对比机制。随时关注成本变化造成的结果，及时分析其产生的原因。一般这种差异都是由于管理水平不高或生产效率不稳定造成的，用对比结果评价生产管理人员的管控绩效，对工时管理是很好很直接的一个方式，且在建立起工时统计系统后，成本不高，简单易行。

（2）区分了产品责任中心的可控因素和不可控因素。将不可控因素明晰分离，可控因素在管理过程中控制好，明确区分产品成本中的增值部分和非增值作业部分。在区分的基础上可以看出，不同期间的指标是上升还是下降，实际稼动率越高成本越低，评价稼动率指标对生产配置资源是非常有价值的评价过程，可以此指标作为绩效是否提高的指标之一，将产品成本的管理绩效不断提高。

医院药品最大化地实现为患者服务，成本管理是非常重要的一环。除此之外，还应在相关方面得到一定的支持，将可以更好地实现成本优化的最初目标。

四、医院成本优化的相关建议

本文从管理会计角度对院内药品成本进行了初步的探讨研究，但限于医院是行政事业单位属性划分，在会计核算、政策管理、市场覆盖等方面，均对院内药品的存在和发展起着很大的制约作用。院内药品生产如想取得更为理想的绩效，需从相关政策层面投入更多关注。

由于前期对院内药品成本的研究，院内制剂的成本管理水平得到较大提升，但医院院内药品制剂在产量及成本各方面受政策限制较大，故文末对政策层面提出几方面建议，以期医院内部药品的成本管理更好地实现降成本、增效益，服务好广大患者。

（1）核算政策建议。面临院内自制药成本核算需求，政府会计准则制度适当引用成本核算的相关科目，以满足有成本核算内容的单位对生产性业务的核算需求。这一措施可有效提高成本核算中成本数据的精确度，达到成本可持续优化的核算和管理目标。

（2）医保政策建议。院内自制药是否在医保范围内，对院内药品的推广有较大的影响。院内制剂进入医保范围可明显降低患者的药品负担，同时能使院内自制药得到量上的扩充，进入医保对院内自制药持续良性发展具有重要意义，使医院能完成公益性和运营性双重目标。

（3）区域模式建议。产量、成本、售价有强关联性，患者需要价廉质优的药品，但低产量成为自制药成本居高和售价偏高的重要原因。为了改善这一状况，建议自制药在医联体（或区域）内实现自制药品政策贯通，以生产和销售为主要贯通内容。生产方面可由生产科研实力强的机构为主，集合分散的区域资源，实现集约生产管理，降低生产成本，共享管理成果。患者购药，可在医联体（或区域）内销售，用药更方便，售价更低廉。从总体来看，有利于患者与医院双方面的共同利益。

（4）标准制定建议。目前医院自制药尚无完善的行业质量标准体系，标准体系缺失，导致成本标准也难以精准化。从院内药品发展来看，制定行业标准必要且急需，这其中应包括以药品成本为起点的相关标准，准确的标准成本，可为产成品提供相关标准来源，质量标准的制定，可为院内药品的长足发展提供助力。

以上政策建议，是基于院内药品制剂更好更稳发展的愿景提出的，在一定程度上可以为医院自制药的大力发展提供良好的政策和内外部支持。其中最为核心的部分是成本管理的可靠性和科学性，本文在成本管理方面做出的尝试，希望能为院内自产药的发展做一些力所能及的贡献。

参考文献

[1] 冯巧根. 对管理会计基本指引、应用指引的解读 [J]. 财会月刊, 2019 (1): 9-14.

[2] 冯巧根. 改革开放 40 年的中国管理会计: 导入、变迁与发展 [J]. 会计研究, 2018 (8): 12-21.

[3] 黄世忠. 移动互联网时代财务与会计的变革与创新 [J]. 财务与会计, 2015 (21): 6-9.

[4] 高大平, 常琦. 建设管理会计指引体系助力单位转型升级 [J]. 管理会计研究, 2018 (1): 6-8.

[5] 胡玉明.《管理会计基本指引》解读 [J]. 新会计, 2018 (3): 6-13.

[6] 于增彪. 管理会计概念的重新界定 [J]. 会计之友, 2018 (3): 6-10.

[7] 王春艳. 公立中医院自制药厂的成本核算优化 [J]. 财务与会计, 2020 (22): 31-34.

课题负责人: 王春艳　陕西省中医医院财务处（国有资产管理办公室）主任, 高级会计师

主要执笔人: 王春艳　陕西省中医医院财务处（国有资产管理办公室）主任, 高级会计师

课题组成员: 王春艳、汪旭、林晶、胡海峰、王公兴、张黎群、考玉萍、毕振萍

医院 DRG 病种成本核算体系构建与实施研究

——以深圳市某三甲医院为例

一、绪论

（一）研究背景

改革开放以来，我国公立医院主要按医疗服务项目收取患者费用，用于弥补医疗服务成本。该方式下公立医院的经济利益取决于服务项目数量。因患者和公立医院之间的医学信息不对称而诱导患者需求，进而产生不必要的医疗服务项目，将可能导致医疗费用不合理增长。根据 2018 年《中国卫生统计年鉴》显示，我国公立医院 2018 年门诊患者人均医疗费用已达 274.1 元，比 2014 年的 220 元年增长 24.6%。其中药费上涨 5.4%，检查费上涨 26.6%；而住院患者人均医疗费用达到 9 291.9 元，上涨幅度达 18.6%。其中药费降低 12.6%，检查费上涨 34.5%。2014～2018 年，我国公立医院的门诊和住院人均医疗费用都在持续增长。其中检查类项目上涨幅度非常明显。由此看来，按医疗服务项目收取患者费用方式是导致医疗费用不断上升的关键原因。

2009 年我国实施新一轮医药卫生体制改革，国家先后出台一系列有关 DRGs 付费的政策要求：2015 年，《关于印发控制公立医疗费用不合理增长的若干意见通知》提倡按照基于疾病诊断相关组（DRGs）的预付费制度进行医疗保险支付；2016 年，《“十三五”深化医药卫生体制改革规划》明确指出要深化医保支付方式改革，提倡实行按疾病诊断相关分组付费（DRGs），并逐步开展按 DRGs 付费的试点工作；2017 年 6 月，《国务院办公厅关于进一步深化基本医疗保险支付方式改革的指导意见》明确提出，可以按照疾病诊断相关分组技术的分组相关数据，作为各医疗机构诊疗成本和诊疗测量的评价依据。同时要加强各级各类医疗机构之间同一病种组的横向比较，并利用绩效评价结果对医保支付制度进行完善。从而促进各级各类医疗机构控制医疗费用增长，提升医院绩效管理水平。国家层面按照疾病诊断相关分组（DRGs）收付费改革试点工作正在有序推进。

党中央从推进国家治理体系和治理能力现代化的高度，在多份文件中从不同角度对加强政府成本核算提出了要求。例如，《中共中央国务院关于印发党政机关厉行节约反对浪费条例的通知》要求，推进政府会计改革，进一步健全会计制度，准确核算机关运行经费，全面反映行政成本；《中共中央国务院关于推进价格机制改革的若干意见》规定，公用事业和公益性服务的经营者应当按照政府定价机构的规定公开成本，政府定价机构在制定和调整价格前应当公开成本监审结论；《中共中央国务院关于全面实施预算绩效管理的意见》（以下简称《意见》）在总体要求中提出，更加注重结果导向、强调成本效益、硬化责任约束；《国务院关于批转财政部权责发生制政府综合财务报告制度改革方案的通知》提出，条件成熟时，推行政府成本会计，规定政府运行成本归集和分摊方法等，反映政府向社会提供公共服务支出和机关运行成本等财务信息。2019 年 12 月 17 日财政部制定《事业单位成本核算基本指引》，要求执行政府会计准则制度的事业单位进行成本核算，提升单位内部管理水平和运行效率，夯实绩效管理基础，为本单位成本控制、绩效评价和政府公共服务或产品定价提供依据和参考。

公立医院运行机制改革的方向是“理顺医疗服务价格，逐步调整收入结构”。通过降低药品、医用耗材费用和大型医用设备检查治疗价格，合理提升手术、护理、床位、诊疗、中医等体现医务人员技术劳务价值的医疗服务价格。取消药品、耗材加成后，检查化验项目的利润空间也将大幅压缩。公立医院进入精细化管理时代，从关注业务收入增幅、床位规模、扩大病源的快速增长期转为内涵发展期。成本管理作为精细管理重要的手段，占据着重要的地位。DRGs 费用支付方式是降低医疗费用、改善患者“看病贵”现象的有效措施。

从国际经验来说，公立医院医疗费用持续增长是世界性的重要问题，在医疗费用居发达国家之首的美国尤为突出。自 19 世纪 80 年代开始，美国便开始探寻如何降低医疗费用。随后，DRGs 预付制的引进和实施有效地控制了美国医疗资源的过度消耗。之后，澳大利亚、德国等发达国家掀起了引进DRGs付费方式的热潮，并以美国DRGs系统为基础和指导，结合本国国情进行了本土化的改造，取得了显著的效果。同时，国外DRGs付费制的实施效果还表明，它可以改善协调患者、医疗服务提供方（医疗机构）、医疗服务支付方（医疗保险机构）各利益相关者的关系，提高医院的医疗行为透明度和医疗资源消耗，提升医院间的竞争，加强医院绩效。

（二）研究意义

20世纪80年代初，我国公立医院才开始尝试推广医院科室成本核算。原《医院财务制度》要求，具备条件的公立医院可实行医疗服务项目成本核算和病种成本核算。现《事业单位成本核算基本指引》要求执行政府会计准则制度的事业单位进行成本核算，提升单位内部管理水平和运行效率。有关病种成本核算的理论研究主要聚焦在病种的分类、临床路径统一标准设定的方法和重要性、医院信息化建设、医疗人员成本控制意识培养等方面。病种成本核算的实践试点覆盖范围并不广泛，实践结果也有待提高和改善。我国急需像美国、澳大利亚、部分欧美等国家那样，构建标准化的病种成本核算模型。

公立医院改革目前已进入深水区，医疗费用支出不断攀升。与此同时我国人口老龄化现象日益严重，医保资金年度内支出大于收入，导致医保基金运行风险加剧，社会医疗保障体系可持续性面临挑战。DRGs（疾病诊断分组）等医疗费用预付方式逐步得到推行并有加快布局的趋势。倒逼公立医院在发展方式上，从规模扩张型向质量效益型转变；在管理模式上，从粗放管理向精细管理转变，控制浪费，提高有限资源的使用效率。

（三）研究内容

1. 国内外有关病种成本核算理论研究和实践研究情况

综述国内有关病种成本核算理论研究的主要聚焦点、核算路径和基于临床路径的标准成本模型。比较欧美典型国家成本核算类型，重点介绍美国医院病种成本核算及其对支付方式的影响。

2. 深圳市公立医院成本核算工作现状调研及问题分析

结合问卷调查和实地研究，对本区域内公立医疗机构成本核算开展情况、管理情况和信息化建设情况进行了整体分析；对一家典型三级甲等综合医院的信息化状况、各业务系统间的数据流转方式进行了具体评估，从外部环境和内部环境探索构建 DRG 病种成本核算模型的方法与路径。

3. 研究构建科室—项目—DRG 病种成本核算模型及应用案例

研究构建基于科室全成本（四类三级分摊逐项分布结转法）和服务项目成本（作业成本法）的 DRG 病种成本（项目叠加法）的核算模型，对各环节核算对象、范围、成本动因、归集与分摊方法进行明确，并用典型 DRG 病种验证。

4. 归纳总结公立医院成本核算组织实施工作

根据案例医院构建科室—项目—DRG 病种成本核算模型工作开展情况，总结归纳公立医院组织实施 DRG 病种成本核算工作的一般方法和路径，从组织、技术、管理三个层面给出实施成本核算工作的建议。

5. 研究目标

国家医改政策强调了公立医院开展 DRG 病种成本核算工作的重要性和必要性。本文以一家典型的三甲综合医院为例，通过整合医院各信息系统，加强业务精细化管理，培训全员成本管理意识，培养成本核算工作人员，构建了基于科室全成本→项目成本→DRG 病种成本核算路径和体系。用典型病种验证该体系具备可行性。该 DRG 病种成本核算模型可复制、可推广，对医院成本核算与管理有很好的实践指导意义，也能为政府制定医疗服务项目价格和 DRG 病种组（或 DIP 病种分值）付费标准提供参考依据。

（四）研究方法

1. 文献分析法和归纳法

通过知网进行文献检索，详细阅读有关医院成本核算研究理论和实践著作，分析和归纳病种成本核算、管控和病种付费方式在国内外的研究进展及成果，为本文撰写提供了新的研究方法和思路。

2. 问卷调查和实地调查法

引用深圳市卫健委关于深圳市医疗机构成本核算情况的调研数据，对本区域内公立医疗机构成本开展情况、管理情况和信息化建设情况进行分析；通过对深圳二院院内相关部门访谈和数据收集，了解典型三甲综合医院的信息化状况、各业务系统间的数据流转方式，对开展病种成本核算的外部环境和内部环境进行评估分析。试图寻求切实可行的办法和路径，以便更加顺利地推进基于医疗服务项目的 DRG 病种成本核算工作，为构建符合医院实际的成本核算体系打下坚实的基础。

二、文献综述

（一）国外按病种支付方式改革现状

DRGs 付费方式的相关研究最初起源于美国。美国 DRGs 的初衷并不是将其用来付费，而是控制医疗费用的不合理增长。1965～1980 年美国的卫生总支出由 139 亿美元激增至 996 亿美元；医疗卫生经费由占 GDP 的 2.0% 激增至 3.8%（Health and Security，2000）。过半数的医疗费用都要由联邦政府负担，给政府造成了很大压力。医疗保险制度改革迫在眉睫。1976 年，耶鲁大学经过近 10 年的研究，开发了 DRG 系统。最初的疾病诊断相关分类（DRGs）是用来衡量医疗费用的合理性，通过将医院特定病种相似程度分类与其所消耗医疗费用联系起来。其核心在于运用 DRGs 病例分组，确定病例组合成本核算标准。从而能够对不合理医疗费用进行控制，提高医疗资源的使用效率和效果，最终保证整体社会效益的最大化（Marie J. et al.，2002）。美国实施 DRGs 付费方式后，在控制医疗费用增长方面取得了显著成效。卫生费用增长率从 1983 年之前的 17% 左右下降到 1990 年的 6% 左右；在 1980～1990 年的 10 年间，平均住院日从 10.4 天下降至 8.7 天（魏万宏，2012）。美国自从引进 DRGs 付费方式开始，不断对 DRGs 系统版本进行调整和改进。从 DRG 诞生至今，美国的 DRG 经历了医疗保险 DRG、改良 DRG、全患者 DRG、严重程度 DRG、改良的全患者 DRG、改良的国际化 DRG 等 6 个主要阶段，已经成为医院重要的管理工具（郭富威等，2006）。

随后，DRGs 预付制的引进和实施有效地控制了美国医疗资源过度消耗。在美国取得成效后，其他各国纷纷效仿美国建立本土化的 DRGs 系统，将适合本国的病例组合系统应用于医疗管理中，如德国的 G－DRGs、澳大利亚的 AN－DRGs 和 AR－DRGs、加拿大的 CMGs、英国的 HRG 和 HBG 等（郑大喜，2005）。以组为单位制定付费标准。经过多年的发展，以 DRG 为基础的付费制度在美国及世界各国已取得了良好的经济效益和社会效益。

（二）国外病种成本核算研究现状

当前美国公立医院 DRGs 支付方式下的病种成本核算方法依据数据来源性质划分，有成本数据基础和费用数据基础两种。由于信息系统建设比较先进和完善，国外大多数以成本数据作为核算基础。欧盟部分国家（如英国、法国）及澳大利亚等借鉴美国模型，建立起适用于自己国内公立医院的模型；德国则是在澳大利亚病种成本核算模型基础上，衍生出了基于 G－DRG 的病种成本核算模型。

（1）美国。1979 年，美国是最早基于成本数据对 DRGs 成本标准进行测算的国家。直接医疗成本和其他成本构成了医院总成本。其中直接医疗成本包括护理成本、辅助诊疗成本和医师服务成本。平均数法运用于核算护理成本和辅助诊疗成本。具体做法是将各 DGRs 组的总护理成本、辅助诊疗成本除以住院日总数。

其他成本构成包括间接医疗成本、资产相关成本等，采用分配率法进行分摊（陈颖等，2013）。美国约翰·威利等（John Wiley et al.）于 1986 年提出了 DRGs 权重和病例组合指数的病种成本核算概念。一个医疗服务提供单位治疗病例的总体特征由病例组合指数表示，DRGs 权重代表一个 DRGs 组的特征。在这个基础上推导出了计算模型（John Wiley，1986）。美国医疗保险与救助服务中心（Centers for Medicare and Medicaid Services，CMS）于 2001 年公布了 DRGs 成本核算模型。其影响因素主要为以历史成本数据为基础的 DRGs 权重以及相关费率。1976 年，著名的耶鲁大学建立了一种与疾病诊断相关的组成本核算方法。方法的精髓在于以患者病例分类为标准划分三个层次的服务：护理类、综合性及辅助类医疗服务。运用这种核算方法，需要分别归集和层层分摊三个不同层次的成本。最后选定一个因果关系作为费用分摊的准绳。由于横向医院间对比存在困难，研究者将会计核算科目与成本核算单位进行了统一，最后实现了医院间横向对比。菲特（Fetter）于 20 世纪 80 年代引入该核算方法，并选择在新泽西医院试点应用。他最终建立起了新的医疗预付费制度。由于它建立在 DRGs 基础之上，当时体现了一定的先进性。从此以后，美国的医疗机构开始大规模引进实行这种预付费制度，逐渐地保险病患也认同了 DRGs 付费的优势。这种先进的核算方法对当时世界各国医疗服务费用管控产生了深远影响。同时，更多的发达国家及研究者关注

DRGs 的相关研究，比如英国推行了符合国家实际的病种付费模式。不过这类付费方式也有缺点，比如为了能获得更高级别的补偿，医疗服务可能会不断提高疾病诊断的等级。这种现象引发相关管理费用的大幅增长。

（2）澳大利亚。2011 年 12 月，独立医院定价管理局（The Independent Hospital Pricing Authority，IHPA）应运成立。全国指导价格（national efficient price，NEP）的制定由该机构负责确定。IHPA 通过对医疗机构提供的服务进行专业的分类、数据收集等，最终确定医疗机构指导价格，全国遵照执行。针对住院服务，澳大利亚采用疾病诊断相关组（Australian-Refined Diagnosis Related Groups classification，AR－DRG）将同类型疾病、同类治疗方式、相似个体特征的患者归为一类。AR－DRG 以国际疾病分类 10.0 版（International Statistical Classification of Diseases and Related Health Problems，Tenth Revision，Australian Modification，ICD－10-AM）和澳版诊断和操作编码 9.0 版（Australian Classification of Health Interventions，ACHI）为基础，对不同病例组合进行分类和编码。目前已有 800 多个病例组合类别。在对公立医院服务进行分类的基础上，IHPA 对医院的各项服务开展成本核算。医院成本核算关注点在于为患者提供服务过程中的各种资源消耗和成本支出，从而为科学确定公立医院服务项目全国指导价格提供客观依据。为统一医院成本核算方法，提高数据的可比性，IHPA 制定了统一的澳大利亚医院成本核算标准（Australian Hospital Patient Costing Standards，AHPCS)。2016 年底已更新至第 4 版。IHPA 每年根据全国医疗机构成本数据，确定全国指导价格，构建全国医疗体系、筹资体系的基础和依据。

（3）德国。2000 年，建立了医院赔付系统研究中心。期初它是由一家医院协会和两家医疗保险协会构成的。德国研究 DRGs 核算方式较其他西方国家晚，但发展速度较快。医院赔付系统研究中心根据成本数据库，明确了全国 DRGs 成本核算模型。模型中主要影响因子包括疾病基础付费标准、DRGs 权重、医院平均住院天数等。其中每个影响因子都是根据多种因素经统计分析得出。德国于 2003 年根据 DRGs 成本核算模型和医疗机构数据信息，制定了近 700 个 DRGs 组成本标准。2007 年，采用同种病种成本标准一致的原则，德国开始在全国范围内实施统一的 DRGs 成本核算。

（三）国内按病种支付方式改革现状

（1）北京市。2004 年，北京市启动 DRGs－PPS 的相关研究工作。北京市政府选取 12 家有代表性医院的 70 万份病历，并开发出初步的 DRGs – PPS 研究模型。北京市人力资源和社会保障局等部门于 2006 年开始，牵头组建包括市发改委、市财政局在内的政府联席会议制度，负责推进 DRGs – PPS 协调研究工作；2007 年开始，每年从医疗机构采集 150 万份左右的标准病历数据，由医院管理协会负责推进 DRGs 成本核算工作。北京市人力资源和社会保障局医保事务管理中心和社会保障局及发展与改革委员会价格处对制定 PPS 支付机制负责。与此同时，市财政局研究确定财政投入政策。主要依据为医疗机构的收入变动情况；2010 年北京市 DRG 病组医保付费改革试点工作展开帷幕，北京市友谊医院等 6 家医院成为首批试点医院。

（2）上海。上海于 2004 年开始探索单病种付费方式，当时实际归集运行管理的病种为 15 种。单病种选择和最终确定的影响因素主要是诊断明确、临床治疗路径相对规范、医疗费用离散度较低等，主要依据历史数据综合计算分析确定。但是，单病种付费未实行单独结算，而是采取将其纳入总额预算管理的方式。

（3）云南省玉溪市。自 2005 年开始启动 DRGs 付费制度改革。主要是以国家卫计委颁布的分组原则为依据，同时借鉴德国 2016 年第 4 版疾病诊断经验。结合本地实际，最终制定出台了具有玉溪市特色的 DRGs 分组及支付标准，并推广施行。推广范围包括城镇职工和居民医保、新农合定点医院，切实提高医保基金的使用效率效果。

（4）福建省。福建省三明市是全国最早实际推行按病种支付的省份。三明市 2016 年印发《关于开展住院费用全部按病种付费工作的通知》，明确要求自 2016 年 1 月 1 日起，在全市 21 家县级及以上公立医院开展住院费用全部按病种付费工作。符合条件的民营定点医疗机构可参照执行。基层定点医疗机构自 2017 年起全面开展住院费用全部按病种付费工作。该通知规定，除精神专科继续采用按床日付费，以及确定的儿童白血病和先天性心脏病、终末期肾病等 8 种重大疾病补偿政策仍然按原规定执行外，其余住院病例均纳入按病种付费管理。三级医院各病种的变异率不得超过 20%；二级医院各病种的变异率不得超过 15%。变异病例的统筹基金单独支付。

（四）国内病种成本核算研究现状

近年来，国内学者也陆续开始对病种成本核算进行探讨和研究。按病种支付标准制定通常为两种测算方法：费用数据基础和成本数据基础。

（1）以费用数据为基础。张超群等（2012）和尹红燕等（2017）分别以单纯性阑尾炎和脑梗死为例，以病种历史费用为基础，对单病种定额标准进行测算。同时指出病种历史费用推演法的主要原理是“视已经发生的即为合理的”原则，假设医疗机构过往发生的医疗费用均为合理，在原有增长趋势所应达到的费用标准下，选择一个适当的点，使增长趋势渐缓。在实际操作中，这个点的确定往往是由医保方和医疗机构协商谈判达成。

（2）以成本数据为基础。李林贵等（2011，2012）比较研究了3种病种成本测算方法，包括以项目成本、临床路径和床日成本为基础的病种成本测算，并以宁夏某县级医院为样本进行实证研究。

许涛等（2016）详细介绍了北京市公立医院病种成本核算方法及关键点，即在科室成本以及医疗服务项目成本核算的基础上，依据建立在满足成本核算体系内部逻辑关系的医疗服务项目成本核算结果，采用核算模型为：某单病种成本 = $\sum$ 该病种医疗项目成本 + $\sum$ 该病种药品成本 + $\sum$ 该病种单收，完成以病种为对象的成本核算工作；同时结合北京市属医院病种成本试点效果，分析病种成本核算局限性，为完善病种成本核算和管理提出建议。

邹俐爱等（2012）根据病种特性，将其分类为非手术类病种和手术类病种。非手术类病种成本 = 直接成本 + 间接成本 = 人力成本 + 该病种耗用的药品成本 + 该病种耗用的卫生材料成本 + 医技类单项服务项目成本 + 分摊病房成本；手术类病种成本 = 直接成本 + 间接成本 = 人力成本 + 该病种耗用的药品成本 + 该病种耗用的卫生材料成本 + 医技类单项服务项目成本 + 分摊手术室成本 + 分摊麻醉科成本 + 分摊病房成本，并选择广东省30个病种进行实证研究。

吴红兵等（2018）采用案例分析法，总结按病种收付费实行的初级阶段的建设及落地经验，以点带面，并据此对福建省70种病种成本进行测算并分析结果。同时，选定项目叠加法作为病种成本的核算方法，以资源消耗为相对价值作为项目成本核算方法。

刘雅娟等（2019）以上海某三甲医院为例，其探索开展了基于DRG的医院病种成本核算实践。其主要步骤和方法包括：按照DRG分组规则划分病种组，利用病案首页费用信息确定服务单元，结合成本动因测算各服务单元的成本费用率，根据各单元发生费用和成本费用率计算各病种组的平均成本。

同时，利用病种成本核算结果数据，开展病种收益情况和成本结构分析，不同科室、不同难度系数病种成本和收益分析，为医院内部运行管理提供了重要参考。最后提出课题研究的不足与未来发展的趋势，为后面的研究者指明了方向。

（五）病种成本核算的必要性和可行性

通过对国内外的文献研究可以看出，病种成本核算已成为医院管理理论界和实践界共同关注的焦点。

1. 理论研究方面

国外对病种成本核算方面的研究较多，且有部分已通过研究病种成本核算及医疗费用的关系来实现费用控制及定价的目的。而我国对病种成本核算的有关研究理论层面较多，实证的方法还在探索阶段。不同的核算方法将会造成极大的病种成本差异，影响了病种成本的可比性，给全国进行标准化病种成本管理和医院控制病种成本带来极大困难。因此，急需探索一套适用于大部分医院的、具有可比性的病种成本核算方法，进而确定病种收付费的标准。

2. 实践运用方面

（1）实行病种核算的必要性。第一，从医疗服务的定价部门来看，病种成本核算能够为制定科学合理的病种付费医疗服务价格标准提供依据。进一步约束医疗服务提供者医疗行为，提高卫生经济效率。第二，从医疗服务提供方来看，在实行病种付费的压力下，有望迫使医院管理实质上从传统经验管理转向科学管理、从外延性规模扩张转向注重成本内涵式发展。第三，对患者而言，参保人可根据医疗机构的管理、服务等情况自主选择医疗机构。在治疗效果效率相同的情况下，可以选择病种管理更加规范的医院。这也将必然要求医院进行精细化管理，同时激发医疗机构控制成本内生动力。

（2）实行病种核算的可行性。近年来，国内医院成本核算方法不断完善。成本核算对象开始细化，成本核算也从科室成本核算进一步延伸到医疗服务项目成本核算、病种成本核算、床日和诊次成本核算。而其中的病种成本核算逐渐引起广大学者和医院管理者的关注。其中福建、北京、上海等地区的部分医院已经为实行病种成本核算提供了现实案例样本。

三、深圳市公立医院成本核算工作现状及问题分析

随着医改的持续深入推进，影响公立医院收入的政策逐步落地，公立医院收入增长日趋放缓。与此同时，公立医院不能再通过规模扩张带来经济效益。医院运行成本居高不下，人力成本剧增，成本管理工作的重要性日益凸显。在《国务院办公厅关于建立现代医院管理制度的指导意见》中提到，建立健全全面预算管理、成本管理、财务报告、第三方审计和信息公开机制，确保经济活动合法合规，提高资金资产使用效益。公立医院作为预算单位，所有收支纳入部门预算统一管理，要强化成本核算与控制，逐步实行医院全成本核算。财政部于 2019 年 12 月 17 日发布《事业单位成本核算基本指引》，以促进事业单位加强成本核算工作，提升单位内部管理水平和运行效率，夯实绩效管理基础。

根据核算对象的不同，医院成本核算可分为科室成本、医疗服务项目成本、病种成本和疾病诊断相关分组（DRG）成本核算。深圳市是 DRG 收付费改革试点城市之一。面对改革试点，深圳市公立医院整体仍处于较初级的成本核算阶段。本文将引用深圳市卫健委关于深圳市医疗机构成本核算情况的调研数据，同时结合深圳某三级综合医院实地研究情况来介绍医院成本核算工作现状。

（一）医院成本核算开展情况

目前深圳市有 72 家公立医疗机构。此次调研共收回 63 家医疗机构调研表。其中有 20 家三级综合性医院；17 家三级专科医院；8 家二级综合型医院；6 家二级专科医院和 12 家其他类型医疗机构。调研中发现，在医疗机构开展的成本核算中，有 53 家医疗机构开展了院级全成本核算；49 家医疗机构开展了科室成本核算；12 家医疗机构开展了医疗服务项目成本核算；8 家医疗机构开展了病种成本核算。可见，公立医院医疗服务项目成本、病种成本核算仍处于起步阶段；疾病诊断相关分组（DRG）成本核算还没有医疗机构进行实践。深圳市整体公立医院成本核算的精细化水平还有待提高（见图 1）。

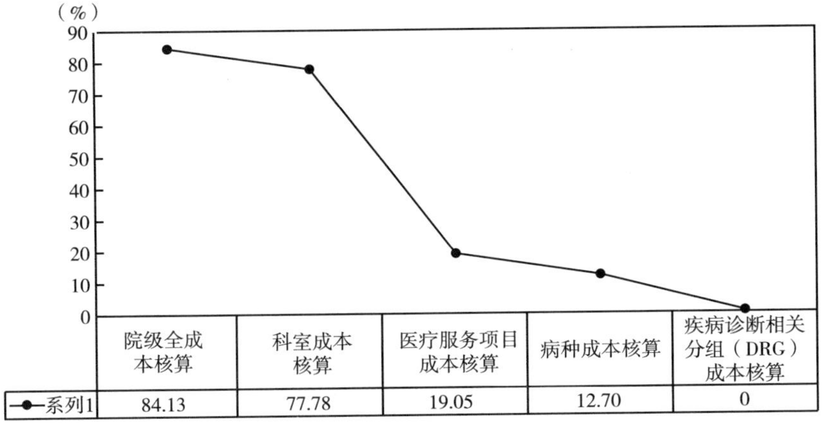

图 1　各类成本核算开展比例

（二）医院成本核算管理情况

原深圳市公立医院管理中心于 2017 年发布《关于印发深圳市属公立医院系统成本管理暂行办法的通知》，要求市属公立医院必须建立健全成本管理组织机构，建立由成本管理工作领导小组、成本管理办公室和成本归口管理科室组成的三级成本管理组织体系。调研数据显示，63 家医疗机构中仅 4 家医疗机构设置独立的成本管理办公室；有 8 家医疗机构在财务部门设置成本核算机构；16 家医疗机构仅设置成本核算岗位，有专职成本核算人员；30 家医疗机构无专职成本核算人员，有其他财务人员兼任成本核算工作；5 家医疗机构无成本核算机构（见图 2）。由此可见，深圳市公立医院的成本核算机构设置率较低。目前对于医院成本核算工作并没有出台强制性的规章制度，也没有出台标准化的成本核算办法，因此医院缺乏开展成本核算工作的外部压力。对于开展课题研究的深圳某三级综合医院，建立了成本管理工作领导小组，但没有设置独立的成本管理办公室，成本核算岗位人员仍兼任其他岗位。

（三）医院信息化建设情况

医院成本核算是一个需要大量收集、计算医院各方面运行数据的复杂的系统工程。最终核算结果质量的高低，极大地依赖于医院信息化建设水平。根据调查数据显示，深圳市公立医疗机构普遍信息化程度较低。除去 2 家新建机构，仅有 9 家医疗机构建立了 HRP 系统，能够及时获取医疗业务活动的成本数据，占比为14.75%；7家医疗机构有单独的成本核算系统，但成本核算系统和财务核算系统不能实现数据共享，占比为11.48%；8家医疗机构未建立HRP系统，成本核算系统和财务核算系统能够实现数据共享，占比为13.11%；剩余37家医疗机构没有或正在建设HRP系统，没有独立的成本核算系，占比为60.66%。

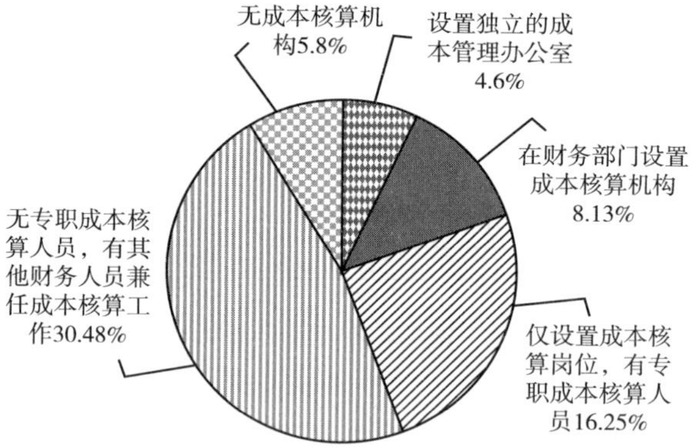

图2　成本核算机构设置情况

基于以上的信息化建设情况，共有47家医疗机构能够按照《医院财务制度》《会计制度》的要求，进行成本核算，定期编制成本报表；16家医疗机构不能或部分能按照要求进行成本核算，无成本报表。在前者47家医疗机构中，有37家医疗机构按月或季度进行成本分析，向医院管理层提交相关建议或实施成本控制和绩效评价；有10家医疗机构还能根据内部管理需要，提供有助于决策支持的管理会计成本报表（见图3）。

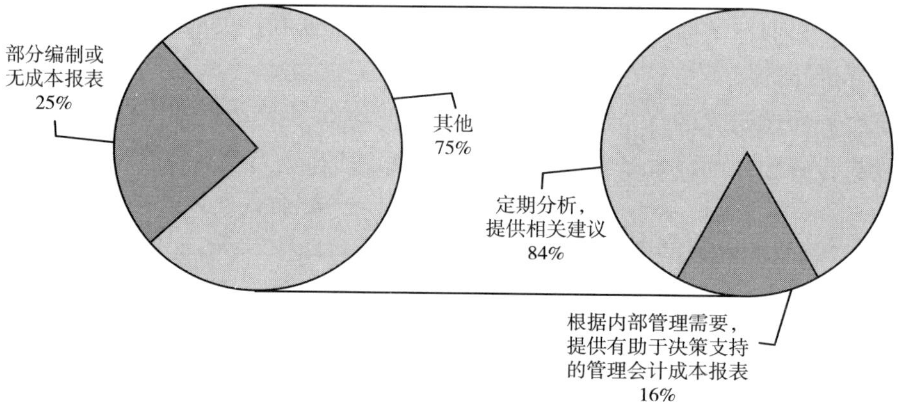

图3　成本核算报表及分析情况

（四）深圳某三级综合医院成本核算情况

深圳市公立医院使用的医院成本核算软件服务公司主要有深圳市微迅通科技有限公司、东软望海科技有限公司和金蝶医疗软件科技有限公司。本文研究的深圳某三级综合医院于 2016 年开始使用东软望海科技有限公司的成本核算系统，主要开展科室成本核算。2019 年 12 月医院升级成本核算系统，启动基于科室成本、项目成本的 DRG 病种成本核算工作。

医院成本核算需要的数据多来自各业务系统，内容包括收入类（HIS、挂号、体检）、成本类（人员经费、卫生材料、资产折旧等）、工作量（诊次、床日、内部服务量）类等业务数据。该医院目前使用的信息系统（部分）见表 1。

表 1　　深圳市某三级综合医院信息系统使用情况

信息系统	供应商	目前使用情况
财务系统	东软望海	总账模块，支持平行记账
成本系统	东软望海	HRP 科室成本，用于产出成本报表
物流系统	东软望海	物流系统做出入库记账，SPD 负责货物配送
固定资产系统	东软望海	资产卡片管理，计提折旧费用
人事系统	红蜻蜓、东软望海	人员档案管理、人员工资核算
绩效奖金系统	东软望海	科室收支结余核算
HIS 系统	杭创	收入数据来源
体检系统	天方达	体检管理系统

过去 10 年间，医院的信息系统经历了快速建设时期，与成本核算相关的各项业务基本都有相应的信息化系统支撑。但是研究中也发现，虽然产生了大量医疗业务和医疗管理数据，数据质量却不高。主要原因一是医院缺乏完整的基础数据规范体系。例如科室字典，在各系统中有不同的编码、名称、级次。各系统中仍存在历史科室名称或科室的习惯性叫法，没有及时联动更新、维护。因此无论是数据整理还是数据归集都较为烦琐且容易出错。二是医院在整体信息化建设上缺乏顶层设计，信息系统碎片化问题比较突出。各部门只注重信息系统建设，忽略了信息系统之间数据的流转和其他部门对数据使用的需求，逐渐形成信息系统孤岛。三是信息系统数据缺乏持续关注和

深入应用。长期积累下来，导致系统问题没有及时发现，从而陷入“系统数据不准——不使用系统”的恶性循环。只有持续使用信息系统产生的数据，才能发现信息系统的问题，进而改善系统，提高数据质量。成本核算本身对基础数据的质量要求比较高。基于目前的数据质量，该医院只使用了部分成本数据用于科室绩效核算。科室成本核算数据并未提供给临床科室使用。

在医院推进医疗服务项目成本核算的过程中，人力成本核算问题较为突出。医院人事科对医院人员的管理工作还没有做到体系化、精细化管理。并且医院人员信息管理不集中，存在人事科、住培办、教学办等多个部门管理人事关系。人员信息、职工考勤与排班等数据不够完整、精细。同时由于各系统之间没有实现联动调整，人力成本数据无法做到系统自动归集与对接，需要大量的人工操作。对于临床科室的医生和护士，经常在门诊和病区轮换，或者在几个病区轮转。而由于缺乏员工的考勤信息，导致当前人力成本大部分集中核算在病区，无法根据考勤信息将人力成本计入其相对应的出勤科室。因此，目前核算的门诊成本和诊次成本、住院成本和床日成本不够准确。同时在项目作业库填报过程中也导致门诊项目无法选择到对应的医师或者护士。该问题严重影响医疗服务项目成本模型填报中人工配置以及后续人力成本的精确核算。

在物资成本数据方面，由于医院科室尚未设置二级库，当前实行的是以领代销的模式计入科室成本。2019 年，统计医院各月物资成本占医疗收入的比例来看，物资成本占医疗收入比例变动幅度较大。物资成本没有实现以实际消耗核算成本的管理模式，无法准确、均衡地计量各个期间成本。同时，科室还没有形成区分二级领用科室的意识。例如某科室领用的材料全部出库在病区，而其门诊几乎没有领用材料，实际情况是门诊使用了大量的材料。这对精确核算二级科室的成本即核算门诊成本和住院成本有较大影响，在项目成本中也无法实现二级科室项目成本的模型填报和成本核算（见图 4）。

在医院物资成本中，将近 98% 是卫生材料成本。而造成医院前 4 个月卫生材料占医疗收入比例与物资成本占医疗收入比例不一致的原因是，财务会计核算科目设置错误。前 3 个月误将卫生材料核算在商品和服务费的其他材料中，在 4 月份一并调整。可见会计核算的质量也极大地影响着成本核算的结果。2019 年实行新政府会计制度，在财务核算结构上发生了较大的变化。从原来在一级会计科目区分费用类型的同时，又区分经费来源即医院自筹经费、财政专项经费和科教项目经费，变为一级科目先区分业务活动费用和单位管理费用，二级科目区分经费来源，三级科目区分经济项目。新政府会计制度下，会计核算结构更加清晰，层级更加明确，更有利于成本数据的收集和统计。但由于新制度实施不久，部分业务的核算还缺乏行业实施细则的指导。医院内部应当梳理和规范各类业务的核算标准，统一核算口径，使财务核算数据具有延续性和可比性，从而使成本数据均衡和稳定。

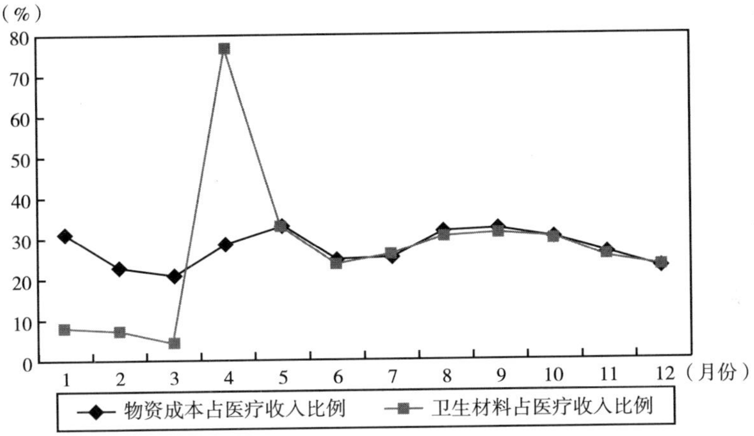

图 4　物资成本占医疗收入比例

（五）医院成本核算现存问题分析

（1）数据孤岛和数据质量制约着成本核算准确度的提升。准确的成本核算需要准确的数据做支撑，尤其在进行项目成本核算和 DRG 成本核算时，对数据颗粒度、数据范围和数据量要求均比较高。虽然当前医院信息化已基本覆盖医院各类业务，但病种成本核算平台建立时间尚短，尚未与其他系统完全打通，数据孤岛、数据质量问题仍然存在，直接导致成本核算数据采集环节工作量大、采集业务数据质量不高，可能存在一些不合理不规范的成本归集与分摊。这影响后期成本核算准确度，需要进一步校验与调整。

（2）部分医院业务粗放管理影响成本核算工作开展。科室成本、项目成本和 DRG 成本核算几乎涉及医院全部业务，这包括人员管理、薪酬核算、考勤管理、收费管理、物资管理、出库管理、资产管理、病案管理等。在进行成本核算时经常出现医院某些业务管理尚不能满足成本核算的要求，需相关业务作进一步的精细化管理才能满足成本核算要求，这在一定程度上影响成本核算工作开展。

（3）成本核算知识和成本控制意识仍然比较薄弱。成本核算工作目的不在于进行核算，而在于将核算结果应用到医院管理工作中，进而改善医院管理，实现医院整体运营降本增效。通过本次成本核算课题研究，在全院一定范围内普及成本核算知识，初步树立了成本管控理念。但对大部分临床人员乃至财务和运管专职人员，面对成本核算工作复杂度以及新颖的核算方法，仍需要不断加强知识普及和组织实施工作开展。

（4）成本核算数据应用尚未完全开展。当前已基本完成医院成本核算工作。但是如何把成本核算成果应用到医院日常管理中，如何把成本核算结果与医院业务尤其是临床的业务紧密结合起来，如何用成本核算结果去指导医疗业务改善，如何通过成本核算、精确的数据分析发现医院管理中存在的问题，均是将来医院成本管理面临的主要课题，也是医院成本核算从业者需要重点关注的方向。

四、构建科室—项目—DRG 病种成本核算模型

按照科室成本（4 类三级分摊逐项分步结转法）、项目成本（作业成本法）和病种成本（项目叠加法）的核算路径构建核算模型。

（一）科室成本核算

医院成本核算是指将医院在医疗服务过程中发生的各种耗费按照一定的对象进行分配和归集后，计算其总成本和单位成本。成本核算通常以货币为计算单位，以会计核算为基础，是成本管理的重要组成部分，对于医院的经营决策等起到直接影响作用。通过及时、准确地核算医疗服务单项成本，可以为医院经营决策提供科学依据，并借以考核成本计划执行情况，综合反映医院的运营管理水平。

以科室为核算对象，将医疗服务过程中发生的各种耗费进行归集和分配，计算出科室总成本和单位成本的过程，即科室成本核算。

本文针对深圳市某三级公立医院 2020 年上半年科室成本数据构建模型进行核算，并对核算结果进行医疗收入及构成、成本及构成、收益、量本利及关键指标分析，以反映医院的医疗业务运营状况和成本费用水平。

1. 科室成本核算理论依据

核算办法主要遵从财政部、国家卫计委颁布的《医院财务制度》和《医院会计制度》，以及各类政策及理论，以确保医院成本核算工作正常有序的进行。主要包括：事业单位会计准则；《医院会计制度》；《医院财务制度》；《医疗服务项目成本分摊测算办法（试行）》；医院成本核算理论基础和实现方法；现代企业经营管理中成本管理的理论及方法；卫生部《医院信息系统基本功能规范》2002 年版；《统计法》；卫生部《全国卫生统计工作管理办法》；《关于印发县级公立医院成本核算操作办法的通知》附件之《县级公立医院成本核算操作办法》；《政府会计制度》；《关于医院执行〈政府会计制度——行政事业单位会计科目和报表〉的补充规定》；《事业单位成本核算基本指引》。

2. 科室成本核算原则

科室成本核算应遵循合法性、可靠性、相关性、分期核算、权责发生制、按实际成本计价、收支配比、一致性、重要性等原则。（1）合法性原则。计入成本的费用必须符合国家法律、法规及相关制度规定，不符合规定的不能计入。（2）可靠性原则。医院要保证成本核算信息无错误及偏差，使其具有真实性、完整性、中立性和可验证性。（3）相关性原则。医院所提供的成本核算信息应当符合国家宏观经济管理的要求，满足相关方面及时了解医院收支情况和医院加强内部管理的需要。（4）分期核算原则。根据需要按期间开展成本核算。（5）权责发生制原则。医院成本核算以权责发生制为核算基础。（6）按实际成本计价原则。医院的各项财产物资须按照取得或购建时的实际价值（即取得成本）核算。除国家另有规定外，一般不得自行调整其账面原值。（7）收支配比原则。医院在进行成本核算时，应当按照“谁受益、谁负担”的原则，归集、分配各项成本费用，使各项收入与为取得该项收入的成本费用相配比，核算单元的收入与该单元的成本费用相配比，会计期内的收入与该期间的成本费用相配比。（8）一致性原则。医院各个会计期间成本核算所采用的方法、程序和依据应当保持一致，不得随意改变。若确有必要变更，应在财务报告中详细说明变更的原因、对医院财务收支的影响等情况。（9）重要性原则。医院在成本核算过程中，对主要经济事项及费用应分别核算、分项反映，力求精确。对次要事项及费用，在不影响成本真实性的前提下，可以适当简化处理。

3. 核算对象设计

核算科室是指根据医院业务性质及内部管理要求而划分的成本核算基础单位。每个核算单元应能单独计量所有收入、归集各项费用。核算单元不仅是进行科室成本核算的基础，其设计的合理性也关系到医院精细化管理目标的实现，以及成本核算结果在医院管理中的应用效果。按照服务性质，成本核算单元分为四大类：临床服务类、医疗技术类、医疗辅助类和行政后勤类。（1）临床服务类科室（以下简称临床科室），指直接为患者提供医疗服务，并能体现最终医疗服务结果、完整反映医疗成本的科室，包括门诊科室、住院科室等。（2）医疗技术类科室（以下简称医技科室），指为临床科室及患者提供医疗技术服务的科室，包括手术麻醉科、医学检验科、病理科、医学影像科、药剂科、功能检查科、内镜中心、骨密度室、血透室、激光室、高压氧治疗中心、输血科和补液注射室等科室。（3）医疗辅助类科室（以下简称医辅科室），是服务于临床科室和医技科室，为其提供动力、生产、加工、消毒等辅助服务的科室，包括供应室、病案室、挂号收费处、门诊办公室、住院处、营养食堂、氧气组、洗衣房和器械科等科室。（4）行政后勤类科室（以下简称行政后勤科室），指除临床科室、医技科室和医辅科室之外从事院内外行政后勤业务工作的科室，包括行政、后勤、科教管理等科室。

核算科室在三级学科的基础上划分了门诊、住院、实验室。部分科室住院存在多个楼层，成本核算相关的各项业务基本都有相应的信息化系统支撑。但各业务信息系统相对独立难以整合，如科室字典（名称、编码、级次）不统一，比较凌乱，造成成本核算过程中数据归集和分摊烦琐且容易出错。在此次成本核算过程中，由财务部门牵头初步梳理出一套科室字典并下发各管理部门，要求 2020 年 1 月 1 日各业务信息系统同步更新，或提供新旧科室字典体系映射表，便于数据处理。

同时，考虑到医院多院区管理现状，在进行核算科室字典设计过程中加入了院区的属性。每个科室均有自己的院区属性。具体科室字典如表 2 所示。

表 2　　部分科室字典

部门名称	部门编码	层级	部门类别编码	院区
神经内科	1001	1	临床服务	本院
神经内科门诊	100101	2	临床服务	本院

续表

部门名称	部门编码	层级	部门类别编码	院区
神经内科病区	100102	2	临床服务	本院
神经电生理室	100103	2	医疗技术	本院
脑卒中办公室	100104	2	医疗辅助	本院
儿科	1002	1	临床服务	本院
儿科门诊	100201	2	临床服务	本院
儿保科门诊	100202	2	临床服务	本院
儿科病区	100203	2	临床服务	本院
新生儿科病区	100204	2	临床服务	本院
老年医学科	1003	1	临床服务	本院
老年医学科门诊	100301	2	临床服务	本院
老年医学科病区	100302	2	临床服务	本院
烧伤整形科	1004	1	临床服务	本院
烧伤慢创门诊	100401	2	临床服务	本院
整形美容门诊	100402	2	临床服务	本院
烧伤整形科病区	100403	2	临床服务	本院
呼吸与危重症医学科	1005	1	临床服务	本院
呼吸与危重症医学科门诊	100501	2	临床服务	本院
呼吸与危重症医学科病区	100502	2	临床服务	本院
肺功能室	100503	2	医疗技术	本院
……	……	……	……	……
分院中西医结合科	5001	1	临床服务	分院
分院中西医结合科门诊	500101	2	临床服务	分院
本部中西医结合科门诊	500102	2	临床服务	本院
分院中西医结合科病区	500103	2	临床服务	分院
……	……	……	……	……

4. 成本核算范围

成本核算的范围是指一定时间内成本核算的边界和界限，既有时间的范围，也有空间的范围。本次科室成本核算的时间范围为自然月（2020 年 1 月启用）；空间范围包括：院区范围、科室范围、成本范围、成本要素范围、分摊动因范围、资金性质范围。

院区范围。医院由本部、中西医结合医院院区组成。本次成本核算院区范围包括本部、中西医结合医院院区、某康社康、某林社康。此次采用单体医院多院区核算方式，即不同院区内采用院内分摊和全院分摊的方式实现成本的三级分摊。

科室范围。本次核算覆盖了本院、中西医结合院区、某康社康和某林社康等属于医院所有的科室。共覆盖108个一级科室，230个末级科室；临床科室核算颗粒度明细到门诊和住院，分院核算到明细科室。

成本范围。医院成本是医院为开展医疗服务活动而发生的各种消耗，其核算构成包括：人员经费、卫生材料费、药品费、固定资产折旧费、无形资产摊销费、提取医疗风险基金、其他费用。根据《医院财务制度》规定，资本性支出、对外投资支出、各类罚款赞助捐赠支出、科研教学项目支出、各类基金列支费用、医院以外其他经济核算主体支出等项目不计入成本范围。

成本核算是以会计核算为基础的，医院已实施新政府会计制度。本次成本核算研究根据《政府会计制度》《关于医院执行〈政府会计制度——行政事业单位会计科目和报表〉的补充规定》《事业单位成本核算指引》《医院财务制度》等文件，确定参与成本核算的会计科目（见表3）。

表3　参与成本核算的会计科目

会计科目编码	会计科目名称	是否参与成本核算
5001	业务活动费用	是
500101	财政基本拨款经费	是
50010101	工资福利费用	是
50010102	商品和服务费用	是
50010103	对个人和家庭的补助费用	是
50010104	计提专用基金	是
50010105	固定资产折旧费	是
50010106	无形资产摊销费	是
500102	财政项目拨款经费	是
500103	科教经费	是
500104	其他经费	是
5101	单位管理费用	是
510101	财政基本拨款经费	是
510102	财政项目拨款经费	是

续表

会计科目编码	会计科目名称	是否参与成本核算
510103	科教经费	是
510104	其他经费	是
5201	经营费用	否
5301	资产处置费用	否
5401	上缴上级费用	否
5501	对附属单位补助费用	否
5801	所得税费用	否
5901	其他费用	否
……	……	……

成本项目是对计入医疗服务成本的各种费用按经济用途进行分类。设置成本项目可以反映各项医疗服务成本的构成情况，以满足成本管理的目的和要求。

本次设置成本项目以会计科目为基础，按照费用性质进行了重新组合：将业务活动费用、单位管理费用去掉一级会计科目前 4 位编码。同时为了与成本项目所属的 7 大成本类型相一致，根据成本类型设置 7 个一级成本项目，成本项目二级与会计科目的三级相对应。成本项目是成本归集的最小单位，依照支出性质归集至相应的成本要素（见表 4）。

表 4　　成本项目以会计科目为基础归集

会计科目	会计科目名称	成本项目	成本项目名称	成本要素
		01	人员经费	
50010101	工资福利支出	0101	工资福利费用	
51010101	工资福利支出			
5001010101	基本工资	010101	基本工资	
5101010101	基本工资			
500101010101	职务（岗位）工资	01010101	岗位工资	基本工资
510101010101	职务（岗位）工资			
……	……	……	……	……

成本要素范围。为了更加精细化地进行成本核算，也同时为了更好地进行成本分析，本次成本核算我们引入了成本要素的概念。成本要素是按成本

中费用的经济用途或费用的经济性质所作的一种分类，是成本分摊的最小颗粒度，是成本分摊规则设置的直接对象。具体的成本要素设置如表 5 所示。

表 5　　成本要素设置

要素编码	要素名称	要素描述
01	基本工资	核算在编人员的基本工资和津贴工资
02	津贴补贴	核算在编人员的津贴补及补贴
03	绩效工资	核算在编人员的奖金加班费等
04	社会保障交费	核算在职人员的各种保险费及离退休费用
05	其他人员费用	核算医院非在编人员的各项费用
06	办公费	核算办公费、邮电费、差旅费、宣传学习费
07	能耗费用	核算医院水、电、煤、气、暖
08	物业管理费	核算物业管理费
09	药品费	核算各类药品的消耗
10	血费	
11	氧气费	
12	放射材料	
13	化验材料	
14	其他卫生材料	
15	低值耗材	按制度规定的低值易耗品消耗，包括医用低值易耗品和行政低值易耗品
16	折旧费	核算医院按规定提取的固定资产折旧
17	修缮费用	核算各类设备、房屋的维修费用
18	其他费用	核算无形资产摊销、提取的医疗风险基金及按规定应列入当期成本但未在上述费用要素中列支的各项支出
19	无形资产摊销费	无形资产摊销费
20	提取医疗风险基金	提取医疗风险基金

5. 科室成本核算方法

三级成本分摊原则，医院科室成本采用三级分摊方法分项逐级分步结转。

医院成本核算的主要流程：先按各成本核算单元（核算科室）通过直接计入或计算计入的方式归集形成科室直接成本；再按照分项逐级分步结转的三级分摊方法，依次按行政后勤类科室耗费、医疗辅助类科室耗费、医疗技术类科室成本支出项进行结转，形成科室全成本。

一级分摊：行政后勤类科室的费用分摊；二级分摊：医疗辅助类科室的成本分摊；三级分摊：医疗技术类科室的成本分摊。

成本分摊遵从以下步骤（如图 5 所示）。

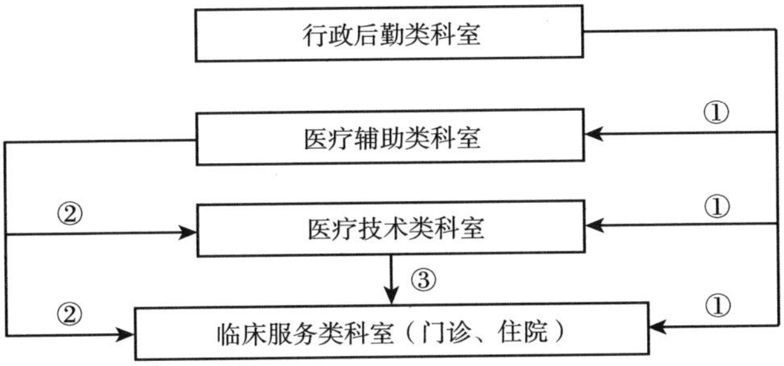

图 5　科室成本三级分摊

行政后勤类科室分摊规则。将行政后勤类科室的费用按人员比例向临床科室、医技科室和医辅科室分摊，并实行分项结转（见表 6）。

表 6　以院长办公室成本分摊举例

科室类型	科室编码	科室名称	成本要素	分摊参数
行政后勤类	400101	院长办公室	修缮费用	人员
行政后勤类	400101	院长办公室	折旧费	人员
行政后勤类	400101	院长办公室	无形资产摊销费	人员
行政后勤类	400101	院长办公室	提取医疗风险基金	人员
行政后勤类	400101	院长办公室	其他费用	人员
行政后勤类	400101	院长办公室	低值耗材	人员
行政后勤类	400101	院长办公室	其他卫生材料	人员
行政后勤类	400101	院长办公室	化验材料	人员
行政后勤类	400101	院长办公室	放射材料	人员
行政后勤类	400101	院长办公室	氧气费	人员
行政后勤类	400101	院长办公室	血费	人员
行政后勤类	400101	院长办公室	药品费	人员
行政后勤类	400101	院长办公室	物业管理费	人员
行政后勤类	400101	院长办公室	能耗费用	人员
行政后勤类	400101	院长办公室	办公费	人员
行政后勤类	400101	院长办公室	其他人员费用	人员

续表

科室类型	科室编码	科室名称	成本要素	分摊参数
行政后勤类	400101	院长办公室	社会保障交费	人员
行政后勤类	400101	院长办公室	绩效工资	人员
行政后勤类	400101	院长办公室	津贴补贴	人员
行政后勤类	400101	院长办公室	基本工资	人员

医疗辅助类科室分摊规则。将医疗辅助类科室成本（包括该类科室直接成本和第一级分摊的部分）向临床科室和医技科室分摊，并实行分项结转，根据科室工作性质结合实际情况设置不同的分摊参数。其中，消毒供应室采用服务量；药学部办公室采用开单收入—药品；病案室采用出院人数；脑卒中办公室、客服中心、药学质控室等采用工作量等（见表7）。

表7　部分医疗辅助类科室分摊举例

科室类型	科室编码	科室名称	成本要素	分摊参数
医疗辅助类	100104	脑卒中办公室	基本工资	工作量
医疗辅助类	100104	脑卒中办公室	津贴补贴	工作量
医疗辅助类	100104	脑卒中办公室	绩效工资	工作量
医疗辅助类	100104	脑卒中办公室	社会保障交费	工作量
医疗辅助类	100104	脑卒中办公室	其他人员费用	工作量
医疗辅助类	100104	脑卒中办公室	办公费	工作量
医疗辅助类	100104	脑卒中办公室	能耗费用	工作量
医疗辅助类	100104	脑卒中办公室	物业管理费	工作量
医疗辅助类	100104	脑卒中办公室	药品费	工作量
医疗辅助类	100104	脑卒中办公室	血费	工作量
医疗辅助类	100104	脑卒中办公室	氧气费	工作量
医疗辅助类	100104	脑卒中办公室	放射材料	工作量
医疗辅助类	100104	脑卒中办公室	化验材料	工作量
医疗辅助类	100104	脑卒中办公室	其他卫生材料	工作量
医疗辅助类	100104	脑卒中办公室	低值耗材	工作量
医疗辅助类	100104	脑卒中办公室	折旧费	工作量
医疗辅助类	100104	脑卒中办公室	修缮费用	工作量
医疗辅助类	100104	脑卒中办公室	其他费用	工作量
医疗辅助类	100104	脑卒中办公室	无形资产摊销费	工作量

续表

科室类型	科室编码	科室名称	成本要素	分摊参数
医疗辅助类	104001	本部门诊办公室	基本工资	门诊工作量
医疗辅助类	104001	本部门诊办公室	津贴补贴	门诊工作量
医疗辅助类	104001	本部门诊办公室	绩效工资	门诊工作量
医疗辅助类	104001	本部门诊办公室	社会保障交费	门诊工作量
医疗辅助类	104001	本部门诊办公室	其他人员费用	门诊工作量
医疗辅助类	104001	本部门诊办公室	办公费	门诊工作量
医疗辅助类	104001	本部门诊办公室	能耗费用	门诊工作量
医疗辅助类	104001	本部门诊办公室	物业管理费	门诊工作量
医疗辅助类	104001	本部门诊办公室	药品费	门诊工作量
医疗辅助类	104001	本部门诊办公室	血费	门诊工作量
医疗辅助类	104001	本部门诊办公室	氧气费	门诊工作量
医疗辅助类	104001	本部门诊办公室	放射材料	门诊工作量
医疗辅助类	104001	本部门诊办公室	化验材料	门诊工作量
医疗辅助类	104001	本部门诊办公室	其他卫生材料	门诊工作量
医疗辅助类	104001	本部门诊办公室	低值耗材	门诊工作量
医疗辅助类	104001	本部门诊办公室	折旧费	门诊工作量
医疗辅助类	104001	本部门诊办公室	修缮费用	门诊工作量
医疗辅助类	104001	本部门诊办公室	其他费用	门诊工作量
医疗辅助类	104001	本部门诊办公室	无形资产摊销费	门诊工作量
医疗辅助类	104001	本部门诊办公室	提取医疗风险基金	门诊工作量

医疗技术类科室分摊规则。将医疗技术类科室成本（包括该类科室直接成本和第一、第二级分摊的部分）向临床科室分摊，多数科室分摊参数采用收支配比；肺功能室、内分泌实验室、心导管室等采用开单收入；药库采用执行收入。分摊后形成门诊、住院临床科室的成本（见表 8）。

表 8　部分医疗技术类科室分摊规则

科室类型	科室编码	科室名称	成本要素	分摊参数
医疗技术类	100703	平板检查室	基本工资	收支配比
医疗技术类	100703	平板检查室	津贴补贴	收支配比
医疗技术类	100703	平板检查室	绩效工资	收支配比
医疗技术类	100703	平板检查室	社会保障交费	收支配比

续表

科室类型	科室编码	科室名称	成本要素	分摊参数
医疗技术类	100703	平板检查室	其他人员费用	收支配比
医疗技术类	100703	平板检查室	办公费	收支配比
医疗技术类	100703	平板检查室	能耗费用	收支配比
医疗技术类	100703	平板检查室	物业管理费	收支配比
医疗技术类	100703	平板检查室	药品费	收支配比
医疗技术类	100703	平板检查室	血费	收支配比
医疗技术类	100703	平板检查室	氧气费	收支配比
医疗技术类	100703	平板检查室	放射材料	收支配比
医疗技术类	100703	平板检查室	化验材料	收支配比
医疗技术类	100703	平板检查室	其他卫生材料	收支配比
医疗技术类	100703	平板检查室	低值耗材	收支配比
医疗技术类	100703	平板检查室	折旧费	收支配比
医疗技术类	100703	平板检查室	修缮费用	收支配比
医疗技术类	100703	平板检查室	其他费用	收支配比
医疗技术类	100703	平板检查室	无形资产摊销费	收支配比
医疗技术类	100703	平板检查室	提取医疗风险基金	收支配比
医疗技术类	100704	心导管室	基本工资	开单收入
医疗技术类	100704	心导管室	津贴补贴	开单收入
医疗技术类	100704	心导管室	绩效工资	开单收入
医疗技术类	100704	心导管室	社会保障交费	开单收入
医疗技术类	100704	心导管室	其他人员费用	开单收入
医疗技术类	100704	心导管室	办公费	开单收入
医疗技术类	100704	心导管室	能耗费用	开单收入
医疗技术类	100704	心导管室	物业管理费	开单收入
医疗技术类	100704	心导管室	药品费	开单收入
医疗技术类	100704	心导管室	血费	开单收入
医疗技术类	100704	心导管室	氧气费	开单收入
医疗技术类	100704	心导管室	放射材料	开单收入
医疗技术类	100704	心导管室	化验材料	开单收入
医疗技术类	100704	心导管室	其他卫生材料	开单收入
医疗技术类	100704	心导管室	低值耗材	开单收入

续表

科室类型	科室编码	科室名称	成本要素	分摊参数
医疗技术类	100704	心导管室	折旧费	开单收入
医疗技术类	100704	心导管室	修缮费用	开单收入
医疗技术类	100704	心导管室	其他费用	开单收入
医疗技术类	100704	心导管室	无形资产摊销费	开单收入
医疗技术类	100704	心导管室	提取医疗风险基金	开单收入

定向分摊规则。定向分摊是指当提供的服务具有明显的指向性或者范围性时，根据“谁受益，谁承担”的原理，提供服务科室的成本则定向性分摊给相关受益科室。

由于相关医技科室（药库、妇科人流室）等服务的对象具有一定指向性，因此需要设置相应的定向分摊的规则（见表9）。

表9　　定向分摊规则科室举例

服务科室编码	服务科室名称	受益科室编码	受益科室名称	分摊参数
201409	药库	201404	门诊西药房	执行收入
201409	药库	201405	门诊中药房	执行收入
201409	药库	201406	中心药房	执行收入
201409	药库	201403	临床药学	执行收入
201409	药库	201410	静脉药物配置中心	执行收入
201409	药库	201411	某康社康药房	执行收入
201409	药库	201412	某林社康药房	执行收入
201409	药库	201413	特诊科药房	执行收入
103403	妇科人流室	103401	妇科门诊	执行收入
103403	妇科人流室	103402	妇科病区	执行收入

人力成本分配规则。核算人力成本时，在人事薪酬管理系统和会计核算系统以科室为单位归集人力成本的基础上，引入人员考勤数据，对人力成本重新进行分配调整。

以下分别是人员薪酬数据、人员考勤数据和人力成本分配数据的真实核算场景（见图6）。

院区分摊规则。针对本院、分院科室关系，设置科室院区分摊关系。行

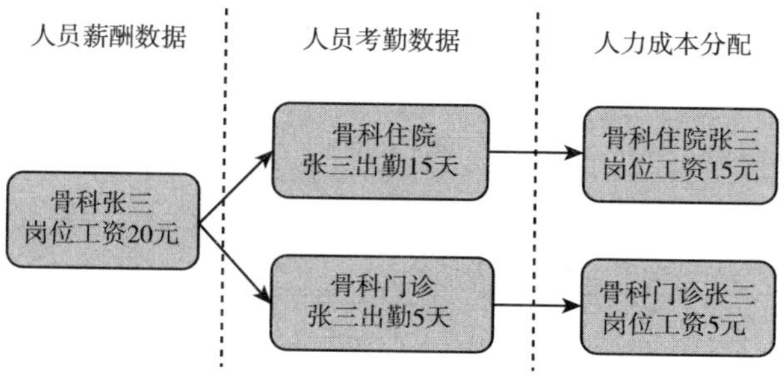

图 6　引入人员考勤数据进行人力成本分摊

政后勤类科室全部采用全院分摊；医疗辅助类科室中，本部门诊办公室、分院办公室、分院门诊办公室采用院内分摊，其余医辅类科室采用全院分摊；医疗技术类科室采用全院分摊。

四级核算成本说明。根据成本核算目的不同，将医院成本核算分为医疗业务成本、医疗成本、医疗全成本和医院全成本。本次核算我们根据成本核算制度完成 4 级成本核算。具体如下：

（1）医疗业务成本，是指临床医技医辅业务科室开展医疗服务活动而发生的各种耗费。不包括医院行政后勤类部门的成本支出，也不包括财政项目补助支出和科教项目支出形成的固定资产折旧和无形资产摊销。

医疗业务成本 = 人员支出 + 卫生材料支出 + 药品费用 + 固定资产折旧费 + 无形资产摊销费 + 提取医疗风险基金 + 其他费用

其他费用包括临床、医技和医辅科室的上述七类费用的直接成本之和。

（2）医疗成本，是指医院为开展医疗服务活动，各临床医技医辅业务科室和行政后勤类部门发生的各种成本支出。不包括财政项目补助支出和科教项目支出形成的固定资产折旧和无形资产摊销。

医疗成本 = 医疗业务成本 + 管理费用

（3）医疗全成本，是指医院为开展医疗服务活动，医院各部门发生的各种成本支出，以及财政项目补助支出形成的固定资产、无形资产耗费。

医疗全成本 = 医疗成本 + 财政项目支出形成的固定资产折旧和无形资产摊销

（4）医院全成本，是指医院为开展医疗服务、科研、教学等活动，医院各部门发生的所有成本支出。

医院全成本 = 医疗全成本 + 科教项目支出形成的固定资产折旧和无形资产摊销

诊次成本和床日成本核算。诊次和床日成本核算，指以诊次、床日为核算对象。在此次科室成本核算的基础上，我们将科室成本进一步分摊到门急诊人次和住院床日，计算出诊次成本和床日成本。具体计算过程如下：

全院平均诊次成本 = $\sum$ 临床科室门诊成本 / 全院门急诊总人次

某临床科室诊次成本 = 某临床科室门诊总成本/该科室门急诊总人次

全院平均实际占用床日成本 = $\sum$ 临床科室住院成本 / 全院住院患者实际占用总床日数

某临床科室实际占用床日成本 = 某临床科室住院总成本/该科室住院患者实际占用总床日数

6. 数据采集

成本核算的基础是数据。唯有准确、及时、规范的数据才能满足精细化的成本核算需要。因成本核算对数据需要量大，我们需要从医院信息管理系统、财务系统、薪酬管理系统、固定资产系统、物流管理系统、内部服务系统以及病案系统等各系统中采集和校验数据，并在此基础上进行成本核算。图 7 为成本核算的整体框架（见图 7）。

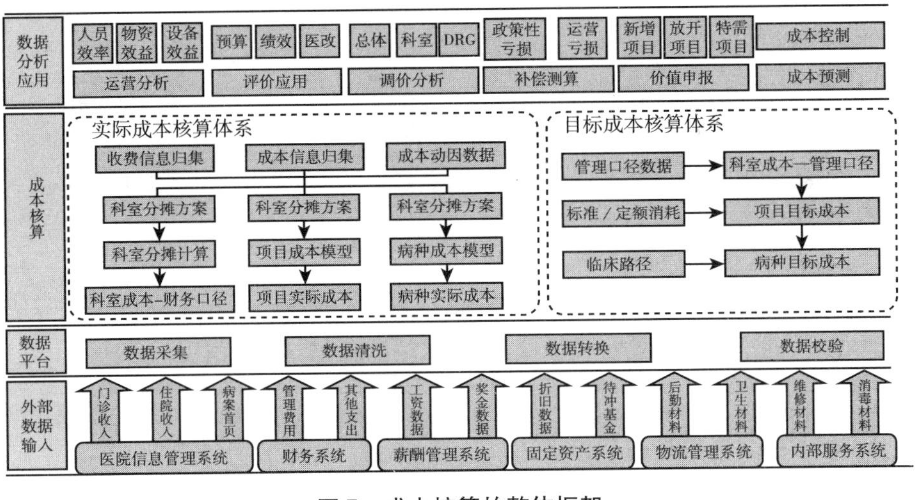

图 7　成本核算的整体框架

此次课题研究的数据采集根据核算的收支维度分为 3 大领域、16 类主题域。3 大领域分别为：收入数据、成本数据以及工作量数据（见图 8）。

收入类数据。收入数据主要包括医疗收入、财政补助收入、科研项目收

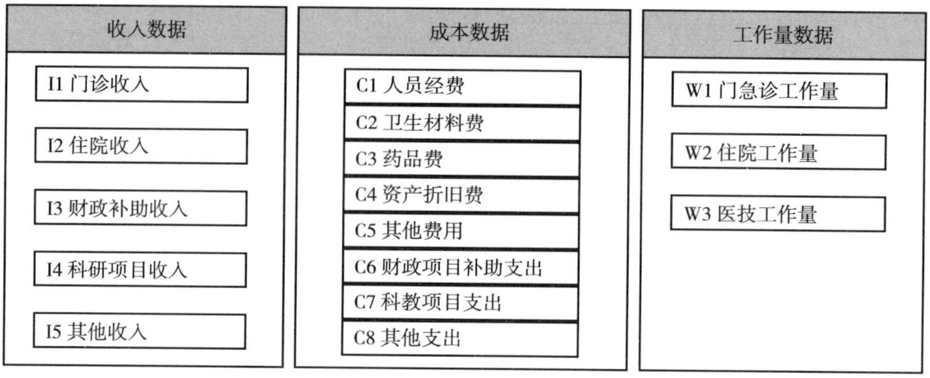

图 8　收入数据、成本数据以及工作量数据

入以及其他收入，其中医疗收入又分为门诊收入与住院收入。收入类的 5 类主题域包括的细分数据如图 9 所示，其中 I3 财政补助收入、I4 科研项目收入及 15 其他收入不作为本次成本核算采集的数据之列（见图 9）。

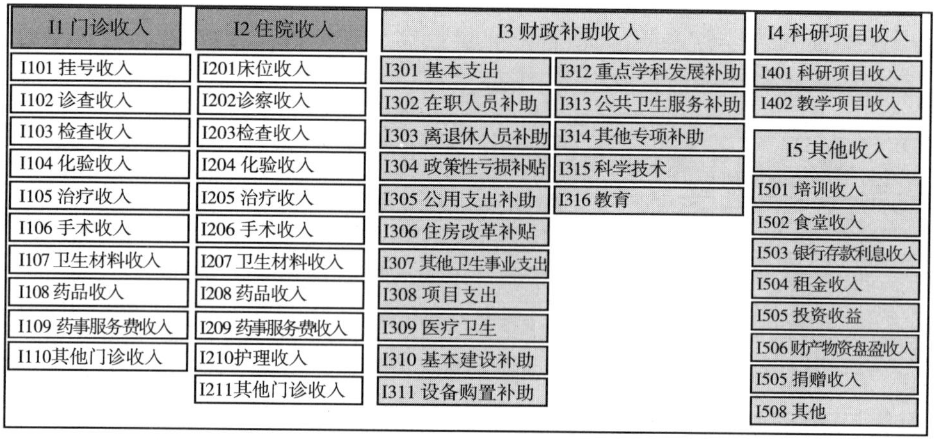

图 9　收入类的 5 类主题域细分数据

成本类数据。成本类数据比较广泛，归集后用于分摊到具体的成本对象及成本项目中，是成本核算最基础、最重要的数据，主要包括人力成本（C1 人员经费）、物资成本（C2 卫生材料费、C3 药品费）、资产成本（C4 资产折旧费）、其他费用成本、财政项目成本以及科教项目成本。各类成本的细分数据见图 10。

工作量数据。工作量数据与收入数据的部分作用一样，在成本核算中作为分摊模型的一部分，将其作为分摊参数用于成本分摊至成本对象或成本项目中。工作量数据主要包括门急诊工作量、住院工作量以及医技工作量。在

图 10　成本类的 7 类主题域细分数据

当前成本核算过程中，工作量数据可以从医院病案系统通过接口抽取获得。

内部服务量数据。内部服务量数据主要指医辅类科室的服务量，在成本核算中也作为分摊模型的一部分，将其作为分摊参数用于成本分摊至成本对象或成本项目中。目前仅有消毒供应室通过内部服务量进行科室成本分摊，后续根据实际工作需要进行调整。

科室名称统一。成本核算需要采集全院各个业务系统和管理系统，而由于各业务要求或者管理要求，各系统科室名称并不能实现统一。为了实现各业务系统数据按照统一的标准导入成本核算系统中，满足成本核算的要求，医院规范统一了科室名称和层级关系，并建立科室名称编码系统。对新建的各业务信息系统一律使用新科室名称编码系统，对在用的各业务系统建立科室转换对照表，并根据各业务系统科室变化及时更新科室转换对照表。

7. 成本计算及报表产出

完成收入数据、成本数据、工作量数据、内部服务量数据后，根据我们制定的科室成本核算办法，进行成本计算，产出 14 张科室级成本报表（见表 10）。

表 10　　14 张科室成本报表

序号	表名
表 1	医院各科室直接成本表
表 2	医院各科室直接成本表（医疗全成本和医院全成本）
表 3	医院临床服务类科室全成本表
表 4	医院临床服务类科室全成本表（医疗全成本和医院全成本）
表 5	医院临床服务类科室全成本构成分析表
表 6	医院临床服务类科室全成本构成分析表（医疗全成本和医院全成本）
表 7	医院各科室医疗成本三级成本分摊表
表 8	医院医技科室分摊行政后勤和医辅成本损益表
表 9	医院临床科室分摊医技和医辅科室成本损益表
表 10	医院临床服务类科室业务收入明细及损益表
表 11	医院各科室各类人员经费明细表
表 12	医院各科室其他费用明细表
表 13	医院临床服务类科室工作量及次均费用表
表 14	医院基本情况分析表

（二）项目成本核算

医疗服务项目成本核算是在科室成本核算基础上，以各临床服务类科室、医疗技术类科室开展的医疗服务项目为核算对象，归集和分配各项费用，计算产出各医疗服务项目单位成本的过程。

1. 核算对象

项目成本核算对象是医疗服务项目。此处的医疗服务项目指深圳市非营利性医疗机构基本医疗服务项目价格手册中的项目。此次核算的对象限定于医院临床服务类和医疗技术类科室 2020 年上半年开展的医疗服务项目。

2. 核算范围

项目成本核算范围包括科室范围、项目范围和时间范围。（1）核算科室范围：临床服务类科室、医疗技术科室。由于体检科开展的医疗服务项目大部分均是打包收费，确定单个收费项目收费价格较为困难。本次项目成本核算尚未覆盖体检科开展的医疗服务项目；同时药剂科主要开展的是药品服务，也未包含在本次的项目成本核算范围之内。（2）医疗服务项目范围：本次开展的项目成本核算中，项目范围指的是临床服务类科室和医疗技术类科室开展的医疗服务项目，不包括单独收费材料和药品；医疗服务项目是按照物价手册可收费的医疗服务项目，不包括医院开展的不可收费的医疗服务项目。（3）时间范围：2020 年 1 ~6 月。

3. 核算方法

（1）常见的项目成本核算方法及比较。目前国内主流的项目成本核算方法主要有作业成本法、比例系数法、当量法。①作业成本法。是以“服务项目消耗作业，作业消耗资源”为指导思想，依据医院的医疗业务流程和财务数据。采用作业成本法，归集项目直接费用，以成本动因作为间接费用的分配依据。采用各自不同的分配标准，追踪资源消耗过程，分配计算项目间接成本，对医院开展的医疗服务项目进行核算，提高成本的可归属性和成本信息的客观性。②比例系数法。项目的直接成本归集和计入方式与作业成本法类似。但是在间接成本的处理方式上，一般采用收入比例直接把间接成本计入各个医疗服务项目。相对作业成本法，处理方式比较粗糙。另外考虑当前医疗服务项目定价与实际成本的偏离，比例系数法针对间接成本的处理方式也存在不妥。③当量法。核算方法在于首先依据各个医疗服务项目投入时间、脑力判断、技术难度、体力及风险压力、耗费的材料和设备资料等信息，确定各科室开展的医疗服务项目点值。然后把一定期间内科室成本按照点值和开展数量，分摊计入科室在期间内开展的医疗服务项目，并核算出每个医疗项目的总成本和单位成本。很明显，当量法难点在于对全院开展的几千个医疗服务项目点值的客观估计。

综合考虑 3 类项目成本核算特点和优劣势，我们本次课题研究采用的项目成本核算方法是作业成本法。

（2）作业成本法基础概念。作业成本法是通过对所有作业活动动态追踪反映，计量作业和成本对象的成本，评价作业业绩和资源利用情况的成本计算方法。它以作业为中心，以成本动因为分配要素，其核心思想是“服务项目消耗作业，作业消耗资源”。①作业是指在医疗服务过程中具有相对独立意义的重要活动和行为。医疗服务提供过程中的各个工序或环节，例如诊疗、手术（消毒、探查）、护理等行为都可以视为作业。②成本动因是对导致成本发生的事项或活动的度量。成本动因按不同形成阶段可区分为资源动因和作业动因。其中资源动因是衡量资源消耗量与作业之间关系的某种计量标准，是将资源成本分配到作业中的依据；作业动因是将作业成本最终分配到医疗服务项目中的依据。

（3）医疗服务项目采集。根据本次核算时间范围、科室范围、项目范围，在此次项目成本核算过程中，我们采集了 2020 年 1 ~6 月收费明细数据。具体字段如表 11 所示。

表 11　　2020 年医疗服务项目采集具体字段

年度	月份	开单科室	收费类别	收费项目	执行科室	数量（次）	金额（元）
2020	01	神经内科门诊	诊察费	普通门诊诊查费	神经内科门诊	1 162	21 420.00
2020	01	神经内科门诊	诊察费	主任医师	神经内科门诊	2 184	93 464.00
2020	01	神经内科门诊	放射费	DR	普放检查科	1	60.00
2020	01	神经内科门诊	放射费	DR 第 2 次以上曝光	普放检查科	1	50.00
2020	01	神经内科门诊	治疗费	静脉采血	本部门诊抽血室	276	1 628.40
		……		……			

通过对 2020 年 1 ~6 月收费明细数据采集，并从中提取参与核算的科室和医疗服务项目，采集数据时排除了单独收费材料和药品类收入数据，以及执行科室为体检科和药剂科提供的收入数据。

（4）资源库建立。项目成本核算中消耗的资源指人力资源、材料资源、资产资源以及其他成本。此次项目成本核算中，我们根据核算范围，采集了 2020 年上半年各临床科室和医技科室消耗的资源数据。

①人力资源。医院的人力资源根据人员类型来划分，主要包含医生、护士、技师、药剂师、行政管理人员等类型。根据医疗操作制度相关文件，在不影响成本核算准确度的前提下，降低作业成本法实施难度。我们把项目成本中涉及的人力资源划分为 6 类。具体如表 12 所示。

表 12　　六类人力资源

技术职务编码	技术职务名称	备注
11	主任医师	对应主任医师职称
12	副主任医师	对应副主任医师职称
13	主治医师	对应主治医师职称
14	住院医师	对应住院医师职称
21	护士	对应护师、主管护师、副主任护师、主任护师等护理类职称
31	技师	对应技师、主管技师、副主任技师、主任技师等技师类职称

如表 12 所示，把较多的职称归类为 6 类技术职务人力资源，简化了后期作业模型建设。同时考虑到本次项目的目的是核算各医疗服务项目成本，在职称的确定上以医院聘任职称作为人力资源职称确定的依据。

②材料资源。作业成本法中材料资源指的是不可单独收费的卫生材料。本次材料资源我们抽取的是 2020 年 1 ~6 月材料出库明细数据。鉴于我们需要的是不可单独收费材料，在此次成本核算之前，课题研究团队与医院物价医保科对全院的材料是否收费标识进行了维护。并对抽取的出库明细数据进行去重，即作为各科室进行作业的材料资源库。表 13 展示了部分科室材料资源库。

表 13　　　　部分科室材料资源库

核算科室	物资分类	物资名称	资金构成	是否收费
神经内科病区	一次性类	一次性使用治疗巾	其他	否
神经内科病区	棉纱及敷料类	医用脱脂纱布块	其他	否
儿科病区	其他物资类	医疗废物扎带	其他	否
儿科病区	打印纸类	输液瓶标签纸	其他	否
儿科病区	打印纸类	贴试管标签纸	其他	否
儿科病区	其他办公耗材类	南孚 7 号电池	其他	否
儿科病区	一次性类	一次性使用手术衣	其他	否
儿科病区	一次性类	医用外科口罩	其他	否
儿科病区	一次性类	一次性使用静脉输液针	其他	否
儿科病区	一次性类	无针输注连接装置（无针输液接头）	其他	否
儿科病区	一次性类	一次性使用医用橡胶检查手套（无粉）	其他	否
儿科病区	一次性类	一次性使用输液器	其他	否
儿科病区	一次性类	一次性使用输液连接管	其他	否
儿科病区	一次性类	卫生湿巾	其他	否
儿科病区	一次性类	一次性使用治疗巾	其他	否
老年医学科病区	其他办公耗材类	废粉盒	其他	否
老年医学科病区	清洁用品类	大盘卷纸（箱装）	其他	否
……	……	……	……	……

③设备资源。作业成本法中设备资源指的是专用设备，不包括桌子、椅子、空调等一般设备。本次作业成本法核算我们通过从资产管理系统中抽取 2020 年 1 ~6 月各科室仍然在使用的设备，作为本次作业库搭建的设备资源库。表 14 是抽取的部分科室设备资源信息。

表 14　部分科室设备资源信息

科室编码	科室名称	设备编码	设备名称
100101	神经内科门诊	20101040018	电脑
100101	神经内科门诊	20106010001	打印机
100101	神经内科门诊	32217050004	便携同型半胱氨酸检测仪
100101	神经内科门诊	32224010003	治疗车（大运）
100101	神经内科门诊	32203010008	远程动态血糖监护仪
100102	神经内科病区	23209010017	创维电视机
100102	神经内科病区	32224010005	晨间护理车
100102	神经内科病区	32224040008	普通欧式二摇病床
100102	神经内科病区	60103000041	座椅
100102	神经内科病区	20101040018	电脑
100102	神经内科病区	20106010001	打印机
100102	神经内科病区	32299000399	医用过床器
100102	神经内科病区	20101010004	移动护理工作站
100102	神经内科病区	32202000002	红外线耳温计
100102	神经内科病区	32203070002	多参数生命体征检测仪
100102	神经内科病区	32224010007	营养泵
100102	神经内科病区	22010010025	海尔/电冰箱
……	……	……	……

（5）作业库建立。作业库的建立是采用作业成本法进行项目成本核算的重要工作。构建完善、准确、合理的作业库模型是成功进行项目成本核算的关键。作业库的建立主要工作是确定各核算科室开展医疗服务项目所消耗的人力资源、材料资源、设备资料以及其他成本。每个项目的作业模型配置表共同构成全院的作业模型库。

在作业库建立过程中，主要是作业分类的确定、作业字典的确定和梳理、科室作业关系确定、项目作业库的配置和建立等工作。

①作业分类。作业是医疗服务过程中具有相对独立性的医院的重要活动或行为。为更好地划分作业，梳理较为规范的作业体系，根据医疗活动中实际的业务场景，把全院作业划分为 14 类别。具体如表 15 所示。

表 15　　作业库类别

作业分类编码	作业分类名称	作业分类编码	作业分类名称
BL	病理类	MZ	门诊类
DJ	登记发报告类	SB	设备类
JC	检查类	SS	手术类
JY	检验类	XZ	协作类
KY	科研类	ZD	诊断类
MM	麻醉类	ZL	治疗类
MN	模拟类	ZY	住院类

②作业字典。作业成本计算的对象不仅仅是医疗服务项目，还包括作业。当前作业成本法在医院应用尚处于探索阶段。在作业库建立过程中，我们通过对临床和医技科室调研，初步制定出 108 个作业字典，方便各科室作业模型填报人员进行作业模块填报和搭建过程中进行选择。在表 16 中列出了制定的部分作业字典。

表 16　　部分作业字典

作业编码	作业名称	作业分类	作业编码	作业名称	作业分类
BL001	组织前处理	病理类	DJ002	预约	登记发报告类
BL002	组织脱钙	病理类	DJ003	送报告	登记发报告类
BL003	冷冻包埋	病理类	DJ004	资料管理	登记发报告类
BL004	石蜡包埋	病理类	DJ005	电话咨询	登记发报告类
BL005	冷冻切片	病理类	DJ006	CT 登记	登记发报告类
BL006	石蜡切片	病理类	DJ007	核磁登记	登记发报告类
BL007	HE 染色	病理类	DJ008	普放登记	登记发报告类
BL008	特殊染色	病理类	JC001	采集	检查类
BL009	免疫组化染色	病理类	JC002	扫描	检查类
BL010	其他染色	病理类	JC003	照相	检查类
BL011	病理诊断	病理类	JC004	检查	检查类
BL012	质量控制	病理类	JC005	辅助检查	检查类
DJ001	登记	登记发报告类	……	……	……

③科室作业关系。医院临床科室与医技科室之间、临床科室之间、医技科室之间，其医疗业务差异性较强，其作业差异性比较大。为防止科室作业

库构建时选择作业错误，通过构建科室关系表，限定作业在科室中的使用范围。表 17 为部分科室的作业关系表。

表 17　　部分科室作业关系

科室编码	科室名称	作业编码	作业名称	科室编码	科室名称	作业编码	作业名称
100101	神经内科门诊	MZ002	门诊诊断	100102	神经内科病区	ZY008	常规护理
100102	神经内科病区	ZL008	输液	200601	病理科 C	BL001	组织前处理
100102	神经内科病区	ZL009	抽血	200601	病理科 C	BL002	组织脱钙
100102	神经内科病区	ZL010	注射	200601	病理科 C	BL003	冷冻包埋
100102	神经内科病区	ZL011	配液	200601	病理科 C	BL004	石蜡包埋
100102	神经内科病区	ZL012	收药	200601	病理科 C	BL005	冷冻切片
100102	神经内科病区	ZL022	治疗准备	200601	病理科 C	BL006	石蜡切片
100102	神经内科病区	ZL023	抢救	200601	病理科 C	BL007	HE 染色
100102	神经内科病区	ZY002	医生查房	200601	病理科 C	BL008	特殊染色
100102	神经内科病区	ZY003	医生开医嘱	200601	病理科 C	BL001	组织前处理
100102	神经内科病区	ZY005	护士扫床	200601	病理科 C	BL002	组织脱钙
100102	神经内科病区	ZY006	病房治疗	……	……	……	……
100102	神经内科病区	ZY007	床位使用				

④作业模型搭建。作业模型搭建是指通过调研临床、医技科室医疗业务流程，并在此基础上划分出医疗服务过程中具有相对独立意义的重要活动和行为，即划分作业，并确定每一个作业所消耗的人力、材料和设备。最终产生医院统一、规范的作业库。

本次作业模型搭建过程中，在全院各临床和医技科室兼职成本核算员的配合下，我们共完成 122 951 条作业数据填报和整理。全院各科室共完成 7 683 个医疗服务项目作业库搭建立工作。

医疗服务项目作业模型搭建主要包括人力配置、材料配置和设备配置。下面，以医院内镜中心开展一个电子胃镜检查项目为例，说明医疗服务项目作业模型的搭建过程。

从图 11 可知，我们把电子胃镜检查项目的检查过程分为登记、检查和出报告 3 个作业。在登记环节主要由护师参与，并使用电脑对患者信息进行登记；在检查环节，主要由主治医师和护师参与，在该环节，需要使用医疗设备、电脑以及相关的卫生材料；在出报告环节，主要由主治医师参与，主治医师需要使用电脑编写检查报告。我们把这些调研信息进行整理后，便形成了电子胃镜检查项目的作业模型。具体见表 18。

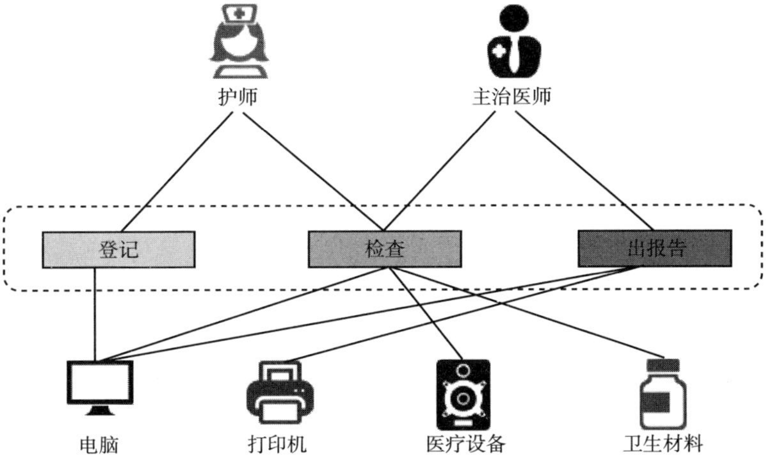

图 11　医疗服务项目作业模型搭建过程

表 18　　电子胃镜检查项目的作业模型

科室	项目名称	作业	职称	操作人数	操作时间
项目作业库	电子胃镜检查	登记	护师	1	3
		检查	主治医师	1	20
		检查	护师	1	20
		出报告	主治医师	1	5

科室	项目名称	物资分类	物资名称	单位用量
项目材料库	电子胃镜检查	其他卫生材料	胃镜润滑胶浆	1
	电子胃镜检查	其他卫生材料	盐	1
	电子胃镜检查	其他卫生材料	多酶清洗剂	1
	电子肠镜检查	其他卫生材料	多酶清洗剂	2

科室	项目名称	设备分类	设备名称	占用时间（分钟）
项目设备库	电子胃镜检查	专用设备	胃镜单镜天助内窥镜图文	5
	电子胃镜检查	专用设备	超声波清洗机	5
	电子肠镜检查	专用设备	超声波清洗机	4
	电子肠镜检查	专用设备	医用高压水枪	10

（6）作业成本核算流程。项目作业成本法的核算基础是科室成本核算二次分摊成本，并剔除不参与核算的科室成本、药品成本和单独收费材料成本数据。图 12 为作业成本核算流程。

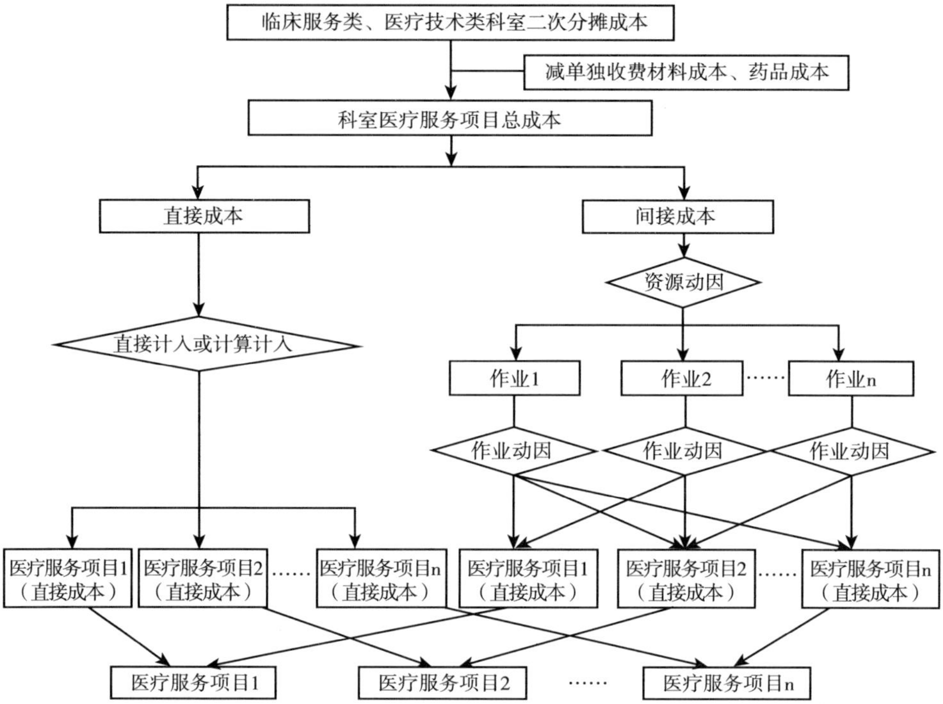

图 12　作业成本核算流程

在此次的项目成本核算过程中，我们首先完成了 2020 年 1 ~6 月的科室成本核算。而后抽取临床服务类科室和医疗技术类科室的二次分摊成本，减单独收费材料成本、药品成本作为各科室医疗服务项目总成本，并以此为基础进行各科室项目成本核算。项目成本核算应遵循的逻辑关系：

$\sum$ 医疗服务项目成本 = $\sum$ 临床服务类科室成本、医疗技术类科室成本（二级分摊后成本）－ $\sum$ 药品成本 － $\sum$ 单独收费材料成本

项目成本核算可分为两个步骤，分别是直接成本计算和间接成本计算。

①直接成本计算：将为进行医疗服务项目活动而直接发生的各项成本费用，包括人力成本、卫生材料费、固定资产折旧费和无形资产摊销费等，通过直接计入或计算计入的方法计入对应的医疗服务项目中；②间接成本计算：

将间接成本按照资源动因分配计入各作业；将作业成本按照作业动因分配计入各项目。

（7）成本动因。成本动因是对导致成本发生的事项或活动的度量。成本动因按形成阶段不同可区分为资源动因和作业动因。资源动因是衡量资源消耗量与作业之间关系的某种计量标准，是将资源成本分配到作业中的依据；作业动因是将作业成本最终分配到医疗服务项目中的依据（见表 19）。

表 19　　资源动因和作业动因分配依据

序号	作业类型	资源动因	作业动因
1	人员经费	人员数量	工时
2	卫生材料费	工作量	工作量
3	固定资产折旧费	（1）房屋：使用面积； （2）其他：工时	（1）床位费类项目：使用面积； （2）其他项目：工时
4	无形资产摊销费	工作量	工作量
5	提取医疗风险基金	人员数量	工作量或风险程度
6	其他费用	（1）房屋维修费、电费、取暖费、物业管理费：使用面积； （2）其他材料、低值易耗品：工作量； （3）其他费用：人员数量	工作量

4. 数据采集

本次成本核算我们采用望海康信成本核算一体化系统，在科室成本核算时充分考虑了项目成本核算的数据需求。在进行项目成本核算时，从科室成本系统中分别采集了收入明细、人力成本明细、物资成本、资产成本、其他成本、成本归集等数据。

5. 成本计算

（1）科室医疗服务项目成本：按照作业成本核算办法核算出各科室医疗服务项目单位成本；（2）院级医疗服务项目成本：按照加权平均的算法计算得出某一医疗服务项目院级单位成本。

$$\text{某项目院级单位成本}=\frac{\text{科室 1 开展医疗服务项目成本}\times\text{工作数量}+\text{科室 2 开展医疗服务项目成本}\times\text{工作数量}\cdots}{\text{科室 1 工作数量}+\text{科室 2 工作数量}\cdots}$$

（三）DRG 病种成本核算

DRG 成本核算是在项目成本核算基础上，以 DRG 病种分组为核算对象，采用医疗服务项目叠加法，即按照一定的流程和方法归集相关费用，计算各分组平均成本的过程。

1. 核算对象

DRG 成本的核算对象是 DRG 分组。首先从病案系统中抽取一定期间内的病案首页数据，并把病案首页数据导入分组器进行分组；而后我们根据分组器的分组结果，进行 DRG 成本核算。本次我们采用的分组器是 C－DRG 分组器（见图 13）。

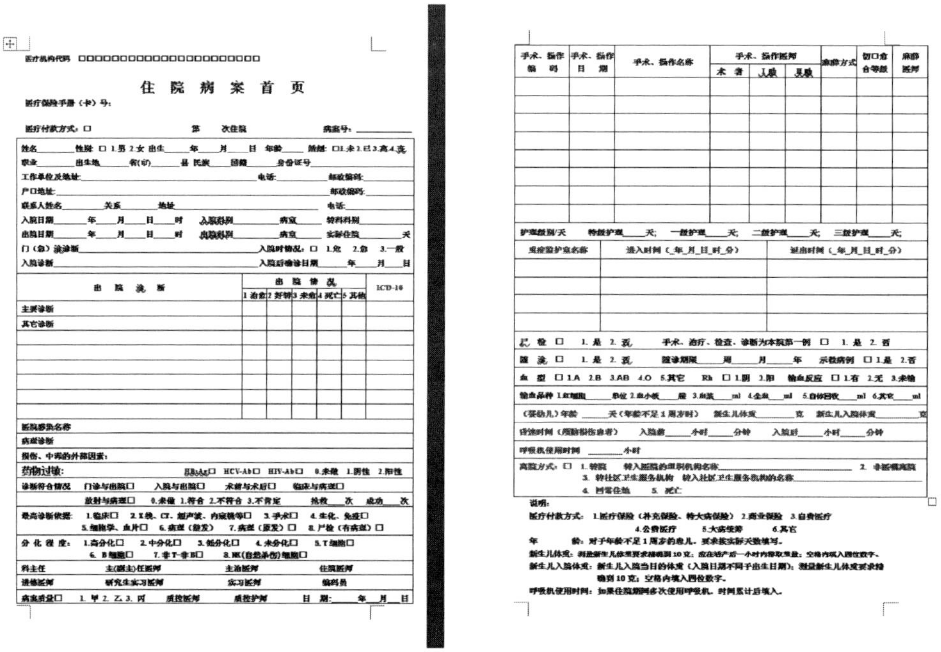
住院病案首页

图 13　病案首页数据

2. 核算范围

DRG 成本核算范围一般有时间范围、科室范围以及 DRG 分组范围。本次 DRG 成本核算时间范围为出院日期在 2020 年 1～6 月的出院病历。此次核算的科室范围我们限定于妇产科和内分泌科。核算疾病包含剖宫产和糖尿病两类疾病。涉及 5 个 DRG 分组，分别为 M101Z（复杂剖宫产）、M102A（剖宫产术，有合并症并发症）、M102D（剖宫产术，无或有轻微合并症并发症）、B305A（糖尿病，有合并症并发症）、B305D（糖尿病，无或有轻微合并症并发症）。

3. 核算方法

本次 DRG 成本核算采用的是项目叠加法。在医疗服务项目成本核算基础上，根据出院患者 DRG 分组情况，将同一 DRG 分组患者在院期间所有医疗服务项目成本、药品成本和单独收费材料成本归集到病例中，通过叠加形成患者病历成本。再把同出院科室、同 DRG 分组的病历成本叠加，形成科室 DRG 成本。在科室 DRG 成本核算基础上，按照加权平均的算法计算得出某一病种院级 DRG 成本。

具体计算公式如下：

患者病历成本 = $\sum$（该出院患者核算期间内各医疗服务项目工作量 × 该医疗服务项目单位成本）+ $\sum$ 药品成本 + $\sum$ 单独收费卫生材料成本

某科室某 DRG 的单位成本 = 该科室该 DRG 分组出院患者病历成本之和 ÷ 该科室该 DRG 分组出院患者总数

某 DRG 院级单位成本 = $\sum$ 各科室该 DRG 分组总成本 ÷ $\sum$ 各科室该 DRG 分组出院患者总数

其中：

药品成本 = 药品收入 ×（1 + 药品管理费率）

药品管理费率 = 核算期间药剂科总成本（剔除药品成本）÷ 核算期间药品总收入

单独收费卫生材料成本 = 单独收费卫生材料收入

由于药品和耗材加成已经取消，药品成本和单独收费材料成本核算时，假定收入即成本。

药品管理费率测算数据：

药品管理费率 = 核算期间药剂科总成本（剔除药品成本）÷ 核算期间药品总收入

4. 数据采集

病种成本计算涉及的数据有病案首页数据及病种定义数据、患者收费明细数据、科室项目成本核算结果数据，以及科室成本核算下的药品收入数据和药剂科全成本数据等。

5. 成本计算

根据核算方法和采集相关业务数据，本次病种成本核算测算出剖宫产和糖尿病下5个相关病种成本数据（见表20）。

表20　　剖宫产和糖尿病5个相关病种成本数据

DRG	病例数（个）	总收入（元）	总成本（元）	单位收入（元）	单位成本（元）	单位收益（元）
B305A 糖尿病，有合并症并发症	88	851 504.92	2 053 084.31	9 676.19	23 330.50	-13 654.31
B305D 糖尿病，无或有轻微合并症并发症	42	355 554.52	865 562.63	8 465.58	20 608.63	-12 143.05
M101Z 复杂剖宫产	6	59 560.10	97 440.17	9 926.68	16 240.03	-6 313.35
M102A 剖宫产术，有合并症并发症	180	2 298 458.95	3 958 836.23	12 769.22	21 993.53	-9 224.32
M102D 剖宫产术，无或有轻微合并症并发症	71	663 142.47	1 189 715.44	9 340.03	16 756.56	-7 416.52

（四）成本核算比较分析

1. 核算方法比较

本次成本核算中科室成本采用的是4类三级法进行成本核算；项目成本采用的是作业成本法；DRG成本采用的是项目叠加法。相比较而言，无论是理论基础和操作实践，科室成本的4类三级分摊方法都是比较成熟的；项目成本核算采用作业成本法，理论上已经非常成熟，但由于作业成本法本身复杂性和在医院应用周期短，无论是财务核算人员和临床兼职核算员，对作业成本法掌握尚不够熟练，因此作业成本法在医院应用难度最大，工作量也最大；DRG成本核算采用项目叠加法，核算理论比较简单，但牵涉的数据量非常大，需要核算人员有较高的大数据处理能力。

2. 成本核算应用比较

（1）科室成本应用分析。科室成本核算及对应的科室成本数据分析，对医院内部应用来讲，科室成本的核算对象是科室，一般与医院内部的行政管理架构相适应，能够比较好地满足医院领导层对科室的经济管理。同时由于医院内部各科室业务差异性较大，单独核算各科室的成本数据，并对各科室进行经济效益分析，所以科室成本在科室运营管理中应用效果更好。同时，可对同类科室进行横向比较，并对各科室进行绩效评价。由于科室成本核算办法和相关报表国家有统一的标准，当前根据医院成本核算制度和办法进行的科室成本核算在满足内部管理要求的同时，能满足上级机构对医院的报表需求。

另外，在科室成本核算基础上开展的诊次成本和床日成本，可更好地让管理者了解全院以及各科室的科室单位成本情况。同时可通过对同级同类医院诊次成本和床日成本横向比较，了解医院的成本管理水平。

（2）项目成本应用分析。项目成本核算将为区域医疗服务项目价格调整提供重要的依据。由于我国医院项目成本核算及管理水平意识比较弱，当前的医疗服务项目定价严重偏离医疗服务项目的真实成本。但一直困于没有客观合理的项目成本数据，医疗服务项目定价一直处于人为估计定价状态。通过本次的医疗服务项目成本核算，将为区域医疗服务项目定价或调价提供重要的依据。

本次的项目成本核算给全院上了一次生动的成本管理课，把成本管理思想深深植入到医院的日常运营管理之中。同时也锻炼了一批成本核算和管理人才，将为医院持续成本运营管理提供有力的智力支持。

项目成本核算以及本量利分析，不仅识别出盈利的项目和亏损的项目，同时也识别出经营性亏损的项目和政策性亏损的项目。这些数据将在一定程度上为探索新型财政补偿模式提供一个可靠的路径。

项目成本核算本身较细化的颗粒度，使原来粗放的成本核算和管理，有机会细化到每一个项目以及其消耗的每一类人力、每一种材料和每一类设备。我们关注点的细化，将直接把原来科室成本核算下不容易发现的成本浪费现象呈现在我们眼前，从而使医院和科室运营管理者有机会去关注细节，关注每一笔成本的发生和每一笔效益的产生。

（3）DRG 病种成本应用分析。DRG 病种成本核算和应用在一定程度上实现了医院真正的业财融合。医院真正关注的业务是疾病，DRG 成本核算可使成本核算与医院业务更加紧密结合。基于此，DRG 成本核算在临床的应用价值更高，对临床的经济指导性更强，可更容易被接受。

通过 DRG 成本分析可使医生更直观地感受到收治病历的盈亏情况，并和临床路径、治疗方案相结合，在优化治疗方案的同时考虑治疗方案的经济效益，可使医院的资源得到更加高效的利用。DRG 成本可为 DRG 支付等提供重要的数据支撑，促进国家医保支付改革的推进。

五、公立医院成本核算组织实施工作总结

在课题研究中，我们尝试归纳总结公立医院组织实施 DRG 病种成本核算工作的一般方法和路径，从组织、技术、管理三个层面给出实施成本核算的工作建议。

（一）组织层面

组织是为了实现既定的目标，按照一定规则和程序而设置的多层次岗位及其有相应人员隶属关系的权责角色结构。它明确了组织内部成员个人相互之间关系的性质，使每个成员在这个组织中具有什么地位、拥有什么权力、承担什么责任、发挥什么作用等，提供的一个共同约定的框架。正是这种框架保证了资源和信息流通的有序性，并通过这种有序性，稳定和提升这个组织所共同使用的资源在实现其共同价值目标上的效率和作用。

必要的组织保障既可以充分发挥组织的保障和领导作用，又可以充分发挥组织在人才开发和发展上的主导力量。因此建立一个强有力的组织机构是项目实施的重要保障，同时也是项目开展的坚实基础。

1. 成本核算组织架构

成本核算是一个统一领导、全员参与的工作。在医院成本核算工作组织实施过程中，为保障成本核算工作的正常有序进行，医院必须建立健全成本管理组织机构。应当建立由成本管理工作领导小组、成本管理办公室和成本归口管理科室组成的三级成本管理组织体系。

成本核算工作领导小组制定医院成本管理战略，明确医院成本管理目标。以院长为组长，总会计师或分管财务的副院长为副组长，成员应包括职能管理部门、后勤保障部门、医疗辅助部门、临床和医技部门等相关部门负责人。全力支持成本核算工作的推进。成本核算工作领导小组下设成本核算办公室，配置专职成本核算员，负责医院成本核算日常工作。同时各相关部门应配置

兼职的成本核算员，完成与本部门相关的成本信息采集、核对、报送等工作，落实本部门相关的成本核算工作（见图 14）。

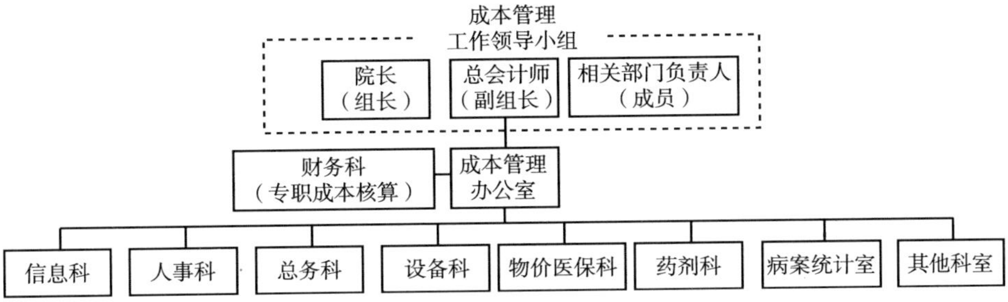

图 14　成本核算组织架构

2. 领导小组工作职责

领导小组由院领导担任组长，成员包括财务、人事、总务、信息等相关部门负责人。领导小组是成本管理的决策和监督机构，对成本核算的合法性、合理性、真实性及正常运转承担责任，确保核算资料的真实性，在人力，物力、财力各方面保证成本核算工作的顺利开展。其主要职责是，组织协调各部门开展核算工作，明确各部门在成本核算中的职责范围。对本单位成本核算实施中的重大问题做出决策，保证工作顺利进行；根据成本核算办公室提供的成本数据和分析报告，提出经营管理方面的建议，逐步实现成本数据在各项管理中的运用；不断改进医院的内部硬件设施、信息系统、物资配送和其他管理方式，提高成本数据的准确性；建立医院成本管理、成本控制流程和相关工作制度。

3. 成本核算办公室工作职责

成本核算办公室由财务科负责牵头，其他科室核心成员组成，负责医院成本核算的日常工作。其主要职责是，成本核算办公室主要职责是制定医院内部成本管理实施细则、岗位职责及相关工作制度等；归集成本数据，进行成本核算，按照相关主管部门的规定定期编制、报送成本报表；开展成本分析，提出成本控制建议，为医院决策和运营管理提供支持和参考等。负责定期对临床科室进行成本核算工作的宣讲和培训，及时响应临床科室在成本核算工作过程中的问题和建议，普及成本核算概念，提高成本核算工作效率。

4. 医院内部各部门成本核算职责

财务科：负责按政府会计制度要求采集各部门应发工资总额、邮电费、差旅费等在财务部门直接发生的应计入各部门的费用；采集门诊和住院医疗收入明细数据。数据采集根据成本核算需要相应细化，进行医疗服务项目成本核算时，具体到可以单独收费的医疗服务项目。

人事科：负责统计各部门人力成本（包括职工薪酬、社会保障等）和人员分布变动情况。开展医疗服务项目成本核算时，需要按医疗服务项目成本核算期间细化采集科室人员相关数据，包括科室代码、科室名称、人员代码、人员姓名、人员职称以及各项人员经费明细内容。负责各科室节假日加班费、夜班费、考勤、社会保障福利等数据的统计和报送。

总务科：负责各部门水（含冷、热水及污水）、电、煤、气耗用量、固定资产（房屋及建筑物、一般设备、其他固定资产）部门使用分布与变动状态及各部门维修保养费用、内部服务工作量、各部门材料、低值易耗品（不含医用）等消耗的统计。成本和工作量数据采集根据核算需要相应细化。开展医疗服务项目成本核算时，需要按不同资金来源采集医疗服务项目成本核算期间科室发生的材料耗费和固定资产折旧等明细数据。开展病种成本核算时，材料费用采集细化到每份病历。

设备科：负责各部门卫生材料、医用低值易耗品及配件、专用设备的使用分布与变动资料、设备维修保养费用及内部服务工作量的统计。成本和工作量数据采集根据核算需要相应细化。开展医疗服务项目成本核算时，需要按不同资金来源采集医疗服务项目成本核算期间科室发生的材料耗费和固定资产折旧等明细数据。开展病种成本核算时，材料费用采集应细化到每份病历。

物价医保科：负责收费项目的维护及收费政策解答，确保项目成本核算对象的准确性；负责收费项目和收费材料的对照关系维护，收费材料是否收费标识的维护等。

药剂科：负责各部门药品领用的统计。开展病种成本核算时，药品费采集应细化到每份病历。

供应室、血库、氧气站、洗衣房等医辅科室：负责各科室实际领用或发生费用及内部服务工作量的统计。

病案统计室：负责本院病案首页数据质量和推动电子病历应用；负责病种入组的规范性和一致性审核工作。

信息部门：负责成本核算系统与相关信息系统的衔接，保障数据安全、网络稳定；负责成本核算服务器的维护及数据备份；提供 HIS 数据的交换接口。

其他科室：负责其他与成本核算有关的数据统计。

（二）技术层面

基础数据的可获得性和质量水平，是影响成本核算工作的重要因素。基于“科室—项目（作业）—病种”的成本核算路径，需要做好确定核算单元、核算项目、数据来源、成本动因相应的技术准备。

1. 科室核算单元

首要确定的是科室核算单元，明确成本责任中心。目前并没有统一的关于成本责任中心划分的科室归类与编码。医院可根据自身业务发展，结合《医疗机构诊疗科目名录》，参考《县级公立医院成本核算操作办法》对医院科室核算单元按照临床服务类、医疗技术类、医疗辅助类和行政后勤类四种性质核算单元进行分类，制定统一、规范的科室名称、层级、科室编码和成本责任中心划分。建立标准的科室归类与编码体系，并以此科室归类和层级要求各部门进行相关业务数据的采集、统计和上报，奠定成本数据收集、分摊、计算的基石。

2. 科室核算项目

医院科室成本核算是以会计核算为基础。在明确科室核算单元后，进而确定成本核算项目。结合已实施的新政府会计制度，按照 7 大类成本项目——人员经费、卫生材料费、药品费、固定资产折旧费、无形资产摊销费、提取医疗风险基金和其他费用，将会计核算科目进行归类划分，形成会计科目与成本项目的对应关系表。确定参与成本核算的会计科目，明确成本核算范围。鉴于 DRG 病种成本核算属于核算医疗行为范畴，要注意剔除科研教学项目支出和其他非医疗业务支出项目。同时应制定医院会计核算细则，规范会计核算行为，保证对各项经济业务核算的准确性和一致性，保障成本数据的稳定性和可比性。采用医疗服务项目叠加法核算病种成本模式，需明确项目成本核算对象是医疗服务项目，采用政府主管部门颁布的非营利性医疗机构基本医疗服务项目价格手册中的项目。

3. 成本数据收集

成本核算所需要的数据主要来自会计核算系统和各业务管理信息系统。

各系统之间数据接口、参数配置、科室编码规则等多样化，需要根据标准的科室归类与编码体系建立各信息系统之间科室转换关系映射表。在技术层面上做到成本核算系统与医院信息系统（HIS）、物流管理系统（SPD）、资产管理系统（HRP）、人力资源系统（HRP）、会计核算系统以及病案系统等各系统的对接，实现系统间数据的自动流转，减少人工操作的环节，提高成本数据的颗粒度，增加成本核算的准确性，减少计量误差。医院信息化水平对成本核算数据完整性、及时性、准确性和自动化程度起着至关重要的作用。

4. 确定成本动因

成本动因是指驱动成本产生的因素，是导致成本发生的事项或活动的度量。成本核算中通常按成本动因的因果关系和“谁受益、谁承担”原则分摊成本。成本分摊是将特定成本对象相关但不能以一种经济上可行的方式加以追溯的成本（间接成本），按照比例分配给成本对象。成本动因包括人员数量、工时用于分摊人员经费、提取医疗风险金；工作量用于分摊材料物资消耗、无形资产摊销费；房屋面积用于分摊固定资产折旧等。

5. 项目成本核算

医疗服务项目成本核算一般采用作业成本法（activity-based costing）模型。作业成本法是一种通过对所有作业活动进行追踪动态反映，计量作业和成本对象的成本，是评价作业业绩和资源利用情况的成本计算和管理方法。它以作业为中心，根据作业资源耗费情况将资源成本分配到作业中，然后根据产品和服务所耗用的作业量，最终将成本分配到医疗项目中。作业成本法的主要思想：“作业消耗资源，产品消耗作业”。即把各医疗科室成本（资源）按照资源动因（工作量、收入比等）分配到作业，以及把作业成本按照作业动因分配到医疗项目（产品）中。明确无收费项目的资源消耗通过间接成本分摊至有收费的项目中。

6. 病种成本核算

确定需要核算成本的病种，即成本核算对象，是进行病种成本核算的前提。划分病种主要依据是国际疾病诊断分类标准（ICD－10）。它将疾病按诊断、年龄和性别等分为若干组，每组又根据病种病情轻重程度及有无合并症、并发症确定疾病诊断相关组分类标准。确定病种后，才能根据该病种的特点制订诊疗计划进而确定其临床路径。以出院患者病案上的主要诊断和主操作（某病种）为集合，将该病种实际发生的医疗服务项目成本进行叠加。再加上实际发生的药品成本和单独收费的卫生材料成本，形成该病种集合的总成本。最后除以该病种总病例数，形成某病种平均单位成本。

7. 跨期成本分摊

跨期成本主要是指一次性支付、金额较大、需在 1 年内分摊的费用项目，如职工年终绩效、医院物业管理费用等。对于跨期成本的计量和分摊，应在权责发生制的基础上，规范会计核算行为，明确跨期成本的预提规则，做到会计核算与成本核算相结合，减少科室成本核算结果的波动性。

（三）管理层面

1. 成本管理标准化（见图 15）

医院成本核算与管理工作相辅相成，相互促进，充分利用大数据、信息化工具为成本管控提供支持。通过成本核算工作，促进医院相对应的管理工作也应规范化、体系化、标准化（王琪等，2017）。

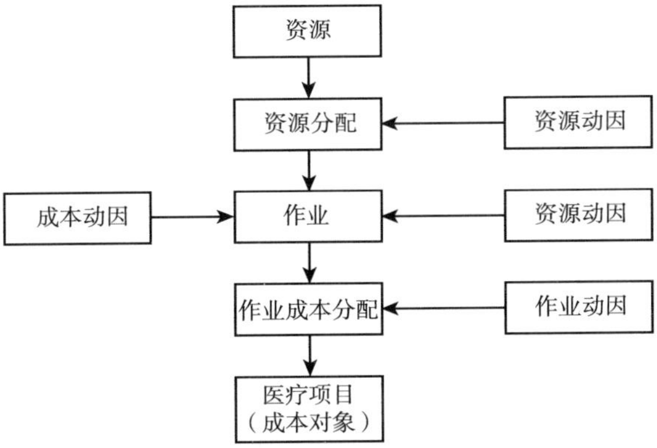

图 15　作业成本法模型

在人事管理方面，应建立统一、标准的员工编码体系，完善人员考勤系统。明确涉及职工调入、调出、院内调动以及借调等人事变动准则，清晰职工休假制度，从而提高人力成本核算质量。在资产管理方面，应当建立健全医院固定资产及流动资产的管理制度。从资产计量、计价、验收、领退、内部转移、报废、清查以及盘点等方面全方位进行规范化管理，明确各部门资产管理责任，清晰成本责任主体，提高资产核算准确度。在各类能耗管理方面，应当建立水、电、气等各种能源的计量、计价办法，提供能源消耗数据。

各科室不仅是能源的消耗用户，更应当是能源节约的责任主体。在内部服务管理方面，医院应当建立客观可行的内部服务价格体系和结算方法，准确核算服务科室的收入以及受益科室的支出。科室之间相互监督，有效控制资源消耗。

2. 成本管理体系化

成本管控是一项持续改进（PDCA）的长期工作，关系到全院每个科室及全体员工。医院领导层面要重视成本管控，紧抓成本决策；职能科室各司其职，做好成本管控的基础工作；形成全院齐抓共管、降本增效的局面。医院应明确各级成本管理的责任主体。科室主任应当落实院科两级的成本管控职责，做好科室成本的控制；科室护士长应当做好病床物资消耗的差异控制，落实床日成本的管理；项目操作人员应当关注医疗服务项目的作业消耗情况，及时维护好项目的资源配置，保证医疗服务项目成本的准确性；医生应当规范诊疗活动，提高病案首页书写质量，确保病种成本核算质量。

3. 临床路径优化

医疗服务项目成本和病种成本核算结果可促进临床路径的优化，切实降低患者就诊医药费，减轻百姓就医负担，改善医患关系。利用科室成本、项目成本与病种成本分析的全套模型，为医院建立基于临床路径的标准化成本分析与评价医师行为提供依据。在 DRG 医保支付政策背景下，通过科室级、院级与区域病种成本对照，以病种为基础的费用成本结构分析，找出影响费用的主要部分。在保证医疗质量前提下，优化临床路径，不断降低医疗服务时间消耗和费用消耗。

4. 分析反馈常态化

成本管理办公室应定期编制成本报表及分析报告，主要包含编制说明、成本构成分析、变化趋势分析（成本预测）、量本利分析、影响成本升降的因素分析以及建议等内容，向成本管理工作领导小组有针对性地提出改善医院成本管理效率的建议。医院通过持续不断的成本管理措施，推行精细化成本管理，不断完善医院资源配置。在保证医疗质量与安全的前提下，提高服务效率和效益。强化成本考核，实现事后成本监督，对目标成本的实现情况和成本计划指标的完成结果进行的全面审核、评价。将考核结果与科室、员工的绩效分配挂钩，建立成本控制的激励约束机制。

5. 成本管控制度化

成本核算工作离不开医院制度建设和完善。成本核算是一个全面梳理医院业务流程的工作。在成本核算工作推进中遇到的问题，要及时形成文档记录，并在认识上要上升到医院相关管理层面，针对相应的管理问题进行改进与完善。加强医院顶层设计，在成本核算、成本分析、成本控制、成本考核与评价等管理方面，逐步规范医院流程，形成良性的工作推进机制（Rosenstein A. H. ，1991）。此外，应加强成本核算人员业务培训，支持成本核算人员接受专业、系统的继续教育，打造一支专业的成本核算队伍。

六、结论与不足

（一）研究结论

国家医改政策强调了公立医院开展 DRG 病种成本核算工作的重要性和必要性。本文以一家典型的三甲综合医院为例，通过整合医院各信息系统，加强业务精细化管理，培训全员成本管理意识，培养成本核算工作人员，构建了基于科室全成本—项目成本—DRG 病种成本的核算路径和体系。用典型病种验证该体系具备可行性。该 DRG 病种成本核算模型可复制、可推广。不但对医院成本核算与管理有很好的实践指导意义，也能为政府制定医疗服务项目价格和 DRG 病种组（或 DIP 病种分值）付费标准提供参考依据。本文还总结归纳公立医院组织实施 DRG 病种成本核算工作的一般方法和路径，从组织、技术、管理三个层面给出实施成本核算工作建议。

（二）不足之处

由于课题研究时间较短，在案例医院基于科室全成本—项目成本—DRG 病种成本模型的核算工作尚属首次，成本核算模型和体系还在持续优化中，成本核算结果还未应用于医院日常管理。目前病种成本核算是基于历史的平均成本，没有结合合理的临床路径，对医疗过程的控费作用有限。如何把成本核算结果与医院业务尤其是临床业务紧密结合起来，如何用成本核算结果去影响临床路径的使用、优化和改善，如何通过成本核算、精确的数据分析发现医院管理中存在的问题，均是课题还未深入研究的方面。

（三）工作展望

1. 数据深入挖掘分析应用

项目成本和DRG成本核算结果相比科室成本要丰富得多。同时某些问题仅通过查阅分析结果并不容易发掘，将来可通过充分利用当前的大数据分析应用技术对医院的成本数据进行深入挖掘分析，发现数据后面的规律，并把其应用到医院业务和管理中去，从而使我们的数据产生效益、产生价值。在此我们可开展整体分析，也可对某科室、某病种进行局部的深入分析。

2. 成本与病种结构优化

在DRG付费时代，医院越来越重视成本控制和效益的提升，如何发现强化医院的优势，补足医院短板。成本分析可使我们尽快发现医院各科室以及同一地区各医院之间病种收治的经济效益对比，从而可优化医院内部各科室和各医院病种收治的结构，使医院整体效益得到提升。

3. 成本与医院业务流程优化

成本是资源的货币化表现，医院开展的一切业务皆会消耗资源。当然，医院开展的一切业务皆会产生成本。可把医院业务流程，尤其临床业务流程所消耗资源以及成本数据进行结合分析，发现流程中无效环节和低效环节，进而对其进行优化，降低资源消耗。而通过成本核算和监控，直观展现业务优化的成果，这也是医院将来发展的目标，即一切业务数据化，一切数据业务化。

4. 将临床路径应用于成本管控

建立基于临床路径的管理模型，核算病种标准路径成本。将同一病种实际成本与标准病种成本比较，找出影响成本变动的主要因素，从系统和个人原因两个方面分析引起费用的变动原因。可协助医院管理者找出哪些医疗服务成本过高或过低，让医院临床人员参与到医疗治疗流程改善和费用控制的管理工作中，与行政部门联合针对出现的差异进行路径检讨与持续改进。

5. 成本核算与管理方法推广运用

随着公立医院改革进入深水区，疾病诊断分组（DRGs）等医保付费结算方式逐步推行，倒逼医院的运营管理从粗放型向精细化过渡。DRGs病种成本核算与管理是当前各公立医院运营管理面临的重要课题。本文将在现有基础上汲取借鉴国内外先进做法的基础上，通过实践操作，总结归纳，补充完善，构建一套能够在公立医院可复制、可推广应用的 DRG 病种成本核算和管理体系。

6. 将成本核算结果与医院战略发展相结合

基于成本核算建立医院财务战略、经营战略，进而构建以学科建设为目标的医院发展战略。在目前的医疗定价支付方式和财政补偿标准下，将医疗控费与医院内涵式发展相结合，将成本优势与医疗技术优势相结合，确保公立医院公益性和可持续发展。

参考文献

[1] U. S., Health Care Financing Administration. Medicare 2000：35 Years of Improving Americans' Health and Security [R]. 2000.

[2] Marie J., Martine C., DRG Information System, healthcare reforms and innovation of management in the western countries [J]. Casemix, 2002 (4)：16－19.

[3] 魏万宏．国外 DRGs 付费制度对我国疾病付费模式的启示 [J]. 医学与哲学，2012，33 (11)：45－47.

[4] 郭富威，任苒．DRGs 在美国的发展及在我国的应用对策 [J]. 中国医院管理，2006 (2)：33－35.

[5] 郑大喜．按病种支付医疗保险费用与病种成本核算研究 [J]. 医学与哲学，2005，26 (4)：54－56.

[6] 陈颖，闫亚玲，王禄生等．公立医院 DRGs－PPS 支付标准研究 [J]. 中国医院管理杂志，2013，29 (3)：172－174.

[7] John Wiley, Sons Press. Hospital information system for case mix management [M]. New York：Lichtig L. K., 1986.

[8] Independent Hospital Pricing Authority. Data collection [EB/OL]. [2016－08－10]. https：//www. ihpa. gov. au/what-we-do/data-collection.

[9] 张超群，于丽华，赵颖旭等．以病种历史费用为基础的单病种定价方法实证研究 [J]. 中国卫生经济，2012，31 (8)：39－41.

[10] 尹红燕，王珩，李念念等．以历史费用为基础的单病种定额标准测算研究 [J]. 卫生经济研究，2017 (3)：53－56.

[11] 李林贵，孟庆跃，卞鹰等．关于对医疗服务病种成本测算方法的探讨 [J]. 中国卫生经济，2011，30 (6)：93－94.

[12] 李林贵，韩春艳，刘鸿宇等．基于三种方法的医疗服务病种成本测算比较研究 [J]. 中国卫生经济，2012，31 (1)：88－90.

[13] 许涛，申铁，吴曼等．北京市公立医院病种成本核算实施与问题探讨 [J]．中国卫生经济，2016，35（11）：81－84.

[14] 邹俐爱，刘琳，姚丽萍等．病种成本测算理论与方法的研究 [J]．中国卫生经济，2012，31（2）：83－84.

[15] 邹俐爱，刘琳，姚丽萍等．广东省30种病种成本与费用的实证分析 [J]．中国卫生经济，2012，31（2）：85－86.

[16] 邹俐爱，龙钊，姚丽萍等．广东省第三批病种成本与费用的实证研究 [J]．中国卫生经济，2013，32（12）：87－89.

[17] 吴红兵，陈朝晖，冯丹，唐李一华．病种成本核算方法对比及实施路径研究 [J]．中国卫生经济，2018，37（9）：54－57.

[18] 刘雅娟．基于DRG的医院病种成本核算实践与探索 [J]．中国医院管理，2019，39（8）：54－56.

[19] Liberman A. and T. Rotarius. A new cost allocation method for hospital-based clinical laboratories and transfusion services：implications for transfusion medicine. Transfusion，2005，45（10）：1684－1688.

[20] 王琪，吴丹枫，范理宏．临床路径下手术类病种术中成本核算研究 [J]．中国医院，2017，21（9）：36－38.

[21] 邓婕等．新增手术项目成本测算方法研究 [J]．卫生经济研究，2016，348（4）：37－39.

[22] Rosenstein A. H.，Health economics and resource management：A model for hospital efficiency [J]．Hospital & Health Services Administration，1991，36（3）：313－330.

课题负责人：廖钧　深圳市第二人民医院总会计师，正高级会计师
主要执笔人：廖钧　深圳市第二人民医院总会计师，正高级会计师
课题组成员：廖钧、邬奇媚、薛源、张柳、吕爱林

DRG 付费下医院运营管理案例

一、引言

（一）研究背景及意义

1. 研究背景

2019 年国家四部委发布《关于印发按疾病诊断相关分组付费国家试点城市名单的通知》，要求加快推动 DRGs 付费试点工作；2020 年国家发布《中共中央国务院关于深化医疗保障制度改革的意见》，要求推广按 DRGs 付费工作；2020 年 12 月，国家卫健委、国家中医药局联合下发《关于加强公立医院运营管理的指导意见》，要求积极推动公立医院高质量发展，推进管理模式和运行方式加快转变，进一步提高医院运营管理科学化、规范化、精细化、信息化水平。同时国家卫健委发布的《三级医院评审标准》中也纳入了 DRGs 评价核心指标；2021 年 6 月，国务院办公厅发布《关于推动公立医院高质量发展的意见》，明确了公立医院高质量发展的目标、方向、举措。

自启动医药卫生体制改革以来，国家就将医保付费方式改革作为医改的重要任务，关于医保支付方式改革的政策也频频出台。2020 年，党中央、国务院关于医保制度顶层设计的纲领性文件《关于深化医疗保障制度改革的意见》，更是对医保支付方式改革提出了明确要求。文件强调，医保支付是保障群众获得优质医药服务、提高基金使用效率的关键机制。要通过付费方式改革，切实增强医保基金购买能力，发挥医保基金对医疗资源配置调节作用。医保基金运营的基本原则是“以收定支、收支平衡、略有结余”。要在基金总额控制的基础上，提高基金购买力，提高医保支付的效率。在推进医疗保障高质量发展的过程中，要破难点、找支点，以医保“小切口大改革”引领医改走向深入。在这个过程中，要持续深化支付方式改革，有序推进疾病诊断相关分组（DRGs）付费国家试点、区域点数法总额预算和按病种分值（DIP）付费试点，推进紧密型县域医共体支付方式改革，引导医疗机构主动规范诊疗行为，初步形成总额预算基础上的多元复合支付方式。DRGs付费改革既是大势所趋，又是现实需要。

公立医院作为我国医疗服务体系的主体，建立健全公立医院的管理制度不仅与人民群众的生活息息相关，对于全面推进健康中国建设也有举足轻重的意义。长期以来，公立医院作为提供特殊医疗服务的事业单位，大多数医院管理颇为粗放，不成体系。在人民群众日益增长的医疗需求下，过去几年公立医院的收入仍呈两位数增长，一定程度上掩盖了背后成本浪费和低效运营带来的弊端（殷人易，2019）。支付方式改革是促进医院成本管理改革的最有效措施之一，倒逼医院精细化管理。按疾病诊断相关分组付费，根据患者的年龄、性别、住院天数、临床诊断、病症、手术、疾病严重程度、合并症与并发症及转归等因素把患者分入500～600个诊断相关组，然后决定应当给医院多少补偿。通过费用杠杆，引导向“价值型医疗”的转变。在提供更加优质医疗服务的同时，消耗更少的医疗资源。DRGs支付制度改革以医疗费用控制为指挥棒，倒逼医院从“粗放式规模扩张增收模式”转向“精细化内涵质量增效模式”。通过疾病诊断分类定额支付标准的制定，达到医疗资源利用标准化。从而可以不同程度地避免过度用药、过度使用耗材和过度检验的行为，缩短患者住院天数，对医疗行为产生积极作用。

2. 研究意义

自20世纪末以来，医疗卫生费用急剧上涨已经成为全世界各国共同面临的挑战，而这种挑战也将在未来相当长时期里持续存在。医疗保险供方付费方式，因其在医疗资源有效利用、资源配置、费用控制等方面所具有的激励与约束功能而备受关注。医疗保险供方付费方式的种类有很多，按服务项目付费、按人头付费、按床日付费、按工资支付、总额预算制等，每一种付费方式都有其特点和缺陷。其中，按服务项目付费方式因其操作简单等优点在医疗保险支付中应用最为广泛。但是其对医疗服务的提供方具有过度医疗的激励，容易导致医疗供方诱导需求行为的发生，进而导致医疗卫生费用的不合理增长。基于此，世界卫生组织倡导世界各国变革这种传统的付费方式。

结合各国多年实践经验，以按人头支付为主的方式支付初级医疗，以总额预付制下按疾病诊断相关分组为主的方式对住院医疗服务进行支付，在多国取得了良好的效果。DRGs 作为一种供方付费方式，自 20 世纪 70 年代美国诞生以来，已经在多个国家的住院医疗服务等领域得到了广泛的应用，并获得了多国政府决策者和学术界专家学者们的普遍关注。截至 2016 年底，全世界近 60 个国家在探索、试点或者全面实施 DRGs 付费方式。我国自 2009 年新医改以来，随着全民医保制度的不断推进，利用有限的医疗卫生资源保障人民群众日益增长的医疗服务需求，已经成为我国现阶段医疗卫生改革的重要目标。2011 年全国医疗保险付费方式调查的数据显示，以城镇职工医疗保险为例，对住院服务采用按服务项目付费进行医保支付的统筹地区所占比例为 77.1%。2016 年 12 月 29 日由财政部、人力资源和社会保障部、国家卫生和计划生育委员会三部委联合发布的《关于加强基本医疗保险基金预算管理发挥医疗保险基金控费作用的意见》中明确要求，“各统筹地区要结合本地实际，全面实施以总额预算为基础，门诊按人头付费，住院按病种、按疾病诊断相关分组（DRGs）、按床日付费等多种方式相结合，适应不同人群、不同疾病及医疗服务特点的复合付费方式，逐步减少按项目付费”。

DRGs 付费方式的改革，对医院运营模式以及医疗行为和管理思维带来了变革。通过医疗服务打包收付费，将药品和耗材内化为医疗机构的成本要素。这样的激励和控制措施不仅可以调动医院和医务人员的积极性，而且可以控制不合理的医疗费用增长，促进医疗机构之间的良性竞争（蒋霖，2021；Feng L. et al.，2020）。DRGs 付费同时也对公立医院目前临床诊疗模式、医院运营模式、绩效考核模式、成本控制以及功能定位、病种结构等方面造成一定的冲击。要求公立医院发展积极应对挑战，积极探索改变医院运营管理模式，迎接价值医疗时代。

DRG 付费模式对医院运营产生较大的影响，付费与每一个病例临床诊断相关。医疗机构的“利润”就是病例治疗成本与支付额之间的差价。如果医院费用及成本管理不完善，则极易增加医院实施 DRG 分组付费模式的运营成本。

DRG 作为一种医疗管理工具，可以从管理上协助提升医院运营效率。DRGs 的基本功能就是通过“风险调整”划分医疗服务的产品，从而帮助管理者能够在有限的资源条件下对医疗进行较为全面和准确的管理，对不同医疗服务提供者的绩效以及医疗资源消耗进行调控。DRGs 既可以在医院的费用支付、服务单位绩效评价中进行应用，又可以在预算管理、资源分配和绩效管理等政策中进行使用。本文从 DRGs 在医疗管理的实践中如何发挥作用进行深入的研究探讨，推动 DRGs 在医院管理中的应用。

本文通过总结 DRG 付费下公立医院运营特点，根据国内外 DRG 相关研究和上海某三甲医院实际运行情况，基于成本管理、绩效管理、医用耗材管理等方面进行相应的效果分析，试图剖析对提升医院管理水平有益的各项改革举措和方案，从而为其他医院提供一定的参考和借鉴。

（二）研究内容和方法

1. 研究内容

通过近两年数据模拟测算，基于历史分组数据，模拟病种收入预算，构建病种资源消耗库，形成基于 DRG 病种的收入预算和成本预算，针对医院现状提出提升基于 DRG 预算管理水平的建议措施。

阐述医院在 DRG 病种成本管理中的主要举措，明确成本管理目标，强化成本控制的力度。以疾病为导向的流程优化，控制药品、耗材的不合理使用。通过重点科室成本分析、收支分析、耗材分析作为案例，制定合理的应对对策，从而总结医院在成本控制上相对成功的做法。

建立基于 DRG 分组付费模式的绩效管理与薪酬分配制度，将 DRG 核心指标纳入绩效考核评价体系中，从能力、效率、成本费用、质量与安全等方面进行考核。通过典型案例介绍基于 RBRVS（资源相对价值比率）和 DRG 病种绩效考核等方面的做法，分析 DRG 在奖金分配管理中运用及取得的效果。

2. 研究方法

本文采取理论与实证分析相结合、定性与定量研究相结合的措施，探讨我国医疗保险支付改革的应对策略。

文献研究法：收集国内外相关文献以及相关政策法规，通过文献研究，详细了解国内外对医保支付方式的研究成果和研究进展，梳理医保支付方式改革对医院运营的影响，在此基础上进行客观评价与分析。文献来源于中国知网（CNKI）、Pubmed，Medline 等国内外数据库和权威网站公开发布的信息。

案例研究法：本文以上海某三级医院相关业务数据，介绍医院 DRG 付费方式下医院成本管控、绩效评价中的比较分析，探寻其对医疗服务供方的行为激励影响及可能产生的风险问题。

理论分析方法：从经济学的角度出发，分析医保支付方式产生的原因和改革的内在机理。运用博弈论的方法，构建医疗保险机构、医疗机构、患者在信息不对称条件下的重复博弈模型，分析后付制与预付制不同的最优定价水平。

调查研究法：运用专家访谈等方法，选择 8 ~ 10 名专家学者及医院内部相关人员，针对上海市 DRG 管理的相关问题进行访谈，并根据情况召开 1 ~ 2 次专题座谈会。

3. 研究思路（见图 1）

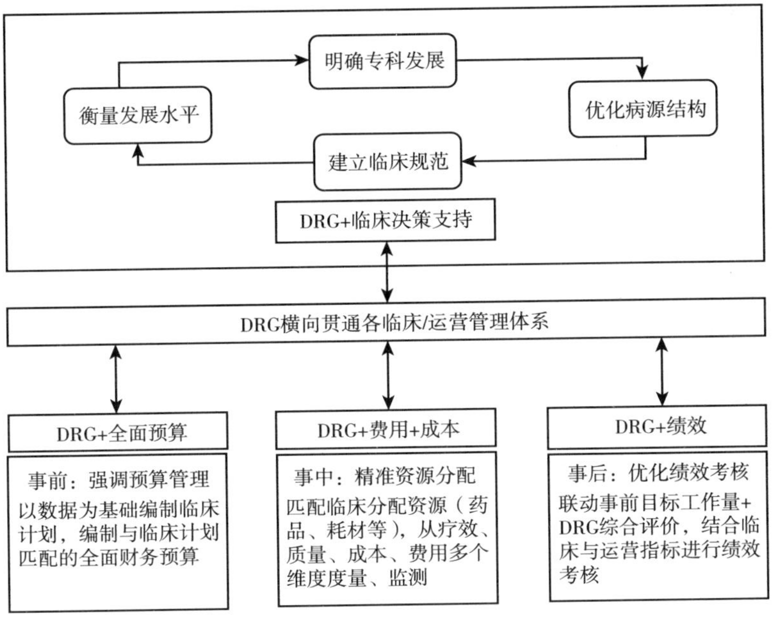

图 1　研究思路

4. 研究重点与难点

（1）费用控制角度。从 DRGs 病种费用控制角度来看，医院内部运营管理理念上要从传统的科室收入结构向病种费用结构转变；从科室收支结余向病种费用结余转变。在分析病种收支结构的基础上，结合医院功能定位、学科建设情况、人才培养和资源配置情况，遴选兼具社会效益和经济效益的病种，建立基于运营策略和服务的价值链。

（2）成本管理角度。医院成本管理维度很多。住院医疗收入是以“例”产生，DRG 组成本是病例成本管理的标化和归纳。按 DRG 组找到“可控成本”的点，是管理成本的第一步，分解“可控成本”的数量和单项成本，从数量和单项成本两个角度进行控制，从而找到真正的成本控制点。

（3）学科布局角度。重点科室不一定是盈利科室，盈利科室不一定符合医疗机构未来战略目标与发展方向。如何科学合理地定义科室的工作量、工作质量、战略发展方向，如何将弱势科室融入医疗机构战略布局，通过深入运营分析，结合重点科室发展上下游学科群，深化绩效联动，推动辅助科室与弱势科室发展。

5. 研究措施

（1）建立研究组织和活动制度。为确保本文研究的正常有序进行，由经济运行管理办公室、信息处、财务处及病案室人员成立课题小组，定期围绕核心问题进行学习思考，确保研究深入有序开展。

（2）加强研究团队人员素质建设。学习病种与病组分值付费基础理论知识，了解病种分组的规则，把握病种管理的要点。切实加强课题组人员业务知识的学习，提升业务能力及科研水平，建立一支观念新、能力强、科研水平高的管理队伍。

（3）开展配套的信息建设工作。将理论结合信息转化实践探索，建设 DRG 病种管理系统。根据实际需求建立相应报表，完成 DRG 相关指标的构建。将 DRG 病种组数、权重、CMI 指数、时间消耗指数、费用消耗指数相关指标纳入科室分析，进一步完善院内绩效考核工作。

二、理论与文献研究

（一）DRGS 概述

1. DRG 相关理论研究

（1）DRG 疾病诊断相关组。DRG 疾病诊断相关组（diagnosis related groups，DRGs），是指按照国际疾病诊断分类标准将疾病按诊断、年龄和性别等分为若干组，每组又根据病情轻重程度、有无合并症和并发症进行相关组的分类，在大量标准病例数据统计的基础上测算出病种每个组内各个分类级别的医疗费用标准。通常情况下，涉及 DRG 的体系、设计和管理时，不加“s”；涉及 DRG 具体分组时，会加上代表复数的“s”。此外还有一个引申概念：DRG－PPS（prospective payment system），代表基于疾病病种分类组合的预定额付费制，是国际上广泛应用的医疗保险付费方式，是按疾病诊断相关分组付费并预先支付给医疗机构医疗保险费用的支付方式。

DRGs 的创建人美国耶鲁大学菲特（Fetter）教授将其定义为一种基于临床相似性和资源消耗相似性对患者进行分类的新型病例组合方案。DRGs 最初创建的目的是为医院管理者用于改进医疗质量和管理医院绩效的工具，后来为美国联邦医疗保险（Medicare）所采用，将其作为一种付费方式，用于支付医院的医疗费用。通常认为，DRGs 分组具备以下四个特点：①定期收集患者的出院数据（患者相关、治疗相关和医疗机构等相关数据）；②利用以上数据将患者分到一套易于管理的 DRGs 组；③分组具有临床意义；④分组符合资源消耗同质性。根据 DRGs 的定义、特点和具体付费实践，DRGs 付费方式通常被界定为一种根据患者的年龄、性别、住院天数、临床诊断、病症、手术、疾病严重程度、合并症与并发症及转归等因素把患者分到相应的 DRG 分组中去，然后决定给予医院相应补偿价格的付费方式（周民伟等，2019；戴小喆等，2021）。

（2）DRGs 付费方式的分组方法。根据 DRGs 创建人耶鲁大学菲特（Fetter）教授记载，DRGs 研究团队最初是在医生的帮助下尝试根据临床相似性和资源消耗相似性对病例进行分组的。首先，利用国际疾病分类（international classification of diseases，ICD）编码制定出详尽的主要诊断类目（major diagnostic categories，MDC）。制定 MDC 遵循的三个原则为：①MDC的制定必须遵从解剖学、病理生理学分类的一致性，或者以临床管理的方式进行；②每个 MDC 必须涵盖足够多的患者；③MDC 的制定必须包括全部范围的编码并且这些编码不能有重复。其次，研究团队利用统计算法和医生的建议，根据主要诊断、次要诊断、主要手术处置、次要手术处置、年龄等变量，对每一个 MDC 进行细分。细分每个 MDC 之后所最终形成的病例分组即为 DRGs 分组（周民伟等，2019）。分组方法见图 2。

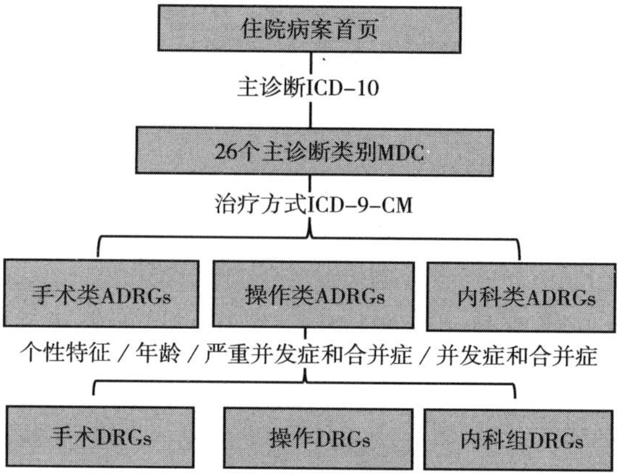

图 2　DRGs 分组方法

各国在构建用于医保付费的 DRGs 分组时普遍考虑的变量有：患者的年龄、性别、住院天数、临床诊断、病症、手术、疾病严重程度、合并症与并发症及转归。根据以上变量，患者被分到相应的 DRG 分组，然后医保方再据此对医院给予相应的价格补偿。DRGs 分组遵循的两个基本原则是临床相似性和资源消耗相似性。因此，国际疾病分类 ICD 编码和用于测算资源消耗程度的成本核算系统，对于 DRGs 的分组来说非常重要，是 DRGs 科学合理分组的前提条件，也是 DRGs 付费的依据。

（3）国际疾病分类编码。国际疾病分类 ICD，是依据疾病的某些特征，按照规则将疾病分门别类，并用编码的方法来表示的系统。目前全世界通用的是第 10 次修订本《疾病和有关健康问题的国际统计分类》（仍保留了 ICD 的简称），并被统称为 ICD－10。ICD 至今已有 110 年的发展历史。早在 1891 年，国际统计研究所组织了一个对死亡原因进行分类的委员会，对死亡进行统一登记。美国最早设计 DRGs 方案时采用 ICDA8，从 1983 年的 HCFA－DRGs 起一直延续使用 ICD－9。直到现在，虽然美国已有 ICD－10 编码系统，但由于从 ICD－9 更换到 ICD－10 需要很大的投入，所以还在使用 ICD－9 作为 DRG 方案的诊断编码标准。澳大利亚、德国等其他国家的 DRGs 方案采用 ICD－10 编码。

（4）DRGs 付费的定价方法。付费方式的一般定价方法是一种按年度动态调整的延迟平均成本定价方法。一般来说，DRGs 付费的定价方法主要遵循以下七个步骤（韩煦，2017）：

第一步，数据收集与分析。收集一段时期、一定地区范围内（所有或者具有代表性）医院的出院患者病案首页信息和成本信息，为构建 DRGs 分组做准备。

第二步，构建 DRGs 分组。根据第一步获取的数据和信息，按照临床相似性和资源消耗相似性原则以及一定的算法构建 DRGs 分组。

第三步，将临床病例进行 DRGs 分组。根据病案首页信息中患者的主要诊断、次要诊断、手术处置、并发症和合并症、年龄和出院状态等变量，将临床病例分入相应的 DRGs 组。

第四步，计算 DRGs 各组的成本权重（cost weight）。在第一步 DRGs 分组的基础上，将每一 DRG 组的例均成本与该地区所有 DRGs 病例进行比较。比较的结果即为该 DRG 组的成本权重。成本权重反映了该 DRG 组患者得到治疗所消耗医疗资源的比重大小。该指标也可以计算住院天数的权重。

第五步，计算基础费率（base rate）。基础费率由医疗保险支付方根据医保基金的预算和通货膨胀等因素进行年度动态调整得出。

第六步，计算某个 DRG 组的支付费用（payment）。每个 DRG 组的最终支付费用即为成本权重与基础费率的乘积。根据各国各地区具体情况的差异，还会利用各种调整因素对支付费用进行调整。调整之后的数额，即为某个 DRG 组的最终支付费用标准，以当地货币单位表示。

第七步，调整因素。根据医保部门的需要，对支付的最终费用进行调整。例如根据是否教学医院、医疗服务质量或限外病例（outlier）等。在实施 DRGs 过程中，其计算费用的依据是根据每一 DRG 的平均值来计算的。但往往存在着许多不能完全按照相应 DRG 的临床路径规定流程完成治疗的病例，这些病例往往需要超长的住院日或超高的资源消耗，这类病例称为“限外病例”。在采用 DRGs 支付的时候，这类病例的支付不纳入 DRGs 支付范围，而利用政策规定的特殊支付方式支付。

尽管各国经济水平、数据信息系统和成本核算系统存在差异，各国在计算和制定 DRGs 相关指标的时候会采取不同的方式，但是 DRGs 付费标准所遵循的步骤是基本相同的。从已经实施 DRGs 付费方式的国家来看，各国、各地区都要根据经济发展等因素对 DRCs 的分组进行以年为单位的定期的动态调整，以确保 DRGs 付费方式公平和效率。

（5）DRGs 付费的优缺点。

①按病种付费的优点。第一，在一定区域内评价对疾病诊疗的医疗费用。此费用与医院所诊疗住院患者的疾病复杂程度和诊疗服务强度成正比。也就是明确诊疗某种疾病需要花费。第二，能在一定程度上避免过度医疗行为。有利于控制医疗成本支出，也减少了患者的医疗费用支出。第三，有助于医院诊疗成本评价。可在区域内对不同医院间的同一病种医疗费用进行横向比较，利于评价结果促进医院提升绩效、控制不合理费用。第四，有助于医疗服务收费与支付的“腾空间、调结构”，控制药品和卫生耗材的花费，尽可能体现增加医务人员的技术劳动价值。第五，有助于医院的管理策略不断优化，重视引导分级诊疗、缩短患者的住院时间、提高病床利用效率等。

②按病种付费的缺点。第一，医院有可能通过减少合理诊疗或降低诊疗服务强度来保障自身经济利益。甚至把不符合出院指征的患者安排出院、无合理原因把有条件有能力诊疗的患者推转到其他医院，或者与其他小医院“抱团转院”等。第二，医院为了控制费用，可能在诊疗中不采用适宜的新技术、新材料和新药物，甚至降低医疗服务质量。第三，制定按病种付费的支付标准时，有可能不够科学、合理，或者难以做到及时动态调整。第四，由于按病种付费方式未充分考虑疾病并发症等伴随因素，医院有可能出现推诿患者的现象，损害患者利益，也有可能采取分解住院等方式规避经济风险。第五，从医疗卫生事业长远发展来看，片面强化成本控制或者不合理费用支付，有可能在一定程度上制约医院先进技术的探索和应用等。

2. 国内外研究进展

2019 年 5 月 20 日，国家医疗保障局召开疾病诊断相关分组（DRG）付费国家试点工作启动视频会议，公布 30 个试点城市名单，正式启动 DRG 付费国家试点工作。这是国家层面真正意义上对 DRG 付费方式改革进行的探索。从全球范围看，DRG 付费已成为美国、澳大利亚、德国等多个国家广泛采取的支付方式（郎婧婧等，2017）。

（1）国外 DRG 发展情况。美国 1984 年开始实施 DRG，最初有 468 组，有 3 000 余家医院适用于收治短期急性住院患者，占全美医院总量约 80%。其中不包括癌症医院、儿童医院、精神病医院、长期护理医院、毒品或酒精中毒康复医院（彭颖等，2018；胡丁，2007；周韵砚等，2016）。DRG 刚实施时，支付费用仅覆盖运营费用；到 1992 年，医疗保险（medicare）开始将资本（楼房或设备）费用纳入 DRG 支付范围；到 2002 年完全纳入。农村小医院原来也包括在 DRG 支付体系以内，但因为后来发现农村小医院的成本结构不适合前瞻性支付，出现了很多医生流失、医院亏损的情况，国会于是决定 1998 年以后把绝大多数农村小医院排除在 DRG 支付以外。

澳大利亚政府认为 PPS 对医院进行费用补偿，是对医疗制度实施的一项重大改革（江芹，2016；Vera D. et al.，2015）。他们根据本国病例对 DRGs 进行了修订，于 1993 年实施 Australia National DRG（ANDRG），并用于医院内部及院际间评估。实行 DRGs 制度以后，医院是从保险公司收取患者的医疗费用，通过病案记录中患者诊断的编码得到钱，而不是依据患者的住院天数取得收入。

德国 DRGs 从 1984 年开始研究到逐步试点推广，经过了 20 多年的长期研究实践。国家有专门的研究机构——医院补偿研究所，长期从事 DRGs 制度研究。目前共定义了 900 多种病例，每一种病例又分成若干等级，都有明确的费用给付标准（Sieburg：InEk，2011；常峰等，2017）。德国实行的是医疗与药品分开的体制，所以补偿支付均不包含药品费用。医院的收入也只来自医疗服务收入，与药品无关。德国政府在全国 750 家医院进行总额预算的付费政策试点。试点结果显示：750 家医院的平均医疗费降低 35%；平均住院天数降低 30%。从 2004 年起在全德国强制实施按病种分类付费（DRGs）制度。目前住院医疗保险的绝大多数病例都实行按病种付费制度，收到了良好的效果。但工伤、职业病、护理、精神病和心理病等特殊病例还是实行按床日或别的付费方法。总额预算，超支分担，节余奖励。超支：单病种付费医院承担 75%，床日付费医院承担 85% ~90%；节余：医生获得节余额的 40% 作为奖励。

（2）国内 DRG 发展情况。我国最早试点实施 DRG 的地区为北京。2000 年初北京市医院管理研究所组建了按诊断相关分组预付费制度 DRGs－PPS 课题组。截至 2011 年，北京将研发出的 BJ－DRGs 中 108 个 DRG 组别进行试点，效果良好。于是在北京试点的基础上制定国家分组方案（简伟研等，2011）。2016 年 11 月 1 日起施行的《医疗质量管理办法（第 10 号）》，明确将 DRG 绩效评价作为医疗质量管理工具之一。2019 年 10 月 16 日，国家医疗保障局发布《关于印发疾病诊断相关分组（DRG）付费国家试点技术规范和分组方案的通知》（以下简称《分组方案》）。《分组方案》明确了国家医疗保障疾病诊断相关分组是全国医疗保障部门开展 DRG 付费工作的统一标准，包括 26 个主要诊断大类，376 个核心 DRG。其中包括 167 个外科手术操作 ADRG 组、22 个非手术操作 ADRG 组和 187 个内科诊断 ADRG 组（胡牧等，2014）。

2013 年，云南省禄丰县在县域内因地制宜实施 DRG 并基本覆盖县域内所有住院服务（彭琰等，2016）。通过合理确定 DRG 分组、科学测算支付标准、加强服务行为监管等措施，在促进县级公立医院改革和内部精细管理等方面取得良好效果。“禄丰模式”和“禄丰－祥云 DRG 付费方式”成为全国新农合工作的亮点和先进典型。

原江西省卫计委通报了省直医院和各地市上半年各家医院住院死亡率、重点病种住院死亡率、CMI 值、DRG 组数、平均住院日等情况，督促医疗机构不断提升医疗服务效率和质量（谢宇等，2019）。江西省从建立医院管理绩效评价信息平台以来，共编发 14 期医院 DRG 绩效分析简报。与 2015 年比较，2017 年江西省医院三、四级手术占比、DRG 组数分别增加 2.93%、10.19%；CMI 值从 0.79 增至 0.82；医院平均住院日从 9.56 天降至 8.90 天（罗礼生等，2019）。

湖北省从“十三五”开始，在临床重点专科评审中引入病案首页数据分析和 DRG 评价体系，搭建医疗服务绩效评价平台（董乾等，2018；李玛琳，2017）。2018 年上半年对 67 家三级医院进行了 DRG 专项评价，评价重点在医疗质量、医疗技术水平、医疗安全和运行效率上。运用 DRG 的方法从医院、专科、病种、医师 4 个层面对住院医疗质量、能力和效率进行综合评价，引导医院从重数量到重质量转变。平台已联通所有二级以上医院，评价结果运用到临床重点专科建设等各项工作中，并为医疗机构提供个性化的分析对标服务。

（二）DRGs 付费方式对医院运营的影响

1. 加强医保管控对医疗收入的影响

医保和医院的发展密切相关，医院收入来源的主体是基本医保。随着全民医保制度的建立和完善，医保基金支出基本占到了公立医院收入的 50% 以上，尤其在县级医院能占到 80%。加强医保基金管理已经成为公立医院越来越重视的一项工作。

DRG 支付方式改革后，医保对医院补偿方式发生变化，医院住院收入和收支结余将会有影响。主要影响因素：一是医生病历首页填写错误或不规范，DRG 入组错误病种 RW 值降低或部分病例不能入组，导致医保减少支付或拒付；二是部分疾病组实际发生医疗费用高于医保 DRG 分组支付费用，实施 DRG 分组付费后导致该部分疾病组住院收入减少。DRG“预付费制度”的推行，使医院收入增幅受控，外加疫情的影响和冲击，就医习惯发生变化，医院收入增幅将会遇到“天花板”，倒逼医疗服务行为改变，促使医院因病施治，优化费用结构，降低服务成本，控制医疗费用的不合理增长。其实质是让医院更好地利用医疗资源，避免浪费，以此来促进我国医疗事业的发展。

在国家医保局各项政策有条不紊的章法下，新的买单逻辑已经形成。医保部门推进的各种付费机制改革，其根本的核心是给医院确定总成本。因此，医院只有理清医保逻辑，加强医保管控，才能更好地走出运营困局。

2. DRG 付费对医院成本管理带来的挑战

DRG 收付费的特点是其定价与每个病例的临床诊断有关，与病例的实际费用无直接关系。因此，实际成本低于支付额的差价形成医疗机构的“利润”；高于支付额的部分形成医疗机构的损失。如果医院成本核算不健全，费用和成本信息不完全、不准确，会增加医院按 DRG 付费运营成本的风险。同一医保统筹区域内的医院之间竞争加剧。同样级别的医院，如果技术和服务水平存在较大的差距，将会面临着医保总额预算结算压力。DRGs 付费成本分析要综合考虑各类疾病医疗资源的消耗、药品、耗材及诊疗项目价格水平变动，细分各病种所涉及的患者年龄、手术类别、高值耗材的使用及出院状况等多种因素，划分不同临床路径组合，准确、及时地采集临床路径相关的费用数据和确定标准成本。

医院运营管理关注点从科室成本转向 DRGs 病组成本的管控。从数据标准化及成本测算方面进行实践与积累，掌握未来改革变动中的主动权，适应政府的监管及支付相关要求。医院各管理部门要进行相应的职能转换，包括改革原有按项目付费条件下的激励机制、质量考核指标等，推动医院运营管理更规范，进而促进医院医疗技术发展和诊疗能力进一步提升。

3. 提升医疗机构运营管理能力的措施

在 DRGs 付费背景下，医院面临空前的运营压力。对于公立医院而言，学科发展和运营管理相辅相成。学科发展需要科学的运营管理支撑，运营管理的提升也需要学科不断发展来优化。DRGs 帮助医院从业财融合、管理和临床结合的层面，把传统的管理围墙打通，进而帮助医院提升运营管理水平并促进学科发展。

（1）建立学科能力评价及提升体系。开展学科评价时引入 DRGs 和成本指标，对不同学科进行科学精准的定位和引导，以提供与之匹配的资源。针对重点学科，选定重点病组进行资源倾斜，以引导其实现快速发展；针对发展好的学科，引入先进技术和人才，不断分析优化成本管控以提升运营效益；针对辅助学科与弱势学科，提供政策扶持，尝试结合重点学科发展上下游学科群，深化绩效联动以提升整体发展。

开展学科能力评价，从能力（CMI、DRG 组数、总权重、转诊率、每开放床位平均权重、有效 DRGs 组占比）、效率（时间消耗指数、费用消耗指数、每住院医师权重、住院患者基本费率）、成本与费用（每权重成本、药占比、标准药耗比、人员支出比、人均管理费用）、质量与安全（低风险组死亡率、中低风险组死亡率、中高风险治愈率、高风险治愈率、非计划重返率）4 个维度对学科能力展开可量化的科学评价，实现院内不同学科的横向对比和区域不同医疗机构间相同学科的纵向对比，及时发现问题和不足，实现学科能力的提升。

（2）构建基于 DRGs 的预算管理体系（见图 3）。医院传统的预算管理往往根据往年的增长基数并参考监管政策设定当年的增长指标，并不能科学地反映实际业务的发展需求。通过 DRGs 工具的预算管理可基于往年 DRGs 病组结构和病组资源消耗情况，结合医院的临床发展目标，精细化地进行各科室的收入和支出目标分解，进而制定整体的预算收入和支出指标，从而提升医院的整体预算管理水平。

（3）构建基于 DRGs 的成本管理体系。在按项目付费的制度下，过往医务人员在诊疗过程中，检查、药品、耗材等使用不受成本压力的限制。医院自身没有控制成本的动力，医保部门难以有效地控制医疗费用的快速增长。DRGs 支付方式改革对于医院来说，将把患者的诊疗费用压力转变为医院的成本压力。在病组付费金额固定的前提下，如何在保证医疗服务质量的情况下获得收益，成为医院面临的首要难题。构建基于 DRGs 的成本管理体系成为当务之急。

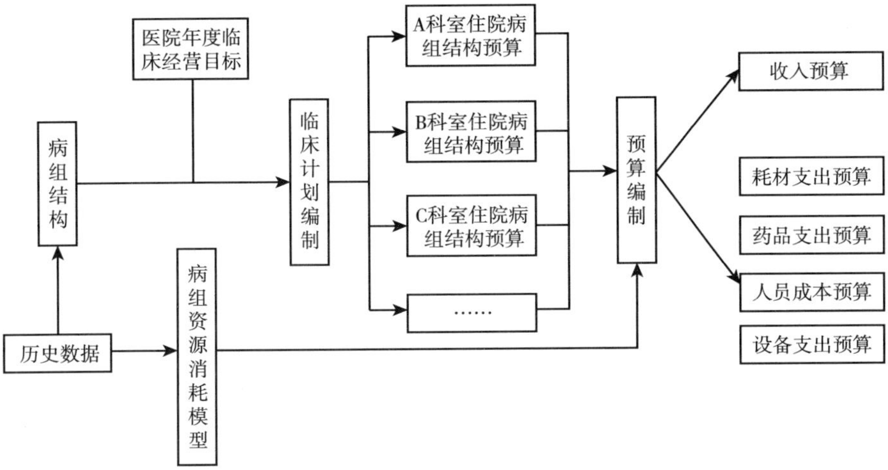

图 3　基于 DRGs 的预算管理体系

（4）构建基于 DRGs 的绩效评价体系。长期以来，我国医院的绩效管理处于较落后的状态。薪酬体系的设计受限于国家政策等原因，不能根据医务工作者的实际劳务情况体现按劳分配、多劳多得的原则，且不同工作岗位的劳动强度、工作效率、技术风险差异较大，传统的绩效制度很难起到正向、科学的激励作用。DRGs 则有利于建立科学合理的绩效评价体系。

（5）推进现代医院管理模式。医院重点关注整体运营的效率和效益。药剂、医技部门、采购、临床科室等医院支出部门需更加紧密合作，实现优质医疗资源共享，促进医疗资源合理分布。充分运用信息化管理手段，主动优化服务流程，减少浪费。在确保医疗安全与保证质量的前提下，提升医疗服务水平，降低医疗服务成本，借助现代化的管理模式建立医疗服务模式。

三、DRG 付费下医院运营管理实践

（一）DRGs 管理平台的建设

随着医改不断深化，公立医院精益化改革迫在眉睫。建立完备的 DRGs 管理平台（见图 4），通过信息系统对医疗费用进行有效管理，为控制公立医院医疗费用不合理增长，深化医保支付方式改革提供有力的工具。

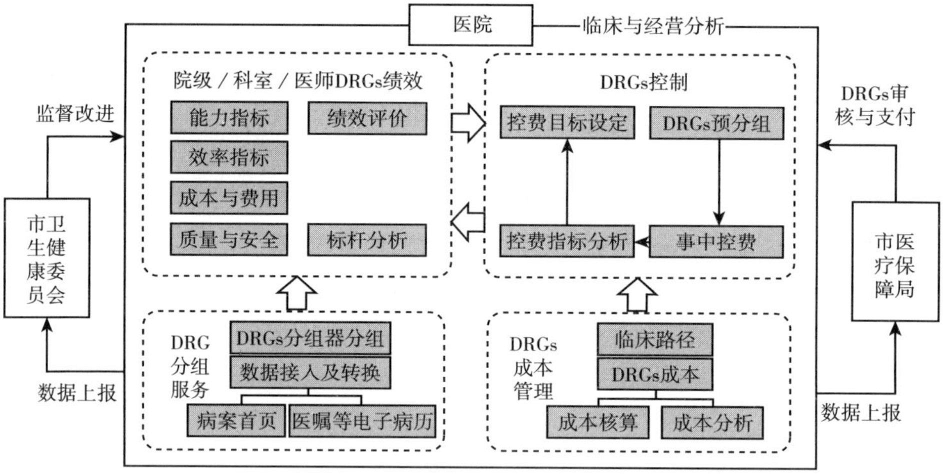

图4　DRGs管理平台打造协同共赢医疗生态体系

上海市某三甲医院针对费用控制、绩效评价进行DRGs平台建设。基于上海医保付费疾病分类的分组器，与病案HIS数据对接，直接提供病例分组的结果查询以及关键指标测算。在绩效考评方面涵盖能力、效率、成本与费用、质量与安全维度。绩效评价结果可反映医院及各科室的综合实力，作为医院内部绩效评价的依据。在控费监管过程中，通过无保本点病组测试、政策性亏损测算等方法，辅助财政补偿工作。

1. DRGs分组管理

根据监管部门与医保管理部门要求，医院建立科学的病案质控体系，保证病案首页质量合规、建立病案质控流程、提升病案质控人员业务水平。经过病案质控后的病例通过CN－DRGs分组器进行分组，医院定时掌握病历入组情况。通过入组结果的变化及所入DRGs组的权重、医疗费用等指标，实现将诊疗过程相似、资源消耗相近的病例分组管理，体现在合理管理资源消耗的同时关注医疗服务质量的平台管理。

2. DRGs费用管理

通过对DRGs费用结构进行对比分析，找到差异的原因，进一步挖掘医嘱数据。分析其医疗行为的合理性，优化临床路径。建立DRGs标杆值，作为DRGs病组费用预警线，为进行事前、事中、事后的控费提供支持。

各医疗机构DRGs分组费用分析使用的标杆体系来源不一，主要由医疗机构自行分组制定标杆和区域机构标杆。医疗机构自行分组制定标杆主要分析医疗机构内部运营数据。运用分组器对内部数据进行分组，测算每个病种组的费用、住院日等基准值，用于医疗机构内部科室评价。区域机构提供标杆方式，一般取近 3 年出院结算的住院病案首页、住院费用明细、出院结算的费用信息测算区域标杆。该标杆体系具有较强的对比意义。

3. DRGs 质量安全管理

利用 DRGs 归纳疾病，做好整理与分组后，通过对住院治疗结局（好转率、治愈率、入住院诊断符合率、抢救成功率）、医疗质量（抗菌药物使用率、院内感染率、31 天再入院率）、医疗安全（手术患者住院死亡率、非手术患者住院死亡率、各类别风险死亡率）等方面进行监管，有利于保证绩效评价和质量控制。

（二）DRGs 付费方式下医院成本管控

DRGs 付费方式下医院成本管理是医院在现代新发展形式下维持优势的重要手段。医院需要建立全过程、全角度的成本管理制度，将成本管理深入到医院的每一个环节中去，确保医院的平稳健康发展。

1. 建立成本管控机制

建立全员、全过程的成本管理机制。设立成本管理部门，明确相关职责，科学合理地进行 DRG 病组成本控制与费用控制。对 DRG 病组成本进行分析，厘清其成本结构和趋势，合理配置资源，实现 DRG 病组成本最优。通过规范诊疗行为，改进 DRG 病组临床路径，降低 DRG 病组实际费用，最终实现 DRG 病组费用节约。

做好成本预算的制定工作。对 DRGs 付费方式下医疗资源的成本进行合理预算，对成本管理预算制定、方案设计、临床用药、使用的医疗资源等环节进行严密管理。根据 DRGs 诊断明确定价标准，全面发挥预算管理的价值，按照实际情况将相关费用和人员预算进行明确，建立预算管理制度，加强对科室预算的监管。

DRG 病组成本控制是指在保证医疗质量和医疗安全的前提下，利用有效管理方法和措施，按预定成本定额、成本计划和成本费用开支标准，对成本形成的全过程进行控制，努力实现成本最优化的目标。针对管理精细化程度要求不同的 DRG 组提供不同的成本核算解决方案。如选择成本收入法以服务单元的收入和成本为基础计算 DRG 组成本。通过计算医院为患者提供的各服务单元的成本收入比值，利用该比值将患者层面的收入转换为成本计算病组盈亏；或选择项目叠加法以精细的资源消耗计量为基础，建立精细化的成本管控体系等。

DRG 病组成本控制主要措施：（1）执行过程控制。对 DRG 病组成本控制关键点进行检查、评价，比较实际成本与标准成本差异，分析产生差异的原因并予以纠正。（2）定额控制。根据实际制定合理的 DRG 病组成本消耗定额，比较实际成本与定额成本的差异，分析产生差异的原因并予以纠正。（3）全过程控制。在 DRG 病组事前成本计划、事中成本差异揭示和事后成本信息反馈等全过程实施控制。（4）质量控制。医院制定 DRG 病组质量控制体系，实施 DRG 病组有效的成本控制。（5）信息系统控制。加强信息化建设，优化 DRG 病组各项工作流程。充分利用信息技术整合与成本核算相关的信息资源，及时归集、处理成本资料，对成本核算基础数据归集、分摊到各种指标的计算、分析、考核，实现信息化管理。建立可视化监控平台，分析发生的原因，监控当前的变化，预测未来的发展，采取措施调整，执行结果反馈。

强化成本考核，建立成本控制考评制度。评价成本控制效益，将 DRG 病组成本控制效果纳入科室绩效考核体系。做到奖惩分明，促使其能够自觉控制可控成本，减少资源浪费，降低费用。DRG 病组成本考核与评价指标包括 DRG 入组率。达不到相应的入组率标准，应当扣罚绩效。RW 值越大，代表疾病越严重，消耗资源越大，绩效也越高；CMI 值越大，代表收治的病例越复杂，难度系数越高，相应绩效也越高。风险值越大，绩效越高。时间、费用耗用指数越低，代表住院费用低或时间效率高，绩效越高。

2. 有效进行成本管控

借助临床路径管理，核算病种标准成本，强化病案首页管理。开展从科室到医疗组乃至主治医师的病种成本收益分析和医疗效果分析，加大合理用药管控，降低药品成本，控制医用耗材成本。

（1）通过 DRG 总权重掌握医院病种结构。通过对医院 DRG 总权重排名，分析 DRG 组分布在哪些科室。医院依据这些数据确定重点发展病组与科室。通过科室收支结余排名，确定重点管控的科室。科室哪些 DRG 组是需要提升的，哪些需要下沉。

以上海某三甲医院为例，分析病种及费用结构（见表 1 和表 2）。

表 1　　DRG 病种收治排名情况

DRGs 名称	病例数（个）	按病例数排名	总权重	按总权重数排名
膝关节重建或修复	1 239	1	2 256. 3429	1
其他肩部手术	541	2	728. 0778	2
膝关节置换术及翻修术	407	7	679. 8935	3
肱骨、胫骨、腓骨和踝关节手术，年龄 <60 岁，不伴有极重度或严重的并发症和伴随症	448	4	630. 8288	4
髋关节置换术不伴有极重度或严重的并发症和伴随症	307	10	518. 9221	5
多发性重要创伤的髋关节、股骨和肢体手术，包括植入术	285	12	517. 1325	6
其他膝关节手术	405	8	462. 348	7
中风不伴有极重度或严重的并发症和伴随症	412	6	423. 9068	8
除外髋关节和股骨的内固定装置的局部切除和去除	529	3	343. 6384	9
下肢损伤的其他手术，年龄 >59 岁或伴有并发症和伴随症	222	19	328. 8264	10
其他肘部和前臂手术	322	9	325. 703	11
其他髋关节和股骨的手术不伴有极重度或严重的并发症和伴随症	140	34	282. 758	12
下肢损伤的其他手术，年龄 <60 岁不伴有并发症和伴随症	248	13	276. 4704	13
肛管和造口手术不伴有极重度或严重的并发症和伴随症	293	11	266. 3077	14
剖宫产不伴有极重度或严重的并发症和伴随症	238	15	266. 0602	15
软组织手术不伴有极重度或严重的并发症和伴随症	230	16	213. 808	16

表 2

创伤各组 DRG 病种收治开展情况

科室	DRGs 分组	DRGs 名称	权重	病例数（个）	平均总费用（元）	平均药费（元）	药占比（%）	平均材料费（元）	耗占比（%）	平均住院天数（天）
创伤 1	I27B	软组织手术不伴有极重度或严重并发症和伴随症	0.93	61	10 576.07	681.21	6.44	3 096.27	29.28	3.61
	I13C	肱骨、胫骨、腓骨和踝关节手术，年龄 < 60 岁，不伴有极重度或严重的并发症和伴随症	1.41	41	67 457.11	1 878.98	2.79	55 148.8	81.75	5.68
	I23Z	除外髋关节和股骨的内固定装置的局部切除和去除	0.65	40	6 104.98	296.44	4.86	300.39	4.92	2.63
创伤 2	I23Z	除外髋关节和股骨的内固定装置的局部切除和去除	0.65	47	9 795.08	667.17	6.81	2 370.8	24.2	3.21
	I13C	肱骨、胫骨、腓骨和踝关节手术，年龄 < 60 岁，不伴有极重度或严重的并发症和伴随症	1.41	42	56 099.57	1 503	2.68	42 753.56	76.21	4.83
	W02Z	多发性重要创伤的髋关节、股骨和肢体手术，包括植入术	1.81	31	61 210.12	2 062.57	3.37	44 409.31	72.55	6.55
创伤 3	W02Z	多发性重要创伤的髋关节、股骨和肢体手术，包括植入术	1.81	46	58 483.58	5 223.48	8.93	36 786	62.9	6.83
	I13C	肱骨、胫骨、腓骨和踝关节手术，年龄 < 60 岁，不伴有极重度或严重的并发症和伴随症	1.41	42	57 153.35	2 045.56	3.58	43 318.91	75.79	7.17
	I23Z	除外髋关节和股骨的内固定装置的局部切除和去除	0.65	35	10 426.51	990.24	9.5	1 517.22	14.55	4.97
创伤 4	I19Z	其他肘部和前臂手术	1.01	21	40 937.53	1 121.95	2.74	30 428.71	74.33	4
	I13C	肱骨、胫骨、腓骨和踝关节手术，年龄 < 60 岁，不伴有极重度或严重的并发症和伴随症	1.41	20	64 381.73	1 946.6	3.02	51 280.57	79.65	6.1
	X05Z	手损伤的其他手术	0.72	18	29 326.59	860.39	2.93	23 030.58	78.53	3.56

（2）通过成本结构分析促进病组成本优化。聚焦具体医疗组/医师重点管控成本的对象与管控内容。结合绩效考核以及医生端系统预警提醒，关联绩效考核系统直接按考核比率扣除，最终实现成本管控目标（见表 3 ~ 表 5）。

表 3　　创伤类手术耗材使用消耗排名情况

材料名称	耗材使用量数量	金额（万元）	占比（%）
胫腓骨解剖型锁定钛板系统	3 814	993.24	8.85
金属锁定接骨板系统	2 796	963.17	8.58
锁定金属接骨板钉系统	1 500	551.2	4.91
锁定接骨螺钉	1 397	499.16	4.45
脊柱内固定系统	1 350	480.97	4.28
加压螺钉	2 412	480.08	4.28
金属锁定接骨板钉系统	1 138	390.97	3.48
锁定型金属接骨板系统	456	372.72	3.32
同种骨植入材料	3 559	298.78	2.66
髋关节假体（非骨水泥型）－股骨柄	125	249.69	2.22

表 4　　关节置换类手术耗材使用消耗排名情况

材料名称	耗材使用量数量	金额（万元）	占比（%）
全膝关节置换系统	666	1 387.87	17.51
股骨柄	183	547.17	6.90
全膝关节系统	160	484.98	6.12
股骨柄组件	104	307.74	3.88
无结带线锚钉	367	305.09	3.85
髋臼杯内衬	93	294.81	3.72
髋关节假体	203	280.05	3.53
人工髋关节	323	244	3.08
人工膝关节系统	127	197.18	2.49
膝关节翻修组件	144	194.37	2.45

表 5　关节镜微创类手术耗材使用消耗排名情况

材料名称	耗材使用量数量	金额（万元）	占比（%）
等离子体手术系统	2 370	1 203. 96	20. 77
半月板缝合系统	2 200	1 166	20. 11
复合可吸收骨锚钉	1 651	978. 22	16. 87
富血小板血浆（PRP）制备用套装	1 346	780. 01	13. 46
（捷迈）刨削刀头	2 035	305. 25	5. 27
双固定螺钉系统	2 567	255. 16	4. 40
锁扣带袢钛板	372	194. 48	3. 35
（捷迈）打磨刀头	839	167. 8	2. 89
BiosureHA 聚乳酸羟基磷灰石螺钉	360	156. 6	2. 70
带袢钛板	191	114. 84	1. 98

以 2021 年 4 月上海某三甲医院"髋关节置换术不伴有极重度或严重的并发症和伴随症"耗材使用为例（见表 6、图 5 和图 6）。

表 6　髋关节置换术耗材使用情况

科室名称	病例数	DRGs 组平均总费用（元）	DRGs 组平均总药费（元）	DRGs 组药占比（%）	DRGs 组平均材料费（元）	DRGs 组耗占比（%）	DRGs 组平均住院天数
外科	87	95 017	2 832	2. 98	73 801	77. 67	5. 6
修复 2	40	71 648	2 435	3. 4	51 470	71. 84	6. 2
创伤 2	15	69 027	1 810	2. 62	52 052	75. 41	6. 0
骨科特需	11	96 717	7 121	7. 36	58 100	60. 07	7. 6
骨肿瘤科	4	104 344	4 235	4. 06	53 677	51. 44	13. 5
急诊外观	3	100 345	2 564	2. 56	84 259	83. 97	8. 3
创伤 1	2	95 620	2 642	2. 76	74 956	78. 39	6. 0
综合病房	1	56 585	1 492	2. 64	36 549	64. 59	4. 0
创伤中心	1	88 268	2 392	2. 71	72 694	82. 36	5. 0

设置各 DRG 组同期比与环比收支结余情况，以及各 DRG 组的成本分类对比情况，定期对成本管控成果进行对比分析，验证各 DRG 组及科室成本管控效果，以此确定下一步管控的目标及使用策略（见图 7）。

（3）成本管控与医疗行为有效结合。医院将成本核算系统、财务系统和医疗业务系统数据标准统一，业务联通，数据互通，并结合 DRG 分析，有针对性地管理控制耗材品种的选用及手术量，将成本管控与医疗行为、医疗质量有效结合（见图 8）。

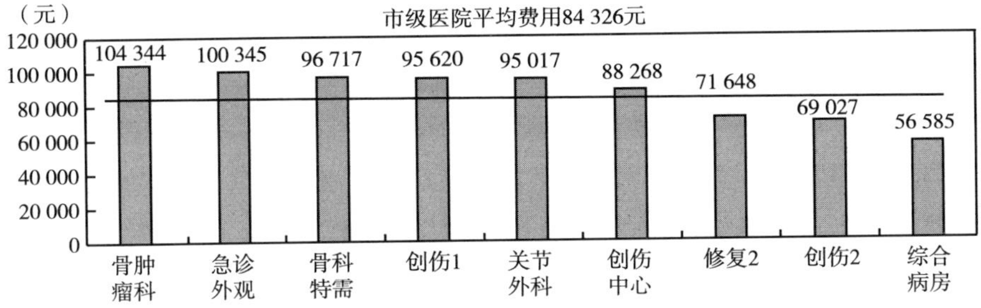

图 5　DRGs 组平均总费用

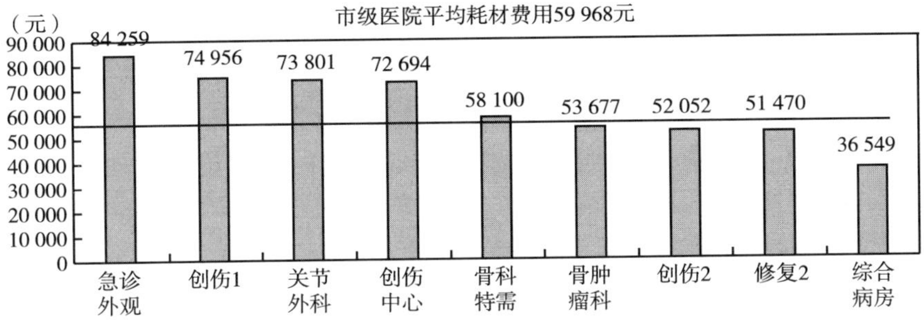

图 6　DRGs 组平均耗材费用

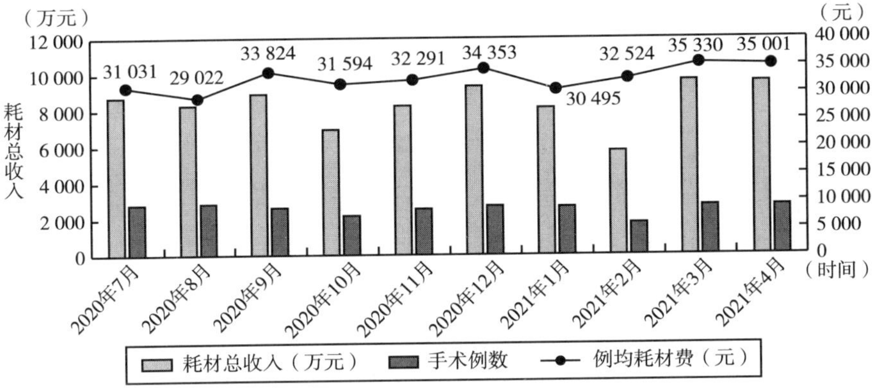

图 7　2020～2021 年 DRG 组同期与环比收支以及成本分类对比

（三）DRGs 在医院绩效评价中的应用

DRG 在医院宏观评价、学科评价、医院质量控制、绩效考核中均得到较多探索性的应用。近年来，DRG 作为医疗质量管理工具被广泛应用于医院绩效评价。更为重要的是，DRG－PPS 改革作为支付方式的变革，倒逼医院绩效管理的更新迭代。运用 DRGs 数据分析，通过医疗服务能力、医疗服务效率、医疗

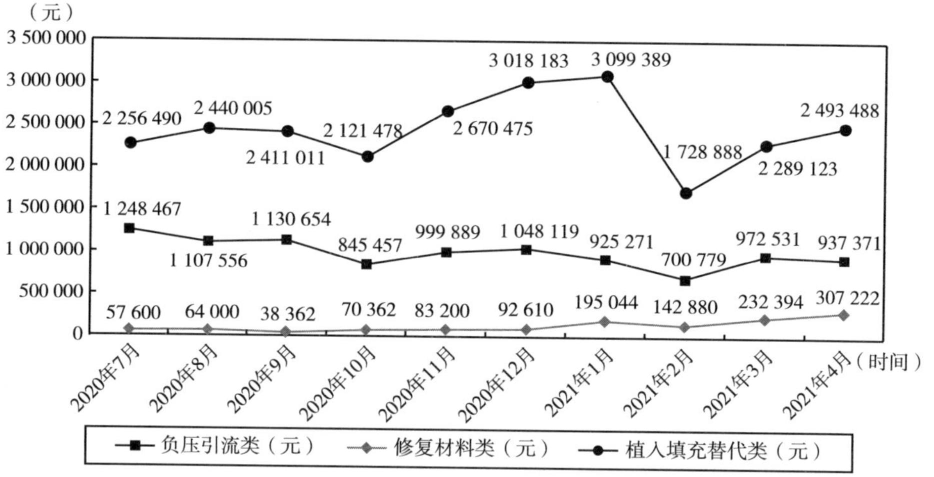

图 8　2020 ~ 2021 年成本核算系统、财务系统和医疗业务系统结合 DRG 分析

质量和安全、医疗技术病种 4 个维度，构建基于 DRGs 的医院绩效管理体系。本文通过对上海市某三级甲等综合医院 2019 ~ 2020 年各项历史绩效数据进行分析，为基于 DRGs 的医院绩效管理评价体系搭建提供理论及数据依据。

1. DRGs 医院绩效评价指标

通过查阅国内外关于 DRGs 在医院绩效管理中的应用相关文献，结合医院实际情况，设计绩效管理的 DRGs 评价维度。

（1）医疗服务能力。在 DRGs 中反映医疗服务能力的指标有：DRGs 组数（评价治疗病例所覆盖疾病类别的范围。组数越多，治疗的疾病范围越广）、RW 总数（出院患者 RW 的总数，反映住院服务总产出。相对于过去的总出院数更能反映出院病例的疑难程度）、CMI（病例组合指数，反映治疗病例的技术难度。指数越大，治疗的急重症患者越多，病情越复杂）。

（2）医疗服务效率。作为公立医院，提升医院医疗服务效率是医院肩负社会责任和谋求自身健康发展的必然要求。以患者的利益为中心，在保证医疗质量的同时降低医疗费用。从病种的平均住院日、均次费用、均次药耗、均次检查检验等维度进行效率考核。

（3）医疗质量和安全。医疗质量和安全是医院管理的根本。在 DRGs 中可以反映医疗服务效率指标：低风险组死亡率（低风险组死亡率即低风险组患者的死亡率。如果低风险组患者发生死亡，说明临床医疗质量和安全工作没有做好的概率较大）。

（4）医疗技术病种。根据专科需要开展的技术病种和手术，确定内科主要病种及外科主要手术。

2. 绩效评价指标的应用

经申康版 DRGs 分组器分组，对 2019 年 28 350 例和 2020 年 24 424 例首页数据进行测试。以该院区 5 个科室（骨科、关节外科、运动医学科、消化内科、心血管内科）为例，2019～2020 年的 DRGs 数据及运用该数据在基于 DRGs 的绩效管理考核体系中计算如表 7～表 9 所示。

表 7　　2019 年全院及各学科指标情况

科室名称	病例数（个）	组数	CMI 值	均次费用（元）	均次药费（元）	均次材料费（元）	平均住院日（天）
骨科	4 870	105	1. 16	43 479. 28	4 085. 21	28 590. 82	7. 70
关节外科	522	35	1. 38	59 271. 80	4 060. 62	41 171. 13	6. 90
运动医学科	1 809	28	1. 28	43 296. 22	3 158. 43	22 908. 81	5. 60
心血管内科	1 350	71	0. 82	14 056. 14	2 536. 52	4 748. 38	6. 00
消化内科	1 255	65	0. 80	7 164. 80	1 950. 79	569. 03	5. 50
全院	28 350	480	0. 95	23 870. 8	4 177. 45	9 000. 98	7. 00

表 8　　2020 年全院及各学科指标情况

科室名称	病例数（个）	组数	CMI 值	均次费用（元）	均次药费（元）	均次材料费（元）	平均住院日（天）
骨科	3 262	100	1. 20	42 481. 32	4 347. 25	27 475. 75	6. 70
关节外科	1 400	50	1. 38	63 148. 78	4 030. 67	42 098. 99	5. 60
运动医学科	1 950	32	1. 59	43 875. 29	3 841. 75	25 017. 45	5. 10
心血管内科	789	50	0. 88	15 582. 61	3 097. 33	5 548. 88	5. 80
消化内科	747	51	0. 84	8 502. 83	2 532. 51	825. 83	5. 20
全院	24 424	499	1. 09	25 062. 66	5 021. 41	10 169. 78	6. 70

表 9　　某月病种绩效测算　　单位：元

科室名称	DRGs 组数绩效	RW 绩效	RW 效率绩效	技术病种和手术绩效	低风险组死亡	综合绩效
骨科	10 500	62 720	125 440	64 050	0	262 710
关节外科	3 500	25 820	51 640	46 045	0	127 005
运动医学科	2 800	46 920	93 840	74 207	0	217 767
心血管内科	7 100	12 850	25 700	30 150	0	75 800
消化内科	6 500	7 900	15 800	51 400	0	81 600

从上海某三甲医院 2 年数据来看，该院区 DRGs 组数从 480 组提升到 499 组；CMI 从 0.95 提升到 1.09；平均住院日从 7 天下降到 6.7 天。显示该医院在整体的医疗质量、病种难度上有所改善。

（1）医疗服务能力方面。以骨科（包括关节外科、运动医学科）为例，DRGs 组数从 168 组提升到 182 组，高于全院的增幅，显示该科室收治患者的病种宽度在增加；运动医学科 CMI 值从 1.28 提升到 1.59，反映科室收治病例的整体诊疗和技术的难度有大幅的提升。

（2）医疗服务效率方面。住院费用 2020 年相比 2019 年略有增加，反映了收治患者的疾病复杂程度在增加；平均住院日均有不同程度下降，反映科室通过临床路径等管理手段，加快周转，提高效率。

（3）医疗质量和安全方面。低风险组死亡患者 2 年都是 0 例，显示科室在医疗质量和安全方面有明显的改善。

（4）医疗技术病种方面。技术病种开展情况体现的是一个学科的整体水平。科室在病种结构不断完善的同时，相应的病种费用、病种耗材费用、病种平均住院日也在控制的范围内，严格按临床路径管理、规范诊疗流程、严控药品和耗材、加快床位周转。在病种难度显著提升的基础上，各项费用指标控制在一定范围内。

总的来看，DRGs 评价指标能够为医院临床科室发展方向和医疗技术水平提高提供有效的支出与帮助。基于 DRGs 的医院绩效管理评价有其合理性与公平性，有助于引导临床开展新技术、新项目，收治急危重病患，真正体现公立医院的公益性。

3. DRGS 在薪酬分配中的应用

基于 DRGs 的评价指标是有关联性的，既可比较不同医疗机构提供的服务质量和效率，也可有效评价院内科室医疗质量。对不同疾病类别存在的资源消耗差异情况进行合理区分，客观评价不同科室之间的差异。

目前，基于 DRGs 绩效可从不同的维度进行评价。其一，该院主要从产能、效率、安全以及综合 4 个方面进行评价。其中，产能评价用 DRGs 组数、总权重、CMI 3 个指标进行计算；效率评价用费用消耗指数、时间消耗指数 2 个指标进行计算；安全评价用低风险死亡率、中低风险死亡率 2 个指标进行计算（见表 10 和表 11）。

表 10　　某月外科科室绩效评价得分情况

科室名称	综合分数	产能分数	效率分数	安全分数
骨科	6. 1319	4. 1547	0. 9772	1
运动医学科	4. 1704	2. 1762	0. 9943	1
关节外科	3. 7736	1. 7731	1. 0004	1
普外科	3. 6387	1. 6105	1. 0282	1
泌尿外科	3. 6085	1. 5905	1. 018	1
放射介入科	3. 2385	1. 2083	1. 0302	1
神经外科	3. 1401	1. 1789	0. 9613	1
心胸外科	2. 6909	0. 6941	0. 9968	1
耳鼻咽喉科	2. 3959	0. 4095	0. 9864	1
眼科	2. 2159	0. 2159	1	1

表 11　　某月外科科室绩效评价指标明细情况

科室名称	产能评价 - DRGs 组数	产能评价 - 总权重	产能评价 - CMI	效率评价 - 费用消耗指数	效率评价 - 时间消耗指数	安全评价 - 低风险死亡率	安全评价 - 中低风险死亡率
骨科	53	492. 2759	1. 1862	1. 044	0. 997	0	0
运动医学科	14	397. 8566	1. 5244	0. 9995	0. 9881	0	0
关节外科	23	179. 8685	1. 3626	1. 0107	1. 0116	0	0
普外科	40	111. 01	1. 0473	0. 9124	0. 9646	0	0
泌尿外科	38	138. 1887	0. 8637	0. 9591	0. 994	0	0
放射介入科	27	79. 3826	1. 2213	0. 9287	0. 9857	0	0
神经外科	22	81. 0509	1. 3974	1. 3001	1. 2013	0	0
神经内科	18	96. 8047	1. 1127	0. 8931	0. 9613	0	0
心胸外科	15	42. 2504	1. 3629	1. 1491	1. 1418	0	0
耳鼻咽喉科	11	23. 959	1. 1409	0. 9511	0. 9254	0	0
眼科	6	17. 5062	0. 7957	1	1	0	0

其二，从医疗开展数量及质量进行评价。其中，服务范围的广度主要从病例数、入组数来体现；技术难度主要从 CMI 值来体现；服务总产出主要从 RW 总权重来体现；疑难危重病例占比主要从 RW >2 的病例占比来体现；低风险死亡率得分主要从低风险死亡病例占比来体现。在科室绩效考核中纳入 CMI 值，通过 CMI 值和 DRG 组数，有效分析和评价院内科室间或区域的手术难度和病种难度（见表 12 和表 13）。

表 12　　某月外科科室绩效评价指标明细情况

科室	病例数	服务范围入组数	服务范围得分	技术难度CMI值	技术难度得分	服务总产出RW	服务总产出得分
运动医学科	283	12	2.4	1.5843	2.4	448.3561	2.4
关节外科	174	20	2.325	1.453	2.15	252.8139	2.325
骨科	428	57	2.5	1.1709	1.7	501.1378	2.5
神经外科	78	26	1.425	1.4769	2.325	115.1999	2.05
泌尿外科	161	34	2.225	0.9266	1.15	147.3277	2.15
神经内科	105	16	1.775	1.0722	1.525	112.5762	1.975
普外科	147	46	2.05	1.0237	1.425	150.4904	2.225
放射介入科	55	24	1.15	1.2813	1.875	70.4732	1.425
心胸外科	24	13	0.35	1.2604	1.775	30.25	0.525
耳鼻咽喉科	34	16	0.725	1.0963	1.6	37.2749	0.725
妇科	81	20	1.6	0.629	0.275	50.9495	1.075
眼科	31	8	0.625	0.7447	0.45	23.087	0.45

表 13　　某月外科科室绩效评价（质量）指标明细情况

科室	RW≤1病例数	RW≤1病例占比（%）	1<RW≤2病例数	1<RW≤2病例占比（%）	RW>2病例数	RW>2病例占比（%）	疑难危重病例占比得分	低风险死亡率指标	低风险死亡率得分	总分
运动医学科	11	3.89	271	95.76	1	0.35	1	0	0	8.2
关节外科	16	9.2	148	85.06	10	5.75	1	0	0	7.8
骨科	154	35.98	257	60.05	17	3.97	1	0	0	7.7
神经外科	39	50	22	28.21	17	21.79	1.5	0	0	7.3
泌尿外科	65	40.37	92	57.14	4	2.48	1	0	0	6.525
神经内科	16	15.24	88	83.81	1	0.95	1	0	0	6.275
普外科	100	68.03	36	24.49	11	7.48	0.5	0	0	6.2
放射介入科	20	36.36	22	40	13	23.64	1.5	0	0	5.95
心胸外科	9	37.5	11	45.83	4	16.67	1.5	0	0	4.15
耳鼻咽喉科	11	32.35	22	64.71	1	2.94	1	0	0	4.05
妇科	69	85.19	9	11.11	3	3.7	0.5	0	0	3.45
眼科	31	100	0	0	0	0	0.5	0	0	2.025

利用 DRGs 理念完善医院绩效管理，构建基于 DRGs 的公立医院绩效管理考核体系。结合上海某三甲综合医院近 2 年的 DRGs 数据，对医院绩效管理的情况进行探讨。

（1）结合医院情况，构建基于 DRGs 的医院绩效管理考核体系。客观合理的评价指标是开展医疗服务绩效评价的前提和基础，确定了基于 DRGs 的公立医院绩效管理考核的维度、指标及权重。

（2）通过对某市级三甲综合医院 2 年 DRGs 数据在该绩效考核体系中运行情况的分析，在运行中做到发现问题，解决问题，完善了该考核体系。

（3）基于 DRGs 的医院绩效管理考核符合国家医改政策的要求，促进临床医生更关注医疗质量和医疗技术的提升，对推动医院的可持续发展起到积极作用。

四、课题的局限性与展望

课题组对 DRG 支付制度做了较为充足的研究，预测可能会遇到的问题及难点。但在研究过程中还是存在一定局限性。主要体现在以下几个方面：

（1）由于上海 DRG 付费制度改革仍处于探索阶段，本文仅是在 DRG 理论基础上对医院整体运营模式影响的研究，时间短，还不能做到深入的研究。

（2）由于受客观条件影响，获取病种样本数量限制了实证研究的范围。进行分析的 DRGs 付费方式只限定于单纯使用 DRGs 一种付费方式的情况，没有考虑复合使用多种医疗保险付费方式的情况。由于每一种付费方式在特定的条件下都有其优缺点，因此复合使用多种付费方式，发挥每种付费方式的优点，规避其缺点，是下一步研究应该重点关注和解决的问题。

（3）DRG 管理体系涉及医院的方方面面，包括病种预算、成本、控费以及绩效管理等。实践应用过程中，比较集中在 DRGs 病种费用、效率、质量、绩效等方面的评价及考核，病种预算、成本管理等方面涉及较浅。

（4）把 DRG 支付改革与提高医疗质量安全、提升医疗运行效率、提升学科能力建设，以及公立医院绩效考核结合起来，是下一步提升医院运营管理的重要举措，也是下一步研究的重点。

参考文献

［1］张天，郭瑞．DRG 支付方式改革下的医院运行管理［J］．中国总会计师，2020

(7): 98－99.

[2] 王飞，张春燕，张付静等．基于 DRGs 的临床科室医疗服务绩效评价 [J]．现代医院管理，2021，19 (6): 5.

[3] 张计美．DRGs 对医院运营管理影响探析 [J]．中国管理信息化，2021，24 (13): 2.

[4] Zou K.，Li H. Y.，Zhou D. et al.，The effects of diagnosis-related groups payment on hospital healthcare in China: a systematic review [J]．BMC Health Serv Res，2020，20 (1): 112.

[5] 殷人易．DRGs 应用于医院管理的问题及缺陷探讨 [J]．中国医院管理，2019，39 (3): 60－61.

[6] 蒋霖．医保 DRGs 付费模式下医院管理模式的创新与变革 [J]．中国总会计师，2021 (8): 3.

[7] Feng L.，Tian Y.，He M. et al.，Impact of DRGs-based inpatient service management on the performance of regional inpatient services in Shanghai，China: an interrupted time series study，2013－2019 [J]．BMC Health Serv Res，2020，20 (1): 942.

[8] 周民伟，赖永洪，袁勇．医院按病种与病组分值付费基础理论与应用 [M]．广州：中山大学出版社，2019: 248－258.

[9] 戴小喆，史金秀，田志伟等．医院 DRG/DIP 成本管理方法、场景及案例 [M]．北京：中国财政经济出版社，2021: 31－35.

[10] 韩煦．我国社会医疗保险按诊断相关分组（DRGs）付费方式研究 [D]．沈阳：沈阳药科大学，2017.

[11] 郎婧婧，江芹，王珊等．典型国家 DRG 分组的比较研究与启示 [J]．中国卫生经济，2017，36 (4): 50－53.

[12] 彭颖，金春林，王贺男．美国 DRG 付费制度改革经验及启示 [J]．中国卫生经济，2018，37 (7): 93－96.

[13] 胡丁．美国 DRG 医保支付方式及其启示 [J]．商业时代，2007 (28): 63－64.

[14] 周韵砚，江芹，张振忠．欧美国家 DRG 相对权重计算方法分析 [J]．中国卫生经济，2016，35 (5): 94－96.

[15] 江芹，张振忠，赵颖旭等．对病例组合的思考——以澳大利亚为例 [J]．国外医学（卫生经济分册），2012 (4): 148－154.

[16] Vera D.，Elsworthy A.，Gillett S.，AR-DRG Australia refined diagnosis related groups version 8.0 definition manual volume1 [M]．Sydney: Australian Consortium for Classification Development，2015: 3－31.

[17] G-DRG German Diagnosis Related Groups Version 2012 Definitions handbuch Band 1

[M]. Siegburg: InEK, 2011: 14 – 54.

[18] 常峰，纪美艳，张舰云．国外医疗保险支付方式及启示 [J]. 中国医药工业杂志，2017，48 (6)：936 – 942.

[19] 简伟研，汤淑女，胡牧．北京地区公立医院规模和住院服务产出关系的实证分析 [J]. 北京大学学报（医学版），2011，43 (3)：102 – 105.

[20] 胡牧，卢铭，杜圣普等．北京市病例组合定额付费（DRGs – PPS）试点阶段评价 [J]. 中国医疗保险，2014 (4)：48 – 52.

[21] 彭琰，严莉，罗艳丰等．云南省禄丰县公立医院疾病诊断相关组支付方式改革探讨 [J]. 医学与社会，2016，29 (3)：70 – 73.

[22] 谢宇，洪尚志，李娜等．经济学视角下 DRGs 的应用条件及国内实践 [J]. 中国医院管理，2019，39 (2)：65 – 67.

[23] 罗礼生，郑伟．DRGs 数据分析在公立医院综合绩效评价中的应用 [J]. 中国医院管理，2019，39 (1)：47 – 49.

[24] 董乾，陈金彪，陈虎等．DRG 国内发展现状及政策建议 [J]. 中国卫生质量管理，2018，24 (2)：1 – 4.

[25] 李玛琳．改革“软着陆”的优选路径 [J]. 中国卫生，2017，34 (1)：29.

[26] 朱李婷，南瑞琥，成颖．我国 DRGs 医保支付制度探索性发展的经验分析及启示 [J]. 卫生软科学，2019，33 (5)：67 – 70.

课题负责人：颜涛　上海交通大学附属第六人民医院绩效管理处副处长，正高级经济师

主要执笔人：夏培勇　上海申康医院发展中心委派上海市第六人民医院总会计师，正高级会计师

周建军　上海申康医院发展中心委派上海第一人民医院总会计师

课题组成员：夏培勇、周建军、温美林、徐飞

降本增效导向的 SPD 供应链创新服务在医院的应用与实践

一、引言

随着我国医疗卫生事业的迅速发展、医疗科学技术的不断进步，以及人民群众对医疗卫生服务的需求日益上升，医用耗材管理逐渐成为医院运营体系中的重要组成部分。与此同时，伴随着医改两票制、疫苗一票制、三流合一、分级诊疗、医院药品零加成等新医改政策的组合推进，医药流通企业和医院运营都面临着重大变革。党的十九届四中全会公报强调，坚持和完善中国特色社会主义制度、推进国家治理体系和治理能力现代化，是全党的一项重大战略任务。SPD 供应链管理属于我国医疗体系治理能力和治理体系现代化的重要组成部分之一。如何加强医用耗材的精细化管理，避免资源浪费，降低医院运营成本，提高医疗物资使用效率已经成为新医改背景下医疗单位与医疗物资供应商共同面对的难题。一系列政策文件的密集出台，倒逼医疗行业将医用耗材管理改革提上日程。

2014 年 3 月，国务院发布《医疗器械监督管理条例》，明确规定要制定医疗器械的分类规则和分类目录，鼓励医疗器械的研究与创新，发挥市场机制的作用，促进医疗器械新技术的推广和应用，推动医疗器械产业的发展。《国务院办公厅关于城市公立医院综合改革试点的指导意见》明确要求破除公立医院逐利机制，建立公立医院科学补偿机制。以破除以药补医机制为关键环节，降低药品耗材费用、取消药品加成、深化医保支付方式改革、规范药品使用和医疗行为。

2016 年 4 月 26 日，国务院办公厅印发《关于深化医药卫生体制改革 2016 年重点工作任务的通知》（以下简称《通知》）。《通知》明确提出“两票制”概念，指出综合医改试点省份要在全省范围内推行“两票制”，积极鼓励公立医院综合改革试点城市推“两票制”。2016年6月，9部委联合下发《2016年纠正医药购销和医疗服务中不正之风专项治理工作要点》，重申医疗改革试点省份（安徽、福建、江苏、青海、陕西、上海、浙江、四川等8省份）在药品、耗材采购中实行“两票制”。“两票制”是指从药品生产商到医院总共开两次发票。一次是生产商到分销商，另一次是分销商到医院，并且每个品种最多有两个一级经销商。这一改革大大降低了渠道要素，三级渠道和二级渠道转变为一级渠道和零级渠道，大幅降低了中间成本，提高了流通效率；加强了医用耗材的质量监管，便于实现质量和价格的追溯；加速了医用器械行业的兼并重组，大大提高了行业集中度。“两票制”给药品分销商和医院都带来了供应链管理的巨大挑战。药品经销商面临精简供应链的压力；医院则需要选择高效可靠的药品供应商保证药品的及时供应和质量安全。

2019年5月，国务院办公厅印发《深化医药卫生体制改革2019年重点工作任务》。在部署需要研究制定的文件中提到，制定进一步规范医用耗材使用的政策文件。在推动落实的重点工作中，针对医用耗材提出，制定医疗器械唯一标识系统规则。逐步统一全国医保高值医用耗材分类与编码。对单价和资源消耗占比相对较高的高值医用耗材开展重点治理。改革完善医用耗材采购政策。取消公立医疗机构医用耗材加成，完善对公立医疗机构的补偿政策，妥善解决公立医疗机构取消医用耗材加成减少的合理收入的补偿问题。国务院办公厅于2019年7月19日发布的《关于印发治理高值医用耗材改革方案的通知》明确，2020年底前完成医疗器械耗材唯一标识系统规则的制定，启动高值耗材价格监测和集中采购管理。

2019年6月18日，国家卫生健康委、国家中医药局发布《医疗机构医用耗材管理办法（试行）》（以下简称《办法》）。《办法》要求，二级以上医院应当设立医用耗材管理委员会；其他医疗机构应当成立医用耗材管理组织。《办法》对医用耗材的信息化建设也提出了明确要求：医疗机构应当逐步建立医用耗材信息化管理制度和系统；医疗机构耗材管理信息系统应当与医疗机构其他相关信息系统整合，做到信息互联互通；医疗机构耗材管理信息系统应当覆盖医用耗材遴选、采购、验收、入库、储存、盘点、申领、出库、临床使用、质量安全事件报告、不良反应监测、重点监控、超常预警、点评等各环节，实现每一件医用耗材的全生命周期可溯源；医用耗材管理部门应当在医用耗材验收入库时，将有关信息录入信息系统。信息内容至少包括医用耗材的级别、风险类别、注册证类别、医用耗材类别、用途、功能、材质、规格、型号、销售厂商、价格、生产批号、生产日期、消毒灭菌日期等。

2020 年 6 月，国家卫健委、公安部等 9 部门发布《2020 年纠正医药购销领域和医疗服务中不正之风工作要点》明确，严肃查处收取医药耗材企业回扣行为。同期，国家药监局再次下发《医药代表备案管理办法（试行）（征求意见稿）》；国家医保局连发《医药价格和招采信用评价的操作规范（征求意见稿）》和《医药价格和招采信用评级的裁量基准（征求意见稿）》2 份文件，倒逼行业净化升级。

在新医改的背景下，以物品规范化、物流效率化、业务均衡化为原则的 SPD 供应链，如何将原来由物品管理部门负责的进货管理、在库管理、运送管理和消费管理等事务进行统筹规划；如何在信息一元化支持下，减轻管理部门的业务负担，提高物流效率，降低管理成本；如何实现供应管理、过程管理和终端管理的全程智能化管控，值得进行深入探讨。本文以上海市三甲医院为例，分析在新医改与防疫背景下，降本增效导向的 SPD 供应链创新服务如何应用于医院的实践。

本文的研究具有如下两个方面的意义：

（1）在供应链管理理论的基础上，通过梳理 SPD 模式在医疗机构中的实践应用，将供应链管理的思想贯穿到医疗物流活动中，整合形成一种基于医疗供应链的医疗物资管理模式，丰富了医院物资管理理论的内容；针对医院 SPD 供应链管理控制问题，本文从目标导向、风险防控的角度进行系统、深入的研究，探讨 SPD 供应链降本增效的实际效果。总而言之，本文的研究对于丰富医疗卫生领域物流管理理论，拓展医用物资物流管理研究的思路和建立现代医疗物流管理的理论与方法体系具有重要的理论意义。

（2）研究医疗 SPD 供应链的建设现状以及降本增效的效果对于促进先进供应链管理理论在医疗卫生领域中的应用、优化医院卫生资源配置、降低医院物流成本和提高医院的竞争力等方面具有重要的现实意义。一方面，实现了医院医疗物资全供应链的运转实时可视化以及耗材的全程追溯和精确管理。能够提升医院药品和耗材的供应链管理质量，合理分配资源，降低采购成本，减少医院采购风险，提高资金使用效率。另一方面，该模式通过促进医院诊疗流程的优化，在减少医护人员工作任务、方便患者就医、减轻患者经济负担方面也有一定的实践意义。

二、概念界定

1. 医药物流

医药物流在现代医院管理中拥有战略性的重要地位，几乎涵盖了医院所有业务部口的日常作业和管理活动。比如，医院文件档案传输（病历、医生处方、检验报告单、医疗收费单据、账目等）、医用物资传送（药品、药械器材、无菌医用材料、手术器械等）、医用标本送达（化验标本、病理标本等）、医院后勤部口的采购、装卸搬运、储存保管、供应等保障活动。医院位于医疗供应链终端的节点。医药物流主要以内向物流为主，涉及医院办公用品及医用消耗物资的采购、供应、库存管理、消耗废弃物处理等内向物流过程。

2. 供应链管理

供应链是围绕核心企业，通过对信息流、物流、资金流的控制，从采购原材料开始，制成中间产品以及最终产品，最后由销售网络把产品送到消费者手中，将供应商、制造商、分销商、零售商，直到最终用户连成一个整体的功能网链结构模式。供应链不仅是一条连接供应商到用户的物料链、信息链、资金链，而且是一条增值链。物资在供应链上因加工、包装、运输等过程而增加其价值，给供应链上的相关单位都能够带来收益。

供应链管理则是对供应链中的物料流、信息流、资金流、业务流以及贸易伙伴关系等进行的计划、组织、协调与控制一体化管理过程，是对整个供应链系统进行计划、协调、操作、控制和优化的各种活动和过程的总称。其目标是将正确的产品能够在正确的时间，按照正确的状态送到正确的地点。并使总成本最小，客户服务最优。供应链管理是一种集成的管理思想和方法（见图1）。

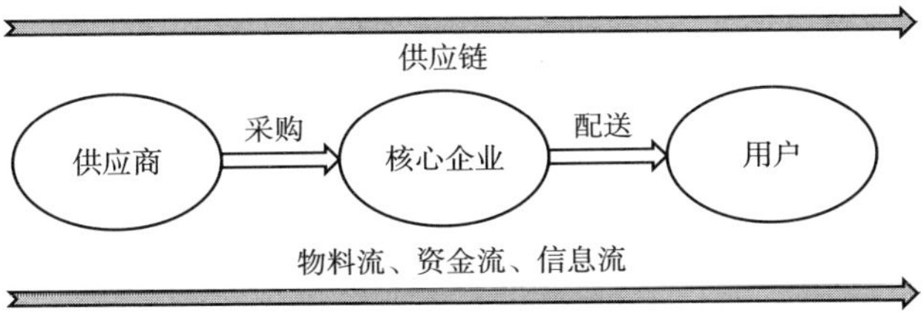

图1　供应链模型

3. SPD 模式供应链

SPD 模式是在供应链一体化思想的指导下而产生的。在医疗物资管理中，SPD 模式通过整合医疗物资内外供应链上的核心成员，充分利用供应链效率的协同优化功能，对医院医疗物资进行统筹管理，达到管理效能的提高。SPD 供应链服务即站在医院角度通过运用统一编码，借助现代化的物流手段实现医用材料的标准化管理；通过业务效率化，正确化，透明化，实现成本管理；通过向多家客户的集中采购，灵活运用数据库分析，形成采购配送及独家供应的优势，从而使医院和公司双赢的服务模式。该模式是一种由医院物流管理部门主导的、基于信息和物流技术的全院耗材一体化管理模式。在该模式下，其中 S（Supply）代表供应管理环节；P（Processing）代表库存/加工管理环节；D（Distribution）代表配送管理环节。针对目前大多医院注重管理过程单一环节管理的局限性，SPD 模式综合考虑了医疗物资在医院流动过程各环节中的特点、运作规律以及其间的相互联系。在物流和供应链管理理念和技术的辅助下，对传统的医疗物资物流系统进行优化和流程再造，是一种适用于当前社会和医疗背景的管理模式。如图 2 所示。

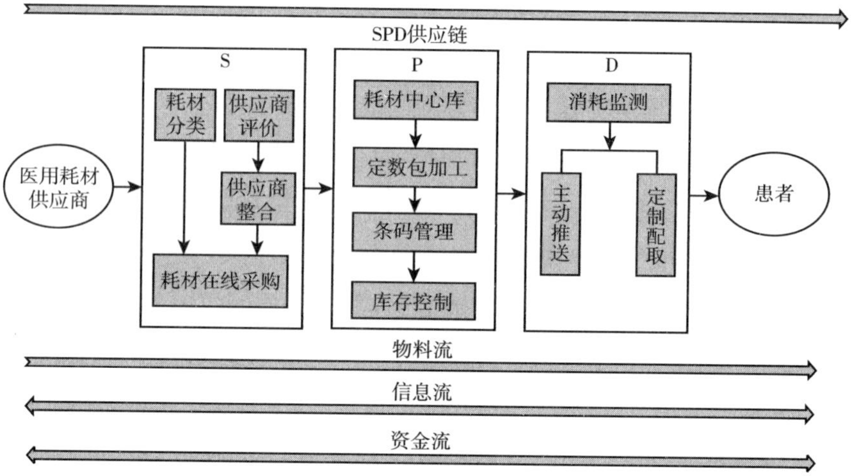

图 2　SPD 供应链

（1）供应管理（S）。在供应管理环节，SPD 模式主要采用耗材在线采购、耗材分类、供应商整合和供应商评价四个方法进行优化。①耗材在线采购：通过建立耗材供应采购平台，对供应商实行耗材、货款和发票的线上管理，实时查询订单的核实与接收、货品的配送、货款的状态以及发票的进度等信息。②耗材分类采购：对耗材进行分类。针对具有不同消耗特征的耗材分别实行不同采购策略，以实现采购资源的有效配置和采购效率的最大化。③供应商评价：在考察医用耗材供货及时性、安全性、产品质量等评价指标的基础上，构建医用耗材供应商评价体系。通过对供应商的客观、有效评价，科学选择可靠供应商进行合作。④供应商整合：通过实行相对集中化的供应链管理，减少医院采购人员繁多的采购作业内容，提高对于供应商的议价能力，促使医用耗材供应商提供更有价格优势的产品。

（2）库存/加工管理（P）。在库存管理环节，SPD模式主要通过采取设立中心库、定数包加工、条码管理和库存控制四个措施对库存进行优化。①设立中心库：建立耗材中心库房，处理医用耗材的入库、短期存储、加工等事务。②条码管理：医用耗材入库时附条码，库管人员根据货架上的货位标签扫码表示上架。在定数包/手术套包加工时再次附条码，库管工作人员根据科室/手术室的计划单对包裹扫码表示消耗。③定数包加工：根据医院各科室消耗规律，将所需的医用耗材制成方便取用和消耗统计的耗材定数包进行管理。对于手术耗材，根据临床医生习惯和手术特点制成含有多种耗材的手术套包。④库存控制：在历史消耗信息分析的基础上，建立医用耗材库存控制协同优化模型，明确各类耗材库存管理的最佳补货点、补货量等信息，实现对医用耗材库存水平的有效控制。

（3）推送管理（D）。在推送管理环节，SPD模式主要采用消耗监测、主动推送模式和定制配取模式三项技术。①消耗监测：建立医院内部物流的精益化管理平台。借助信息识别技术，对院内医用耗材的运作过程进行监测，实现医用耗材库存水平的实时全程追溯。②主动推送模式：在库存水平监测和分析的基础上，根据科室实际消耗情况安排人员对医用耗材进行主动推送和科室库上架，减少医务人员对耗材的管理工作。③定制配取模式：医院安排库管人员负责手术耗材的加工和作业。根据安排的手术计划制作手术套包，不同术式的套包在手术前由巡回护理人员取用。

三、文献综述

1. 供应链管理的研究

1995年沃尔玛等公司联合提出了协同计划、预测与补给（collaborative

planning forecasting and replenishment，CPFR）的协同式库存管理技术。即在供应链的运作过程中，应用一系列优化理论和技术，对供应链上各个成员和各个节点的运行进行交互管控；对供应链上的资源和数据进行信息共享。通过共同参与管理过程改善供应链成员伙伴关系，提高供应链效率、减少供应链库存。作为供应链协同管理的一部分，库存协同优化主要侧重于具体的库存问题。即通过使用供应链协同相关方法和技术，协同供应链上下游成员、协调供应链各环节共同参与解决库存管理问题，以提高整个供应链的库存管理绩效、降低库存成本、提高响应速度。

对医疗卫生领域供应链管理问题的研究最早主要着眼于医用物资的补货策略。达勒姆等（Durham et al）在 20 世纪 70 年代提出运用订货点订货法处理医用物资的补给问题，在医疗物资的库存量消耗到订货点时再发送订单。这类方法在早期医用物资粗放式管理的环境下，对于解决需求随机的医疗物资库存问题具有较好的效果。之后，李威等（Liew et al.，1984）在此基础上进一步优化，提出了系统性的医用物资管理系统。通过耗材分类、订货量、订货点等方面的优化，降低医用物资的物流成本。随着社会和经济的发展，20 世纪 90 年代的物流管理理论也逐渐得到了丰富和发展。部分学者开始将以供应链管理为代表的先进的物流管理思想引入到医疗领域中，通过与供应商合作、业务流程重组等方法研究医疗供应链的效率和成本的优化。

医用物资需求不确定的特点是医疗供应链库存成本高居不下的主要原因。众多学者指出医用物资需求的不确定，主要是由于患者就医（包括患者就医规律、个体特征和病情的复杂性等）的难以预测性。但是，由于医院与供应商的供货协议一般都是建立在较小供货量的基础上，为了保证医院的临床需求，准确地对需求进行预测对于医院采购管理者来说至关重要。阿雷克（Haavik，2000）提出了医院与供应商共享需求信息。如实行供应商管理库存（vendor managed inventory，VMI）模式来进行需求预测和采购订单制定。针对医疗物资的预测方法研究，目前的研究包括时间序列预测技术、数据挖掘技术和智能算法技术等方面。

在时间序列预测技术方面，邓险锋（2012）针对医院注射器的库存需求预测问题，提出了基于季节指数平滑法和 ARIMA 法的联合预测模型。结果显示该预测模型较单独的预测方法能得到更好的预测效果。周颖等考虑到单项预测模型预测的局限性，将二次平滑指数模型和灰色系统模型结合在一起，建立了医疗物资组合预测模型。对比各类模型的预测效果后，发现组合预测模型在误差减小方面有一定的优势。

在数据挖掘技术方面，拉莫斯等（Ramos et al.，2016）利用数据挖掘技术对与药品需求相关的变量进行分析，并依此建立了较为准确的药品需求预测模型。该模型可将预测误差降低到5.78%以下。为预测不同类别药物的需求情况，采用关联规则和预测算法相结合的数据挖掘技术对药品使用数据特征进行分析，比较了回归方法、人工神经网络方法和决策树方法在药品预测效果之间的差异（Ghousi，2012）。

采用智能算法技术用于基于需求预测的补货问题研究，主要体现在遗传算法和神经网络算法等的改进和应用。为降低多级库存供应链总成本、降低牛鞭效应，提出采用遗传算法预测需求量，并依此对各级库存的订货量进行合理安排，结果有效降低了总成本，保证了订单曲线的平稳（Liang et al.，2006）。基于供应链的计算机化预测系统，采用线性因果预测模型，并采取引导遗传算法（GGA）确定预测模型的系数。GGA采用带有惩罚系数的适应度函数和种群多样性指数（PDI）克服了算法的早熟收敛；比较分析发现该算法较传统遗传算法和回归分析法，具有更好的预测精度（Jeong et al.，2002）。何（He，2013）针对传统BP神经网络算法预测库存水平收敛速度慢、预测精度低的缺点，提出了一种改进的快速收敛的BP神经网络库存水平预测模型。通过增加误差偏移，推导出新的链传播规则和新的权重公式。在与其他算法的对比中，该模型在库存水平预测收敛速度和预测精度方面得到更好的效果。

2. SPD供应链的相关研究

具体地说，SPD模式是一种由医院物流管理部门主导的、基于信息和物流技术的全院耗材一体化管理模式。目前国内关于SPD供应链的研究还处于起步阶段。大致可以分为两类，一类研究从管理流程、实施效果、运行效率等方面，将传统供应链与SPD供应链进行了综合比较。认为采用SPD供应链对医用耗材进行科学管理是大势所趋，能够提升医疗质量，提高运行效率，降低潜在风险，控制物流成本。王欣等（2017）、吴庆斌等（2019）结合实际案例，对SPD供应链的关键环节进行了剖析，并且对比了SPD供应链实施前后的工作效率和配送准确率。许翔、王伟明（2017）提出医院的传统物流管理在“采购—入库—药房—病区—患者”这一流程中存在若干问题。通过比较SPD供应链在药品、耗材、试剂等方面的成本量化控制效果，表明SPD供应链模式的采用提升了医院药品和耗材的供应管理质量。供应链管理可以协助医院处理日常事务，最大限度降低人力成本和财力投入，合理分配资源，降低采购成本。然而SPD供应链的引用也导致了诸多医院业务模式的变化，使得医院面对的主要业务风险也发生了变化。吴涛等（2018）从风险管控视角切入，讨论如何构建项目风险监控指标框架，以应对SPD项目中可能存在的资质能力风险和道德风险。宣嘉等（2017）、赵慧英等（2019）从内部控制与风险防范的角度出发，在对风险进行系统分析梳理的基础上，指出需要加强对供应商的考核、明确权责分工、管控信息安全风险等措施。

另一类研究关注了SPD供应链的供应商选择与绩效评价。夏培勇（2018）在对比传统的医院主导型传统物资供应链管理模式与新型供应链SPD第三方物资管理模式的基础上，梳理出医院新型供应链SPD管理模式下的关键环节风险，提出了以“基础管理评价、配送工作评价、结账管理评价”为核心的考核指标。申帅帅、刘军（2019）结合A医院药品管理的SPD供应链实践经验，构建了以“成本控制、效率提升、药品供应、质量管理”为一级指标的指标体系，对其效果进行评价。

总体而言，关于供应链管理理论和SPD供应链的风险分析、考核评价等，现有研究取得了一定成果。但是在以下方面还存在较为广阔的研究空间：（1）缺乏对SPD供应链嵌入医疗机构运营流程的深入探讨。在国家新医改和防疫减灾的大背景下，SPD供应链如何更好地嵌入医疗机构的运营管理，以发挥其降本增效的功能，值得进一步探讨。（2）关于SPD供应链降本增效的效果研究有待完善。SPD供应链服务对于医院降本增效的实际效果如何，需要进一步探讨。

四、SPD供应链应用现状及问题

1. SPD供应链的应用背景

在宏观政策的影响下，结合我国医药行业竞争发展趋势及发达国家的医疗材料服务案例的基础上，A医院从资金流、物流、信息流三流出发，以降本增效为导向，构筑新型的价值链服务体系。在原有物流延伸的基础上创新推出医院物流智慧供应链服务模式，即医疗耗材的集中供应模式（SPD模式）。SPD 模式通过搭建 A 医院耗材供应链管理平台，将耗材流通企业的现代物流信息系统与医院的业务管理系统通过接口程序进行数据对接，以先进的物流信息化手段为工具，将 A 医院全院的耗材物流纳入统一平台下进行管理。从而优化整条耗材的供应链条，降低整个链条中的流通成本，进行耗材链条全程追溯，提升安全保障，而且符合医改政策方向，最终实现医院、耗材供应企业以及患者三方的共赢。

2. 应用 SPD 供应链的驱动因素

一是宏观政策背景的变化。从近年来一系列新医改的政策文件可以看出，政府对于医疗耗材的质量、管理、价格等方面做出了明确的指引。这一系列政策组合拳对于医疗耗材的管理及商业体系产生了较大的变革。产品推广盈利时代已经逐步淡去，服务付费逐渐兴起。

二是医院运营所面临的种种困境。对于医院来说，医院的医疗耗材从原来高盈利产品，变成了低盈利，甚至成本产品。医院原先的耗材管理部门渐渐从盈利中心变成了成本中心，从“经济效益型”向着“管理服务型”进行转变。在医院的运行实践中，还存在若干痛点亟须解决。首先，医院面临着成本费用计提的难题。要运用信息系统解决痛点，必须让费用结算系统与其他系统对接。目前，医院有许多信息系统，但都是一个个的信息孤岛，之间没有连接。这种情况下，医疗机构很难达到降本增效的目的。其次，收费耗材的管理成本较高。医院让护士做管理比较困难。如果专门组建团队来做二级库管理，也会造成额外的成本。最后，大量的往来票据核对需要大量人力。这与收支匹配紧密联系，如果实现票据电子化，则可以解放劳动力，提高运营效率。

三是医药供应商面临转型的压力。对于医药供应链行业来说，医药供应链企业对接上游的医药生产企业与下游的医疗机构，是整个流通供应链的关键环节，肩负着优化供应链管理的责任和使命。在传统医用耗材管理模式日益不能满足需求的现实情况下，供应链企业也需要寻找新的供应链管理模式和利润增长点，以帮助医院实现信息流、物流、资金流的整合，提高医用物资管理效率，从而巩固渠道、扩大市场、实现利润。当医院产生引入 SPD 供应链的需求时，SPD 供应商的技术手段是保障，从而实现技术与客户的需求共生。

五、A 医院 SPD 供应链建设的案例分析

（一）SPD 供应链设计思路

在对医院需求进行分析的基础上，确定 SPD 供应链的设计目标为：以保证医疗质量、精准服务临床为前提，通过全员参与、管控细化、流程优化、制度完善、持续改进等，进一步缩小医疗费用对耗材成本的补偿缺口（减少浪费与损耗），提高国有资产使用效率和医院管理内涵质量（见表 1）。

表 1　　SPD 供应链服务项目及内容

供应链项目	项目内容
SPD 库房	a. 由 SPD 供应商进行日常运营管理，保证向门诊住院药房及各大病区智能管理柜及时配送； b. SPD 药库的耗材所有权归各供应商，医院药房申领送达签收后所有权转移至医院； c. A 医院负责对 SPD 药库及 SPD 供应商进行监督管理
临床科室二级库	a. 医院门诊药房自动化设备由 SPD 供应商协调医院进行选型采购； b. 门诊药房发药业务仍由医院自行管理；SPD 供应商只管理门诊周转药库和及时向自动化设备补药； c. 耗材通过扫描条码或 RFID 感应收货，药库耗材进入门诊药房，药房药师确认收货后，物权由各供应商转移至医院； d. SPD 供应商负责在门诊药房实施定数管理，掌握门诊消耗，主动补货
人员管理	a. 医院原药库、住院药房、门诊药房人员仍由医院自行管理； b. SPD 供应商派往医院的相关工作人员由供应商聘用考核，A 医院监管
院内 SPD 物流信息系统	a. SPD 供应商负责建设供应链管理平台，协调医院及各配送企业接入供应链管理平台； b. 医药提供定制化的院内物流信息系统，支持医院耗材流通环节中的各项应用需求； c. SPD 供应商对院内物流信息系统的上线实施与后续运维

（1）搭建供应链管理平台。实现医药流通企业的物流管理系统与医院业务管理系统的数据对接，实现信息流的通畅无阻，有利于上下游的协同管理。

（2）建设 SPD 服务物流中心。供应链服务企业管理该院药库 SPD 中心入库、在库及出库作业，负责库存管理，将耗材结算延伸至医院二级药房，实现医院药库零库存管理，减轻耗材资金压力。

（3）完善医院信息系统，实行全程条形码化管理，全程监控耗材信息，

以保障用药安全，便于追溯分析。

（二）总体框架（见图3）

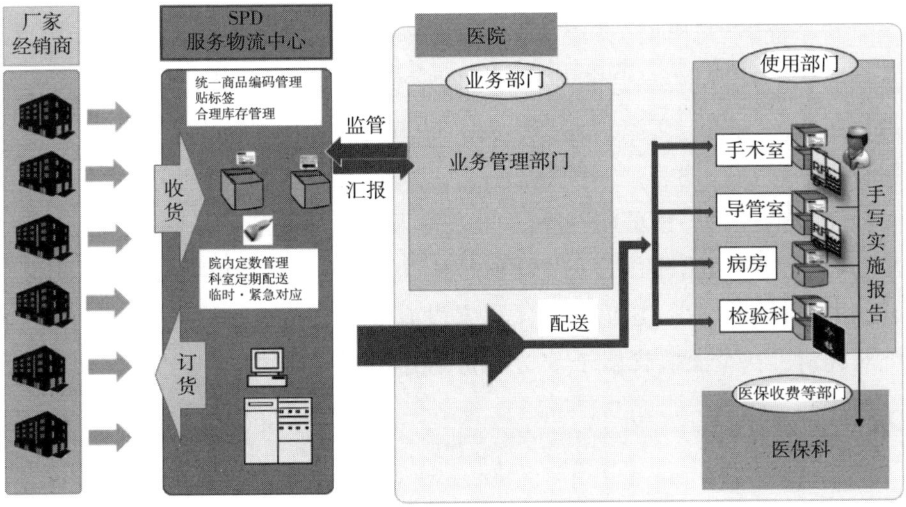

图3　A医院SPD供应链设计总体框架

（三）前期准备

为确保工作顺利推进，医院首先明确了SPD供应链管理的领导协调机制。组建了由总会计师牵头，医院装备科、财务部门、信息中心、护理部及手术室等相关部门，以及外部信息技术专家等共同组成的“SPD供应链管理小组”。由院长担任第一责任人，确保在制度引导、资源保障、协同推进等方面加强统筹协调和督查落实。

同时，明确了医院领导班子、相关职能部门和临床科室在SPD供应链管理工作中的职责权限。例如，由总会计师、财务部门负责起草、把关管理框架，修订现有耗材管理制度；护理部及手术室对供应链管理提出应用需求和改进建议；装备科等科室协助开发耗材编码信息字典，完善医院现有科室、人员字典，组织供应商编码信息字典及“二维码”开发；信息中心负责组织软件服务商，实现不同信息系统之间的对接共享等，以实现“物资管理、操作流程、数据采集及分析”等多个系统的协同管理。具体包括：耗材“二维码”标签开发；采购、消耗、盘点等环节的物资管理；耗材、患者信息等数据的采集和传递；成本的归集和统计等（1：生成条码；2：采购入库关联；3：收费关联；4：成本归集统计）。

在选择SPD供应商的过程中，医院采取服务外包（软件外包，供应链配送服务外包）的方式，引入专业SPD服务商提供技术支持。对满足条件的服务商进行全面调查评估，在综合考虑专业资质、技术实力、履约能力等多项指标后，慎重选取多家服务商共同组建耗材信息化服务团队，承担不同分工。随后通过深入沟通与交流，多方达成医院SPD供应链的设计与实施方案（含上线计划、培训计划等），并明确进度安排以及监督保障机制。

对于高值耗材，该部门在手术间派专人进行管理。临床科室独立进行交货、验收、入库、出库，收费。耗材是独立循环；对于低值耗材，则采用“以领代销”的模式。医院几乎对临床科室没有监管。由于医院人力资源的局限，如何对耗材进行全面监管属于SPD供应链建设需要解决的问题（见图4）。

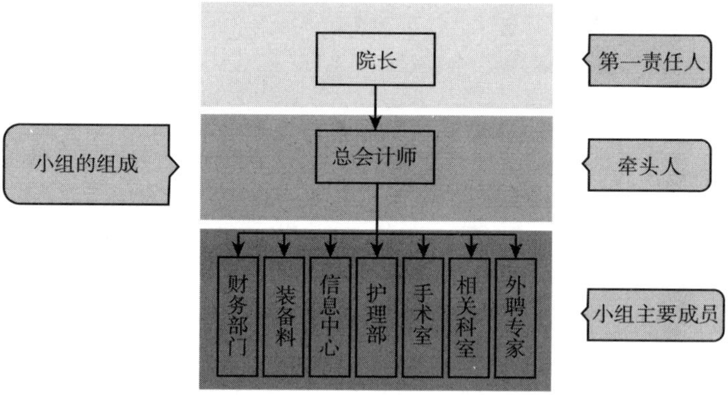

图4　SPD供应链管理小组架构

（四）SPD供应链的建设过程

1. 建立供应链基础数据管理平台

建立各医药流通企业与A医院间的供应链管理平台，将各耗材流通企业物流管理系统（WMS）与医院业务管理系统（HIS）对接，实现上下游不同企业系统间的数据共享。通过该供应链管理平台，医院可获取来货电子数据，实现移动设备扫码收货，是整个医院供应链条条码化的起点。

在医院供应链内部，需要对耗材进行分类编码。首先，确定耗材编码范围，包括收费材料、第三方寄售的收费材料、非收费一次性材料、可重复使用的易耗品材料等；其次，制定院内“二维码”标签生成规则。建立医用耗材物资字典全覆盖，保证标签的可读性和唯一性；最后，在此基础上，形成适用临床使用、医保报销、药械收费、招标采购等各项业务活动的编码目录。例如在资产代码拆分过程中，医院装备科与耗材供应链外包服务商进行对接。以人工晶体为例，将医院原 200 多个品规代码细分至 5 500 多个品规，总体拆分后达到 9 000 余个资产代码（见表 2）。

表 2　医用耗材信息化管理统一编码实施概览

分类 数量/占比	收费 材料	第三方 收费材料	非收费 一次性 材料	可重复使用 易耗品材料 （静态码）	合计
编码数量（个）	369	5 689	854	2 351	9 263
占比（%）	4	62	9	25	100

2. 建立 SPD 服务物流中心

按照现代物流理念对 A 医院进行升级改造，实施货位管理，实现信息无纸化作业。送至 SPD 服务物流中心的耗材库存归各配送企业所有。当耗材被二级库房领用后才发生物权转移，进行支付结算。供应商派驻医院的工作人员，负责医院耗材的入库、在库养护、拣选出库配送及定数管理并配合医院装备管理部或者资产管理部的工作。SPD 服务物流中心也作为整个医院 SPD 物流的指挥中心，为下一步向二级库房及病区延伸打下坚实基础（见表 3）。

表 3　确定业务流通主要媒介——“SPD 二维码”管理

标签类型	说明
SPD 物流标签	a. 物流标签包含商品生产厂家、品名、规格、型号等静态信息与 SPD 编号、产品批号、有效日期等动态信息； b. 标签是产品在耗材供应链中的唯一标示
HIS 收费标签	a. 医院 HIS 通过扫描收费标签替代原先电脑输入计费的动作，减少漏收费，精确计费准确率； b. 收费标签与物流标签一一对应，可做到产品追溯

3. 二级库房进行定数管理

定数是指 SPD 供应商与各科室的负责人一起商讨后确定定数商品的规

格、数量。首先是设定基准。对1个月内需多次使用的医疗耗材（定数）数量设定一周的量。另外，若科室二级库房面积狭窄，还需要分析出最小量库存。在帮科室设定出最低限定数的基础上，再通过增加配送次数等方式来满足科室需求。配送频率基本上采取每周/1次配送方式。例如，通过数据分析，将B科室的产品分为定数及费定数。定数可理解为有使用规律可以自动补货的，每个月使用1次以上。结合科室使用规律、二级库存储条件、国药配送周期，定制出所有产品在B科室的定数。也就是第1次在科室的铺货数量。然后在下一次补货之前为科室统一收集消耗的标签，统一扫码确认使用产品的数量，提供补货服务。区别于以往的低于警戒线补货，SPD供应商根据消耗补货，补足定数上线；并且定数值在初期可以调整。每次补货科室存量过多或者过少，都表明定数设置不合理，可根据当前实际情况调整。

SPD服务物流中心进行各耗材定数的调研、设置及维护。在库房拣货出库环节做好定数关联，送至各二级库房。二级库房消耗后，SPD的库房配送员及时回收扫描定数卡片，获取需要补货数量生成出库订单。循环往复，通过定数使医院供应链条更为透明，各二级药房不再需要做申领计划，减轻了临床科室的工作强度，提高了工作效率。院内的耗材供应模式从传统的“临床申领→库房发货”的模式转变为“SPD系统把握临床消耗→SPD中心主动配送”的模式，也是医药物流供应链的进一步延伸（见图5）。

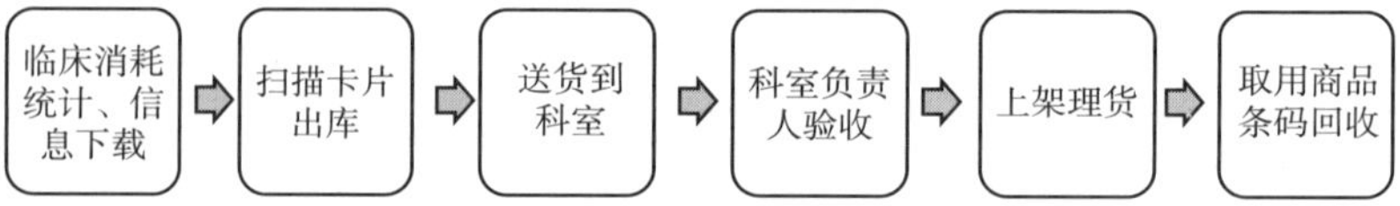

图5　定数服务模式——产品主动配送

4. 提供手术室耗材套包服务

耗材套包服务流程如图6所示。由SPD供应商第三方人员派驻辅助管理。具体包括以下职责：每天根据手术排期，配置耗材清单（包含普通耗材、收费材料、骨科工具等），提供耗材组合打包服务；打包耗材贴码装箱，根据当天手术排班装车；已使用产品术后确认消耗、计费、结算；未使用产品走逆向流程退还。

通过分析所有手术分类，进行详细调研，确定手术套包内容。一方面，突出减轻手术室术前准备的时间。医护人员不需要在二级库里面拣耗材，可

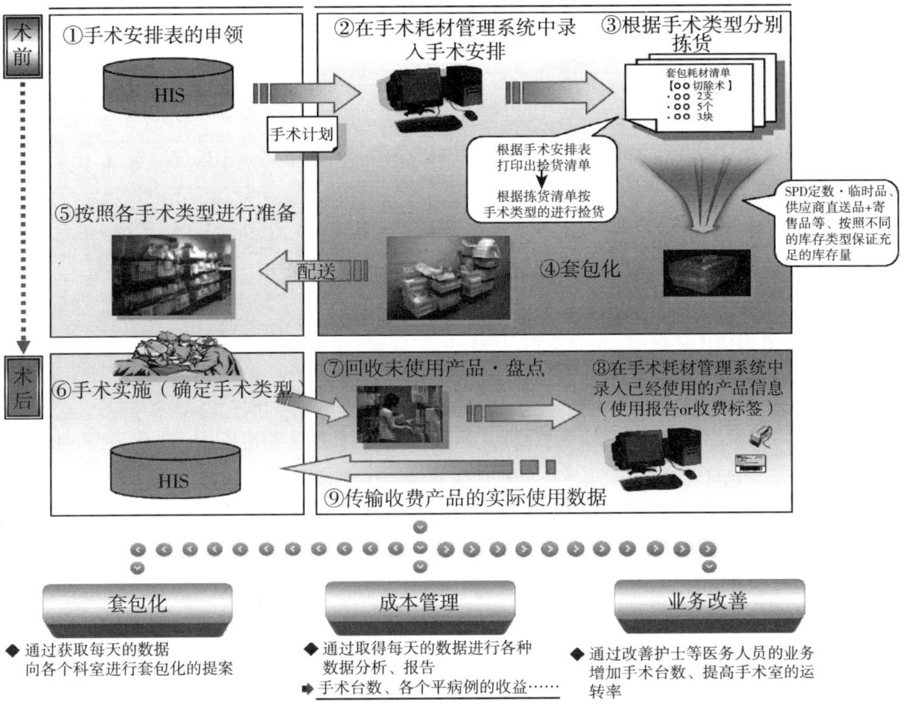

图 6　耗材套包服务流程

以直接领用套包，提高准备效率；另一方面，不需要针对耗材逐个计费，可以直接扫套包码与患者绑定，提高计费准确率。

（五）SPD 供应链服务商的服务模式

（1）集中集约的采购配送服务。为医院提供所有医疗用品的集中采购配送服务。产品包含一次性医疗耗材（普通医疗耗材、植介入耗材）和总务耗材（办公、五金、印刷品、电脑耗材、被服等）。通过集约化的采购加强院内医疗耗材渠道管理。将医院从原先一对多的采购模式转为一对一，承担产品第一道质量风险；产品配送至临床科室，减轻医院原先配送的负担，大大降低院内人员在耗材服务上的工作。

（2）库房委托管理服务。提供医院仓库全托管服务，承担仓库前期装修、改造，如摄像监控、防盗设施、流程标识标牌、温度监控等；承担库房标准流程化设计、日常运维工作；承担医院一级、二级库库存资金，通过一体式采购、条形码技术实现医院院内耗材零库存管理。

（3）人员派驻管理。在医院内建立一支专门为院内医疗耗材服务的团队，将原先的耗材管理人员和护理人员从烦琐的耗材管理工作中解脱出来。服务团队包括物流主管（仓库工作整体协调、供应商协调，承担仓库内部管理，协调人员工作，处理各种应急情况），专职采购、订单专员（负责医院的耗材采购、临床需求订单处理工作，同时兼顾质量控制，负责产品验收、入库储存、运输及质量追溯）、仓储物流专员（负责医院的仓库管理、收货、理货发货、盘点、配送等）。

（4）信息化建设。为医院建立一站式采购服务平台，通过二维码技术完成从申请、审批、采购、验收、统计、汇总等全程信息化服务。将条形码技术运用到供应链管理的各个环节中，实现从物流配送的源头直至产品最终的全程条码化、可视化管理，承担前期信息化投入的软硬件费用及后期的运维。

（六）SPD供应链的工作流程（见图7）

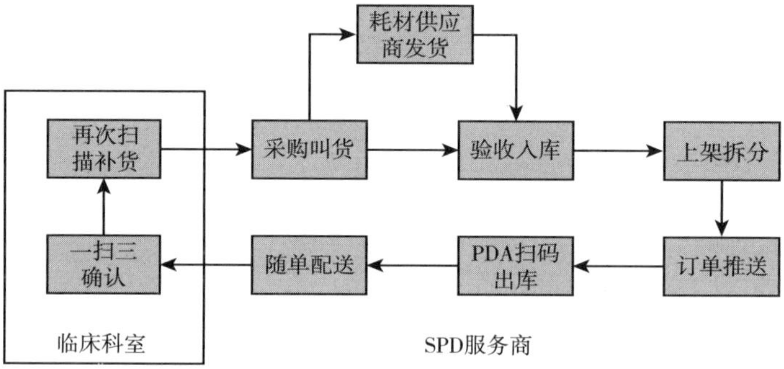

图7　A医院SPD供应链的工作流程

采购叫货：SPD供应商根据临床需求向耗材企业进行采购。

验收入库：供货商送货到医院仓库，医院装备科进行验收（验收方式：低值耗材——敲章；高值耗材——扫码）。

上架拆分：SPD人员进行分拆、摆放。

订单推送：临床科室提出申请、SPD仓库接收打印。

PDA扫码出库：SPD人员取货，扫码出库。

随单配送：SPD人员配送耗材到临床科室。

一扫三确认：临床科室的二级仓库扫码收货，扫订单，扫耗材上的二维码，在系统中核对。

再次扫描补货：二级仓库每周末进行盘点，扫描二维码进行补货申请。

（七）SPD供应链应用的初步成效

1. 实现耗材管理成本控制

将院内所有耗材纳入信息化管理。医院实时掌握耗材状态，强化高值耗材的动态追踪，弥补低值耗材管理的不足。实现了耗材全面管理，避免管理真空造成资产损失。采用预入库的方式，及时采购入账，同时实施耗材全生命周期系统记录。可以有效减少记账差错，精确记录耗材成本，确保账实相符。而系统实时盘点还将大幅降低人力成本（如传统人工晶体盘点细化到度数，工作烦琐），提高管理效率，综合控制耗材相关成本。

实现一码一物，解决了收支不匹配的问题。HIS系统与成本系统之间存在时间差，以及物流货票不同行的情况。这些问题在SPD供应链应用之后得到了解决。即使存在差异，也能够追溯到差异产生的原因，与明细得到匹配，确定出一个合理的差异区间。

2. 达到全程闭环信息追溯

通过各环节的扫描记录，医院实现了耗材从厂家到患者的信息记录，实现了耗材名称、规格、批号等物资信息和科室、患者等人员信息的追溯跟踪，确保耗材管理全过程有迹可循。同时实现物资管理、医疗差错、管理失误等责任到人，加强医院各条线的担当意识，激发临床科室和职能部门参与管理的主观能动性和积极性。

3. 促进业务内涵质量提升

借助财务信息化，有效控制成本，推动耗占比下降，为医改进一步深化留出空间。耗材消耗情况的自动归集统计，为使用部门生成独立的进销存报表、形成病种大数据，为科室成本核算、单病种收付费结算和DRGs收付费结算夯实基础，提供客观准确的数据。同时，以耗占比、定额管控为基础，将进一步深化全面预算管理，提升公立医院综合绩效考评水平，提高医院管理的内涵质量。

供应商先行提供发货清单，尽量节约验收环节的时间成本，提高了效率；对医院来说，只需要负责收费环节，提高了运行效率。在实施SPD定数管理后，耗材申领件数在整体上有了明显下降，减少了耗材申领业务量。在JITS

定数实施前，平均每月申领 17 823 件；然而实施后降为平均每月 519 件，降低了 97%，大大减轻了临床科室非医疗业务的工作量。

4. 规范业务操作

通过医院财务科、设备科、信息科、临床科室以及 SPD 服务商的通力合作，编写了《耗材 SPD 岗位操作说明书》。将工作流程中所涉及的工作岗位、岗位职责、运营规则进行了总结归纳，便于实际工作的推广与应用。此外，医院抵御突发情况冲击的能力增强。SPD 供应链平台相当于把库存放在了临床，降低了医院中心库的存货压力。例如，新冠肺炎疫情发生后，由于有 SPD 供应商的供应链平台，医院库存与往期相比基本没有变化，能够满足临床的需求，弹性应对。

六、SPD 供应链建设的相关建议

（一）SPD 供应链成功的关键因素

（1）充分细致的前期准备工作。前期基础工作铺垫能够增进全院对 SPD 供应链的认可度。前期统一细致的规划对于后期 SPD 供应链的顺利运行也是十分重要的。例如，线上管理是要从使用者的角度出发，服务临床导向。在耗材上贴码的位置要有讲究，不能贴在封条上，不能挡住关键信息，甚至选择哪一种贴条形码的纸都需要细致地考量。

（2）领导的支持与全院的重视。领导的支持与全院的重视是 SPD 供应链建设成功的重要保障。从医院运行、财务管理的角度来看，实施 SPD 供应链是十分必要的选择，但是会增加各个临床科室的工作量。因此需要强有力的领导组织来统筹协调。只靠单一装备部门是很难推进的。例如早期的定数试点，需要保卫部门、后勤部门等配合，领导牵头能解决很多问题。

（3）选择经验丰富的供应链服务商。SPD 供应链服务不仅是一项软件系统，而且还是一系列经过整合的服务。国药菱商作为专业的 SPD 供应链服务的提供商，结合自身丰富的工作经验，能够较快地建立起适应特定医院的 SPD 供应链，提供个性化的服务。

（二）医院运营管理的未来展望

（1）多维度的医院运营管理目标。医院运营管理的目标不仅是成本控制，还包括公益性、医疗质量。核心在于"平衡"客户价值与医院成本，使不同的医院战略目标相互融合，让成本管理为医院战略发展服务。由上到下实现精细化控制，提高医院核心竞争力，使医院在激烈的竞争环境下朝着公益性与效益性双赢的方向发展。

（2）合规性与透明度的监管日趋加强。随着疫情平稳，疫情防控常态化，医药反腐工作又被提到了议事日程。业内普遍认为，国家卫健委、国家药监局、国家医保局等医药监管部门陆续出台政策，新一轮的反腐合规监管将在全国范围内不断扩大。在外部政策监督不断加强的情况下，管理的合规和透明对医院运营管理十分重要。运用SPD供应链有利于数据透明，信息公开，从而增强医院耗材管理的合规性，避免违规风险。

（3）医院运营管理的降本增效导向。优化成本结构，提高效率效果是医院运营管理的最终目标。医院的运营管理则主要是根据资源和流程与成本和绩效的理念来进行的一种组织和评价系统。将医疗资源、设备资源等资源管理统一收归于集中的供应链管理部门，将人员的配备、医疗空间的使用、运营成本的监控以及耗材资源的管理、配送保障系统的整合进行科学的调配，能够大大提升医院的运营效能以及流程改善。

（4）信息化平台建设。SPD供应链使得医院内部数据的可靠性和相关性大大增强，有助于信息的交流互通。数据既要有内部之间的联通，又要与外部信息使用者的联通。客户的需求是多种多样的，SPD供应商需要做到与外部的信息沟通，寻求战略合作伙伴。建立SPD供应链信息平台，与客户的需求相连，这是SPD供应链发展的一个重要趋势。

课题负责人：闫美英　国药控股菱商医院管理服务（上海）有限公司财务总监，正高级会计师

主要执笔人：闫美英　国药控股菱商医院管理服务（上海）有限公司财务总监，正高级会计师

课题组成员：闫美英、张强、张胜、程明、董圆、池文英、许铭南、戴笑韫、胡静、冯晓程、马祁刚、罗齐、黄昭

A 医院引入 VMI 模式进行试剂管理的流程及成效

一、引言

《国务院办公厅关于推动公立医院高质量发展的意见》提出“力争通过5年努力，公立医院发展方式从规模扩张转向提质增效，运行模式从粗放管理转向精细化管理，资源配置从注重物质要素转向更加注重人才技术要素，为更好提供优质高效医疗卫生服务、防范化解重大疫情和突发公共卫生风险、建设健康中国提供有力支撑”的总体要求，并具体要求公立医院“强化信息化支撑作用，建立药品追溯制度，探索公立医院处方信息与药品零售消费信息互联互通”“健全运营管理体系、加强全面预算管理、完善内部控制制度、健全绩效评价机制”。《关于加强公立医院运营管理的指导意见》在总体要求和基本原则中指出，“完善管理制度、再造业务流程、优化资源配置、强化分析评价等管理手段，将运营管理转化为价值创造，有效提升运营管理效益和投入产出效率”。

2014 年，财政部发布《关于全面推进管理会计体系建设的指导意见》；2016 年发布《管理会计基本指引》。明确要求企业全面推进管理会计的信息化建设，实现企业的业务和财务有机结合，更要将管理会计运用到单位的各个领域和层面，发挥业财融合的积极作用。2016 年《会计改革与发展“十三五”规划纲要》进一步明确要求加强业财融合，充分发挥管理会计创造价值的作用。

从以上宏观背景可以看出，为推动医院的高质量发展，医院必须引入新的技术手段和管理模式，加强业财融合建设并改革原有粗放的管理和服务方式向精益化管理模式转型。

现代医学诊断越来越依赖于医学检验结果。检验试剂的消耗量不断增多，试剂成本所占医院运营成本的比例越来越高。同时由于检验试剂规格种类多、更新换代快、质量标准高、易于损耗，给试剂有效管理增加了难度，使医院试剂成本无法精确核算。目前，我国医疗单位的采购模式主要以临床科室报计划采购及管理为主。这种管理模式易造成试剂积压、过期及成本上升的现象。因此，建立业财融合视角下的试剂管理，是解决临床检验科室合理使用试剂的重要保障。在业财融合模式下，财务人员深入检验科等试剂业务团队，打破业务板块间、业务部门间的壁垒，再造试剂管理平台新模式。

二、探究 A 医院引入 VMI 模式进行试剂管理的流程

A 医院将供应商管理库存（vendor managed inventory，VMI）模式引入试剂管理。VMI 模式的应用使医院业务数据与财务数据通过信息化手段融合在一起，解决了“信息资源孤岛”问题，实现库存管理与财务管理的有效融合，全面提升了采购管理、消耗对账管理、预算管理、成本管理、发票管理的效率和效果，打通了医院线上和线下库存管理与财务信息自动归集、融合、共享、优化等业务流程，实现了医院管理的精细化目标（见图 1）。

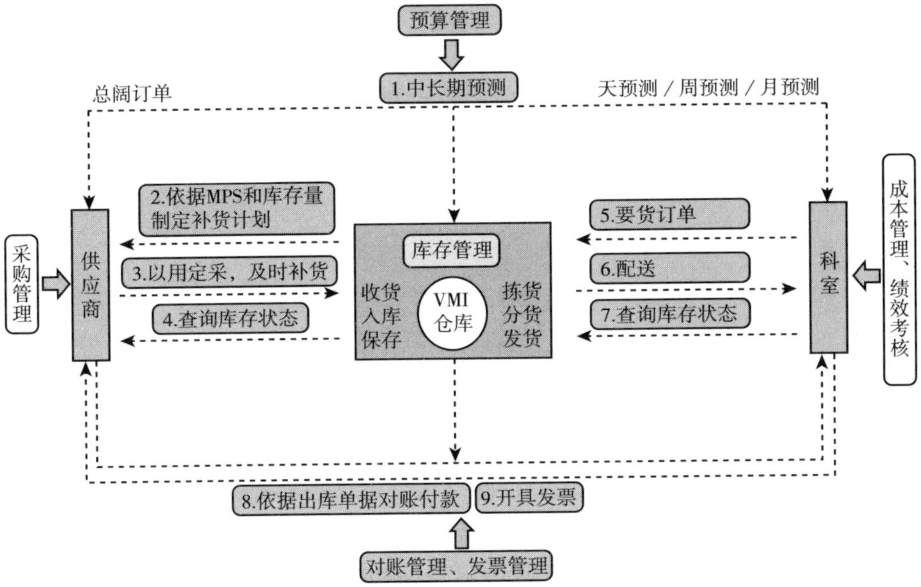

图 1　医院 VMI 模式

将 VMI 模式引入医院试剂管理主要通过两种方式实现：第 1 种方式是搭建 VMI 信息系统平台。VMI 平台对外连接供应商供应链端口；对内连接医院物资管理 HRP 系统，业务生产 HIS 系统，财务系统（见图 2）。VMI 信息系统平台一般部署在云端或者公网上，供医院、供应商、服务商登录使用。这种方法下，外部供应商供应链端口与 VMI 信息平台链接，没有直接与医院内部系统对接。因此数据比较安全，对内部系统的影响较小。但是 VMI 平台建设工期长，建设难度大。

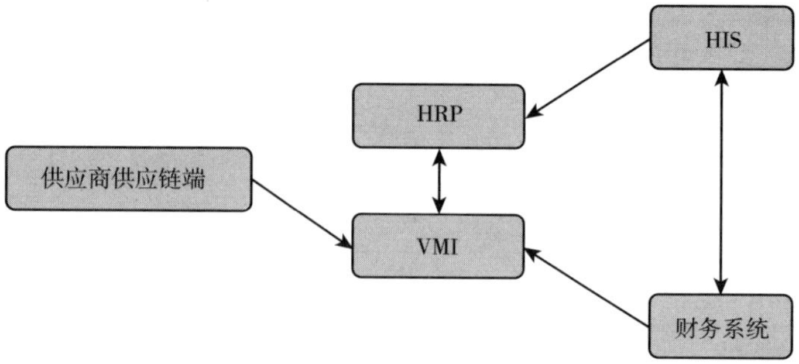

图 2　方式一：医院搭建 VMI 信息系统平台

第 2 种方式也就是 A 医院采取的方法。供应商供应链端口直接连接医院物资管理 HRP 系统，HRP 系统再与业务生产 HIS 系统、财务系统等联动（见图 3），这种方法基于原有系统建设，难度较小，易于推广。但是供应商直接与医院内部系统相连接，存在一定安全风险。

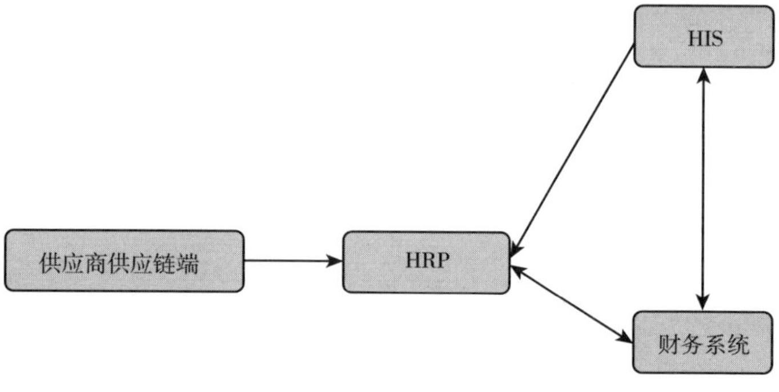

图 3　方式二：供应商供应链端口直接连接医院物资系统

A 医院引用 VMI 模式最大的特点是供应商供应链端口链接 A 医院物资管

理 HRP 系统，供应商可查询试剂库存状态。再依据 HRP 系统推送的补货计划，及时补货。在这样的模式下，A 医院仅保留安全库存加上周转库存量。周转库存量等于周平均需求量乘以补货时间（运输 + 入库时间）。大部分存货在供应商处管理，由供应商依据库存情况补货，大大节省了储存成本。HRP 系统推送的补货计划需结合医院试剂预算使用数量、实际耗用数量等多方数据制定。试剂预算使用数量与试剂预算管理密切相关；试剂实际耗用数量与科室试剂成本管理、绩效考核密切相关。供应商选择与试剂采购管理密切相关。供应商供货发票的开具以及根据出库单、验收单对账付款等又与试剂对账管理、发票管理密切相关。VMI 模式将整个试剂管理紧密联系在一起，形成预算—采购—库存—成本—对账—发票的多位一体管理模式。下面对每个管理部分进行具体介绍：

1. VMI 模式下的试剂预算管理

（1）预算编制。按照全面预算管理“无预算，不支出”理念，每年年初 A 医院试剂使用科室可在 HRP 物资管理系统上查看上一年度科室试剂使用量、订货量等情况，并据此报送试剂月度、季度、年度使用量预算。试剂归口管理部门从 HRP 上收到科室报送的使用量预算信息后，结合上一年度科室试剂使用考核情况，以及 HRP 自动生成的试剂成本收益比值、月均出入库分析等报表，对预算进行审核评估。HRP 系统再将审核后的预算至用友财务系统。会计人员上报预算，经上级批复后反馈批复后的预算至 HRP 系统。

（2）预算执行、预算调整。试剂使用科室在 HRP 系统查询本年度批复后的试剂使用量预算，并按照预算执行，对执行结果负责。当科室试剂使用量接近预算数时，HRP 系统会进行自动预警提醒，使用科室登录 HRP 系统即可看到。如使用科室确因特殊情况造成试剂实际使用量与预算不同，应在 HRP 系统上申请预算调整，经归口部门、财务部门审批后进行调整。

（3）预算分析。按照全面预算“支出必论效”理念，每年年末 HRP 系统自动生成预算分析报表。对比当年预算与执行情况，作为科室绩效考核关键指标。

2. VMI 模式下的试剂采购管理

（1）采购方式。试剂采购根据政府采购法及医院相关管理规定实施。采购预算金额 100 万元以上（含 100 万元）的试剂采购事项执行政府采购；采购预算金额 100 万元以下的试剂采购事项由归口部门负责，执行院内采购方式。执行限额随国家相关法规及院内管理办法动态调整，根据采购结果与试剂供应商签订购销合同。试剂采购全程引入第三方采购代理机构组织，降低采购主观性，使采购流程公开透明，有利于医院对采购业务流程的合规管理。

院内自行采购流程：第 1 步：科室在 HRP 系统提出申请；归口部门复核相关申请材料；招标代理机构发布试剂采购公告。第 2 步：接收报名资料，做好资料整理及反馈工作。原则上应有不少于 3 家供应商参与采购流程。出现不足 3 家供应商报名（同一品牌不同供应商递交资料按 1 家报名处理）的情况，需延长公告期限。如延期后只有 1 家报名，根据医院单一来源采购管理规定报审计处备案。第 3 步：委托采购代理机构组织试剂评审会，确定评审结果并书面反馈。第 4 步：归口部门整理评审结果，提请医院审批同意后将采购订单推送至 HRP 系统。HRP 系统将信息同步至供应商供应链端口，由供应商补货。并将移仓单、配送单同步至 HRP 系统。

（2）采购日常管理。试剂日常采购管理主要通过 HRP 系统进行管理。在 HRP 系统上首先对试剂产品信息进行维护，包括物资 ID、物资名称、物资分类、规格、单位、单价、产品效期、使用科室、供应商、生产厂家、资质证编号、资质证生效/失效日期、存储条件等内容。同时可上传资质证、产品说明书、产品图片作为附件供查看。

供应商供货时，在 HRP 系统填报货物批号、效期等信息后送货，并将移仓单、配送单同步至 HRP 系统。科室试剂管理员负责验收货品，扫码移仓单、配送单入库。验收重点核查试剂数量、批号效期、包装情况、冷链温度控制等内容。验收合格后，在 HRP 系统生成验收单并留存相关单据。归口部门不定期组织监督验收的抽查工作。

（3）供应商动态考核。根据 HRP 系统上的相关数据，更全面、更准确、更及时地对供应商进行动态考核，加强供应商管理。A 医院有 130 多家试剂供应商。在 HRP 系统上线及优化的过程中，医院与供应商不断加强合作交流，实时解决推进过程中出现的问题。根据 A 医院试剂管理工作特点，建立了定期动态的供应商考核体系，引入优胜劣汰竞争机制的同时，可有效降低试剂采购成本（李琳等，2020）。主要通过服务质量、公司实力、效益评价、产品价格、不良事件等指标对供应商进行考核（曹群等，2020）。“动态”，一是指供应商考核体系指标动态化，随着医院管理重点适当灵活设计指标。如医院面临成本控制压力，可通过增加“产品价格”指标的权重，倒逼供应商主动降价；二是指通过对供应商进行考核，对处于考核分数底层且不能主动进行整改的供应商，可进行清理并重新遴选，进而优化供应商队伍结构和服务品质。通过前期大量基础工作，目前 A 医院 HRP 系统中的供应商考核功能已开发完毕，经测试可顺利生成供应商综合考核表。

3. VMI 模式下的试剂库存管理

A 医院建立基于 VMI 的以用定采模式。结合低库存管理模式，根据临床工作用量，在中心库、科室库设立库存和补货点。信息系统通过大数据分析实现系统自动补货建议，自动对供应商生成采购补货计划，实现以用定采。HRP 端进行接口开发、联调协同，测试流程、跟踪数据等工作应用 HRP 系统，统计出入库及使用情况数据，动态监测试剂检测量。数据异常或测算偏差较大时，需督促科室查明原因及时整改。用友财务系统确认 HRP 系统提供的数据是否满足财务管理及相关统计做账需要。试剂使用以先进先出为原则优先使用近效期试剂，加强试剂库区周期清点工作，落实货品清点、检查、监督责任，确保账实相符。建立全程可追溯的库存管理，在医用物资消耗点扫码确认后，物权才由服务方转到院方。并视同消耗，进入结算流程。供应商端解决带宽问题，开发、联调供应商供应链端接口，流程测试、数据跟踪。

摆脱医院作为成本中心的原有职能，将试剂的采购、库存管理、包装及配送发放等物流流通相关业务委托给专业第三方平台托管和运营。双方按照各自需求，搭建信息化物流系统和一体化物流平台，获取从试剂采购到患者使用全链条信息。逐步完善试剂供应商主动补货模式，进一步保障医院试剂供应，实现医院试剂低库存，实现整个供应链效率最高和成本最优化。

4. VMI 模式下的试剂成本管理、科室绩效考核

加强试剂成本管控，有效降低医院运营压力。以试剂管理综合绩效考评为抓手，鼓励临床科室合理改进工作方式积极配合管理工作，高效实现业财融合管理中业务流、数据流、人才流的有机融合。

试剂临床科室考核工作主要以试剂成本收益比值、月均出入库分析、院级库存盘点差异、专项考核结果、管理工作配合度等开展分析核算工作。并依据各科室涉及产品种类、管理难易程度等综合评估后，确定考核结果。

完善的考核体系需要有效的数据进行支撑。HRP 系统有效关联各模块试剂采购金额、检测数量、开单收入，整合相关数据实现试剂使用全流程的贯通。首先，以试剂及物价字典库为基础进行数据的匹配工作。通过临床科室及供货商逐项核实单品单测试消耗量，逐步完善基础数据。关联 HIS 系统收入数据及 HRP 系统产品使用数据，分级实现科室、库区、供货商及单品的核算工作；其次开展试剂与仪器设备绑定关系的梳理。以设备统计的检测数量与实际消耗试剂量进行比对，统计各类产品损耗情况。同时将仪器维修及损耗分摊至检验项目单测试中，进一步丰富检测成本基础数据；最后联合其他主管部门对检验人力成本、实验室日常消耗等进行整体归集，实现试剂生命全周期、全流程分析。

同时不断优化考核机制、细化考核指标。以信息系统动态运行数据为基础，根据管理要求设置个性化考核指标及权重。特殊科室可进行差异化标准值设定。管理数据可供临床科室随时调取查询，便于及时调整管理目标及工作方式。经深度挖掘及分析后的考核数据会依据管理人员的层级及需求，提供个性化可视报表。由财务专业人员依考核结果开展绩效核算及发放工作。通过考核及激励政策对临床形成约束力，并不断提高其工作积极性。促使临床科室主动完善工作流程、调整工作思路、调整试剂预算申报，配合院级试剂管理工作不断创新改进。医院形成以业务执行、考核反馈、动态调整预算为主线的闭环创新管理模式。

在管理工作中发现临床科室作为试剂直接使用和保管者，其对试剂全流程管控起到关键作用，成本管控中更具专业性及话语权。因此需不断发挥其主观能动性。库存管理中明确人员岗位职责，落实管理要求，不断增强管理意识，完善管理流程。在用产品议价过程中，以主管部门的测算数据为基础，充分发挥临床科室的专业技能，开展联合谈判工作。成本管控效果显著。

5. VMI 模式下的对账管理、发票管理

（1）对账管理。医院 HIS 端收入数据以及 HRP 系统消耗数据每天进行清算和对账。并将对账结果同步至 HRP 系统储存；同步到供应商供应链端口开具发票。供应商供应链端口的发票上传平台，并通过平台发送回 HIS 端，作为医院付款的依据。在此过程中，物流库存信息与医院收入信息完成实时连接，避免了对账时间过长导致效率低下等问题。医院监控医院消耗数据。HRP 系统捕捉到错误信息后，将以醒目的方式显示给操作者进行故障排除。并将排查结果重新上传到平台，以确认医院收入与消耗的一致性。

（2）发票管理。该模块的主要功能是上传供应商开票数据，自动和手动勾对发票、处理红票红冲、统计及查询发票、查询 HRP 端库存和查询 HRP

结算账期的进销存等。发票作为供应商的收入凭证和医院的消耗凭证，是非常重要的风险点。医院通过 HRP 系统自动勾对发票，检查消耗数据、待开票数据、已开发票数据是否一致，确保医院付款的安全性和可靠性，有效保证发票的完整性和准确性。

三、A 医院引入 VMI 模式进行试剂管理后取得的成效

（一）试剂管理效率大幅提高，成本收入比下降

试剂管理效率方面，A 医院的采购试剂频次、提起采购申请至科室收到试剂的平均时间分别减少了近 25% 和 37.5%；采购差错率减少约 9%。收入成本方面，A 医院试剂的成本收入比显著降低。2019 年检验收入同比增加 7.36%，试剂采购成本降低 4.8%。成本收入比下降 6 个百分点，降至 43.3%；2020 年受疫情影响，检验收入和试剂成本同步降低。但成本收入比持续降低为 41.7%。

（二）业财融合角度下，实现试剂的全流程管理

在 VMI 模式下，医院形成了试剂信息化、规范化的管理模式。形成了从试剂采购到试剂交付给患者的闭环流程，有效解决了试剂盗窃、串通采购等欺诈事件，大大方便了医院对试剂的监管。通过 HRP 系统物流信息与 HIS 系统收入信息的有效匹配，大大提高了财务工作的准确性和真实性。HRP 系统自动核对发票信息，检查消耗数据、待开票数据和已经开票数据是否一致，确保医院支付安全可靠，有效保证发票的完整性和准确性。

（三）实物流、信息流、价值流三流对接，保证账实相符

医院的许多业务活动，包括采购、调度、订单记录、物流和质量控制等，都属于任务控制系统。其流程相对规范，涉及医院实务层面的变化，即实物流。医院采用管理控制体系，制定与医院产生的价值即价值流密切相关的年度目标、年度计划、预算和绩效管理。在 VMI 模式下，医院的 HRP 系统（管理控制）和 HIS 系统（任务控制）可以实现实时对账。对账过程中，如果试剂实物流与价值流不一致，系统会自动提示。医院和供应商双方都可以

实时排查，及时解决问题。VMI 模式实现了信息流的稳定运行，保证了账实的一致性，促进了实物流、价值流和信息流的对接。

（四）全流程追踪试剂，保障试剂安全

在 VMI 模式下，供应商可以随时获取消耗数据。结合在线库存明细，科学确定试剂供应时间和数量。在保证试剂使用的同时，尽可能减少库存。通过 HRP 平台，医院可以全面、准确地获取物流信息和品类信息。如物资 ID、物资名称、物资分类、规格、单位、单价、产品效期、使用科室、供应商、生产厂家、资质证编号、资质证生效/失效日期、存储条件等详细信息。同时，还可以通过系统查询每次转移的试剂。例如，可以通过物流信息查询所购买试剂的使用对象。一旦出现试剂安全问题，能迅速找到安全问题的原因、问题试剂生产厂家、责任人，确保患者使用试剂的安全。

（五）精细化试剂管理，精细化试剂核算

试剂管理复杂，涉及采购、入库、盘点、分拣、配送、调价、试剂退货等环节和事项多，需要精细化管理和统筹安排。VMI 模式下可细化多个财务消耗科目大类。包括试剂外部入库（出库）、外部调拨入库（出库）、采购入库（出库）、部门退货、科室退货、部门调拨等。将试剂消耗类型精细化体现在财务核算中，解决了物流层面的信息阻塞问题。确保试剂物流的每一步都可追踪，为试剂精细化管理提供有力支撑。

四、研究结论

本文分析了 A 医院引入 VMI 模式进行试剂管理的具体流程。包括预算管理、采购管理、库存管理、成本管理、绩效考核、对账管理、发票管理等流程。然后分析了 A 医院引入 VMI 模式进行试剂管理后取得的成效。包括试剂管理效率大幅提高，成本收入比下降；业财融合角度下，实现试剂的全流程管理；实物流、信息流、价值流三流对接，保证账实相符；全流程追踪试剂，保障试剂安全；精细化试剂管理，精细化试剂核算等。经过分析发现 A 医院引入 VMI 模式进行试剂管理的流程清晰，有一定的成效。试剂管理作为医院

实现业财融合的一块重要试验田，其成功经验可借鉴推广至医院其他业务的精益化管理中。

参考文献

［1］向炎珍，陈隽．医院政府会计核算系统构建与实务详解［M］．北京：北京中国协和医科大学出版社，2019：24.

［2］陆彩萍．业财融合模式下采购业务处理方法探析——以用友 U8V10.1 为例［J］．企业改革与管理，2020（9）：76－77.

［3］刘平．公立医院实施业财融合之我见［J］．中国集体经济，2019，19（7）：142－143.

［4］王军学，刘珂欣．试剂采购管理新模式在军队大型三甲医院中的应用效果分析［J］．医疗卫生装备，2019，11（40）：83－85.

［5］李琳，周伟，李爱东．成本核算与分析在公立医院体外诊断试剂管理中的应用［J］．中国医药导报，2020，17（31）：170－173.

［6］曹群，周伟，方沅湘，辛建雪，张雅静．医改背景下医院试剂供应商动态分级管理策略研究［J］．中国医院，2020，24（12）：77－78.

课题负责人：陈诗　中国医学科学院北京协和医院财务处干部，会计专业硕士

主要执笔人：陈诗　中国医学科学院北京协和医院财务处干部，会计专业硕士

课题组成员：陈诗、孙家林、周伟、陈隽、贾昱晞、田园、辛建雪、郑明慧

大型综合医院医用耗材院内信息流追踪管理探索

一、引言

随着生活水平的改善以及老龄化速度的加快，我国居民对医用耗材的使用频率不断增加，带动了我国医用耗材行业快速发展。根据中国医保商会统计，2018 年我国医用耗材总体销售规模高达 2 950 亿元；2010～2018 年，我国医用耗材销售总额年均增长率为 23%，远高于同期经济增长速度。

《医疗机构医用耗材管理办法（试行）》要求，对医用耗材的采购、储存、使用、追溯、监测、评价、监督等全过程进行有效组织实施与管理，以促进临床科学、合理使用医用耗材的专业技术服务和相关的医用耗材管理工作，是医疗管理工作的重要组成部分；监督、指导医用耗材的临床使用与规范化管理；对医用耗材的临床使用进行监测，对重点医用耗材进行监控；对医务人员进行有关医用耗材管理法律法规、规章制度和合理使用医用耗材知识教育培训，向患者宣传合理使用医用耗材知识。

《关于印发治理高值医用耗材改革方案的通知》要求，要坚持问题导向，通过优化制度、完善政策、创新方式，理顺高值医用耗材价格体系，完善全流程监督管理，净化市场环境和医疗服务执业环境，推动形成高值医用耗材质量可靠、流通快捷、价格合理、使用规范的治理格局，促进行业健康有序发展。完善高值医用耗材临床应用管理，并将其纳入公立医疗机构绩效考核评价体系；落实“允许医疗卫生机构突破现行事业单位工资调控水平，允许医疗服务收入扣除成本并按规定提取各项基金后主要用于人员奖励”的要求，完善薪酬分配政策，调动医务人员参与治理高值医用耗材改革的积极性。

2019 年 12 月 20 日起，上海市全面取消可另行收费的医疗器械。应按照医疗机构的实际购进价（指扣除各种折扣后的价格）销售，不得加价销售。

2020 年 1 月，国家卫健委印发《第一批国家高值医用耗材重点治理清单》。18 种高值医用耗材被纳入重点治理范围。

2020 年 2 月 25 日，中共中央、国务院《关于深化医疗保障制度改革的意见》中指出，各级党委和政府要把医疗保障制度改革作为重要工作任务，把党的领导贯彻到医疗保障改革发展全过程。统一医疗保障业务标准和技术标准，建立全国统一、高效、兼容、便捷、安全的医疗保障信息系统。实现全国医疗保障信息互联互通，加强数据有序共享。规范数据管理和应用权限，依法保护参保人员基本信息和数据安全。加强大数据开发，突出应用导向，强化服务支撑功能，推进医疗保障公共服务均等可及。

据统计，全国大型综合医院的卫生材料收入约占医疗收入的 20%，是医疗收入的重要组成部分。根据上海市《关于规范本市公立医疗机构等医疗器械价格行为的通知》，降低医用耗材加成后，医院的月收入直接下降几百万元，对医院的效益影响极大。以往扩张式的发展显然满足不了医院整理运行的成本支出。对于医用耗材的管理，需要进一步提升精细化的管理模式，来引导临床诊疗项目的开展。

二、某大型综合医院医用耗材管理现状

在新的形势下，如何提升医用耗材信息化建设管理的水平，做到医用耗材使用流向清晰明确，确保患者消耗医用耗材的可追溯性及痕迹管理，让患者明明白白消费；确保医用耗材使用消耗信息的互联互通互认，进一步突出医用耗材信息化精益管理水平。

（一）打通信息孤岛

首先，调研现状，了解涉及医用耗材收费系统现状，找出信息孤岛。通过流通代码的唯一性，串联起多系统管理；其次，根据现状，整合多系统管理的缺陷。从根本出发，确保医用耗材使用信息的识别性进一步提高；最后，结合临床实际需求，提升医用耗材收费系统的属性显示度，为临床计费提供便捷服务。

（二）转变收费方式

以往医用耗材计费过程，只是确认收费这一个动作。但是往往是否与使

用消耗的医用耗材基本信息一致？需要管理者，进一步提升系统功能，增加识别度。让临床医护人员收费的过程中，不止可以通过使用消耗的实物与收费信息的核对，还可以精确识别规格、型号、生产厂家等产品基本属性，确保收费过程的核对、矫正，保障患者权益。

（三）数据服务临床管理

目前医用耗材涉及可收费数据，成千上万条。如何减轻医护人员工作量，又能提升收费核对的准确率。可通过大数据 + 智能模式，来服务临床，减少临床对于多数据的判断，降低数据的显示数，方便临床核对相关医用耗材的收费数据信息。另外，针对提示性的信息，通过设置，如确实收费中，则智能化体现提示，确保收费以及相关限制的精确提示。

（四）医用耗材精细化管理存在的难点

决定医用耗材信息化建设的主要指标不明确，决定医用耗材信息化建设的主要指标体系无统一标准。大型三甲医院的系统涉及较多。例如，OA 系统（新增耗材准入审核）、上海医药采购服务与监管信息系统（以下简称阳光网）、医疗器械管理系统。OA 系统（新增耗材准入审核）承接的是医院内控管理，基于新增耗材准入审核管理的服务模块；阳光网承接的是可单独收费医用耗材的采购价格公开及票据流向服务模块；医疗器械管理系统承接的是从项目字典到使用的信息化管理模块。涉及医用耗材的系统还有 HIS 系统、手术管理系统、LIS 系统、预警分析系统等。以上系统接口均专业性较强，信息化团队研发过程涉及面广、专业性强、接口多、数据杂、敏感信息多等开发难点。

（五）医用耗材精细化管理的优点

近年来，随着我国创新驱动战略和医疗技术的发展，医用耗材在医学技术创新和医疗安全质量中的作用越来越大，医用耗材占比也呈逐年上升趋势。国务院办公厅 2015 年印发《关于城市公立医院综合改革试点的指导意见》，明确提出强化公立医院精细化管理。将在 2019 年实施“五个一，即：一降低、一提升、一取消、一采购、一改善”的“医耗联动综合改革”方案。医疗机构面临着新医改带来的运营成本管控的巨大压力。为了进一步推进医院现代化管理制度，医用耗材职能管理部门需要直面医疗机构医用耗材等全流程信息化、精细化管理的各种问题和困难，加快医用耗材全流程的现代化物流、信息流和资金流的精细化管理体系建设。

（1）多模式信息化建设。基于多模式物流管理的医用耗材全流程信息化、精细化管理体系建设和实践，是我们近年来不断探索加强临床医学工程学科体系建设的工作步骤之一。通过以体系化、信息化建设为导向，不断引入新的管理理念和管理方式。充分运用物联网等现代管理技术，全面推进医院医用耗材的精细化管理实践，对实现医用耗材精细化管理和成本费用控制起到积极作用。医疗机构医用耗材全流程信息化、精细化管理“最后一公里”工作不断深入。我们将面临医院内、外部各种体制、机制的牵制和阻碍。要进一步发挥标准化、信息化建设的导向作用，充分发挥医院内部体系化、制度化建设的保障作用和医院领导班子的强有力支撑作用。

探索医用耗材预算采购执行分类目录管理。除国家相关医保目录、医疗器械目录外，增加预算执行种类分类。有效区分：植入性耗材。包括按照功能用途划分，例如创伤类、脊柱类、关节类、支架类、弹簧圈类、起搏器类等；非植入性器械，包括一次性手术器械、介入类耗材、医用高分子耗材等；不可单独收费类耗材，包括注射器类、棉纱类、非一次性手术器械、能量器械等。通过分类纬度的增加，确保医用耗材信息流向可以纵深管理（见图1）。

图1　医用耗材信息流建设

（2）现代物流管理。针对医用耗材的不同管理特点，区别化管理。例如：针对条形码技术成熟的植入性耗材按照条形码扫描管理；非植入性但是属于高值且与植入性材料均在相关手术过程中使用的，可以参照条形码管理。相关科室有：手术室二级库、心导管室、介入导管室、眼科手术室等。针对条形码尚未成熟的其他低值类可单独收费类医用耗材，融入医用耗材 UDI 唯一标识使用规则。共享开放各供应商，提升条码的识别率，降低临床使用计费的出差率，提升自动识别的准确率。

探索多模式下物流追溯管理。基于某大型综合医院为医用耗材国家 UDI 试点单位，积极推进医用耗材 UDI 与现代物流综合管理。相关研发基于 UDI 流通系统，并结合智能柜、智能小屋、二级库管理，做好医用耗材 UDI 使用消耗的追溯管理。确保医用耗材在企业端、使用端物流跟踪可及性，提升医院物流管理精益化水平。

（3）识别重点用耗病种，引导资金流向。识别重点用耗病种，是精准化管理的要求。是确保有限的资金流投入到最有价值的管理工作中，以达到降本增效的目的。依托二级库，开展病种用耗成本监测。对病种用耗成本展开监测，在病种支付时代，应成为医院医用耗材管理的日常工作内容。通过对病种用耗成本的长期监测，可以发现病种用耗费用差异、用耗选择的变化等。

（4）对异常用耗病例预警管理。病种用耗费用差异的根源分析。同一病种的用耗费用差异是一个普遍现象。识别造成病种用耗费用差异的品种是一项关键技术，即用耗差异的根源分析。通过基于医疗质量的医用耗材使用监测，确保底层信息化数据的准确性、精益化管理。结合相关病种的核心指标项监测，来达到对于医用耗材关键指标项的监测。

（5）“区块链模式”建设，打通“信息孤岛”。通过对医用耗材生命周期（闭环管理）信息化建设，对每一环节结点打造信息化建设。其涉及医用耗材管理分为多个系统（见图 2）。

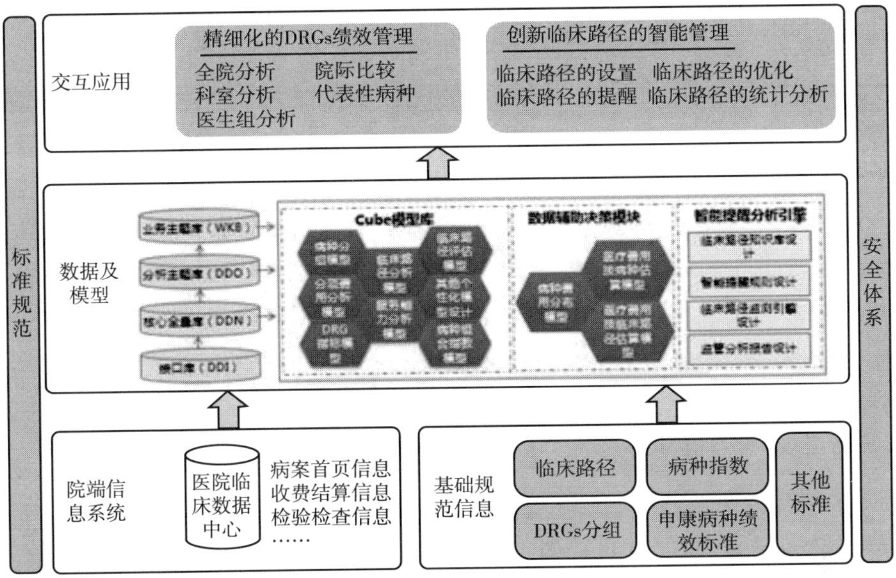

图2　医用耗材成本效益资金流建设

三、完善医用耗材管理的相关建议

（一）强化成本管控，提高耗材管理精细化程度

在实践中，某大型综合医院以精益 6σ 理论管理指导大数据开发作为管理工具，指导医院进行成本管控。纠正粗放式增收的行为，以合理审批使用来规范医疗行为，将成本管控精细化到病种。通过对自身不同病种的单位成本消耗与院内相同单位病种不同带组间的比较，从病种的成本控制能力和诊疗能力两个维度明确自身定位。构建以病种难度 CMI 和 RW 核心指标为变量的科室成本管控模型，优化科室病种结构，合理管控资源消耗成本。此外，鉴于医院术中高值耗材占整体耗材用量的 60% ~70%，打通院内从采购到使用的全流程信息化，确保各系统间互联互通互认。并在此基础上开发手术二级库管控平台，以医疗组、手术级别、耗材成本为管控主体，围绕“领多少、用多少，用到谁、谁手术”，对耗材的使用患者、供应商、产地、规格、型号等与手术工作量匹配，进行术中耗材成本管控。近 3 年来，随着三级、四级手术量的不断增长，相关重点耗材病种在上海申康系统中排名靠前，但相关耗材使用

指标明显趋向合理。随着国家带量采购耗材的执行，相关指标将进一步降低。

（二）实施医用耗材二级库管理模式，提升医用耗材病种使用精准管理

医院长期以来重视医用耗材的成本管理，多部门联合管控相关医用耗材指标。通过管理创新手段，建立重点科室，如手术室、心导管、供应室等二级库管理，确保医用耗材使用精准管理。通过二级库管理进一步引导临床医用耗材合理使用。借助医用耗材 UDI 试点管理、卫生技术评估、循证管理等技术引入医用耗材病种管理。按病种高值耗材审批使用，建立医用耗材使用预警管理，升级信息化智能化管理，确保提升医用耗材精益化管理水平，从而进一步确保医用耗材相关指标的合理性。2020 年全院医用耗材使用进一步优化。97.6%的医用耗材使用 UDI 管理，使用消耗准确率进一步提升。18 类国家重点监控类耗材使用下降 10.6%，申康重点监控病种耗材消耗均处于较低水平。依托手术室二级库建设等全面成本管控举措，2020 年全院每指数耗材成本分别下降 12.1%和 4.6%。全院各级手术中耗材占比持续保持下降态势，近 40%的三、四级手术术中均次成本平均下降 19.0%。其中耗材成本下降 13.7%。

（三）实施 DIP 病种效率分析，提升病种价值创造

根据医保支付改革要求围绕反映技术难度的 CMI、RW 指标，反映与医保支付标准偏离的指数单价指标和反映成本控制水平的指数成本指标，开展 DIP 病种成本分析。对病种难度低且与医保支付标准偏离度较大、耗占比过高的病种进行重点管控。通过实施 DIP 病种效率分析，2020 年全院成本结构持续优化。全院 CMI 值 1.13，同比提升 18%；中高难度病种（RW＞1）工作量占比提增 10.7%；指数单价下降 8.3%；指数成本下降 10.9%。全院肿瘤病种 CMI 达 1.72，同比提升 10.6%；指数单价下降 6.87%；指数成本下降 9.73%；指数耗材下降 1.52%。

（四）加强行业间学术交流影响，推广医用耗材精益管理经验

近年来，医用耗材管理部门共发表论文 17 篇，其中核心期刊 17 篇。涵盖了耗材精细化管理、信息化管理、二级库管理等多个方面，已获得相关立

项研究课题五项；在2020年行业协会质控评比中，成绩97分，再次获得第一名。到此，已经连续5年获得第1名的好成绩。尤其是作为上海市第一家三甲综合性医院迎接等级医院复评审过程中，医用耗材管理评价均达标，无整改促进事项，2项管理亮点，获得评审专家的一致好评；多次承接上级单位或者同行优秀医院的参观学习交流活动。例如，中日友好医院、安徽医大二附院、上海市儿童医院等。积极参加各类学术线上线下交流活动，将医用耗材精益管理实践传播给同行业，共同探索医用耗材管理标准以及相关应用实践。

四、研究结论

日常管理过程中将精益理论和6σ理论的结合，相互作用，相互补充。既保证了流程的过程速度性，又实现了过程质量性。运用精益6σ理论，为医院耗材管理提供了坚实的理论指导和技术支持，并在实践中得到验证。医用耗材管理从准入（新增）→采购论证→项目字典→申请→采购→配送→出入库→使用→废弃，实行全生命周期重点领域的痕迹管理。重点研发数据流向管理，保证使用消耗可追溯；通过改进监管方式，利用信息化手段，进一步细化医用耗材管理，提高精细化管理效果。

作为医用耗材采购管理部门，将精益6σ理论应用在医用耗材管理实践中，严格落实医用耗材管理制度、流程，通过不断更新制度、OA流程等提升医用耗材管理。同时，通过精益6σ理论管理创新手段，引导临床医用耗材合理使用。积极探索通过建立医用耗材的新增审批标准化、二级库管理流程化、病种管理智能化和高值耗材使用合理化，开展与病种结合的高值医用耗材的临床应用评价工作。进而以客观真实的临床应用评价结果，构建相应的高值医用耗材临床应用规范。从而推动高值医用耗材临床应用的规范性，提高临床应用的安全性、有效性和经济性。

（一）医用耗材新增审批标准化

医用耗材类型繁多，具有技术含量高、专业性强、专科专用等特点。因此若医用耗材新增审批放任使用，会导致新品种在市场的诱导下出现异常增长，使其病种相关的医用耗材使用成本不断提高，很大程度上影响医院的发展。另外，目前我国国内部分地区医疗发展水平参差不齐，也存在很多不可控的因素。

加强医用耗材新增审批的流程管理，实现对新增耗材准入过程的严格把关，对保证临床开展新技术、新项目具有一定的促进作用。同时我们也鼓励使用低价位的国产耗材，降低项目开展成本，合理化配置医院资源。利用卫生技术评估、经济学评价、循证管理法等方法对医院医用耗材进行精益管理，能够提升医院决策的合理性，协助临床医生树立合理使用耗材的职业意识，减轻患者疾病治疗过程中的经济负担。

医院首先推行医用耗材新增试用管理，试用结果作为新增耗材的循证管理。即临床科室通过 OA 系统向医学装备管理部门发起新增医用耗材试用申购管理流程；然后，在医用耗材准入新增审批环节进行同类产品比较。通过循证管理、经济学评价，卫生技术评估，论证项目开展的必要性等开展研究审核。以医院 2020 年新增医用耗材申请为例，临床提交的新增耗材需求达 354 项。最后审批通过 154 项，通过率为 43.5%。如果去除新技术新项目开展的相关口腔加工类耗材及诊断试剂，最终因材质更新或者增加规格型号以及低价替换高价的新增耗材，通过率仅为 19%。

（二）医用耗材二级库管理流程化

目前大多数医院医用耗材的管理仅停留在采购和发放层面，无法追踪到医用耗材使用消耗层面，即消耗与诊疗病种相关。医院将精益理论应用在医用耗材二级库的建设中，达到规范化、精细化管理。通过建立手术包定制配发流程，将手术病种 CM3 与医用耗材使用匹配。同时梳理手术过程中所有医用耗材，应用不同的管理模式进行区分。按照不同分类管理医用耗材，如手术配包、植入性寄售、非植入性寄售，确保医用耗材使用消耗流向与诊疗病种相关联。

例如：心导管室二级库的流程，采用“以消耗代结算”模式，与传统二级库“采购—使用—收费”的流程不同。耗材由供应商送至二级库验收后，进行信息录入及 UDI 赋码工作，确保一物一码。在使用计费过程中结合智能耗材柜使用，进行精准、便利及快捷的耗材管理。将智能柜应用于耗材物流管理，目前大多数医疗机构均已实现。但是往往临床还需进一步计费扫描与收费系统绑定，中间也会出现计费不准确现象。医院通过将智能柜系统与 His 系统、器材管理系统、患者叫号系统互联、互通、互认，真正打通信息孤岛，由原来的五步计费缩短为两步计费。临床满意度大大提高，其准确性也进一步提升。

（三）医用耗材病种管理智能化

医用耗材精益化管理，必须要做到医用耗材使用流向清晰明确，确保患者消耗医用耗材的可追溯性。通过建立一个智能化的数字体系。进一步提升管理系统。如图 3 所示。目前医用耗材涉及可收费数据有成千上万条。因此通过大数据 + 智能模式，在减轻医护人员工作量的同时，又能提升收费核对的准确率。减少临床对于多数据的判断，降低数据的显示数。方便临床核对相关医用耗材的收费数据信息，同时对重点监控类的高值医用耗材进行管控。如图 4 所示。例如：通过建立医疗器械唯一标识（UDI），促进和提升了医疗器械全生命周期的精益化管理；同时建立更加规范、有效的医用耗材 UDI 流通体系，实现医疗器械全生命周期的互联、互通、互认，降低成本和资源消耗中的投入。

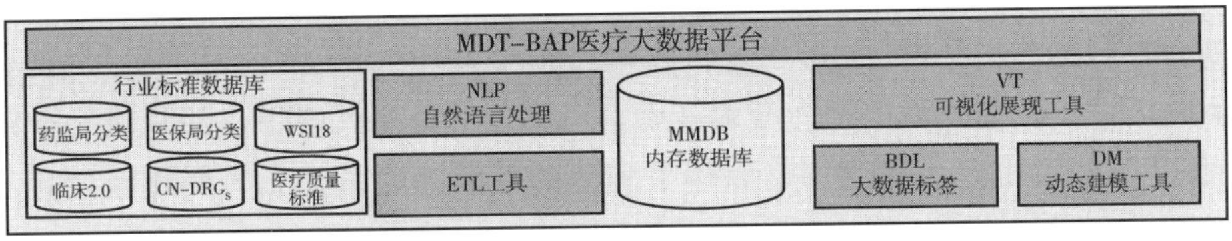

图 3　MDT－BAP 医疗大数据平台

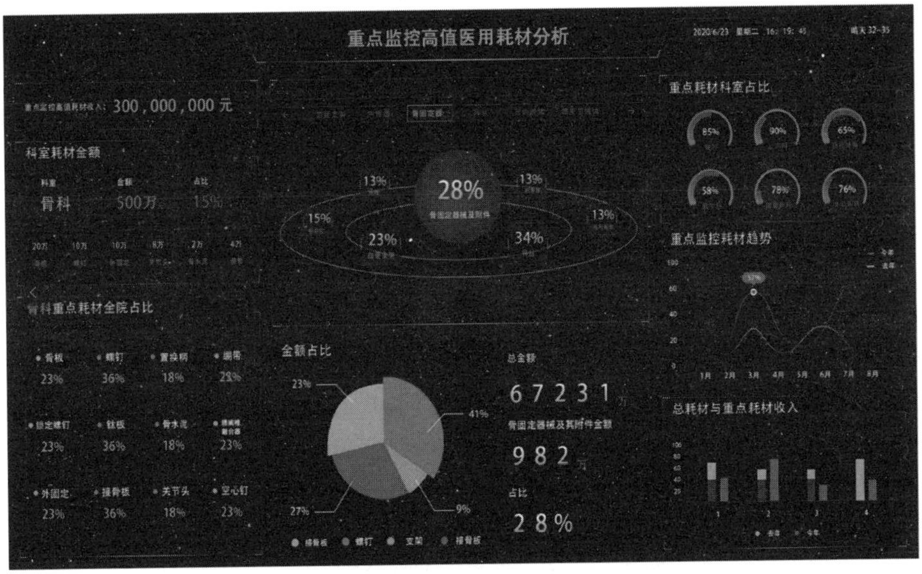

图 4　重点监控高值医用耗材分析系统

识别重点用耗病种，是精准化管理的要求。确保有限的管理资源投入到最有价值的管理工作中，以达到降本增效的目的。筛选重点用耗病种，是一个多维度决策模型。既要考虑病种分值的高低，也要考虑该项病种临床开展的普及度，更要考虑病种用耗的规模、临床选择差异等内容。医院从髋关节置换术研究，开展病种与高值耗材的使用标准研究，推广至其他耗材使用重点病种。从精细化管理模式优化的角度，提出优化管理流程，健全完善高值耗材使用评价机制，为进一步加强高值耗材的精细化管理，推动公立医院改革提供参考。

（四）高值耗材使用合理化

通过探索运用精益 6σ 理论管理方法改进医院目前高值耗材预警审批流程，规范审批流程、提高使用效率，规避不合理风险。通过实践，已经初步达到预期效果。同时也说明精益 6σ 理论管理方法对于优化耗材管理具有重大的指导作用，也为医院在解决高值耗材难题方面提供了一种思路。以精益 6σ 理论管理流程改进模型为理论基础，对现行的高值耗材审批流程进行改进与优化。经过近 3 年的应用，取得了满意的效果。通过建立智能化医用耗材使用预警管理，能更加有效地引导临床医用耗材的合理化使用。通过审批引导手术级别划分，将审批环节划分为 4 个层次，层层把关，严守标准，实现了高值耗材的合理管控。

医院将医用高值耗材审批流程设计为手机 App“掌上医政”来对高值耗材使用预警审批。电子预警审核包括：（1）患者基本信息（患者姓名、住院号、年龄、住院科室、床位号）、疾病诊断相关信息（疾病诊断、手术名称、病种代码等）、使用的高值耗材的基本信息及总金额（生产公司是否进口、品牌、总金额、手术日期、主刀医生、主任审核）等；（2）各部门专家审核，包括科室专家、医保专家、行业专家、医务项目管理专家、采购管理专家等。如果超过一定范围预警值，相应的分管院长甚至院长会进行风险管控审批。

参考文献

［1］刘立文．医用高值耗材精细化管理模式的探讨与实践［J］．中国卫生产业，2018，15（1）：80－81.

［2］韩涛，王兴玲，郭维菊．公立医院转变经济增长方式的实践与体会［J］．中国卫生经济，2013，32（10）：63－65.

［3］北京市卫生健康委员会．北京推出医耗联动综合改革新策［EB/OL］．（2018－12－27）［2019－01－20］．http：//wjw. beijing. gov. cn/xwzx/wnxw/201812/t20181227_260916. htm.

［4］刘雅娟．补偿机制改革背景下公立医院成本管理策略研究［J］．中国医院管理，2018，38（10）：39－42.

［5］袁雪峰．检验试剂验收入院后的管理现状分析与改进措施［J］．国际检验医学杂志，2018，39（18）：2332－2334.

［6］张涵宇，郭红，田宗梅等．基于 GS1 医疗器械唯一标识的医用 耗材信息化管理体系建设与实践［J］．中国医疗设备，2019，34（5）：102－106.

［7］张涵宇，郭红，王爱英等．基于第三方 SPD 物流配送供应链 模式的普通医用耗材管理实践［J］．中国医疗设备，2019，34（6）：117－120.

［8］武文成，秦利荣，徐海青．运用 SPD 管理模式对医院医用耗材 精细化管理的影响［J］．中国医疗设备，2018，33（9）：153－157.

［9］雍鑫，吴晓东，刘建．基于适应证的医用耗材管理体系研究［J］．中国医学装备，2019，16（6）：111－113.

［10］耿益民，朱江华，黄亮．新形势下医用耗材信息化管理建设研究［J］．医疗卫生装备，2017，38（9）：58－60，63.

［11］朱江华，黄亮，马智敏．智能化医用耗材临床路径及预警管理［J］．中国医疗器械杂志，2019，43（1）：64，69－71.

［12］朱江华，陈文，黄亮．新形势下医用耗材管理体系建设研究［J］．中国医疗器械杂志，2020，44（6）：553－557.

［13］王云，朱江华，黄亮等．新型冠状病毒肺炎防护物资应急调配策略［J］．生物医学工程学进展，2020（2）.

［14］于靖，朱江华，黄亮，吕中伟．新型冠状病毒肺炎下的医用防护耗材管理探讨［J］．中国医疗器械杂志，2020（3）.

［15］朱江华，于靖，陈丽敏．新型冠状病毒肺炎后的医用耗材应急采购策略研究［J］．中国医疗设备，2020，35（S2）：125－127.

［16］朱江华，陈文，黄亮．新形势下医用耗材管理体系建设研究［J］．中国医疗器械杂志，2020，44（6）：553－557.

课题负责人：施伟忠　上海申康医院发展中心委派上海市第十人民医院总会计师，高级会计师

主要执笔人：朱江华　上海市第十人民医院医学装备处副处长，高级工程师

课题组成员：朱江华、吕中伟、于靖、李小艳、裴磊、何笑

医院多院区一体化视角下的财务管理难点及对策研究

一、引言

自2009年新医改开始，在全面深化医药卫生体制改革的10多年间，为实现优质医疗卫生资源下沉，解决百姓“看病难”“看病贵”问题，“建立健全覆盖城乡居民的基本医疗卫生制度，为群众提供安全、有效、方便、价廉的医疗卫生服务”的目标，改革初期，大型公立医院普遍采用规模扩张发展战略。通过多种形式拓建分院区，为患者提供更多床位、更多优质医疗技术服务。多院区医院的发展过程与医院集团的发展是密切相关的。伴随着医院集团的不断发展壮大，一些综合性公立医院采用向政府购买土地新建、合并重组医院、增建扩建、对其他医院实施委托管理等方式，来不断扩大医院本身的组织规模。使得医院原有的组织结构呈现新的集团化趋势，逐步形成规模效应。随着改革的不断深入，公立医院多院区管理的复杂性对公立医院精细化管理提出了挑战。2020年国家卫生健康委、国家中医药局发布《国家卫生健康委国家中医药局关于加强公立医院运营管理的指导意见》，要求公立医院应坚持公益方向，以强化资源配置为目标，提升运营管理效益和投入产出效率。2021年，为推动公立医院高质量发展，更好满足人民日益增长的医疗卫生服务需求，国务院发布《关于推动公立医院高质量发展的意见》，提出提升公立医院高质量发展新效能，健全运营管理体系，加强全面预算管理，健全绩效评价机制。由此可见，随着新医改的不断深入推进，医疗卫生格局正在发生变化。医院内部管理逐渐由传统的粗放式、规模扩张型、经验式向精细化过渡，最终实现医院提质增效。公立医院已由高速发展阶段向高质量发展阶段转变。多院区管理一体化发展战略作为公立医院高质量发展和加强公立医院运营管理的重要组成部分，得到业界的广泛关注。

随着国家医疗卫生事业区域均衡化发展战略的不断深入推进，短短几十年里，公立医院普遍呈现出多院区发展的格局，缓解了医疗资源总量不足的问题。尤其是新冠肺炎疫情暴发中，武汉大型公立医院的多院区抗疫模式在疫情防控中表现优异，得到社会各界的肯定。而医疗资源均衡化不仅仅是院区规模的扩张、医疗设备的增加、医疗服务人员的增加，更应当是核心院区医疗质量的同质化下沉和扩散。近年来，随着新医改的不断深化以及信息化技术的迅猛发展，各项医改政策的陆续出台也在宏观层面对公立医院精益化管理提出了更高要求。从国家医改政策实施的历程来看，医改路径已经由过去的“重在改革”转向“改革、发展、管理、服务”四位一体模式。而财务管理作为组织管理中的核心内容，在多院区一体化管理进程中发挥着举足轻重的作用。

突发新冠肺炎疫情给医院运营带来了更大的挑战，业务量、业务收入大幅下降，运行成本不断上升。多院区的大型公立医院尤为如此。一边是高质量发展的客观要求；一边是公立医院精细化管理程度不够的现实。多院区发展模式作为医疗行业中的现象及选择，值得行业管理者深入思考和探索。而探究多院区一体化模式的同质化管理，则是提升多院区整体管理效能和质量的核心词和关键点。这个同质化管理内涵除了医疗质量、技术水平、服务能力、业务流程、文化氛围之外，作为统筹医院全业务流程监督的财务管理同样重要。梳理不同管理模式下的多院区财务管理现状，对其财务管理中存在的问题和难点进行系统诊断、分析、研究、提炼。据此提升多院区资源整合能力、成本管控能力、绩效导向功能。最终保障多院区医院的整体优质资源配置，确保顺利完成公立医院高质量发展这一关系国家健康战略的阶段性目标。

二、文献综述、概念界定与评述

（一）文献综述

从国际情况来看，发达国家地区的医院多通过组建医院集团的方式来整合、拓展医疗卫生资源，以达到提供高水平、同质化医疗服务的目标。如英国的卫生行政管理部门（NHS）鼓励有条件的医院自主经营并成立相当规模的医疗联合体或医院托拉斯。医院托拉斯形成后，集团采取合并管理部门、外包后勤支持服务、优化医疗服务模式、制定统一发展计划和集团统一成本核算等策略进行运作。几年后，集团中各医院的效率明显提高，保证了各医院均能提供高水平、同质化的医疗服务（蔡进，2019）。

美国则是推行对医疗费用严格限制的“HMO”模式来组建医院集团。这些集团多以城市的大型综合医院为中心，联合周边的社区医院、康复医院和家庭护理机构，分工协作，优势互补，为实现预防医疗保健服务的整体系统创造了良好的条件。与美国相似，新加坡公立医疗卫生机构也是按照集团化模式进行管理和运作的。依据本国国情和地区医疗需求，进行医疗卫生规划，在全国范围内设置不同类别、级别的医疗机构，并通过集团的模式进行统一的管理和运作。这一模式既将医疗资源合理配置，又能确保全国范围内的医疗服务与质量同质化。

在医疗集团管理同质化的工具方面，国外偏向于制定详尽的管理标准来指导医院的质量管理。例如，由美国医疗机构联合评审委员会国际部制定的国际医院管理标准（JCI）。目前，JCI 是世界上唯一只针对医疗服务领域而建立的国际统一标准（彭磷基，2008）。依照 JCI 严格的标准进行医院管理是提升医疗质量，保障患者安全的绝佳方式之一，也是提高医院社会声誉，建立核心竞争力，与国际接轨的有效途径。国外一些医院管理者还会通过引入科学的管理理论，规范医院管理的流程，以此提升医疗质量。如质量控制（QC）、品管圈（QCC）、全面质量管理（TQM）、持续质量改进（CQI），以及 ISO9000 族质量管理体系、六西格玛管理、精益管理与卓越绩效等各种管理理念与模式（熊晶晶，2015）。

尽管国外医院集团的发展与我国多院区医院的建设模式有所不同，但其建设实践与经验对我国多院区医院建设同样具有重要的借鉴与指导意义。

我国医疗卫生领域以卫生医疗合作联合体的方式，开展了医疗资源重组。这一方式的建立就是医院集团雏形，并逐步形成了医院多院区管理模式。随着我国经济社会的发展，人民群众对高质量医疗服务的需求与大型医院建设空间受限之间存在的矛盾日益加深。许多知名大型公立医院开始探索多院区运行模式。四川大学华西医院、复旦大学附属华山医院、华中科技大学附属同济医院、郑州大学第一附属医院等均建有三个以上院区。多院区运营管理模式在给医院发展带来诸多好处的同时，也产生一系列问题。引发学者们思考，催生出一系列研究成果。通过文献计量分析可以发现，探索多院区管理的论文自 2013 年开始逐年增多。

（二）核心概念的界定

1. 多院区管理模式

贾同英、袁蕙芸（2014）认为一院多区医院是指拥有两个或两个以上院区，并且院区以“核心医院名称 + 分院/院区/分部”命名或冠名的医院。根据组建方式不同，可将一院多区医院分为紧密型、松散型、混合型。紧密型具有相同的法定代表人，统一的财务管理。如复旦大学附属妇产科医院；松散型则各院区具有相对独立的法人地位；混合型既拥有与核心医院同一法定代表人的紧密院区，也拥有相对独立、法定代表人不同的松散院区。如上海交通大学附属第一人民医院。万爱华、刘继红、周云等（2017）也认可一院多区管模式包括紧密型、松散型和混合型。

徐敏、张振建、许景东等（2017）指出“一院多区”医院是指具有一个独立法人资格，有统一的财务管理，由两个或两个以上位置分散的院区所组成的医院。并将一院多区的管理模式大致分为 3 种：松散型。在核心院区的统一管理下，分院区作为一个或多个相对独立的医院进行经营；紧密型。核心院区统一管理，各院区是中间管理层；混合型。医院在核心院区的直接领导下进行条块管理。

吴牡丹、谭剑（2021）根据组建方式和经营主体不同，将多院区管理模式分为紧密型、松散型、混合型。紧密型多院区医院与主院区同一法人代表，同一财务，采取垂直化管理模式；松散型多院区医院一般通过托管、医联体方式组建。各分院区拥有独立的法人资格、独立的行政部门，管理模式趋于扁平化；混合型多院区医院既有与主院区同一法人代表的分院区，也有独立法人资格的分院区，采取垂直化与扁平化管理相结合。

李少刚、武晋、郜惠子等（2017）依据复旦大学“2014 年中国最佳医院排行榜”，选取在综合医院排名前 10 的医院，以及排名前五的东北、华北、华东、华南、华中、西北、西南的医院，对其多院区管理模式进行研究。并指出我国目前的多院区管理模式主要有三种：“扁平化”管理模式、“层次化”管理模式、“混合型”管理模式，并对三种模式的具体内涵和表现形式进行界定。

2. 多院区同质化管理

贾同英、袁蕙芸（2014）指出多院区医院虽然拥有同一个法定代表人、统一的财务管理，但依然存在着一体化管理难度增大、成本控制复杂性增强、医疗同质化问题亟须重视、医院文化整合难度加大、学科布局有待科学规划等问题。

徐敏、张振建、许景东等（2017）认为医疗难以同质化是发展首要问题；人才需求增加是关键问题；管理难度加大是普遍性问题；办院成本难以控制是现实问题；信息沟通不畅是基础性问题；文化理念差异是文化融合一大难题。并据此提出统一管理模式、统一调配人才、统一财务管理、统一质量管理、统一信息系统、统一院区文化等管理建议。

邵芩怡、袁蕙芸（2019）对多院区文化建设现状进行调查，发现各院区医院环境布置各异，各院区统一活动参与度不高。建议开启合作模式，在医院精神文化引领下，通过共同举办文体活动，促进院区之间人员的密切联系。

李战国、贾冕、王燕森（2018）采用分层抽样调查方法，对北京市 15 所多院区医院的人员管理、资源管理、信息管理和文化管理现状进行评价。了解北京市多院区医院管理面临的问题和难点，提出相应的具体措施和对策。指出多院区医院要强化对新院区管理，进一步推动新老院区之间管理一体化。进而形成科学合理的多院区管理模式，促进医院管理的科学化和合理化。

医院多院区发展过程中存在诸多不确定因素，相应会给医院带来多方面风险。杜敬毅、周莹、刘莹（2018）运用规模经济理论、协同理论和资源优化配置理论，对多院区发展过程中存在的政策风险、经营风险、财务风险和质量控制风险做出分析。并总结出可行的风险防范措施，以期有效控制各项风险，实现多院区协同发展的战略目标。

孙银屏、王伊光、郑入文等（2017）以北京中医药大学东方医院创建“一院三区”布局为例，对中医院“一院多区”组织结构变革、分院区医疗功能定位、成本预算管控、人员绩效与人才培养、多院区一体化信息化平台建设等一系列管理上的重点与难点进行分析与解答，对“一院多区”管理模式进行了有益探索。

吴玉东（2017）以文献研究为核心，结合专家咨询、文献研究等多种研究方法，从医院一体化管理、成本控制、同质化问题、文化整合等四个方面，对多院区医院发展脉络进行了分析。总结出多院区医院管理存在的如多院区医院发展权责划分、如何整合科研教学资源、绩效分配问题等难点问题，并对解决对策进行了探究。

贾同英、袁蕙芸（2015）以文献研究为主要研究方法，辅以小组讨论、专家咨询等研究方法，通过对多院区医院发展历程的回顾、形成动因的剖析，深度把握多院区医院发展脉络。进而总结多院区医院管理中存在问题与难点。指出多院区医院在一体化管理、运行成本、医疗质量、医院文化、学科布局等方面存在诸多问题，尚未建立成熟的管理模式。以问题导向视角提出优化多院区医院管理的对策建议。

针对多院区发展中存在的同质化问题，众多大型公立医院立足自身需求，进行有益尝试，总结实践经验。

翟书会、李无阴、刘伟等（2020）介绍了“一院多区”同质化服务的内涵及河南省洛阳正骨医院“一院多区”紧密型发展现状。指出面临管理难度大、运营成本高、评价体系不完善、院区文化整合难等难点。通过对各院区进行服务质量标准化，培训及内部评价统一化，服务模式统一化，薪酬设计公平化，人员流动合理化，设备配置统一化，管理模式协同化，文化建设同质化等，可实现医院同质化服务，促进医院“一院多区”稳步发展。

华中科技大学附属同济医院统一指挥、统筹协调三个院区后勤保障工作。采取“总院垂直化，分院扁平化”策略，由分院后勤科负责院区具体的后勤保障业务；预算、招标、合同等业务由主院区相关职能科室统一管理。从人、机、料、法、环五个方面重构多院区后勤管理模式，实现三个院区后勤业务统一管理思路、统一服务模式、统一质量标准。节约运营成本，提高管理效能，为医院快速发展提供了坚强有力的保障（李晶等，2020）。通过同质化管理确保医务人员同质化、医疗流程同质化、患者感受到服务品质同质化，实现三个院区医疗服务质量“同品质”（高欢等，2020）。

解放军总医院开展多院区标准化管理。通过对多院区统一、规范化管理，为患者提供同质化医疗服务。做到不同地区间的横向协同和纵向一致，确保医院的每个区域都具有同质化的医疗质量（张思兵等，2021）。

宫鹏、马宜明（2020）以安徽医科大学第一附属医院高新院区药剂科为例展开个案分析。针对工作中遇到的困难，通过统一精细运行管理，实行同工同酬待遇、绩效考核、提供良好发展空间、加之人文关怀、采取激励手段等系列创新管理模式和方法，解决了“一院多区”管理、运行、药事服务的难点和痛点。

3. 多院区一体化财务管理

陆敏（2016）指出做好多院区成本管理需要合理设置成本核算单元；建立统一的物流管理系统；建立健全人员考勤管理制度；选择适合的成本分摊参数；做好信息系统的数据提供与核对。彭安澜（2019）认为“一院多区”格局的形成是医院整体发展、医疗资源配置的必然选择。但在多院区建设中，其目前仍存在成本控制复杂性增强、医院管理难度加大、医疗同质化难以保证等问题。还需要不断健全成本核算体系，推动一体化管理和同质化管理。杨宗庆（2020）对多院区发展面临的运行成本发生变化、院区间人员流动频繁、公摊成本参与不一、各部门系统多、数据衔接困难等问题，提出构建更合理的核算模式。搭建基础流程，改变管理思路，加强部门联动。配合信息化手段，促使成本管控更加科学合理，为医院管理提供决策依据。何凯（2020）指出多院区预算管理存在编制不同质、监控力度不够、预算考核制度缺位的问题。并提出推行多院区差异化预算、加强预算监控和执行、完善落实预算考核制度等对策。

熊占路、童俊东、邹伟等（2018）认为一体化管理是多院区要面对和解决的巨大难题，推进多院区医院信息化建设是强化多院区医院管理的一个重要途径。武汉市某大型公立医院通过信息化手段，构建统一的宣传平台、管理平台、业务平台，强化多院区一体化管理。张彦杰、马海忠、冯园园等（2021）以宁夏回族自治区人民医院为案例，介绍其统一全成本核算、物资监管、临床药学管理、电子病历质控、门诊自助及远程医疗服务平台建设。建成了5个院区资源配置、学科整合、成本控制、医疗护理一体化管理模式，构建了多院区公立医院一体化治理体系。

（三）研究述评

经过文献梳理与总结，目前国内关于“多院区”管理模式研究已经取得一定成果。针对多院区管理模式的基本概念和内涵已经有了较为清晰的界定。一是多院区医院的界定。一种观点认为是同一法人下集中管理的医院集合为多院区；另一种观点认为是集中管理下的医院集团，包括同一法人和不同法人下两种情况。二是针对多院区管理模式，主流的观点均认同主要存在三种管理模式，一种观点认为是紧密型、松散型和混合型；一种观点认为是扁平化、层次化和混合型。两种观点虽表述不同，但对三种模式的表现形式均较为趋同。

本文认同第二种关于多院区医院的概念。认为多院区医院是指以资本或长期的经营管理权等为纽带，建立起来的拥有两个或两个以上院区的医院。包括同一法人和非同一法人领导下的两种形式。而对于多院区管理模式，本研究也认同第二种观点，即扁平化、层次化和混合型。三种模式的经营方式、法人性质、管理方式和管理特点如表 1 所示。

表 1　　多院区医院的三种模式具体内涵及特点

多院区管理模式	经营组建方式	法人性质	管理方式	管理特点
扁平化	托管、技术联合	各分院区具有独立法人资格	独立法人、财务等行政机构、独立管理权	主院区对分院区约束性低，分院区自主创新性高
层次化	新建、改建或扩建、兼并	各分院区与主院区同一法人代表	垂直化管理方式，同一法人，同一财务，同一管理体制	主院区有高度管理权、分院区自主性较低
混合型	新建、改建、扩建、托管、兼并、技术联合	各分院区既有独立法人资格，也有非独立法人资格	混合型管理方式	对不同分院区采取扁平化或垂直化管理方式

对于多院区同质化管理的难点和对策，已有的研究成果较为丰富。从业务管理到行政管理，从宏观管理到微观管理，较多视角集中在研究人才培养、治疗质量、服务质量以及如何整合院区科研资源、文化资源、绩效分配等多院区宏观管理方面，对多院区同质化管理的路径进行了较为广泛的研究和探索。

针对多院区财务管理的难点和对策，已有的研究对强化多院区成本管控、绩效管理、预算管理以及一体化信息系统建设有一些相对比较笼统的研究，尚未形成较为成体系的多院区财务管理同质化路径和思路。这也为本文的研究提供了一个很好的视角和切入点。

三、我国医院财务管理现状的调查分析

根据本文的主要研究内容，设计了多院区医院财务管理现状调查分析问

卷。采用问卷调查法，针对扁平化、层次化、混合型管理模式下财务机构管理、全面预算管理、成本绩效管理、信息化建设等方面内容设计问卷。在全国范围内发放并收回问卷187份，有效问卷182份。其中多院区样本118份。

以下分析的各项调查项目，调查结果显示“其他”并且无法界定其属性的，均不在此次研究范围。

（一）调查医院的基本情况

从医院等级与多院区类型交叉分析看，多院区医院主要集中在三甲医院，且集中在床位规模在1 000张以上的大型三甲医院。一院两区43份，总占比36. 44%。其中三甲医院41份；一院多区51份，总占比43. 22%。其中三甲医院48份；医疗集团（或医共体）24份，总占比20. 34%。其中三甲医院7份。

从多院区类型与管理模式交叉分析看，“一院两区”中扁平化管理占比2. 32%，层次化占比90. 7%，混合型占比6. 98%；“一院多区”中扁平化管理占比3. 92%，层次化占比72. 55%，混合型占比23. 53%；“医疗集团（或医共体）”中扁平化管理占比54. 17%，层次化占比33. 33%，混合型占比12. 50%。

从调查占比情况来看，目前多院区管理中，紧密型层次化的多院区管理模式占主导地位；混合型次之；扁平化模式占比最小。结合医院等级与多院区类型交叉分析和问卷调查详情，医疗集团除7家三甲医院的大型医疗集团外，其余主要集中在市县级医院。一般是以本地市县级人民医院为龙头的县域医疗集团（或医共体）。这与我国现阶段的医疗卫生事业发展现状相符。

（二）多院区财务管理现状分析

1. 多院区管理模式与财务机构管理模式交叉分析

从多院区管理模式与财务机构管理模式交叉分析情况看，扁平化管理模式下，“财务集中核算”占样本量的54. 55%，“各院区独立核算”占样本量的36. 36%，“仅具有独立法人资格的分院区财务独立核算”占样本量的9. 09%，其他类占18. 75%（这部分主要是院区独立核算同时年末并账的样本）；层次化管理模式下，“财务集中核算”占样本量的80. 95%，“各院区独立核算”占样本量的 14. 29%，“仅具有独立法人资格的分院区财务独立核算”占样本量的 2. 38%，其他类占 2. 38%（这部分主要是院区独立核算同时年末并账的样本）；混合型管理模式下，“财务集中核算”占样本量的 22. 22%，“各院区独立核算”占样本量的 22. 22%，“仅具有独立法人资格的分院区”财务独立核算占样本量的 55. 56%。

2. 各院区财务人员轮岗情况分析

从多院区财务核算模式与财务人员轮岗情况交叉分析（不含其他类，所在的医院各院区可能存在多类财务人员轮岗情况）：

（1）财务集中核算模式下，“只在总院设置财务岗位”的占样本量 72. 15%；“建立了人员定期轮岗制度”的占样本量 20. 25%；“财务人员相对固定，流动很少”的占样本量 21. 52%；“人员轮岗制度存在一定问题，正在完善”的占样本量 10. 13%。

（2）各院区财务独立核算模式下，“只在总院设置财务岗位”的仅占样本量 4. 76%；“建立了人员定期轮岗制度”的占样本量 19. 05%；“财务人员相对固定，流动很少”的占样本量 52. 38%；“人员轮岗制度存在一定问题，正在完善”的占样本量 2. 86%。

（3）仅具有独立法人资格的分院区财务独立核算模式下，“只在总院设置财务岗位”的仅占样本量 15. 38%；“建立了人员定期轮岗制度”的占样本量 15. 38%；“财务人员相对固定，流动很少”的占样本量 38. 46%；“人员轮岗制度存在一定问题，正在完善”的占样本量 30. 77%。

总体来看，扁平化与混合型中财务独立核算模式占比较高。在具有独立法人资格的分院区，财务人员的工作安排相对独立，人员相对固定。

3. 多院区不同管理模式下收入管理现状

（1）各院区执行统一收费标准、统一整体获取财政补助收入以及能准确核算各院区医疗收入方面，扁平化管理模式占比最小；层次化占比最高；混合型模式次之。说明层次化最适合财务集中管理模式，可以为一体化管理提供良好的运营数据支撑。

（2）各院区作为独立的预算单位，分别获取财政补助收入方面，扁平化占比 33. 33%；层次化占比 25%；混合型占比 29. 17%。作为独立预算单位一般都是具有独立法人资格的单位，而扁平化模式下，各院区具有独立的法人资格，一般为医疗联合体、医疗联盟等；混合型一般为既有独立法人资格的院区，又有非独立法人资格的分院区，故二者占比较高。

（3）80%的层次化医院，各类收入直接计入各科室，不能区分院区收入。这是由层次化紧密型管理模式所决定的。许多业务混在一起，只按科室进行收支核算，不按院区进行分类汇总。

（4）各院区所使用的HIS收费系统不同，结算时间不统一，收入对账存在一定的困难方面。层次化占比最高，达50%；各院区收费系统尚未实现互联互通，收入确认需靠人工传递单据。造成收入确认不及时方面，层次化占比最高，达63.64%。

4. 多院区不同管理模式下支出管理现状

（1）扁平化管理模式下，“支出全部可以计入各院区”的占比54.55%；“支出直接计入各科室不能区分院区”的占比9.09%；“只有部分支出无法分院区核算”的占比27.27%。相对而言，扁平化模式下分院区采用财务独立核算能相对准确地对分院区的收入费用进行归集，为各院区的成本核算、绩效分配打下良好的基础。

（2）层次化管理模式下，“支出能全部计入各院区”的占比52.38%；“支出直接计入各科室不能区分院区”占比20.24%；“只有部分支出无法分院区核算”的占比22.62%。

（3）混合型管理模式下，“支出能全部计入各院区”的占比50%；“支出直接计入各科室不能区分院区”占比11.11%；“只有部分支出无法分院区核算”的占比27.78%。

5. 多院区不同管理模式下费用报销现状

（1）扁平化管理模式下，“各院区费用报销不论金额大小和业务种类集中在总院报销”的占样本量18.18%；“各院区费用报销不论金额大小和业务种类均可在总院或分院区报销”占样本量54.55%；“总院承担主要的费用报销业务，分院承担部分零星报销业务”占样本量的18.18%；“各院区分别报销本院区的费用”占样本量的9.09%。

（2）层次化管理模式下，“各院区费用报销不论金额大小和业务种类集中在总院报销”的占样本量67.86%；“各院区费用报销不论金额大小和业务种类均可在总院或分院区报销”占样本量14.29%；“总院承担主要的费用报销业务，分院承担部分零星报销业务”占样本量的15.47%；“各院区分别报销本院区的费用”占样本量的2.38%。

（3）混合型管理模式下，“各院区费用报销不论金额大小和业务种类集中在总院报销”的占样本量38.89%；“各院区费用报销不论金额大小和业务种类均可在总院或分院区报销”占样本量16.67%；“总院承担主要的费用报销业务，分院承担部分零星报销业务”占样本量的33.33%；“各院区分别报销本院区的费用”占样本量的11.11%。

从以上3种管理模式下费用报销的方式和财务核算模式来看，费用报销方式主要取决于医院的财务核算模式。如扁平化模式下财务集中核算模式占比与各院区费用报销不论金额大小和业务种类均可在总院或分院区报销占比均为54.55%；层次化管理模式下，财务集中核算模式占比最高为80.95%，也体现在“各院区费用报销不论金额大小和业务种类均可在总院或分院区报销”占比最高为67.86%；混合型也是具有独立法人资格的分院区，倾向于财务独立核算模式，费用报销倾向于分院区报销。不具有独立法人资格的院区，倾向于财务集中核算，费用统一在总院报销。

6. 不同管理模式下多院区的盈余分配形式

扁平化管理模式是具有多个独立法人资格的多院区管理模式，故以“各院区只能支配本院区盈余”为主要分配形式；层次化模式是只有1个法人资格的多院区管理模式，故以“各院区盈余由总院统一调配”为主要分配形式；混合型管理模式下是扁平化与层次化二者的混合管理模式。“各院区盈余由总院统一调配”占其样本量66.67%，“各院区只能支配本院区盈余”占样本量27.78%。这两者的比重取决于混合型中具有独立法人资格与不具有独立法人资格分院区的占比情况。具有独立法人资格的分院区数量越多，占比越大，“各院区只能支配本院区盈余”分配的形式占比就越大。反之，“各院区盈余由总院统一调配”占比就会变大。

7. 不同管理模式下多院区的财务报告编制模式

报表的编制模式取决于各院区财务是否可以分院区核算，故结合多院区的收支管理现状分析：

（1）扁平化管理模式下，具有独立法人资格且可以分院区核算的，独立编制报表。如有需要，总院区可以编制合并报表，来反映医院的整体经营状况。

（2）层次化管理模式下，如果院区可以独立核算，一般可以达到“期末总院编制合并报表，分院区财务状况一目了然”的编报模式；如果仅可做到核算至科室，一般为“总院编制财务报表，各院区财务状况无法单独获取”；如果存在具有独立法人资格的分院区，一般采用“独立核算的分院独立编制报表，独立上报财务报告，其余编制合并报表”的模式。

（3）混合型管理模式下，如果院区具有独立法人资格，且采用独立核算模式的，可以达到“期末总院编制合并报表，分院区财务状况一目了然”的编报模式；如果分院区不具有独立法人资格且不独立核算的，一般会是“总院编制财务报表，各院区财务状况无法单独获取”的模式；如果不论是否具备独立法人资格，但可以分院区核算的，一般采用“独立核算的分院独立编制报表，独立上报财务报告，其余编制合并报表”的编报模式。

8. 不同管理模式下多院区的资源配置形式

从不同管理模式下多院区的资源配置形式分析（不含其他类 5 份，所在医院可能存在资源配置现状）：

（1）扁平化管理模式下，“部分分院区具有人员招聘和日常管理权限，并且可以自行采购物资”的院区占 63.64%；“各分院均具有独立招聘和日常管理权限”的占 18.18%；“人员由总院统一招聘和日常管理，设备物资由总院统一采购，集中配送管理”的占比 27.27%；“资金管理由总院统一管理”占比 18.18%；“部分分院有一定资金管理权限”的占样本量的 36.36%。从占比情况看，扁平化管理模式下的资源配置是以分院区具有人事自主分配、日常事务管理以及物资自主采购权限为主。

（2）层次化管理模式下，“人员由总院统一招聘和日常管理，设备物资由总院统一采购，集中配送管理”的占比 88.10%。故在层次化管理模式下，各院区以总院为核心，在人、财、物等方面集中统一管理为主流。

（3）混合型管理模式下，“人员由总院统一招聘和日常管理，设备物资由总院统一采购，集中配送管理”的占比 66.67%；“分院有人员招聘和日常管理权限，并自行采购设备物资”的占比 33.33%。故混合型管理模式下，两种形式并存，但占比高低与财务核算模式有着密切的关系。

对不同管理模式下多院区资源配置形式现状进行分析。目前在资源配置方面的重难点是：研究哪种配置形式更加合理，更加适合所在医院的管理模式。尽量在同一种模式下建立一套标准化的管理流程，减少随意性，提高工作效率，为医疗一线做好后勤保障服务。

9. 不同管理模式下多院区的预算管理模式及现状分析

从不同管理模式下的多院区预算管理模式调查情况看（不含其他类5份）：

（1）扁平化管理模式下，“各院区独立编制预算，由医院汇总上报，预算批复、执行、调整、考核各院区均分开进行”的占样本量的63.64%；“部分分院为独立预算编制单位，分院具有部分预算管理权限，总院重在执行控制和监督”的占样本量的27.27%。说明在扁平化管理模式下，预算管理以分院区独立编制，汇总上报总院，各院区分开批复、执行、调整、考核为主要模式；部分分院具有预算管理权限，总院重在执行控制和监督为补充模式。

（2）层次化管理模式下，“总院统一编制并上报预算，预算批复、执行、调整、考核均在总院进行”的占样本量的82.14%；其余两种模式占比较小。说明层次化因其紧密型管理的特点，选择由主院区统一对预算进行编制、批复、执行、调整、考核、上报，更加具有权威性，有利于预算管理工作的落实。

（3）混合型管理模式下，“总院统一编制并上报预算，预算批复、执行、调整、考核均在总院进行”的占样本量的50%；其余两种占比均约为22%。这3种形式的并存占比情况，是由混合型多院区中存在多种类型的独立性与非独立性的分院数量所决定的。

从不同管理模式下的多院区预算管理工作开展的现状分析，三种模式在预算管理方面均存在一定的问题。因层次化多院区数量占比最高，问题显得更为突出。主要问题有：未能制定统一的发展战略，各院区定位不清晰，存在功能重叠和资源浪费的情况；各院区预算编制基础、编制方法、测算依据不一致；全面预算管理工作模式不定，同一医院同时存在部分科室分院区编制预算、部分科室不分院区编制预算。不便于统一管理，降低了预算编制效率；由于各院区体量不一、定位不同，预算考核难以统一评价标准，预算考核结果可用性不强；全面预算管理人员素质不高、处理多院区预算管理业务能力有待提升；全面预算管理信息系统不健全，“两上两下”的信息传递受阻，不利于数据收集、汇总，以及执行情况的统计、分析与考核。

10. 不同管理模式下多院区的成本管理模式及现状分析

从不同管理模式下的多院区成本管理模式调查情况看（不含其他类5份）：

（1）扁平化管理模式下，“实行分院区成本核算，再进行汇总合并为总成本”的占比54.55%；“仅可实现科室成本核算，不能按院区核算”的占比

18. 18%；“部分科室可以实现按院区成本核算”的占比36. 36%；“仅可实现分院区核算，不能按科室核算”的占比18. 18%。说明在扁平化管理模式下，成本管理还是以分院区进行成本核算，再汇总医院总成本为主要模式。

（2）层次化管理模式下，“实行分院区成本核算，再进行汇总合并为总成本”的占比32. 14%；“仅可实现科室成本核算，不能按院区核算”的占比25%；“部分科室可以实现按院区成本核算”的占比19. 05%；“仅可实现分院区核算，不能按科室核算”的占比7. 14%。从占比情况看，成本管理在层次化的管理模式下，如何准确界定各科室在不同院区间的成本以及成本的精细化管理是现阶段研究的主要问题。

（3）混合型管理模式下，“实行分院区成本核算，再进行汇总合并”为总成本的占比50%；“仅可实现科室成本核算，不能按院区核算”的占比27. 78%；“部分科室可以实现按院区成本核算”的占比16. 67%；“仅可实现分院区核算，不能按科室核算”的占比11. 11%。从占比情况看，“分院区进行成本核算，再汇总医院总成本”是混合型多院区管理模式下的主要成本管理形式。这与混合型多院区中财务独立核算院区占比较高有着密切关系。

从不同管理模式下多院区成本管理工作开展的现状分析，三种模式在成本管理方面均存在一定的问题。仍然是因层次化多院区数量占比最高，问题显得更为突出。

11. 不同管理模式下多院区的绩效管理模式及现状分析

（1）扁平化管理模式下，“各院区按照总院制定的绩效考核方案对科室进行统一考核”的占比27. 27%；“各院区独立开展绩效考核，各考核方案间无关联性”的占比72. 73%；“部分科室按照一套绩效考核方案进行科室考核”的占比18. 18%。从样本占比情况看，“各院区独立开展绩效考核的模式”是扁平化管理模式下绩效管理的主要形式。这种形式的优点是可以根据各院区业务的不同，体现差异化的激励政策；“各院区按照总院制定的绩效考核方案对科室进行统一考核”虽然占比小于前者，但从同质化管理角度看，有利于总院的统一管理；缺点是不能按照分院区的特点制定绩效方案，激励性存在争议。

（2）层次化管理模式下，“各院区按照总院制定的绩效考核方案对科室进行统一考核”的占比76. 19%；“各院区独立开展绩效考核，各考核方案间无关联性”的占比20. 24%；“部分科室按照一套绩效考核方案进行科室考核”的占比 15. 48%；“独立核算的院区独立考核，其他由本部统一考核”的占比 1. 19%。从样本占比情况看，“各院区按照总院制定的绩效考核方案对科室进行统一考核”的占比较高，是层次化管理模式下绩效管理的主要形式。层次化模式下，多院区绩效管理形式与各院区开展的医疗业务差异化程度、财务是否独立核算有着很大的关系。

（3）混合型管理模式下，“各院区按照总院制定的绩效考核方案对科室进行统一考核”的占比 61. 11%；“各院区独立开展绩效考核，各考核方案间无关联性”的占比 44. 44%；“部分科室按照一套绩效考核方案进行科室考核”的占比 11. 11%；“独立核算的院区独立考核，其他由本部统一考核”的占比 5. 56%。从占比情况分析，混合型管理模式下“各院区按照总院制定的绩效考核方案对科室进行统一考核”与“各院区独立开展绩效考核”是绩效管理的主要形式。这与混合型医院分院的结构占比、财务核算模式有着很大的关系。

从不同管理模式下多院区绩效管理工作开展的现状分析，三种模式在绩效管理方面均存在一定的问题。仍然是因层次化多院区数量占比最高，问题显得更为突出。

12. 不同管理模式下多院区的财务信息化管理模式及现状分析

（1）扁平化管理模式下，“各院区使用统一的 HIS、会计核算等信息系统，院区之间实现互联互通，信息共享”的占比 18. 18%；“各院区信息系统相对独立，信息化水平差异较大，不能实现信息共享”的占比 54. 55%；“各院区信息系统不统一，通过接口可实现信息共享，但接口功能不稳定”的占比 27. 27%。

（2）层次化管理模式下，“各院区使用统一的 HIS、会计核算等信息系统，院区之间实现互联互通，信息共享”的占比 83. 33%；“各院区信息系统相对独立，信息化水平差异较大，不能实现信息共享”的占比 11. 90%；“各院区信息系统不统一，通过接口可实现信息共享，但接口功能不稳定”的占比 4. 76%。

（3）混合型管理模式下，“各院区使用统一的 HIS、会计核算等信息系统，院区之间实现互联互通，信息共享”的占比 61. 11%；“各院区信息系统相对独立，信息化水平差异较大，不能实现信息共享”的占比 16. 67%；“各院区信息系统不统一，通过接口可实现信息共享，但接口功能不稳定”的占比 22.22%。

问卷分析结果显示，层次化管理模式下多院区财务信息化水平相对较高。在样本调查中，16 家医院建立了“以主院区为核心的财务共享服务模式，实现了跨院区的网上费用报销功能”；21 家医院“已建立 HRP 运营平台并实现了财务管理相关模块之间的互联互通，基本实现财务一体化的管理”；29 家医院“初步建立 HRP 运营平台，但与 HIS、人力资源等相关模块尚未连接，实现了部分自动生成凭证”。但也存在部分医院信息化水平比较低。其中 27 家医院“财务系统之间如预算管理、成本管理、绩效管理系统，各系统之间孤立存在，未实现互联互通”；32 家医院“尚未开展网络报销，院区间采用线下传递纸质单据进行报销”。

（三）多院区财务管理现状调查总结

调查问卷结果显示：层次化多院区管理模式占主导地位；混合型次之；扁平化模式占比最小。主要分布于两类医院：一是床位数在 1 000 ~ 2 000 张以上的层次化和混合型管理的三级医院；二是以扁平化管理模式为主的医疗集团（或医共体）。依据调查问卷结果对三种多院区管理模式下的财务管理特点和难点总结如下：

1. 三种多院区财务管理模式的特点（见表 2）

表 2　三种管理模式下的多院区财务管理特点

管理模式 具体内容	层次化	扁平化	混合型
财务机构管理	(1) 财务集中管理，集中核算；(2) 大部分只在总院设置财务岗位，财务人员相对固定，轮岗很少；(3) 收支直接计入各科室，不能反映各院区的收支全貌；(4) 报销大部分集中在总院，报销效率较低；(5) 各院区盈余由总院统一分配；(6) 总院编制财务报告，各院区财务状况无法单独获取	(1) 财务管理分散，各院区独立核算；(2) 大部分院区设置财务岗位，部分开展人员轮岗；(3) 收支各院区单独核算，各院区的收支全貌可以得到及时的反映；(4) 报销相对分散高效；(5) 各院区只能支配本院区盈余；(6) 独立编制报表，期末可编制合并报表	(1) 具有独立法人的院区独立核算较为普遍；(2) 院区之间开展人员轮岗，但轮岗制度尚不健全；(3) 具有独立法人的机构单独核算，单独报销；(4) 部分院区只独立编制报表，部分期末由总院编制合并报表

续表

管理模式 具体内容	层次化	扁平化	混合型
预算管理	(1) 人员由总院统一招聘和日常管理，设备物资由总院统一采购配置；(2) 总院统一编制并上报预算，预算批复、执行、调整、考核均在总院执行	(1) 多数分院具有人员招聘和日常管理权限，自行采购物资；(2) 分院区独立编制，汇总上报总院，各院区分开批复、执行、调整和考核，部分分院具有预算管理权限，总院重在执行控制和监督	(1) 人员招聘及物资采购权集中或者分散的形式兼备，占比与财务核算模式有关；(2) 总院编制、分院编制、部分分院独立预算的三种预算管理形式均存在
成本绩效管理	(1) 不能按院区核算成本，仅能核算科室成本；(2) 各院区按照总院制定的绩效考核方案进行科室进行统一考核	(1) 以分院区进行成本核算，再汇总医院总成本；(2) 各院区独立开展绩效考核，绩效方案间无关联性	(1) 以分院区进行成本核算，再汇总医院总成本；(2) 以各院区按照总院的绩效考核方案统一考核为主，各院区独立考核为辅
信息化建设	(1) 各院区之间的信息系统互联互通，信息共享程度最高；(2) 16 家医院通过财务共享模式实现跨院区的财务报销	信息系统相对独立，不能实现信息共享较为普遍	各院区之间的信息系统互联互通，信息共享程度在层次化和扁平化之间

2. 多院区财务管理的难点

(1) 多院区的三甲医院，因规模大，部分医院院区间距离较远。分院区管理模式多样化，成员单位间沟通不畅。财务人员素质参差不齐、协同性差，对于费用报销、部门档案、人员信息、会计科目、项目大类等信息处理理解不一致。多院区财务一体化基础薄弱。

(2) 多院区的组织架构多样性、成因复杂性。尤其是具有独立法人的院区，其管理风格存在多样性。对于财务管理的要求不同，很难制定一套标准的财务管理模式。

(3) 多院区间的业务差异化程度不同、定位不同、信息化程度不同。预算、成本、绩效等管理方法的推行在同质化管理方面有一定的难度，需要根据院区的实际情况加以调整修正。

(4) 多院区的人员流动频繁，职能交叉，责任中心划分不清。财务管理方法、工具和思维等限制，对于准确核算分院区的成本是一大挑战。

（5）多院区财务管理信息化水平还有待提高。目前好多医院信息系统未经整合，信息孤岛现象严重。不能实现信息共享，阻碍了业财的深度融合。

四、Z 医院财务管理的案例分析

通过问卷调查总结出三种多院区管理模式下，医院机构管理、预算管理、成本绩效管理、信息化建设等财务管理领域所表现出的普遍特点。为深入解剖三种模式下医院财务管理的具体问题，本研究在全国范围内大型三甲医院，编制床位在 1 000 张以上的综合医院和专科医院中各选取了 1 家具有代表性的医院。采取访问访谈的形式了解案例具体情况，深入探析三种模式下多院区财务管理中的难点。

（一）Z 医院层次化管理模式的案例分析

1. Z 医院的基本情况

Z 医院是一所具有较强救治能力和较高科研水平的大型综合三级甲等医院，具有 1 个法人资格。目前有 3 个院区，分别是院本部、东院区、北院区 3 个院区；12 个院中院。总占地面积 682 亩，编制床位数 8 475 张。组织架构以总院为核心，对各分院区进行统一管理，属于层次化的多院区管理模式。

2. Z 医院的多院区管理模式

Z 医院院本部历史底蕴丰富，病源充足；东院区是 2016 年 9 月投入使用的新建院区，设备精良，环境优美。以高端医疗为主，重点发展新技术、新业务；北院区是 2016 年 7 月兼并的一家二级医院，位置较为偏远，设备设施较为落后。主要以康复、肿瘤和急诊为主。Z 医院 3 个院区目前采用一体化管理，即同一法人、同一财务、同一管理、同品质医疗。制度上遵循 6 个统一：管理模式统一；人员调配统一；质量控制统一；优质服务统一；信息建设统一；绩效考核统一。在各分院区设有由医务、护理、院办、党办、保卫、后勤、感染等处室组成的综合管理小组。其职责主要是服务、统筹、协调分院区各项事务。小组内科室职能与院本部职能科室相同或相似，受院本部相关科室垂直管理。

3. Z 医院的多院区财务管理现状

（1）Z 医院的多院区财务机构管理情况。Z 医院财务采用集中管理模式，财务处设在院本部。报销事务主要由院本部承担，分院区设立报账中心，负责各院区资产管理、门诊、住院医疗结算和财务报账收单工作；集中会计核算，核算时借助辅助核算来区分院区和科室；票据由财务处统一购买，各院区按号段使用。印鉴管理由财务处统一管理，分院没有财务印鉴；院本部统一编制财务报告并对外报送，分院区不再单独编制财务报告。

（2）Z 医院的多院区收入费用管理情况。借助 OES 医疗机构高效运营平台，实现多院区间业财数据实时共享，提高了财务工作效率和服务能力。

Z 医院引进了医疗机构高效运营系统（operation effective system，OES）。OES 财务会计系统正式投入使用后，大大提升了医院财务工作效率，为全院精细化财务管理提供了重要支撑。在会计凭证编制方面，OES 财务系统通过与考勤、科研、物流等系统建立接口，与系统内薪酬发放、科研、资产管理等模块联动，实现了业务、财务数据的实时共享。能实现薪酬奖金、物流采购、药品、耗材消耗、费用报销、资产折旧计提等会计凭证的自动生成。会计期末，可自动化一键生成高质量的财务报表，同时可以生成自定义的多种财务分析报表，为编制管理会计报告提供了有力的数据支撑。

各院区使用统一的互联互通的 HIS 收费系统，实现了院区间收入数据源的唯一性。Z 医院三院区使用统一的 HIS 系统。患者无须办理出入院手续即可自由在各个院区流动，保持了患者信息的连续性，破除了由于医保二次入院的相关限制而导致患者报销金额的降低。收入方面由于 Z 医院院区多、业务量大，住院结账方式多等问题（有 POS 机、微信、支付宝、省市医保和城镇医保等多种结账方式），需要同各个机构进行对账，工作量和对账难度都比较大。将各种收费方式整合为外联平台，由外联平台完成同各种支付方式下长短款的对账工作。医院只同外联平台对账，大大减少了对账难度。医疗收入报表由各院区结账处整理后，交院本部结账小组审核汇总后交财务处记账。医院收入借助辅助核算统计各院区收入金额。

借助 OES 医疗机构高效运营平台的线上费用报销流程，实现了职工最多“跑一次”。差旅费、科研经费的报销由出差人员和项目负责人在内网以本人账号登录 OES 系统后，依据系统提示填制和上传报销信息和单据后发起申请。相关职能部门、财务处和主管领导线上审批后，出差人员和项目负责人签字将纸质单据就近送到三院区财务收单处即可。最后由各院区收单人员汇总到院本部财务处，财务报账人员通过扫描单据上的二维码自动生成凭证。

借助 OES 供应链系统，实现了对资产全过程的动态闭环管控。借助 OES 平台供应链系统，实现了对药品、耗材的全过程动态管理，提高了财务的监管力度。在药品和耗材管理方面，通过 OES 供应链系统和供应宝，实现了对药品和医用耗材的全过程动态管理和消耗情况的实时监控，实现了药品、耗材信息的全流程双向追溯管理。通过打破信息孤岛，实现医院供应链、会计核算系统、HIS 等系统的相互联动，实现了从招标采购、供应商资质证件管理、科室需求计划到出入库管理、消耗计费等各环节线上全线贯通的闭环管理。使药品、耗材的管控关键点向业务两端延伸，提高了财务的监管力度，强化了医院的内部控制能力。月底库房管理员和库房会计对出库药品、耗材进行核对。核对无误后将药品、耗材出库单发送到 OES 智慧财务管理系统。财务人员接收数据后自动生成药品、耗材出入库凭证。依据 HIS 系统药品销售数据自动结转药品的销售成本；依据供应链系统产生的耗材数据自动结转耗材的消耗成本。

借助 OES 供应链系统，实现了对固定资产的全流程动态监管。在固定资产管理方面，引入了 OES 资产管理模块。该模块提供了从固定资产验收入库到设备的日常使用、维修保养情况、科室间的调拨、清查盘点到最后报废处理的全流程管理。资产完成验收和出入库手续后自动将资产数据推送到 OES 财务系统。财务人员接收信息后自动生成固定资产入库、付款、处置、报废等凭证。资产管理模块的应用最大化地发挥了资产的效用。依据对资产使用状况的分析，将资产在各院区进行合理的调配。

Z 医院采用财务集中核算模式，实现了各院区间业财数据实时共享，提高了财务工作效率。方便了患者，提高了服务能力。但由于财务核算职能主要集中在院本部，分院区虽然设置了报账人员，但只具有收单功能，不能完成报销业务的全过程。所以报销效率有待进一步提高。财务借助辅助核算不能够实现对所有收支按院区和科室进行核算，所以各院区无法编制收支余报表，无法获取各院区资产、负债和收支余的准确数据。医院盈余也由院本部统一支配，各院区无支配权，导致各院区工作积极性会受到一定的影响。

（3）Z 医院的多院区预算管理情况。Z 医院结合医院发展战略、经营理念和医院管理模式，预算的编制采用集中编制模式。由院本部统一编制上报，预算批复、执行、调整、考核均由院本部统一进行。Z 医院全面预算管理的深入推进，很好地促进了医院精细化管理水平的提升。促使资金发挥最大效用，更好地优化资源配置，提升医院发展质量。

Z 医院为了落实预算相关文件精神，提高预算编制的准确性和执行率，成立了由院长任委员会主任，副院长、总会计师和相关职能部门负责人任委员的全面预算管理委员会。全面预算管理委员会下设全面预算管理办公室，牵头负责全面预算管理日常工作。办公室设财务处，财务处设有专职的预算管理岗位；其他预算科室设有兼职预算员。

预算的编报采用条块结合的方式。由各院区按预算归口管理部门上报预算数据，归口部门汇总整理三院区数据后报预算管理委员会。预算批示后下发归口部门。归口部门依据批示过的预算，将预算指标下发各院区。

条块结合的预算方式保证了预算数据口径的统一。由预算归口部门统一管理，便于预算的执行、监督和总体控制，避免了各分院分别上报预算而出现的一些重报或漏报的事项。如院区间的摆渡车，同时服务于三院区。如各分院分别编报预算，则会出现无部门上报或重报此项费用的情形。

预算采用集中编制模式，有利于医院的整体统筹，便于更好地服务于医院的发展战略和发展。条块结合的预算方式避免了预算的重报或漏报。但过于集中的预算编制方式，限制了各院区的个性化发展，加大了各院区预算执行、调整、考核的难度。层次化多院区医院应在集中编制预算的基础上，适当放宽分院区预算编制权限，以满足不同院区的需要（见图 1）。

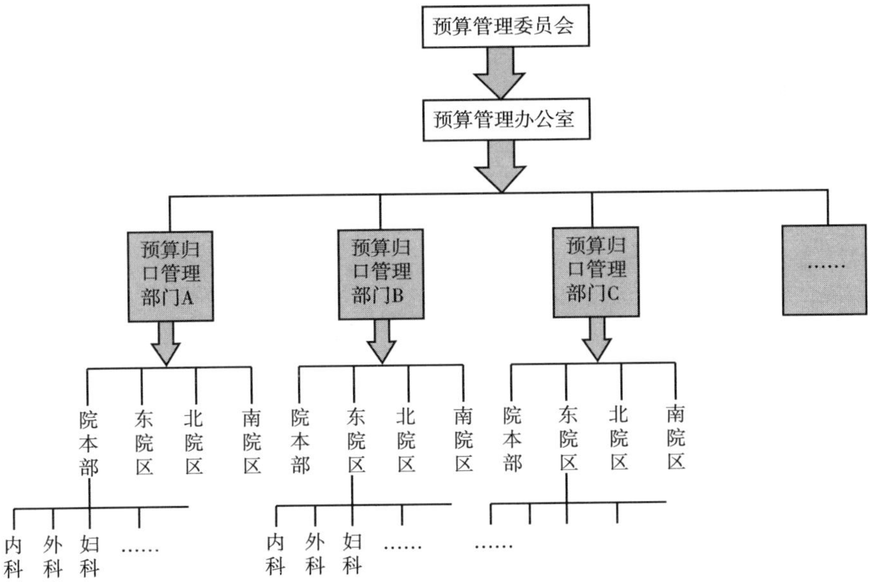

图 1　Z 医院预算管理架构

（4）Z 医院的多院区成本管理情况。目前 Z 医院由于成本核算模块尚未完善，成本核算只能完成按科室、诊次、床日、医疗服务项目的核算。直接费用可以按院区进行统计，但一些间接费用和管理费用的分摊还不够准确。

为了满足医院内部和外部特定成本信息使用者的需求，将医院提供医疗服务的消耗支出予以量化，力图在提供优质医疗服务的同时尽可能地降低支出。Z 医院成本管理采用集中核算模式。成本核算数据由各院区、各部门统一报送院本部，由院本部统一进行，实现了科室成本和部分院区成本的核算。这种模式有利于成本核算口径的统一，便于数据的比较分析，可以更好地为领导决策、医院疾病诊断相关分组（DRG）和医保价格谈判提供数据支撑和价格谈判依据。

一院多区管理模式使医院管理成本大幅增加，成本核算分摊更加复杂。资源共享是多院区发展的必然要求。但由于人力、设备、信息等资源的共享、流动，给成本界定带来许多困难。多院区经营模式下人员在各个院区流动，各院区人员成本区分难度增大；院区间增加流动班车，接送需到其他院区检查、转院和上下班的工作人员。这部分成本也很难界定其归属院区。另外物资管理成本增加，设备重复配置也增加了医院成本，导致相关成本增加。部分资产在各院区之间调用，固定资产核算存在账、卡、物不相符的情况，导致成本核算不准确，资产管理及分摊不均。

Z 医院对于公摊的成本按业务性质不同分别采用面积、患者人数、直接成本、收入等多个指标进行分摊，但公摊成本在院区间的分摊不够科学。一是医院公摊成本很多。包括办公成本、能源，物业、患者服务、保安等第三方人员服务成本，房屋建筑、专业设备、网络信息运行等各类维修维护成本，院区之间的转运成本，固定资产、无形资产折旧摊销费等；二是多院区间公摊成本具有多样性，分摊成本多且标准复杂。各院区存在规模、功能规划设置、资源分配等方面的差异，公摊费用无法用完全统一的方式进行分摊。如单位管理费用分摊时，虽然新院区公摊面积大，但设备新，维修单位成本较老院区低，因此很难准确进行分摊。

在物流成本管理方面，Z 医院物流管理信息系统与医院 HIS 系统的无缝链接，为医院成本核算提供了有效的辅助平台，加强了对二级库的管控力度。耗材信息实时传输，不仅同步了物资的需求信息、采购信息和财务核算信息，还为成本核算提供了准确、及时、真实的数据，使科室由被动控制成本变为主动控制成本。

（5）Z 医院的多院区绩效管理情况。Z 医院三院区实施统一的绩效考核方案，坚持“多劳多得、优劳优酬”的分配原则，实现了“稳中有升”的策略，充分调动了医务人员的积极性。强化了成本核算和厉行节约，充分发挥了绩效工资分配的激励导向性作用。

绩效管理往往是医院的杠杆，具有很强的调节功能。Z 医院在分院开业之初，为了发展分院业务，鼓励医院人员向分院分流，在绩效考核时适当给予分院区政策性倾斜。结合医改大形势和医院经营情况，针对多院区管理，Z 医院提出了突出统筹协调，兼顾效率公平的绩效分配方案。主要内容如下：

Z 医院绩效考核实行两级管理。即医院按科室核算分配；科室再实行二次分配。医院对科室二次分配提出指导意见。各科室依据医院规定成立本科室的绩效分配小组，研究制定本科室绩效分配方案，并需将分配方案交由经济办公室进行审核备案。在保证医院总体绩效不变的情况下，充分发挥各科的主观能动性，有效调动员工积极性。

突出合理分配，实施医护一体化。Z 医院要求各科室绩效分配实行医护一体化。即医生和护士同等待遇。医院通过绩效考勤直报系统，监督各科室对医院绩效二次分配指导性意见的落实情况，保证该项措施的实施。有效提高了护士的绩效水平和护士团队的工作积极性。

突出灵活高效，优化成本控制。Z 医院实行的绩效考核方案仅包括人员、材料、设备折旧费等直接成本，不包括管理费用和公摊费用等科室不易控制的成本项目。这样有利于临床部门将成本控制重点放在科室能够真正控制的项目上。另外，Z 医院在计算设备折旧额上进行了改革。计入绩效成本的折旧额不再按照会计核算的折旧年限计算，而是按照设备购置时科室提交的可行性论证报告中标注的设备成本回收期计算。若科室确定设备成本回收期为 2 年，在核算成本时，该设备就按 2 年计算折旧，计入当月绩效成本。该方案的实施促进设备购置后能够积极发挥作用，避免设备长期闲置和使用率低下的情况发生。

突出方向引导，完善考核指标。Z 医院依据医院布局，结合医院发展目标，将五升五降的指标同医院绩效考核相结合。加入了手术占比、手术级别、新技术、新业务开展、药占比、耗占比、住院平均日等考核指标，并新增了病种结构、人才培养、学科建设等方面的内容。突出了医院目标导向，以促进医院发展目标的实现。

Z 医院虽然在绩效管理方面采取了对分院区在一定期间内扶持、倾斜的政策，但总体还是采取了统一考核的方式。没有充分考虑各院区的差异性，使得绩效的灵活性和激励性不足，不能充分调动医护人员的工作积极性。

（6）Z 医院的多院区财务信息化管理情况。多院区医院资源共享的实现需要各院区信息的高度共享，需大力推进多院区信息化建设，建立多院区信息共享网络。Z 医院在建立分院之初就对信息系统进行了整合。首先对 HIS 系统进行了改造。统一了 HIS 系统，使得患者可以在 3 个院区自由流动而不需要办理出入院手续。患者需要到别的院区做治疗或检查时，各院区均治疗，检查科室均可直接记账，而无须进行收入的结转；统一了全院的 OA 系统、人力资源系统、物流系统、资产管理系统、科研系统、核算系统。并借助信息化手段，搭建 OES 医疗机构高效运营平台。将各个孤立的信息系统进行整合，有效避免了由于数据源的重复或缺失而导致数据抓取不完整，实现了信息的共享，为合理配置资源提供了有价值的数据支撑。使得分析的数据信息的准确性、有效性提高，使得各院区人员流动、资产调配、药品、耗材的管理变得更为顺畅。

Z 医院在财务信息化建设方面已经通过 OES 医疗机构高效运营平台，实现了与财务相关系统（HIS、物流、资产、供应链、人力资源系统、考勤等）模块的对接。实现 80% 以上的自动报账、自动制单、自动生成报表等智慧财务，提高了数据源的准确性。扩大了财务的职能，逐步加深了业财的深度融合与业财信息共享。提高了财务人员的工作效率，释放了部分有能力的财务人员，从事预算、成本、绩效的管理与财务报表的分析工作，为业务与管理提供更加有价值的服务。

总之，Z 医院作为大规模集团化管理的多院区医院，目前在医疗行业属于管理水平较好较成功的案例。从上述案例调查分析可以看出，对于层次化多院区医院，财务集中管理可以有效提高整体财务管理水平和运行效率，更加有效地支持医院战略发展。促进医院高精尖等核心业务的发展，有利于各院区同质化管理。但多院区集中管理也存在着诸多需要继续改进和完善的工作。如对集成化的信息系统有较高要求，应能够支持各类数据的提取及传输；否则将大大增加财务人员的工作压力。财务集中核算使得各院区财务职能弱化，导致主院区权力过于集中，分院区失去创新动力与自主性，不利于医院发展。另外在多院区财务集中核算中，预算、成本、绩效管理方面还存在许多困难。如院区间成本界定的困难、管理成本居高不下的难点，预算的约束性与目标导向性难以落实，绩效方案对员工激励的持续性等方面。所以财务集中核算不能仅仅是简单的形式上系统间的连接，应当真正实现多院区财务业务的深度统一，才能有效降低运营成本，提高工作效率。使医院各院区成为既相互独立又密切关联的整体，实现全院一体化的管理模式。

（二）F 医院扁平化管理模式的案例分析

1. F 医院的基本情况

F 医院是某省卫健委直属单位、非营利性三级甲等综合医院。创建于 1937 年，是全省医疗、教学、科研中心和主要的干部保健基地。两个院区，两个法人资格。本部开放床位 2 398 张。年门诊量 200 万人次；年急诊量 20 余万人次；住院量 8 万人次。在职员工 3 500 多名，其中医生 900 多名；护士 1 500 多名。

2. F 医院的多院区管理模式

J 医院是 F 医院发展战略的重要组成部分。按三级甲等综合医院一次规划，分期建设，总用地面积 216 亩。充分发挥了 F 医院的带动作用，使优质医疗资源得到有效扩展。医院一期开放床位 500 张，建筑面积 8 万平方米，总投资 6 亿元。医院现有职工总数 835 人。其中卫生技术人员 702 人；行政后勤人员 133 人。2020 年门诊量 45. 9 万人次；住院量 1. 64 万人次；年急诊量 14. 7 万人次。医疗团队和管理团队全部从 F 医院本部派出，由经验丰富的学科带头人、年富力强的临床骨干医生以及训练有素的护理团队组成。医疗水平与本部一致。国际体检部是省内唯一由美国、澳大利亚、新西兰、加拿大、英国、西班牙移民局和领事馆指定的移民及出国人员体检定点部门。

J 和 F 两院区都拥有独立法人及独立的行政职能部门，可以进行日常事务的处理和管控。J 院区在处理相关日常事务的过程中，可以根据医院的实际情况调整工作方式，具有一定的独立性。因此属于扁平化的多院区管理模式。医院信息化建设实现了“两个院区”的互联互通，数据统一，标准统一。国家医疗健康信息互联互通标准化成熟度信息化建设，达到国家 4 级水平。院区紧密联系，优化资源配置。在保证院区间同质化发展的同时，结合医院实际发展优势学科，做强做大。

3. F医院的多院区财务管理现状

（1）F医院的财务机构管理情况。F医院财务采用独立核算模式。两院区都设有财务处，且都配备固定人员，在工作中相对独立。报销事务根据人员的工作地点及报销事务由两院区分别承担。两院区有独立的财务、出纳、报销系统，使用不同的账套。票据由两院区财务处各自购买，两院区财务处都拥有完整的各类印鉴。两院区的门诊、住院结算、会计核算、成本核算、物资管理、资产管理、预算管理等各项日常工作都由两院区的财务处各自承担。在遇到需要两院区协作的工作时，再由两院区协商共同处理。两院区各自进行财务报表编制，以独立身份参加公立医院绩效考核，并自行对外报送财务报告。

F与J两院区采取的“扁平化”的管理模式，使两院区的财务管理工作都具有很强的独立自主性。加之双方独立的账务系统，一定程度上影响了两院区会计数据的同质化，导致两院区往来账因为会计核算口径、跨期数据确认时间差等问题产生差异。期末双院区不编制合并报表，不能反映医院整体的收支全貌和经营状况。

（2）F医院的多院区收入费用管理情况。两个院区借助统一的HIS收费系统互联互通，实现跨院区结算。

患者在F和J医院存的预交金可以通用。在其中一个院区开单，可以选择在两个院区任一院区做检查或者结算取药，给患者提供更多便利。医疗收入报表由各院区收费处整理后交院审核小组汇总，再交财务处记账。医院收入借助辅助核算统计各院区收入金额。

J医院尚未纳入各类医保中心服务网点，医保结算款通过F医院线路实现。

为满足跨院区患者医保起付线合并计算的需求，J与F医院使用统一的医保结算线路。医院涉及的各类医保回款先行汇入F医院，由两院区信息中心及财务处确认患者就诊院区后，再进行相应的往来款项处理。

借助线上费用报销平台，实现了职工最多“跑一次”。两院区费用报销均通过线上费用报销平台完成。由于两院区人员流动性大，线上审批报销极大地提升了员工报销体验。

借助财务管理系统，实现了对资产的全过程动态闭环管控。两院区运行相同的财务管理系统，固定资产、药品、办公用品、卫生材料等资产的出入库等全过程都嵌入了动态闭环管控，与预算管理系统、报销系统、成本系统、财务账务处理系统相互联结，减少了重复劳动。在基础信息录入阶段做到一次录入，多次提取使用，保持各系统间信息的一致性。

（3）F 医院的多院区预算管理情况。F 医院全面预算管理工作基本与财政部门预算“二上二下”的模式相契合。以医院收支平衡为起点，以控制成本、提高资源使用效率为管理重点，以社会效益最大化为预算管理目标，建立了三级预算管理组织机构和三级预算体系，实行预算归口管理模式。其中三级预算管理组织机构，一级为职工代表大会，负责审议医院年度预算方案；二级为医院党委会，负责审批医院年度预算方案；三级为全面预算管理委员会，负责审核医院年度预算方案。三级管理机构由两院区预算工作相关人员共同组成，统筹两院区的预算工作。三级预算体系，一级是医院总收入、支出、资本类项目预算；二级是归口管理部门；三级是科室预算。两院区预算管理工作同步进行。在预算编制过程中，强化医院重大项目可行性论证，每季度对预算执行情况分析并纠正偏差，建立多维度综合预算绩效考核指标体系，实现医院战略目标和预算目标，助力医院高质量可持续发展。

贯彻落实国家政策和有关文件精神，不断优化修订管理制度。F 医院目前已制定《全面预算管理制度》《全面预算执行分析管理》和《全面预算绩效考核》等 10 余部规章制度，建成了监督有力、讲求绩效的全面预算管理制度。J 医院的预算工作参照 F 医院的相关制度，开展具体工作时 F 和 J 院区各自独立进行。预算申报由两院区财务处向各自院区的职能科室收集相关材料，分别汇总后由两院区的财务负责人向预算管理委员会汇报各自院区的预算申报情况。预算执行期间 F 医院会按季度定期召开全面预算工作会议，两院区各自汇报财务收支及预算执行情况。

由于两院区的规模和运行情况都有明显差异，因此两院区全面预算管理工作的发展策略、管控重点均有差异。但在实际工作中，各职能科室在两院区的联系程度上各有不同。J 医院的部分职能科室具备一定独立性，有相对固定的人员结构，能相对自主地开展大部分日常工作。这一类科室的预算申报和执行也都相对独立，可以较容易地区分出两院区的预算情况。但也有一些科室由于其自身业务更强调整体性。这些科室在人员构成上流动性较大，一般采用两院区轮换制。J 医院保留基本人员配置，日常业务与 F 医院共同完成。这类科室的预算申报与执行界限不清，未能准确统计两院区的预算情况。此外，有些科室在预算申报和执行中没有充分考虑J医院的特殊性，完全照搬F医院的预算项目及金额。没有结合当前的实际情况进行可行性论证后调整申报，预算的约束性不足。

（4）F医院的多院区成本管理情况。F医院各院区间成本独立管理。以F医院成本管理为模型，两院区间同步执行。F医院以年度预算为起点，结合年度工作量及学科发展目标，制定各科室年度成本管理目标。并将成本管理纳入绩效考核，激励各科室提高成本管理的积极性。

F医院两院区间由一套领导班子统一管理。两院区间存在管理费用交叉的现象，未能按照责权划分费用归属。两院区间互相提供医疗服务，工作量难以统计，无法按照内部价格分摊各项成本费用。此外两院区间因门诊坐诊、交流学习、学科支援、调动等人员流动频繁，对于人员成本的划分也较难界定。目前F医院以人员编制所在院区划分成本归属。由于人员流动导致员工实际工作的院区与确认成本的院区可能并不相同，因此无法反映两院区的真实人员成本情况。同时由于人员流动造成的其他成本的归属问题也较为模糊。比如J医院的员工以F医院的名义发生的差旅费应由谁来报销等问题。

F医院两院区间为满足周边居民就诊需要，临床医技科室配备齐全，医疗设备重复配置。相关的操作人员成本、维保维修费相应增加，降低了医院的经济效率；信息系统资源共享，相关费用均由本部承担；J院区建设期间的费用由F医院承担，给F医院的经济运营造成较大压力。

医院因其业务的特殊性及复杂性，间接成本占比较高。按照相关文件要求，需要进行科室成本、项目成本、病种成本、DRG成本核算。两院区间因操作人员工资、物资采购及管理人员不同、患者人数的不同，如采用同一套分摊标准，未能反映两院区的真实消耗情况，无法体现两院区的优劣势。如何在保持整体统一的前提下，制定出符合两院区特点的分摊标准，是F医院关注的重点。

（5）F医院的多院区绩效管理情况。F医院构建了以RBRVS与DRGs为主体的集成绩效评价体系，两个院区同步执行。整个RBRVS和DRGs集成绩效评价体系符合“多劳多得、优绩优酬”的绩效考核要求，实现了与收入脱钩，能够适应新医改政策要求；兼顾公平与结构调整，有利于提高内部分配的公平性；鼓励提升医疗服务质量与科研创新水平，有利于医院管理目标的实现。

F 医院成立绩效考核工作小组，由经管办、财务处、人力资源处、医务部、护理部、医保办和信息管理中心共 7 个职能部门组成。组长由院长亲自担任，副组长由 2 名副院长担任，各职能部门负责人和干事各司其职，充分保障绩效考核工作的有效进行。每月定期召开绩效考核会议，由两院区的绩效管理负责人共同参加。就绩效考核过程中发现的问题进行商议，上传下达，搭建与业务科室的沟通桥梁。

F 医院从政策与医院层面进行了目标设定，并以此制定绩效考核办法。绩效考核办法的核心是兼顾工作量与管理考核。体现以工作量为主要依据，关注岗位工作强度、岗位技能水平和风险、整合资源配置、优化流程设置和鼓励发展创新五个方面。

2017 年前 F 医院主要是按照收支结余计算绩效；2017 年起转变为以工作量为主要依据的绩效分配方法。同时结合医疗服务质量、成本控制、医保管理、医德医风等指标，形成绩效考评体系。医院绩效考核分为月度考核、季度考核、年度考核。考核主要分为临床医师（医疗组）、医技、护理、行政工勤 4 部分，主要考核工作量、医疗质量、医保管理或服务、财务指标四个维度。

J 医院的绩效考核参照 F 医院的绩效管理方法。在此基础上，考虑到 J 医院处于开业初期，部分数据提取难度较大，数据的变化趋势也不稳定以及在科室、人员构成上的特殊性，对 J 医院在绩效考核的基础上给予一定补助措施。J 医院的绩效管理在保证两院区统一管理的同时，也兼顾了 J 医院作为一家新兴成长型医院的实际情况。实际执行过程中，存在 F 医院、J 医院工作量差别大，但绩效一致的情况。严重影响了 F 医院职工的积极性，对于 J 医院的发展也是不利因素。

（6）F 医院的多院区财务信息化管理情况。实现多院区资源共享的落脚点在于院区间信息化水平。F 医院在 J 医院投入使用时就对 HIS 系统进行了全面升级，实现了在患者能在两院区自由流动。任一院区的预交金都可以在其他院区结算，医生的处方两院区也互认。通过系统结算，无须两院区的收入进行手工结转。为了后期两院实现高度融合、资源共享，目前两院区物流系统、财务系统等都使用相同的功能模块，使得两院区资产调配、人员流动、物资的管理通道更畅通。

在推动医院财务信息化体系建设过程中，按照上级部门的统一规划，J

和 F 医院使用相同的财务管理系统。财务系统能够支持多账簿体系，能够自动化进行预算凭证生成基本数字和分析指标的统计。从而有效减轻财务人员工作量，方便工作人员编制会计报告和分析报告。

结合自身收入方式，提出针对性的收入确认方案。通过与 HIS 系统基础档案进行对照，严格依据接口规则，完成医疗收入类、住院执行收入等报表的提取以及账务处理。

考虑到医疗物资与患者安全息息相关，实现了全程可追溯管理，确保质量管理和专业化的服务。例如通过 RFID 射频技术融入高值物资订购管理、内部请领、使用跟踪一系列流程分析，极大提高了医院高值物资管控的效率。从高值耗材入库即绑定电子标签承载耗材关键信息。通过射频识别监控内部流转过程，直至用到患者身上。对内实施全程管控，对外实行医疗物资溯源，大大地加快了医疗信息现代化管理的步伐。最后对各类高值耗材使用情况和全年使用趋势进行综合分析，帮助高值物资管理员判断各阶段耗材使用量，从而进行有序的合理化订购。

将 RFID 技术引入耗材柜。同时向下集成身份识别认证模块、摄像监控模块，向上对接智能管理平台，将现代物流服务延伸到医院及手术室，实现对高值耗材的监管和追踪。使高值介入耗材在供应商、医院及患者之间互通流转，创建高效、智能的现代化医院耗材管理模式，将有效解决现有高值耗材管理中的种种弊端。RFID 高值医疗耗材柜集成医疗物资防伪溯源管理系统高性能读写器，可实现对整柜大批量耗材自动、快速、精准读取。跟踪耗材的使用过程，从申请、采购、验收、领取、使用、报废等过程进行监控。整个涵盖了耗材的生命周期，为医院有效地做计划统计和补货，提供了精准的数据支持。

总之，F 医院作为扁平化集团化管理的多院区医院，发展仍处于探索前进阶段，还存在着诸多需要继续改进和完善的工作。比如，在信息化建设方面缺乏整体规划，几套系统并行、信息系统多而杂，各个系统的兼容性存在问题。一方面增加了购买软件系统和服务器等硬件系统的成本；另外也增加了信息传递的环节，两院区的财务、工作量等数据无法及时共享。两院区间的信息孤岛和数据安全问题同时存在。在预算管理方面，J 医院的部分职能科室由于其自身业务更强调整体性，需要与 F 医院共同完成日常工作。因此导致该部分科室在预算申报和执行时很难界定其归属的院区，容易造成预算申报和执行在不同院区的情况。在成本、绩效管理过程中，由于两院区人员流动性大、共用成本较多，导致存在成本界定困难，难以准确区分各医疗组、跨院区成本的问题。比如J医院的一期院区建设是财政补助和F医院自筹资金合计6亿元建立的。目前两院区资产权属问题存在争议。J医院作为独立法人，会计账上是没有房屋等固定资产的。因此折旧等费用仍然在F医院。在会计核算方面，由于两院区的财务独立性，导致两院区会计核算方法出现差异。加上双方信息共享不充分，影响两院区的会计信息质量。

（三）S医院混合型管理模式的案例分析

1. S医院的基本情况

现有3个院区，总建筑面积20余万平方米，编制床位1 600张，设有68个临床、医技、保健业务科室。拥有儿科学和预防医学两个省级重点学科。小儿普外科是省级重点建设学科；新生儿内科、小儿呼吸科、小儿神经内科、小儿普外科是省级临床重点专科；分子微生物实验室是省级重点实验室。现有职工2 800余名。其中博士、硕士研究生500余名；高级专业技术人员300余名；博导、硕导40余名；省名医、名优专家、省学术技术带头人等各类学术尖端人才共计120余名。

S医院是一家省级三甲医院，始建于1947年。是一所拥有72年悠久历史，为广大妇女儿童提供全方位、多层次医疗、保健、预防、康复技术服务的三级甲等省级医院。共四个分院区。其中，同一个法人资格下设有主院区、南院区、西南院区共3个院区；具有独立法人资格分院的为1家市县级分院。故属于混合型的多院区管理模式。目前，同一辖区内的3个院区中，本部以儿内科、妇科、保健业务为主。门诊设有儿内门诊、妇产保健门诊等；南院以产科为主。并设有新生儿内科、新生儿急救中心等；西南院距离市区较远，主要以儿外科和儿童慢性病为主。并设有呼吸科、消化科等常见病门诊及病区，以方便周边地区患者就医。市县级的分院主要为当地的妇女儿童提供服务。

2. S医院的多院区管理模式

目前S医院的多院区组织架构采用的是以医院本部为核心，按照院区业务的不同性质，实行统一管理、差异化发展。

同一辖区内同一法人资格的3个分院区采取的是一体化管理模式。但因各自的业务侧重点不同，实行同质化管理、差异化发展。即同一法人、同一财务、同一管理、同品质医疗。制度上遵循管理模式统一；人员调配统一；质量控制统一；优质服务统一；信息建设统一；绩效考核统一。3 个院区间已基本实现互联互通。随着信息化水平的提高以及患者多维化的需求，目前运营管理平台还在继续完善中。

独立法人资格的市县级分院：因本部与分院之间的地域差异、级别差异，故主要采取“以提供运营管理与医疗技术服务帮扶为主”的管理方法。本部挑选一批高水平的管理人员，组成相对稳定的管理团队。每周到分院进行 1 次运营管理的业务指导或培训；在医疗技术服务方面，本部以各科室专家每周轮流排班坐诊和固定派 1 名下乡医生坐诊的方式相结合，对市县级分院医护人员进行业务方面的培训指导。但因其受地域的限制，故保留其原有的法人资格。财务独立核算，绩效考核办法由本部予以指导，单独制定。按协议，根据运营收益情况适当收取一定的管理费。所有在分院提供服务的人员均为兼职，工资薪酬全部由主院区承担。

3. S 医院的多院区财务管理现状

（1）S 医院的财务机构管理情况。同一辖区内同一法人资格的 3 个分院区因主院区业务的不断壮大，主院区床位以及就医环境均不能满足患者的需求。在省委省政府和社会各界的支持下，分别将产科与儿外科分离出来，专门成立分院区，以改善就医环境，提高医疗服务质量和就诊效率。故儿内科、儿外科、新生儿科、产科、妇科以及相对应的妇幼保健中心、急救中心均要同步发展，同步提高。为了达到各院区间业务的协同发展，S 医院财务采用集中管理模式。财务处设在院本部，报销事务主要由院本部承担。分院区设立一个流动报账岗位，负责各院区职工报销和科室报账收单工作。HIS 收费系统借助信息集成平台，实现了 3 个院区收费系统的对接；借助 HRP 系统，建立了以财务核算为中心，连接物流系统、资产管理系统、成本核算系统、预算管理系统、费用模块等，实现了从物资采购到结算的全过程线上操作流程，实现了物资采购、费用报销凭证的自动生成以及期末一键生成报表。借助 HRP 平台，为 3 个院区实行财务集中核算提供了一个虚拟化的网络办公环境，保证了数据源的唯一性、完整性、真实性，提高了数据的质量。经过信息化的初期建设，随着平台的不断改进和完善，实现智能财务共享服务中心，已经成为多院区财务管理模式的趋势。

独立法人资格的市县级分院：财务核算模式为独立核算，独立生成财务报表。主院区派专人定期对其账务进行检查指导，并对其运营情况做季度运营分析，发现问题，提出改进建议。

（2）S 医院的多院区收入费用管理情况。层次化管理的分院区，使用统一的 HIS 收费系统，保证了系统参数标准的统一性、数据来源的唯一性。2019 年随着西南院区的开诊，连续出现不能及时上报收入报表，财务收入与 HIS 收入期末不一致，药品出现异常差价率等问题。经过全面的核查分析，主要因为是 3 个院区收费系统为 3 个家不同的软件，收费系统参数设计有误差。药品归类有的按照药品存放的药房性质进行归类等低级错误，造成了年报数据无法上报。2020 年 4 月，在信息科、药房、收费科通力协作下，统一了 3 个院区的收费系统，保证了系统参数标准的统一性、数据来源的唯一性。但目前 HIS 系统尚未与财务核算系统对接，无法自动生成收入凭证。

层次化管理的分院区，借助 HRP 运营管理平台，实现了线上费用报销的审批流程。2021 年 1 月，S 医院对 HRP 运营平台进行了升级改造，增加了共享服务模块。3 个院区借助此平台，实现了互联互通。在共享服务模块下，启用了费用报销模块。并与预算管理系统相关联，自动进行预算额度的核减。有预算即可进入费用报销票据信息录入环节；无预算则无法进入费用报销环节。

S 医院采用辅助核算，实现对层次化管理分院区收入费用的统一核算，一键生成分院区的汇总报表。S 医院承担着全省妇女儿童的医疗保健服务工作。随着人们生活水平的提高，对优质医疗资源的需求越来越高。原有单体医院的 800 张床位规模、拥挤狭小的就医环境已经远远不能满足患者的需求。自 2016 年开始，S 医院就已经从单体医院发展为目前的 4 个院区。层次化管理模式下的分院区在人财物事方面均实行一体化管理。财务核算也根据医院多院区发展战略，为了实现一体化管理，借助 2019 年医院执行《政府会计制度》契机，对会计科目的基础框架结构进行了重新设置。在所有涉及需要分院区核算的科目下面，均通过院区辅助项实现分院区核算。这样既可以直接获得全院的收入费用数据，也可以随时抓取各分院区的收入费用数据。同时，通过自定义报表，实现一键生成分院区汇总报表。S 医院的会计科目设置在本省范围内属于较优方案，在新旧会计制度衔接时曾为多家医院提供借鉴与指导。

市县级分院使用的是当地县域医疗集团统一的医疗机构运营管理平台，财务实行单独核算。S医院的市县级分院，是由1家对口市级医联体帮扶对象转为托管的分院。因受行政区划不在同一城市、等级差别较大的原因，采取保留原独立法人资格，由S医院派一名分管院长和专业技术过硬的管理团队、技术团队提供技术支持，定期对其财务收支、资产管理进行考核指导的管理模式。2018年当地县域医疗集团建立了当地医疗机构的运营管理信息化平台，统一了收费系统，便于财务监管与医保结算。S医院派专人对分院上线工作进行了指导。在使用统一收费系统的基础上，设计了适合分院自身管理需要的系统参数。从收费目录的录入到药品、材料、固定资产的采购及出入库管理，进行了全面的梳理，制定了标准的规范化的管理制度与流程，并对采购、库管、收费稽核、出纳等重要岗位按照岗位牵制制度进行了重新调整。彻底改变了原来传统管理模式下的流程混乱、一人多岗、资产流失等局面，提升了会计信息质量。

（3）S医院的多院区预算管理情况。层次化管理的分院区2021年开始实施全面预算管理制度，目前尚在完善中。层次化管理由总院进行集中资源调配和预算管理。主院和分院一起按照三级预算编报体系进行日常管理。

市县级分院规模较小，目前仅对卫生材料、其他材料等主要消耗物资进行计划管控。市县级分院，各医疗、医技科室每月按照工作量的消耗，向该院区的总务科提请下月计划。按照计划进行采购，月末进行考核。计划完成率差异较大的，在次月总务科有权予以调整。

（4）S医院的多院区成本管理情况。实现成本管理系统与部分相关系统对接，自动抓取成本数据。S医院的成本管理模式为主院区设立成本核算科，使用同一套成本核算系统，统一由成本核算科进行科室成本、项目成本的核算并进行运营成本分析、指导。根据医院现状，目前3个院区借助HRP运营系统，将成本管理模块嵌入平台，与财务核算系统、资产管理系统、物流系统进行了对接，抓取各科室消耗的数据；与HIS系统、人力资源模块目前未实现连接。采取的是模板转换的形式进行收入和人力成本数据的抓取。但由于考勤系统尚未上线，导致无法准确核算院区间人员的轮转成本；院区间资产调配单据录入滞后，无法实时地掌握资产的调配去向，造成科室间成本不能准确界定。2021年1月1日，随着HRP新系统的升级改造，正在进行HIS系统、人力资源系统、成本管理系统、考勤系统与财务核算系统的对接。预计上线后，3 个院区间运营管理信息将全面实现互联互通，为成本核算、成本管理提供更加完整、准确的数据支撑。

市县级分院单独进行成本核算。按照当地医疗集团绩效考核要求，进行药品成本、耗材成本、人员费用等主要指标科室成本、项目成本的核算。由于是全额拨款单位，床位规模小，病源少，医院效益很一般，故目前成本核算主要用于医院控制成本增长的需要。

（5）S 医院的多院区绩效管理情况。层次化管理的 3 个分院区，采用的是同一套绩效考核方案。坚持“多劳多得、优劳优酬”的分配原则，各院区各科室考核的指标相同。只是根据业务的不同，各指标的权重不同。S 医院在绩效考核方面，采用了平衡计分卡管理工具，增加了新技术新项目、员工成长、满意度等指标维度的权重。目前，随着 3 个院区各自业务的不断壮大，使各院区间收入差距逐渐加大，各考核指标的权重已经显得滞后，院区间职工个人绩效奖差异也较为突出。为了避免造成院区间不和谐的关系，医院正在进行着新一轮绩效改革，预计年底可以开始试行新的绩效管理办法。

市县级分院参照当地医疗集团对医院的考核指标，单独制定分院的绩效考核方案。由于经济效益和社会效益均一般，目前主要侧重于以工作量和质控考核为主。在完成科室发展目标的同时，鼓励优秀员工，争取免费到省级医院进修的资格，获得个人成长的机会。

（6）S 医院的多院区财务信息化管理情况。S 医院随着医院分院区的不断增多，各院区分布于城市间的距离也越来越远，方便了城市周边患者的就医，改善了就医环境，解决了患者就医难的问题。但也同时增加了医院管理难度，分院区均距离主院区较远，院区间业务往来、成本界定等存在很大难度。传统的物理传递信息的方法，严重阻碍了业务的开展，工作效率极低。

借助于信息技术和互联网平台，建立了院区间信息化集成平台，将医生工作站、病案系统、HIS 系统等和医疗相关的平台均通过平台实现了互联互通。通过信息集成平台，将各个孤立的信息系统进行了整合，有效避免了由于数据源的重复或缺失而导致数据抓取不完整，实现了信息共享。目前，HRP 平台建立，随着考勤系统、费用系统、预算管理系统的逐步上线，为各院区的成本分配、资源配置提供了一个有力的数据支撑，保证了数据源的唯一性，口径一致性。

2021 年通过对 HRP 系统的升级，目前财务核算模块已经与工资薪酬、物资采购应付款管理、资产管理、费用报销、预算管理模块进行了平台内连接，实现了物资采购、费用报销、月末材料的出库、药品出库、固定资产折旧、无形资产摊销、工资发放等凭证的自动生成，以及预算额度的自动核减。目前正在进行财务核算系统与 HIS 系统的对接，下一步启用 HRP 平台新的成本核算模块。新模块启用后，成本核算模块将与 HIS 系统以及平台内各相关模块通过参数对接，实现成本数据从业务前端抓取数据，不再受制业务。并且新系统增加了单病种成本核算与个性化的成本报表，以满足内部管理的需要。

市县级分院 2018 年使用当地县域医疗集团建立的医疗机构运营管理信息化平台，统一了收费系统。并借此机会，启用了平台提供的固定资产管理系统、材料采购系统。对于一家仅有几十张床位的市县级医院，当地卫计局采用这样的统一信息化平台，已经能满足医院内部的管理需要。随着业务的扩大或者与主院区合作形式的改变，后续会视情况再予以完善。

总之，通过以上 S 医院混合型多院区财务管理模式的案例，可以看出，S 医院借助信息化建立财务共享服务中心，实现了层次化分院区的财务一体化核算。为预算、成本、绩效管理抓取数据，提供了一个数据源唯一的平台。但由于 HRP 信息化上线于 2021 年 1 月 1 日，目前信息化平台还尚处于不断建立和完善的阶段。对多院区的管理模式也还处于摸索阶段；医院的全面预算管理尚处于初级阶段，还未发挥其战略目标导向的作用；全成本核算受专科医院和信息化水平的限制，还存在院区间成本界定不清、管理较粗放的问题；医院的绩效管理正处于改革期间，原绩效管理制度与分配方案已经不能适应现阶段医院多院区发展的战略目标。对于扁平化管理的分医院，因其为跨区域、跨等级的托管医院，各方面的差异化较大，受地方政策的限制，只能采取独立核算和个性化的管理。这也是混合型医院实现一体化管理的难点所在。

五、多院区一体化财务管理的对策与建议

（一）多院区医院财务管理整体对策分析

1. 提升医院信息化建设水平

医院信息化建设水平是多院区医院高效运行的基础保障。面对数字经济

时代，多院区医院在信息化建设方面应该突破“分”的管理模式，引入“合”的管理理念，实现信息的整合、连接、协同与共享。多院区医院应搭建财务共享中心，完成业务系统、运营管理系统的一体化管理，实现报销服务、数据处理、资金结算、内控提升和人才培养等职能。可以有效缩短各种信息的传递速度，规范各类信息的收集维度和质量，降低医院运营成本。增加内部财务业务透明度，防范医院管理风险与漏洞。同时，多院区医院应加强业务流程管控。综合各院区运营管理特点，制定多条标准化管理、审批流程供不同院区选择。对于“扁平化”管理模式中极具特色的分院区可以适配特殊的管理、审批流程。既要同质化流程表单，又要兼顾各院区业务特性，实现系统化的规则管控和风险管控（见图2）。

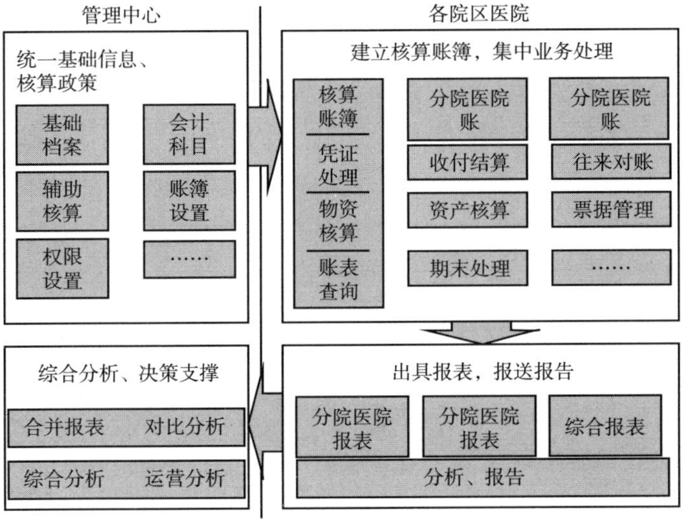

图2　多院区医院财务共享模式

2. 统一医院财务管理基础数据和标准规则

多院区医院应统一并共用医院财务管理各类主数据。主要包括部门档案、人员信息、会计科目、项目大类、辅助核算、报表体系等。同时，明确统一各院区医疗收费对账时间、财务核算结账时间，各类财务分析反馈时间等，提高多院区财务数据的及时性、可比性、可用性。医院多院区要规范财务核算及管理的标准和制度，建立统一的预算编制体系、成本核算体系、绩效管理体系。结合各院区业务特点和管理需求，细化、个性化实施方案，达到统一管理和个性化管理相结合的统筹规划目标。

3. 提高财务管理人员综合素质

随着医院多院区进程的深入推进，在财务管理方面将会产生诸多特殊、复杂的问题。这对医院财务人员提出了更高的要求，应加快提升财务人员素质来适应复杂多变的多院区管理业务。一是建立多院区财务人员的定期轮岗制度、业务交流学习制度，营造良好的学习氛围来督促财务人员不断提升自我素养；二是做好财务人员岗位配置和规划。逐步将财务人员从核算型向管理型转变，释放更多的人力从事综合管理，提升业财融合的能力。

（二）"扁平化"模式财务管理对策分析

1. 加强医院资金、资源的统筹管理

"扁平化"管理模式是具有多个独立法人资格的多院区管理模式。在医院资源管理方面，分院区有较大的资金管理权限。资源配置以分院区具有人事自主分配、日常事务管理以及物资自主采购权限为主，且各院区只能支配本院区盈余。"扁平化"管理模式的多院区医院应在资源统筹配置方面推进一体化、同质化管理。各院区可以形成共用的"资金池""应收池"和"应付池"，实现资金集中管理、统一调配、集中收付，以此降低多院区财务运营成本。各项资源由主院区进行调控，给予各分院区一定的自主权，发挥出多院区医院建设的合力作用。在多院区医院的发展进程中，很大程度上主院区发挥核心功能。通过一体化、同质化管理有助于主院区发挥主导作用，明确多院区医院发展战略与规划，在职能定位、主体责任、管控过程、信息资源方面形成协同，促进医院有限资源的科学、合理配置，提高医院资金使用效率（见图3）。

2. 规范医院财务核算与报告体系

"扁平化"管理模式各院区独立核算，会计核算方法存在差异。且独立编制报表，独立上报财务报告。如有需要主院区编制合并报表。不同院区之间的往来对账效率不高，大额沉淀的往来账款期末余额影响了各院区的财务结构，难以反映出多院区医院的整体财务状况和运营结果。建议不同院区之间统一财务基础档案、统一会计制度、统一财务报表体系、统一财务结账时间。各院区按照一致的时间节点和标准口径完成财务核算与分析报告，有助于主院区高效准确完成多院区合并财务报告，如实反映出医院的整体财务状

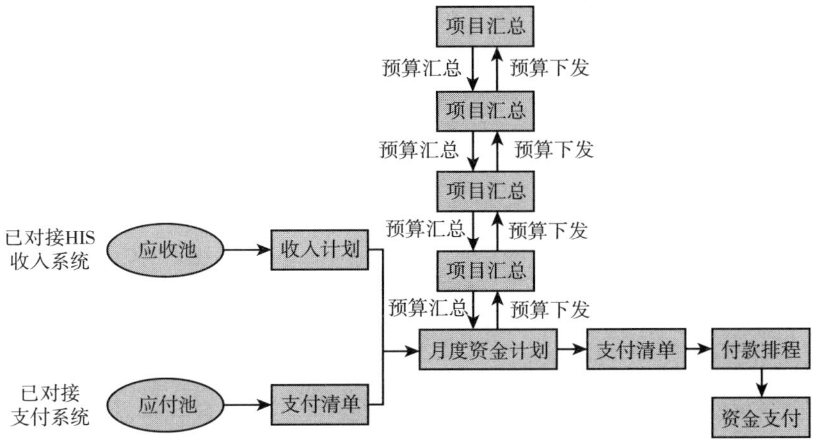

图3 “扁平化”多院区医院“资金池”管理模式

况和运营结果。在保障各院区财务数据准确、可比的基础上，通过多维数据、多种方法，提高财务分析水平，为多院区医院高层管理者提供数据依据和决策支持。

3. 提升医院全面预算管理水平

“扁平化”管理模式下，由于未形成统一的发展战略，各院区定位不清晰，存在功能重叠和资源浪费。同时由于各院区预算编制基础、编制方法、测算依据不一致，不利于多院区医院有限资源的合理高效配置，难以发挥出全面预算管理工作在医院资源配置中的统筹作用。建议主院区梳理形成各院区清晰的发展战略和实施方案，明确年度工作重点和目标，准确定义各院区的功能定位和职责。在此基础上统筹安排各项收入与支出，形成“多院区一盘棋”的模式。保重点保难点，发挥资金的最大效力。各分院区间建立起统一的全面预算编制维度、编制基础、编制方法、支出项目、测算依据和工作模式，提高全面预算管理效率。避免同时存在部分科室分院区编制预算、部分科室不分院区编制预算，或者部分科室在预算申报和预算执行时很难界定其归属的院区，预算申报和执行在不同院区的情况（见图4）。

（三）“层次化”模式财务管理对策分析

1. 提高财务核算的精细化程度

“层次化”管理模式下，多院区财务集中核算，属于紧密型的管理模式。

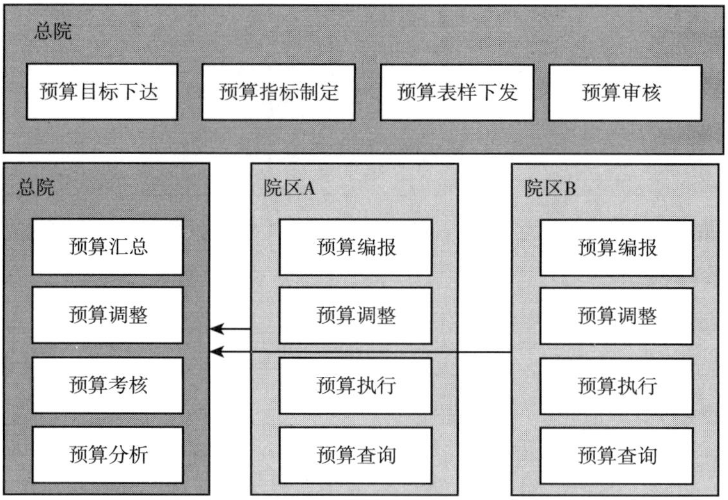

图 4 “扁平化”多院区医院预算管理模式

财务集中核算使得各院区财务职能弱化。由于人员配置与收入支出无法分清属于哪个院区，导致不同院区各类、各科收入直接计入各科室，不再区分院区。只能按照科室进行收支核算，不能按照不同院区进行分类汇总。“层次化”管理模式建议提高财务核算的精细化程度，在科室与医院整体两个层次之间增加“分院区”这一颗粒度，便于核算各分院区的收入、支出、盈余情况和资产、负债、净资产状况。分院区独立的财务数据为其预算管理、成本核算、绩效考核与分配工作奠定基础，为多院区医院制定整体战略规划和运营决策提供数据支持。

2. 建立健全成本核算体系

“层次化”管理模式在成本核算、成本管控方面存在许多困难。由于财务核算精细化的问题，仅可实现科室成本核算，不能按院区进行成本核算。由于这种紧密型的管理模式，院区间成本难以界定，存在共用人员、物资、设备等情况，难以在不同院区之间合理分摊共用成本，造成分配标准不明确的问题。故而建立一套行之有效的成本核算体系，对于“层次化”管理模式的多院区医院至关重要。明确多院区医院成本核算体系，主要将间接成本在不同院区、不同科室之间合理分摊。只有各院区、各部门、各科室成本数据准确，才能为进一步开展项目成本核算与病种核算打下坚实的基础。

同时，采取“层次化”管理模式的多院区医院为了各院区的协同发展，同单一院区相比，可能各院区会存在大量重复的工作。造成部分资源重复配置，管理成本居高不下。各院区职工和患者的摆渡费用、人员调配等管理费用会大幅度增加。医院要持续健康发展，提高综合竞争力，必须建立健全成本核算体系，精确核算各院区、各部门、各科室的成本。找准成本管控重点，采取必要措施，为医院节约资金。进而提升医院综合竞争力，助推医院高质量发展（见图5）。

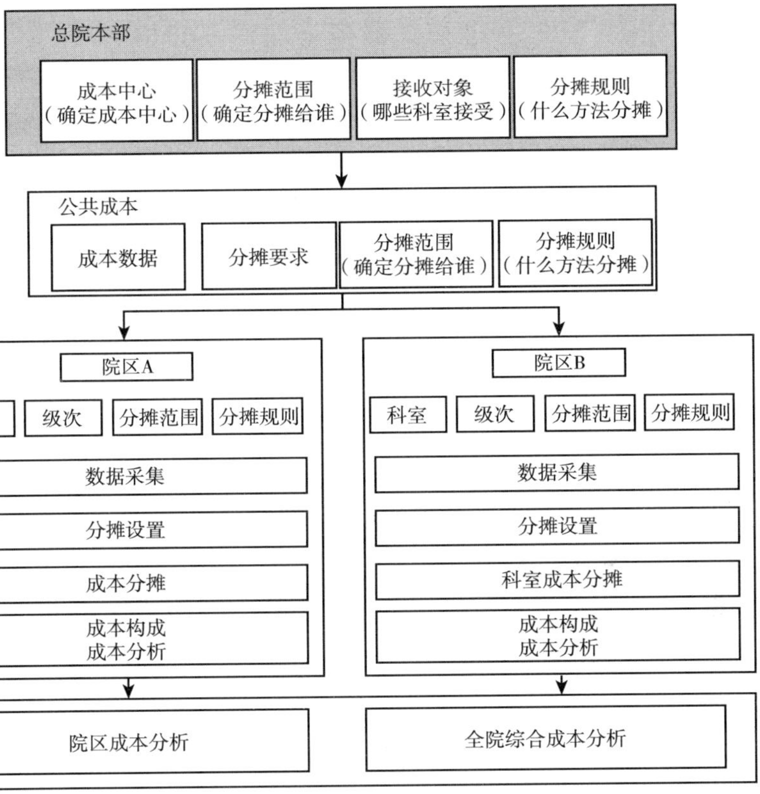

图5 “层次化”多院区医院成本管理模式

3. 制定灵活的绩效管理方案

“层次化”管理模式在绩效管理方面，多以“各分院区按照主院区制定的绩效考核方案对科室进行统一考核”为主。导致主院区权力过于集中，分院区失去创新动力与自主性，不利于充分调动分院区医护人员的工作积极性，不利于医院的长远发展。“层次化”管理模式在推进一体化、同质化管理的过程中，应避免“一刀切”的失衡现象。既要统一，也要有差异。“层次化”

管理模式建议，对于存在医疗医务相似度较高的院区，可以由主院区统一制定绩效管理方案；对于在医疗业务各具特色、差异化较大的院区，可以给予分院区一定的自主权，制定有针对性的绩效管理方案。按照“一院一策”的原则，使得这种灵活的绩效管理方案能够对医护人员起到持续激励的作用，真正发挥出绩效管理“指挥棒”的作用。进而有助于改善医院的整体运营效果。

（四）“混合型”管理模式财务管理对策分析

“混合型”多院区管理模式将“扁平化”与“层次化”管理模式相结合，对部分院区采取较为松散的管理方式；对部分院区采取较为紧密的管理方式。对于偏重“扁平化”管理模式的多院区医院，可能存在医院资源有待统筹管理、医院财务核算与报告体系尚需规范、全面预算管理水平急需提升等问题。可以参考相关多院区医院财务管理对策；对于偏重“层次化”管理模式的多院区医院，可能存在财务核算精细化程度有待加强、需要建立健全成本核算体系、绩效管理方案不够灵活等问题。可以参考相关多院区医院财务管理对策。

总之，根据党中央关于推动公立医院高质量发展，加快优质医疗资源扩容和区域均衡布局的指导方针，公立医院多院区发展必须推行一体化战略，确保优质医疗资源合理配置。本研究针对多院区管理的三种模式——层次化、扁平化和混合型，通过广泛的问卷调研和针对性的案例研究，对财务管理范畴存在的共性特点及突出管理难点问题进行了总结和提炼。最后针对共性问题和个性问题分别给出了较为明确的对策和建议。旨在进一步规范多院区财务管理中，因为指导思想不统一、路径不合理、方法不科学而导致的一些管理弊病。通过加强预算管理、完善成本管控、健全绩效评价机制、集中财务管理等途径，以精细化财务管理为杠杆，撬动多院区管理一体化，将优质的公立医院医疗资源进行保质保量的配置。后续项目组还将持续开展该研究项目的深入研究，聚焦各多院区管理模式下的预算管理、成本管理、绩效管理、运营管理等重要财务管理领域中的某一个方面，深挖背后的问题。以丰富的课题研究内容，为发展模式迥异的多院区医院提供解决实际问题的思路和方法。

参考文献

[1] 蔡进. 基于 DEMATE 方法的多院区医疗质量同质化影响因素研究——以广州市某三甲医院多院区建设为例 [D]. 广州：南方医科大学，2019.

[2] 彭磷基. 国际医院管理标准（JCI）. 中国医院实践指南 [M]. 北京：人民卫生出版社，2008.

[3] 熊晶晶. 质量管理实践与医院绩效的关系研究 [D]. 天津：天津大学，2015.

[4] 贾同英，袁蕙芸. 多院区医院管理难点与对策探析 [J]. 中国医院，2014，18（8）：28-29.

[5] 万爱华，刘继红，周云等. 武汉某医院一院多区一体化管理模式探 [J]. 中国医院，2017，21（1）：64-66.

[6] 徐敏，张振建，许景东等. "一院多区"医院管理的探索与思考 [J]. 中国卫生质量管理，2017，24（4）：107-109.

[7] 吴牡丹，谭剑. 多院区同质化管理的难点与对策分析 [J]. 中国卫生质量管理，2021，28（4）：92-94.

[8] 李少刚，武晋，郜惠子等. 多院区医院管理模式与对策分析 [J]. 中国药物与临床，2017，17（8）：1223-1225.

[9] 邵芩怡，袁蕙芸. 多院区医院文化建设现状调查与分析 [J]. 中国卫生质量管理，2019，26（1）：129-143.

[10] 李战国，贾冕，王燕森. 北京市多院区医院管理问题分析与对策探析 [J]. 中国医院，2018，22（8）：27-29.

[11] 杜敬毅，周莹，刘莹. 医院多院区发展过程中风险防范初探 [J]. 中国医院，2018，22（4）：65-67.

[12] 孙银屏，王伊光，郑入文等. 北京中医药大学东方医院规模发展战略：与多院区管理模式浅析 [J]. 国际中医药杂志，2017，39（10）：869-872.

[13] 吴玉东. 多院区医院管理难点分析与对策探究 [J]. 现代医院管理，2017，15（3）：19-21.

[14] 贾同英，袁蕙芸. 上海市三级医院一院多区现状分析 [J]. 中国医院，2015，19（7）：22-24.

[15] 翟书会，李无阴，刘伟等. "一院多区"同质化服务难点分析与管理策略 [J]. 中国卫生质量管理，2020，27（5）：133-135.

[16] 李晶，邹佩琳，涂宣成. 公立医院多院区一体化后勤管理模式探索与实践 [J]. 中国医院，2020，24（12）：11-13.

［17］高欢，杜杏利，沈婉婉等．武汉同济医院多院区一体化管理模式［J］．中国医院，2020，24（12）：7－8.

［18］张思兵，徐元杰，吴晓松等．实现多院区同质化医疗服务的路径：标准化管理［J］．中国卫生质量管理，2021，28（1）：1－4.

［19］宫鹏，马宜明．公立医院一院多区一体化管理体制及运行机制实践探讨［J］．中国卫生标准管理，2020，10（10）：9－12.

［20］陆敏．加强多院区医院成本管理的建议［J］．财务与会计，2016（20）：67.

［21］彭安澜．武汉市同济医院多院区管理的难点及对策分析［J］．世界最新医学信息文摘，2019，19（49）：122－126.

［22］杨宗庆．公立医院多院区成本核算的探索及优化［J］．中国总会计师，2020（8）：132－133.

［23］何凯．医院多院区预算管理浅探［J］．新会计，2020（5）：50－51.

［24］熊占路，童俊东，邹伟等．武汉市某公立医院借助信息化加强多院区一体化管理的实践与思考［J］．医学与社会，2018，31（8）：62－63，67.

［25］张彦杰，马海忠，冯园园等．多院区公立医院一体化治理体系的构建与应用［J］．中国医院管理，2021，41（9）：5－7.

课题负责人：薛源　福建省立医院经营管理办公室负责人，高级会计师

主要执笔人：王婷　四川大学华西第二医院会计科负责人，高级会计师

课题组成员：王婷、毛菊霞、张洋、李芬玲、梁轶、阎娜、周莲姿、黄静、何敏

检验试剂使用后结算及成本率管控优化的应用研究

一、引言

（一）人口老龄化下的医保支付改革 – DRGs&DIP

随着人民生活水平质量的提高，人口老龄化的加速，医疗费用开支持续增加，是我们需要直面的情况。医保开支压力的增加也是不可避免的问题。国务院2020年2月颁发的《关于深化医疗制度改革的意见》指出，要坚持以人民健康为中心，加快建成覆盖全民、城乡统筹、权责清晰、适度、可持续的多层次医疗体系。要建立管用高效的医保支付机制，提高基金使用效率的关键机制。要聚焦临床需要、合理诊治、适宜技术，完善医保目录、协议、结算管理，实施更有效率的医保支付。维护参保人员权益，增强医保对医药服务领域的激励约束作用。

2020年10月，为落实《中共中央　国务院关于深化医疗保障制度改革的意见》，实行以按疾病诊断相关分组（DRG）为核心的多元复合式医疗保险支付方式，国家医疗保障局办公室制定了《区域点数法总额预算和按病种分值付费试点工作方案的通知》，这是自2019年30个试点城市推行DRGs按病种收费后明确的工作方案通知。这一通知明确用未来1～2年的时间，将统筹地区医保总额预算与点数法相结合，实现住院以按病种分值付费（DIP）为主的多元复合支付方式。上述意见及通知不仅仅带来医疗服务支付体系的变革，而且是降收费、降医保支出、降医疗负担的体系性工程。

（二）带量采购 & 收费下降已成行业主旋律

自药品“4＋7”第一枪打响之后，带量采购的品类逐渐从药品扩展到高值耗材—支架和骨科等品类。与药品和耗材不同，检验试剂由于不直接向患者收费，而是以检测项目向患者收费。同时，与药品相比，检验试剂存在品类复杂，分类不够明确、缺乏统一的质量和疗效的评价体系等因素，给开展大规模带量采购带来了困难。一方面，目前IVD试剂尚未完成统一编码，并且还没有全国统一的医保目录，是由各省自行决定收费目录和省级医保目录；另一方面，IVD试剂在使用时，存在与设备匹配度的问题，许多企业的分析设备与自家的试剂存在绑定关系。相比之下，药品带量采购可以在统一通用名下实行竞争性谈判（磋商）。诊断试剂的这些特性对于开展大规模集采，以及采购方的议价能力都构成了阻碍（见图1）。

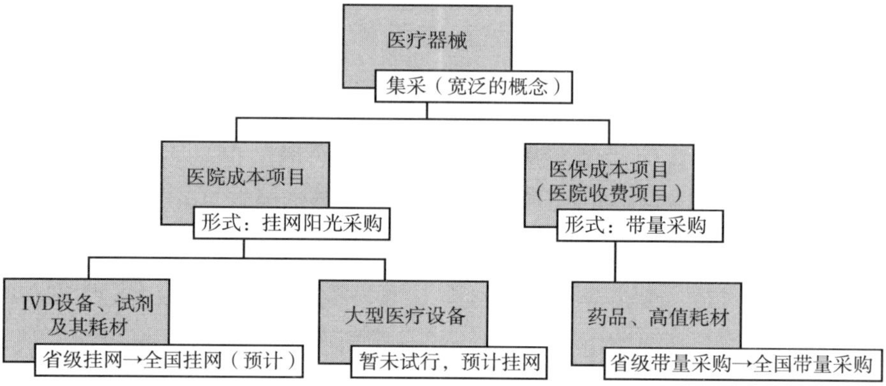

图1　医疗设备与IVD的集采路径

资料来源：Adrian666的雪球专栏。

政策层面目前主要以如下三种模式在推进：目前各省主流的降成本方案是收费下降。以疫情期间的新冠核酸抗体为例，降价模式在多个省份持续推进，核酸检测价格经历了多轮次的下调。首先，在广东省核酸单样本检测均价降至58.41元，混检收费20元；在上海核酸单样本检测均价已经降至60元；在山东全省则降至45元；河南省降至50元。新冠核酸之外，北京、福建等地在陆续推进取消方法学差异定价、取消进口国产差异定价、收费下降、取消套餐等政策。其次，采用阳光挂网采购的方式。例如直接挂网、目录共享挂网、医院议价、地市议价等，主要有四川、吉林等地。最后，带量采购的方式。虽然业内人士认为由于IVD产品的特殊性（产品种类多、同质化低、国产化率低），IVD试剂与设备绑定等因素，推进集采难度太大，但就在

2021年8月安徽省已牵头试水检验试剂带量采购。

各省诊断试剂领域的降价及阳光采购政策频出，平台挂网采购及降价是大势所趋。表1将近年来各地政策文件进行部分展示。

表1　　2019～2021年部分政策列示

时间	地区及相关政策
2019年6月	北京市：医耗联动综合改革“一降低、一提升、一取消、一采购、一改善”；降低部分大型仪器检验项目价格（取消进口与国产试剂、不同检验方法之间的价格差异，引导医疗机构选用适宜试剂和检验方法，进一步规范医疗服务行为）
2019年8月	吉林省：医疗机构体外诊断试剂阳光挂网采购
2019年10月	辽宁省：《关于开展以市为单位医用耗材和检验检测试剂联合议价和带量采购工作的通知》，分步推进医用耗材和检验检测试剂带量采购；沈阳市、大连市、辽阳市为辽宁省医用耗材综合治理联动改革试验示范区
2020年7月	南京市：医疗保障局发布南京市医用耗材价格指数
2020年6月	上海市：新冠核酸和抗体检测收费限价，相关试剂盒实行“阳光平台”议价采购；收费下降、成本率控制已成日常
2021年7月	福建省：《福建省医疗保障局关于规范血细胞分析等医疗服务价格项目有关问题的通知》，检验收费不再区分检验方法和仪器法；取消肝功能检查、肾功能检查等16个检验基本组合项目
2021年8月	安徽IVD集采：品类：临床用量较大、采购金额较高、临床使用较成熟、市场竞争较充分的临床检验试剂，①肿瘤相关抗原测定：肿标10项；②感染性疾病实验检测：乙肝5项；③激素测定：甲功5项；④心肌疾病实验诊断：BNP测定、NT－ProBNP测定，心肌2项；⑤降钙素原（PCT）检测（定量检测），炎症PCT1项。范围：全省公立医疗机构（含基层医疗卫生单位）和驻皖军队医疗机构。限价：进口：收费28%～30%，国产：20%～22%。进展：约谈17家，13家参与，12家入围。其中罗氏、贝克曼、希森美康、梅里埃、安图、快臻未参与；透景未谈成；雅培23项中19项。价格降幅预期：从限价看，进院价格平均降幅30%

（三）公立医院高质量发展的政策与实践要求

近年来公立医院改革发展作为深化医药卫生体制改革的重要内容，为持续改善基本医疗卫生服务公平性、可及性、防控新冠肺炎等重大疫情、保障人民群众生命安全和身体健康发挥了重要作用。为推动公立医院高质量发展，为建立现代医院管理制度国务院先后颁布了《关于建立现代医院管理制度的指导意见》和《关于推动公立医院高质量发展的意见》。旨在加强公立医院主体地位，以建立健全现代医院管理制度为目标，强化体系创新、技术创新、模式创新、管理创新，加快优质医疗资源扩容和区域均衡布局。力争通过5年努力，公立医院发展方式从规模扩张转向提质增效；运行模式从粗放管理转向精细化管理；资源配置从注重物质要素转向更加注重人才技术要素。更好地提供优质高效医疗卫生服务，防范化解重大疫情和突发公共卫生风险。

（四）物联网与信息技术的快速发展助力流程升级再造

物联网、信息技术、大数据、AI智能、5G等的快速发展，使无人驾驶、远程诊疗、智慧生活等逐渐成为现实，给我们的工作生活带来了极大的便利，也伴随着部分的流程再造。

依托相关文件政策的指导要求，医院在信息化建设上的步伐也在加速推进。从检验科的角度，检测设备与LIS系统（检验科实验室信息管理系统，laboratory information system）的对接已经是最为基础的技术。检验试剂的入库、领用等环节依托智能感知识别技术，通过智能冰箱的光栅感应技术和射频识别（radio frequency identification，RFID）技术帮助检验科实现出入库自动识别、仓储状态实时更新、一键自动盘点等功能。同时，业务全流程自动管理，补货信息自动生成、商品近效期自动提醒等功能，实现科学采购、科学管理，准确获得试剂耗材的消耗量。帮助检验科实现试剂耗材“零库存”理念，技术推动检验科试剂使用后结算的模式。

二、检验试剂后结算概述

（一）传统结算模式及痛点

传统的结算模式下，检验科需每周或每月进行盘库。根据盘库结果得出试剂的实际使用量，各专业组结合实际使用量预估下月的用量。根据自身需要每周或每月发起请购流程，所有流程均由检验科主任及采购中心主任审批后，订单再交由服务商。服务商内部完成订单采购、试剂贴码及冷链配送工作，检验科进行一级库到货验收、冰箱上架、专业组扫码出库及消耗确认。随之供应商将已开具的发票提交至采购中心，由采购中心负责发票手工录入、提请付款及院内审批流转。最终交由财务部完成采购款付款。

如上文所述，由于检验试剂种类的复杂性，运输和贮存环境有着严格的温度要求（常温、冷藏及冷冻，免疫磁珠类产品倒置失效等），效期相对较短：超过半数的试剂生命周期小于 1 年。如从国外采购、经销渠道转运到医院后，剩余效期已经很短；开瓶与不开瓶效期不同；质量监管资质证照等管理要求高。给原本工作繁重的医技人员带来更大的压力。

在医院检验收费标准下，影响毛利的关键就是试剂的综合成本。该成本主要受直接采购成本及间接成本的影响。间接成本不容小觑，包括组织及执行采购工作人员的成本（包括供应商遴选，资质证照管理，货物验收等），存放及管理库存的成本，库存因过期或破损等原因的损耗成本，库存占用的资金成本等。

（二）检验试剂后结算模式定义、应用及价值

1. 检验试剂后结算模式定义

后结算（supply processing distribution，SPD），耗材供应链管理模式下的消耗后结算方式，对医院降低库存成本实现“零库存”有着积极的作用。实际操作中，行业监管对于医疗器械以注册最小单位为经营单位的要求，及检验试剂从冰箱取出后在机器上未使用部分相对较小，故选择以出冰箱（扫码出库或智能冰箱自动确认出库）作为后结算，货权转移的时点。

2. 检验试剂后结算模式应用及价值

后结算在医疗机构的应用起初以高值耗材的寄售模式开始，后期发展至低值耗材。检验试剂由于批号、效期及收入成本属性的不同，目前应用后结算的医院较少。使用后结算的模式将减少医院直接采购试剂的损耗，例如采购备货后未使用过期。另外，使用后结算将提高试剂存储的周转率，显著降低库存水平，减少仓储占用，间接减少财务支出等。

A 医院是一所公立三级乙等综合医院。医院设有神经内科、呼吸内科、肿瘤内科、心血管内科、内分泌科、消化内科、风湿免疫科、感染性疾病科、老年医学科、肾内科、泌尿外科、耳鼻咽喉科、麻醉科、骨科、妇产科、普外科、神经外科、疼痛科、胸外科、眼科、医学检验科、医学影像科、药剂科、超声科、病理科等临床和医技科室。A 医院整体年收入约 20 亿元，检验科收入约占全院收入的 10%。检验科检测项目开展情况如表 2 所示。

表 2　　A 医院各组室项目开展情况

组室	开展项目数	项目举例
生化	93	心、肝、肾、胆、脂、电解质、微量元素等
免疫	120	激素、甲状腺、肿瘤、产检、肝纤维化、骨质疏松、自身免疫、免疫功能、原发性高血压、巨幼贫、微量蛋白、糖尿病
血体	239	三大常规、血细胞分析、急诊生化呼吸道病毒
微生物	36	细菌培养及鉴定、真菌培养及鉴定、结核杆菌涂片及培养、厌氧菌培养及鉴定、衣原体检查、内毒素定量测定、真菌 D－葡聚糖检测等
分生	19	药物基因、病毒核酸、耐药基因、细菌核酸等

A 医院于 1995 年成立检验科。2006 年开展中法科研合作，搭建科研平台并成立中心实验室。经过多年的建设，于 2016 年通过 ISO15189 现场评审，成为 ISO15189 认可的医学实验室。

本文结合国内典型医院的体外诊断试剂管理环节特点及试剂管理方面存在的问题，以 A 医院为例推进后结算的准备工作、服务商遴选、上线实施工作、服务商的补货机制及采购订单优化，并针对优化结果进行分析总结。

（三）检验试剂后结算模式的准备工作

在前述的传统模式中，检验科消耗大量人力用于日常消耗盘点及后续用量预估工作，且若存在预估量偏差将导致试剂供应不及时，临时试剂调拨困难等问题。

为更好地解决这些问题，我们通过启用 SPD 模式，将所有的商品品相和数量确认前置，由院方和服务商共同确认。检验科无须每周或每月反复地申购及执行院内的审批流程，所有事项交由服务商处理。检验科只需要确认预验收数量和领用时进行扫码出库即可。在医院内设置 SPD 中心，按照科室需求进行定数管理，主动补货、动态响应科室需求。通过在二级库实施库位规划及管理，服务商业务系统增设二级库库存管理功能，提高试剂在“最后一公里”的可监控性。同时，二级库房补货不再通过发出申请的方式，而是由服务商主动向二级库进行库存推送。这些配送任务由试剂流通企业负责，真正意义上实现了一体化管理。

SPD 模式运行前，服务商及医院端需配合完成上线前准备工作。首先要根据 SPD 业务模式，完成服务商内部信息系统改造升级工作；其次服务商可运用已有业务数据，结合现阶段医院需求及特殊情况，与医院检验科共同商榷及确定适用的定数方案，再就目前试剂摆放情况对库位进行规划；最后将确定的基础信息录入系统，以保证后续 SPD 模式顺利开展。

在 SPD 模式下，试剂管理主要涉及医院物资采购管理部门、医院使用科室及服务商三者之间的协同合作。

1. 信息系统改造升级

为确保 SPD 模式顺利上线运行，服务商就现有业务系统进行改造升级，新增适用于开展 SPD 业务模式的系统模块。新增功能如表 3 所示。

表 3　　SPD 业务模式新功能

新增功能	新增用途
基础设置	维护一级 SPD 库和二级库
物料转换比设置	根据实际使用量调整货物计数单位，高效完成出入库工作
定数补货管理	补货公式及策略维护
策略统计移库	根据补货策略及消耗量，自动生成补货清单
SPD 内部移库	根据科室将试剂批量从一级库移库至二级库
移库单释放	确认移库数据准确性
打印铺货单据及唯一码标签	移库及唯一码管理
PDA 扫码	实现通过扫描唯一码完成出入库及盘点工作
出库复核移库商品	领用后扫描出库确认
盘点及差异核对	确保实际领用结算数据准确

2. 定数方案确定

服务商为制定商品定数方案，首先需收集医院检验科各品相历史用量数据。为确保定数方案的准确性，历史用量尽可能贴近医院端的实际消耗量。通过历史用量计算出各品相周用量，考虑及排除历史数据存在的特殊性因素，初筛出可以设定定数的品相及数量，与医院检验科及采购中心一同商讨并确定定数商品的种类及定数。品相是否作为定数管理原则为：月度消耗数量大于 1 盒的品相进行定数管理。

检验试剂的种类繁多。为了满足库存管理中的复杂要求，降低供应链总体成本，我们采用 ABC 分类法（又称为帕雷托分析法）将在用试剂耗材的品类数量及消耗金额占比进行分析。区分出重点和一般，从而推进有效的管理（见表 4）。

表 4　　检验试剂耗材品规 ABC 统计分析

分类	单价（元）	品规数	占比（%）	消耗金额（元）	占比（%）
A	$x>2\,000$	244	45.4	39 074 203	67
B	$1\,000<x<2\,000$	131	24.3	11 283 905	19
C	$x<1\,000$	163	30.3	8 223 994	14
合计		538	100	58 582 102	100

我们将单价大于2 000元的耗材定义为 A 类。其品规数占比 45.4%，消耗金额占比 67%；单价介于 1 000～2 000 元的定义为 B 类。其品规数占比 24.3%，消耗金额占比 19%；单价小于 1 000 元的定义为 C 类。其品规数占比 30.3%，消耗金额占比 14%（见表 5 和图 2）。

表 5　　定数设置标准

分类	单价（元）	定数天数 N
A	$x>2\,000$	Max（3 天，$1/y$）
B	$1\,000<x<2\,000$	Max（7 天，$1/y$）
C	$x<1\,000$	Max（10 天，$1/y$）

注：y 为日消耗量。对于月消耗量不到 1 个单位的物料，不设置定数。

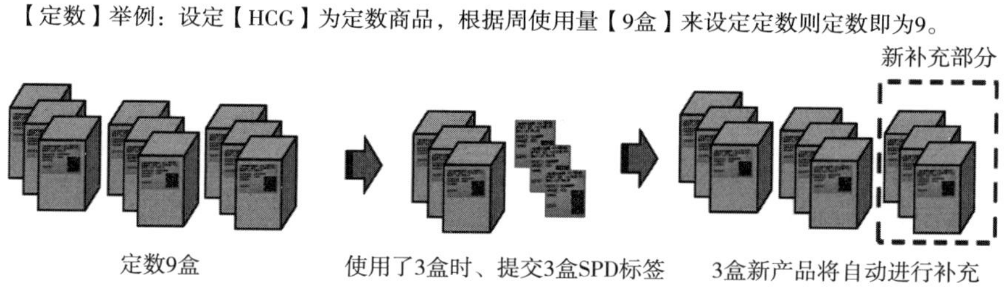

图 2　定数图例

根据上述标准，同时结合科室冰箱存储空间进行微调整。定数设置结果如表 6 所示。

3. 试剂库位规划

纵观整个供应链环节，试剂库存贯穿全流程，医院端、服务商端及供应商端均涉及。自实行 SPD 后结算后，医院端库存量较少，主要为未实行定数管理的商品库存。服务商端库存主要分布于服务商自有仓库、医院内设签派站及科室二级库。服务商自有仓库主要用于储存商品体积大及商品备货量较多

表 6　　各组室定数商品统计

组室	商品品规数				采购金额（元）			
	总数	定数	非定数	其中：定数占比（%）	总金额	定数	非定数	其中：定数占比（%）
分生	16	13	3	81	2 403 015	2 365 412	37 603	98.4
急诊	64	58	6	91	16 340 043	16 242 672	97 371	99.4
门诊	62	56	6	90	8 064 819	7 954 596	110 223	98.6
免疫	177	124	53	70	20 259 502	19 423 492	836 010	95.9
其他	50	16	34	32	3 636 569	2 397 480	1 239 089	65.9
生化	96	64	32	67	5 639 519	4 886 984	752 535	86.7
微生物	41	24	17	59	746 173	710 329	35 844	95.2
血体	32	8	24	25	1 492 462	1 239 751	252 711	83.1
总计	538	363	175	67	58 582 102	55 220 716	3 361 385	94.3

的库存；医院内设签派站主要用于储存为保证医院端正常运转的约 2 周消耗量。如科室消耗量临时激增或其他特殊情况，可直接将医院签派站库存商品提供至科室使用；科室二级库主要用于储存科室近 1 周需消耗的商品库存。供应商端库存主要为区分备货责任后，备货责任归属于供应商所对应的商品库存。从物理库位规划来看，服务商端试剂库位主要涉及 3 块区域，分别是服务商自有仓库、医院内设签派站及科室二级库。服务商自有仓库及医院内设签派站试剂库位至少包括待验区、合格品区、不合格品区、退货区、发货区。分区标识应当具有引导、指示、警告等说明，明显区分不同区域和功能（如分区可采用色标管理。设置待验区、退货区为黄色，合格品区和发货区为绿色，不合格品区为红色）。退货（召回）产品应当单独存放。科室二级库根据试剂的储存要求，库位设定分为冷藏、冷冻、常温库。常温库位设置需要按 5S 要求进行规划。A 为常温库位；C 为冷藏库位；F 为冷冻库位。冰箱选择有嵌卡的冰箱。常温货架根据科室进行规划，货架上粘贴嵌条用于放置试剂标签。常温货架标签采用 PVC 材质，外壳采用塑料材质可以插拔标签，便于库位调整；冷藏（冰箱）标签采用 PVC 材质，可插入至冰箱每层标牌；冷冻（冰箱）库位标签管理方式与冷藏库位一致。库位规划时，服务商需开展检验科各专业组使用习惯的调研。并结合前期已确定的定数品相每周（或每月）用量，向医院推荐每个品相摆放的位置及摆放数量。具体数量参

考 1.5 周的用量。为区分物权属性，需按定数区、非定数区和定数拆零区设置库位区域。设置方法有：（1）如果定数拆零品项较少，且科室空间较大，可另辟冰箱放置将定数拆零试剂。（2）如果定数拆零品项较多，或者科室空间紧张，①将定数拆零试剂盒顶部盖子撕掉以示区别；②用可活动的隔离板进行区分；③用透明小塑料盒（盒子前部挡板较低，顶部无盖子）装拆零试剂。（3）为更好地进行批号管理，库位规划时需要预留或用隔板隔开同一商品不同批号的试剂。

4. 基础信息录入

在完成前期信息系统升级，定数方案确认及库位规划的基础上，SPD 模式上线运行前，需在服务商业务系统中完成库位信息、基础信息、物料转换比、定数品相及数量的录入工作。基础信息录入中需根据试剂使用科室的不同，绑定试剂和各组室的关系，避免相同试剂不同科室使用，成本无法细分的问题。

（四）检验试剂后结算—服务商遴选考量

体外诊断试剂的使用直接关系到临床诊治的准确性和患者的安全。因此保证体外诊断试剂的质量，满足临床和科研的需求，是体外诊断试剂采购的前提条件。根据体外诊断试剂采购与管理的特点，结合国家相关法律法规，医疗机构可从质量维度、效能维度、成本维度、管理维度等方面对服务商进行规范化的要求。细化到从服务商资质管理、证照授权链完整性、诊断试剂的准入、冷链管理、服务商配送准确率及时性、供货保障率、退换货及时率、科室满意度、应急响应能力等多方面对供应商进行评价，遴选出符合要求的优质服务商。遴选考量主要包括的内容如表 7 所示。

表 7　　服务商遴选考量因素

项目	内容
基础考量	服务商供应的相关设备应为一流品牌及型号，承诺试剂、设备的质量性能不低于医院现有水平，符合国家相关法律法规，满足医院临床科室使用需求、质量控制要求和 ISO15189 认证需求； 服务商配送试剂、耗材品类不少于医院现有水平，配送价格不高于医院现行价格； 服务商应按照院方所提供的体外诊断试剂品牌规格清单获得生产企业或者代理商的直接授权证明文件，并提供生产企业或者代理商的配套资质

续表

项目	内容
仓储要求考量	明确自有或租赁仓库，对仓库总面积及2℃～8℃的冷库面积具体一定的要求，具备-18℃的低温仓储条件； 仓库符合监管部门审核要求，具有温湿度远程监控、报警及数据记录、追溯能力； 仓库具备相应的安防设施，能够实现在关键位置的24小时监控和图像记录； 明确仓库具体地址，确保及时响应； 有符合条件的备用仓库，以备不时之需。明确备用仓库规模及地址
配送要求考量	自有或租赁第三方物流车辆满足日常运输需求； 对于需要温控试剂的运输，须配备低温蓄冷箱（有温湿度监控装置）； 按照约定的送货周期及时送达，如遇紧急采购按照临床要求送达
信息系统考量	提供合理的组织架构及用户权限配置管理功能方案； 提供强大的物料字典库管理功能（包含品牌、厂商、仪器、报告项目、物料、库位）； 能承担医院对现有系统的改造，实现医院内部产品申请、审核、采购、收发货物等功能的一站式采购模式； 提供仓储管理功能（包含验收入库、使用出库、库存盘点、发票核销功能）； 提供性能验证功能：包含批号间对比、参考区间验证； 提供符合ISO15189管理的功能：条形码技术，实现供应链全程条码化管理（包含批量入库的二维码扫描功能）； 提供符合ISO15189管理功能（小瓶（精细化）管理功能）； 提供符合ISO15189管理功能（提供低于安全库存、注册证过期、超量订购等报警功能）； 实现与医院端物资系统及LIS系统无缝对接，并进行数据的实时交换； 确保数据的安全性和稳定性，具有完善的数据库运行能力
应急响应考量	若发生因试剂使用引发的不良事件时，能即刻作出响应，并在约定时间内与供应商沟通，协调处理，给出调查结果

（五）检验试剂后结算模式—实施阶段

为确保项目顺利有序进行，成立以医院分管院长为主，包含采购中心、检验科、财务科、信息科及服务商参与的项目组。服务商由多部门参与，联合推进项目实施。项目实施初期，服务商整体派驻人员4～5人。其中业务拓展部负责项目整体推进，派驻人员1人。主要落实与医院端、院内服务中心人员核定定数产品及数量、规划试剂库位、制定二级库冰箱标签；院内服务中心派驻3～4人。主要负责执行库位设定、定数设置及变更、与医院端配合完成商品对码、完成日常试剂入库、铺货、条码打印及粘贴、铺货单签收、盘点、盘点差异确认、订单释放、结算及开票；供应链管理部负责一级库试剂备货订单、采购执行；信息部负责与医院信息科沟通 SPD 模式网络方案，设计网络方案实现方式、SPD 模式系统布局及上线。

1. 试剂采购目录管理

当前医院各信息系统中涉及的试剂目录信息的不统一增加了管理难度。SPD 模式通过梳理试剂目录库，与各信息系统进行数据共享。通过主目录平台化，为医院试剂使用管控及成本收益分析方面提供了统一的数据口径。

2. 资质证照管理

资质证照的管理是检验试剂全流程规范化管理的重要环节之一。试剂资质证件的完整性关乎试剂是否符合国家法律法规和质量安全要求。医院采购中心对于资质证照的常态化管理主要侧重于服务商的营业执照及销售授权书。检验科内部对于资质证照的管理更加细化。从仪器角度出发，对其注册证、厂家营业执照、生产许可证及生产备案证进行管理；从试剂角度出发，对其注册证、厂家到服务商各个环节完整的授权链、营业执照、生产或经营许可证、二类三类备案证进行管理。SPD 模式运行中期将引入资质证照管理电子化平台，将传统纸质文件管理转为线上管理。该平台用于上传供应商的资质材料。上传完后由管理员审核，形成医院的资料库。该平台根据资质终止日期进行自动监控。当低于 3 个月的资质证照自动提醒给相应服务商及医院时，服务商根据预警跟催新注册证的获取及平台信息更新。这种管理模式可提高档案资料的管理效率，并且能实现对供应商资质有效期的实时管理。建立以试剂产品证照为主线的生产厂家、代理商、配送商等授权链关系，实时调取电子证照辅助试剂入库验收，保证试剂供应及质量安全。

3. 正式启动—首次铺货

实际操作中，医院肯定有剩余库存。在项目启动日前，尽量减少医院备货数量。服务商与医院工作人员一起对原有库存试剂进行盘点，掌握医院库存情况。结合之前确定的定数及补货机制，确定首次铺货的品相及数量。

4. 日常铺货管理

日常一级库向二级库铺货。服务商根据试剂使用量的不同，设计了两种铺货方式：手动铺货，该方式主要针对特殊、用量少的试剂，或者是临时性补货。因前期我们对所有的二级库库位做了整理，一目了然可以看到空置位，随时做一个临时性的补货；系统补货方式，该方式主要用于每周大批量的补货，通过前期对试剂补货策略的维护，生成周补货单。

5. 唯一码管理

对实施定数管理的商品进行唯一码管理。唯一码标签包含品名、规格、型号、生产厂家等静态信息及唯一码、产品批号及商品效期等动态信息，是商品在SPD业务模式中的唯一标识。可通过对于商品唯一码的扫描完成入库、出库及盘点工作。

6. 日常盘点管理

日常盘点是前期SPD业务运行中的重中之重，关系到后期领用结算的准确度；初期为保证医院领用习惯的养成，增加唯一码的回收率，建立医院与服务商间的信任。以天为维度，进行日盘；根据每天PDA盘点后的结果，形成盘点差异清单，及时与医院科室确认差异原因。确认无误后，补打唯一码标签，粘贴于差异确认表，归档成册，便于复查。

7. 电子发票方案

为响应SPD业务结算时效性的要求，服务商目前通过半自动化结算的方式，月度根据各组室出库数据开具电子发票，通过邮箱或其他即时通讯软件将电子发票传输给SPD业务现场服务人员。由现场服务人员打印后提交至医院采购中心，后期完成医院物资系统与服务商业务系统对接。同时结合RFID技术，运用智能冰箱实现科室领用试剂时自动扫描试剂标签出库，标签扫描后即在医院物资系统及服务商业务系统中形成相应的采购及销售订单。服务商根据销售订单实时开票，而后将电子发票自动传输至医院物资系统中。从而提升服务商至医院端整体的发票流转速度，为后期成本核算及成本管控提供了坚实的基础，进一步达成精准医疗、精准检验及精准消耗（见图3）。

（六）检验试剂后结算—服务商的补货机制及采购订单优化阶段

医疗机构对定数商品实施后结算之后库存得到显著优化，服务商的库存备货及仓储压力势必增加。如何结合定数管理、上游供应商补货响应速度及场地条件等优化补货机制及供应链效率，是服务商必备的核心竞争力。

1. 库存备货的理论基础

一般情况下，企业的存货不能做到随用随时补充。因此不能等存货用完再去订货，而需要在没有用完时提前订货。在提前订货的情况下，企业再次发出订货单时，尚有存货的库存量，称为再订货点。用 R 来表示。它的数量等于交货时间（L）和每日平均需用量（d）的乘积：

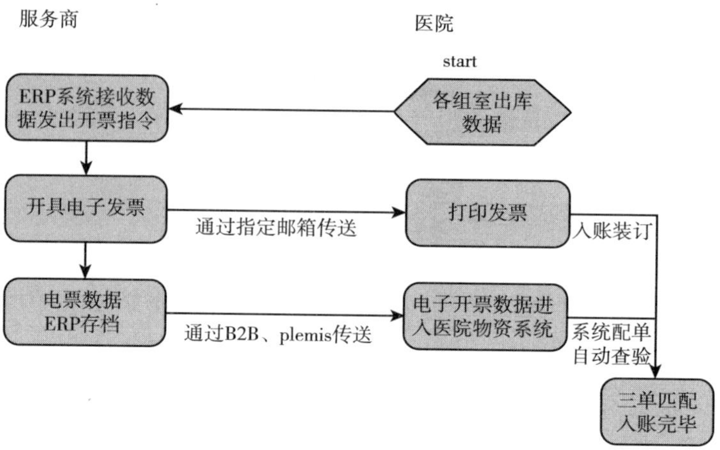

图3　电子发票流程

R =交货时间×平均日需求

$=L\times d$

随后我们再引入保险储备下的模型。即试剂存货保险储备量是避免缺货或供货中断的安全存量。在正常情况下不动用，只有当每日需求量突然增大或交货延迟时才使用。影响存货保险储备量的因素主要有每日需求量和交货时间。保险储备量用 B 表示：

$B=1/2$（预计每天的最大耗用量×预计最长的订货提前期－平均每天的正常耗用量×订货提前期）

R =交货时间×平均日需求＋保险储备量

$=L\times d+B$

在此基础上确定最佳订货量及订货总成本如图4所示。

总成本＝每项订货成本×全年订货次数＋单位储存成本×年平均存量

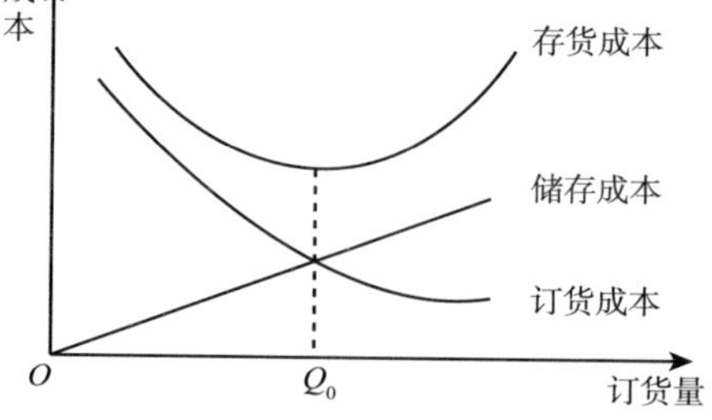

图4　成本与订货量关系

2. 二级库的库存安排

考虑到医疗机构场地紧张，多数医院科室内只放一周库存（冰箱库为主）。其他考虑由服务商的院边库备货；冰箱库保有一周使用量，每周发出补货需求，从院边库补货一次。院边库根据推送的采购订单，供应商到货后，在院边仓贴码，之后按需铺送至科室内冰箱（见图5）。

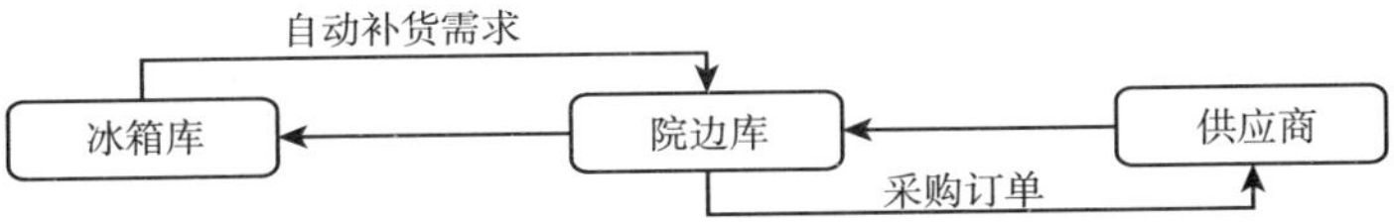

图5 二级库补货流程

3. 采购订单自动化

结合IVD行业的产品特点，服务商在搭建备货模型时，从医院角度出发，运用实行SPD模式运行后获取的精准消耗数据，分析供应商目前响应速度、关注ISO15189批号管理要求。通过毛利率情况区分备货责任，对商品设定安全库存。通过了解医院日常运行模式及习惯，并结合采购体量较大供应商的发货周期，固化每周由系统自动发起订单。订单数量为商品设定的安全库存与目前库存量之差，目前库存量需涵盖实际在库库存及在途库存。订单自动形成后由院内服务中心人员人工审核，避免因突发情况或特殊原因引起的商品短缺或滞销。随之订单流转至服务商内部采购人员处，采购人员与供应商确定批号效期等相关信息。如批号效期无法满足现有要求，则实行分批采购。未满足部分等同于在途库存，在后续订单数量中予以自动扣除，直至采购订单执行完成。通过不断优化备货方案，真正实现医院端与服务商端整体库存呈下降趋势（见图6）。

4. 自动补货的注意事项

系统自动补货应用需要关注如下事项，及时调整应对：

需要按不同送货点设定基数。

特殊情形下用量波动的处理：临时调整，稳定后调回；或使用传统订单模式。

品种、规格替换：考虑到系统自动生成订单，需要系统将被替换品种冻结。

服务商如遇批号效期不好，可拆单执行并跟进。

物料备货需求			
物料	定数	责任备货时间	15189项目
A		1周	否
B		3个月	是
C		1周	是

库存及在途订单	
库存	在途订单

供应商响应	
备货责任	供应商送货时间
是	
否	

下单时间及保险储备量	
下单时间	时间差
	（送货–下单）<3个工作日

每周固定时间触发采购订单=
周定数×责任备货时间×（1+时间差/5）
–库存–在途订单

图 6　采购订单自动化采购订单逻辑

注：①周触发订单时间，会参考前几大供应商送货响应时间及医院习惯综合制定。如供应商每周仅固定时间送货 1 次及以下，计算公式需考虑时间差。②自动订单生成，经人工审批后推进执行。③15189 批号限制项目且备货责任在服务商的，低于周定数时，补充下采购单 3 个月；如非服务商备货责任，下 1 周订单，同时将信息线上/线下传递给供应商支持备货。④如供应商每周仅固定时间送货 1 次及以下，例如周一下单，经谈判供应商只能每周三送货，即时间差（送货－下单）<3 个工作日，补货公式应考虑保险储备量，即调整为：每周固定时间触发采购订单＝周定数×责任备货时间×（1＋时间差/5）－库存－在途订单。

（七）检验试剂后结算—实施效果

1. 传统模式及 SPD 模式的流程对比

通过图 7 所示传统模式及 SPD 模式的对比，可以清晰展示出流程上的简化。检验科无须再关注订单、库存及效期管理等工作，可释放出更多的人力投入到科室建设、管理及提高医学检验水平上。采购中心也实现不再对订购内容进行审批、减少物资系统入库及发票手工输入等工作，可以更多地关注对供应商评价、管理及提升，例如资质、授权、抽查等。服务商通过 SPD 模式的阶段性运行，能更准确地获取医院实际消耗数据。综合考虑上游供应商特性并结合临床需求和历史消耗数据分析消耗规律，分析采购数据和频率。

系统自动触发采购任务，实现采购和订单业务的在线处理。院方人员在线实时跟踪订单执行情况，实现采购效率最大化。系统生成试剂标签条码，为试剂在院内的使用追溯提供依据。验收人员通过智能设备扫描条码标签，完成试剂的验收工作。

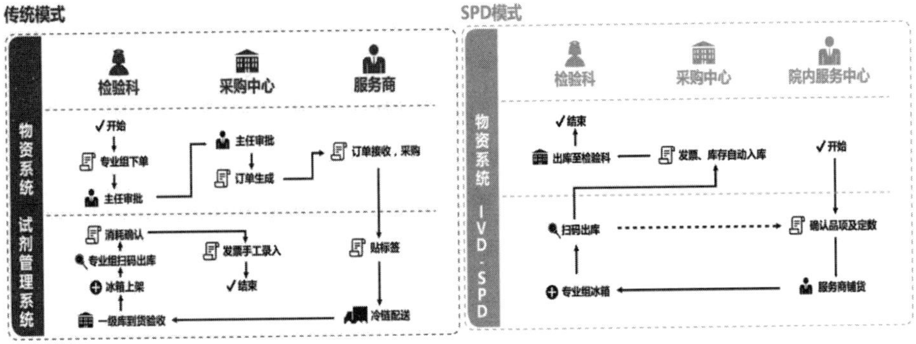

图 7　传统模式与 SPD 模式流程对比

2. 库房与库存管理规范化

（1）标准库房建设。根据试剂的常温、冷链等存储要求对二级库进行规划设计。SPD 服务人员根据试剂存储要求在冷链状态下对部分试剂进行作业管理，以保证质量安全。另外，对试剂使用科室建立标准二级库，以便于科室对试剂的存储管理以及随时取用。

（2）高效库存管理。SPD 模式下，院内物流工作由第三方服务商负责，包括一级库拣货、科室二级库推送、盘点等。相比医院自主管理，成本更低、效率更高。利用 SPD 业务系统实时监测二级库试剂消耗数据，根据库存控制模型实时监控试剂消耗及效期情况，实现高效的线上化库存管理。

（3）双效期管理。试剂入院时，服务商工作人员通过系统平台及手持终端进行电子化验收，实现批号效期系统自动验证和扫码入库上架。对于未开封试剂，系统定时提醒其效期情况，督促检验人员优先取用效期较近的试剂，减少因效期问题而造成的浪费。

3. 院内配送管理标准化

（1）主动推送。科室在试剂使用时只需使用手持终端扫码完成系统消耗，系统即自动获取数据以判断是否需给科室推送试剂。服务人员根据系统自动生成的科室试剂使用需求，在一级库内拣货后推送至科室，减少了医护人员试剂请领工作，提高了科室试剂的管理效率。且通过条码标签实现试剂的线上透明化管理，为试剂的院内流转提供追溯依据。

（2）冷链监控。医院根据医疗器械冷链（运输、贮存）管理指南，配备相应的冷链设备。利用温、湿度有源标签，对保温箱、冰箱、冷库等存储设备，进行温、湿度数据采集、存储并上报至服务器端。通过冷链监控管理平台系统，实时监控院内所有冷藏设施的温、湿度变化及设备运行情况，可对试剂储存温、湿度异常情况进行实时报警，实现对冷链试剂存储温、湿度的有效监督。

4. 院端库存持续优化

在检验收入年增长率28%的背景下，样板医院的库存从原有模式下的420万元库存余额，下降至50万~70万元的库存水平，成果显著（见图8）。

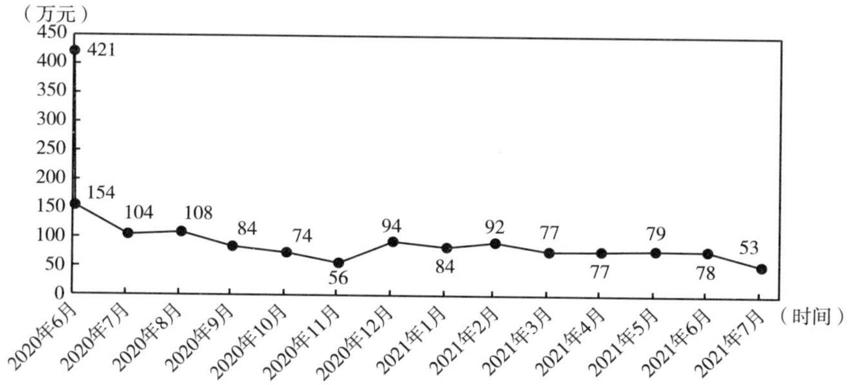

图8　2020~2021年A医院月度库存统计

SPD模式上线运行前，初期定数方案主要根据历史用量及消耗的数据确定。上线初期定数商品比例为71%；非定数商品主要为校准品、质控品及月用量小于1盒的产品。项目运行一段时间后，因SPD模式更能精准地获取消耗数据，根据项目运行期间的消耗数据，将前期部分非定数商品转为定数商品。在项目运行过程中会阶段性评估商品定数的合理性，对实际消耗与商品定数偏差较大的数据进行分析，排除特殊原因。如实际存在商品定数数量需要更新的情况，与实际使用科室沟通确认后进行调整。确保定数管理最贴近试剂目前的实际用量，为后续自动下单及自动补货提供基础。

此外，SPD模式运行后，医院端库存量明显下降。月末时点医院端库存主要为部分非定数商品库存。定数商品均为使用后结算，医院端实现零库存。

服务商端自 SPD 模式运行后，在不改变原有备货模式的前提下，库存量未能有明显变动。

5. 院端及服务商库存总量持续优化

在检验收入年增长率超 30% 的背景下，样板医院的库存从原有模式下的 420 万元库存余额，下降至 50 万 ~70 万元的库存水平；医院及服务商的总体库存水平，从原有模式下合计 892 万元的库存水平，逐步优化至合计 510 万元的库存水平，下降幅度达 42%。其中 2021 年 1 月和 4 月的两个库存高点，主要是由于疫情背景下春节及劳动节前的谨慎备货所致（见图 9）。

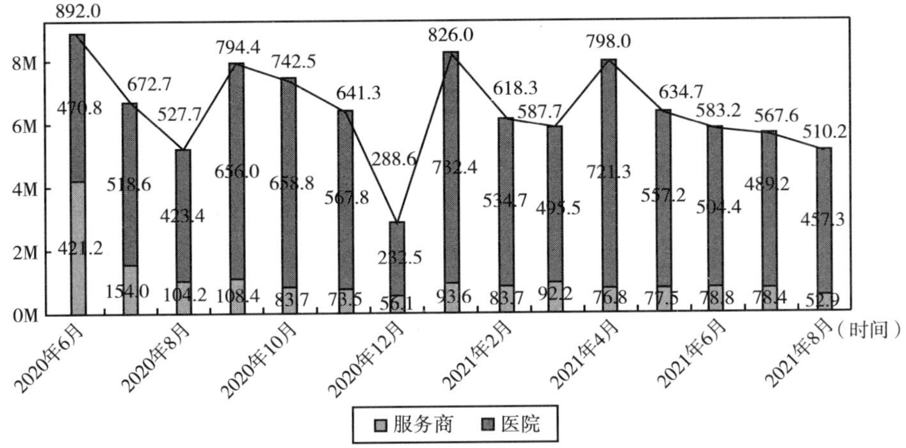

图 9　2020 ~2021 年 A 医院院端及服务商库存总量趋势

综上所述，在后结算及结合信息物联网技术支持下，供应链的总体效率有了大幅提升。

三、检验成本分析及成本率管控优化

（一）检验科收入、成本组成、成本率及影响因素分析

1. 检验科收入

多数医疗机构检验科检测收入主要来源于两个部分：医院常规检验科收入及体检项目收入。其中医院常规检测收入 = His（Hospital Information System，医院管理信息系统）系统中出具检测报告数量 × 检验项目收费标准

（医疗机构检验项目收费标准）；体检项目收入 = 体检项目套餐检查数量 × 体检套餐检验项目收费标准。

2. 检验科成本组成及影响因素

检验科的成本主要包含：试剂及耗材成本、外送成本、检验科设备成本、人力成本、科室固定资产折旧成本、科室无形资产折旧成本、科室水电费、科室其他费用。

（1）试剂及耗材成本。试剂及耗材成本是检验成本构成的主要部分。检验试剂是用于对人体样本进行体外检测的主试剂、试剂盒；检验耗材成本，是用于对人体样本进行体外检测的辅助试剂，清洗液，用于设备正常运行所需的校准品（物）、质控品（物）等。

从试剂及耗材成本是否有对应的直接收费角度，可分为如下类别：①检验试剂耗材成本 – 收费报告检验成本。患者按当地收费标准付费进行检测，所对应使用的检测试剂及耗材等成本。②检验试剂耗材成本 – 非收费质控定标测试成本。因实验室质量标准保障进行的质控及定标所消耗的试剂、定标及质控耗材等成本。③检验试剂耗材成本 – 非收费复检报告测试成本。按检验规则需要复检所使用试剂耗材的成本，复检没有对应收费。例如胶体金法若出现阳性结果或不确定结果时，需用另一种厂家试剂或另一种方法复检，检验结果超线性范围、检验仪器提示结果异常、危急值项目等。④检验试剂耗材成本 – 非收费其他测试成本及损耗。包含人情检测、员工检测及机器运行故障、试剂损耗等成本。

（2）外送成本，医疗机构因项目需求量不够，未在检验科开展，选择外送至第三方实验室进行测试而支出的成本。

（3）检验科设备成本，包括检验科检测主设备、辅助设备的折旧摊销，设备租赁费用，维持日常运行发生的维修费用，维保费用，更换的零配件等。

（4）人力成本，是检验成本构成的主要成本之一。主要指员工的基本工资、奖金、日常福利、各类社保公积金费用等。

（5）科室固定资产折旧摊销成本，折旧费主要包括房屋的折旧，办公室空调、检验科冰箱冰柜、科室的电视大屏、办公电脑等固定资产的折旧费用。

（6）科室水电费，医院正常运行所涉及的水费、电费等费用。

（7）科室其他费用，科室人员发生的交通费、办公用品费用、学术会议费、内部招待费等检验科分摊的其他费用。

3. 医院科室全成本情况

中国报告网统计数据显示，公立三级综合医院 2018 年：检验科收入平均 1 亿元。科室全成本构成中试剂耗材、人工、其他的占比分别为：50∶30∶20。

根据 A 医院 2020 年 7 月至 2021 年 6 月的数据分析，检验科全成本构成如图 10 所示。

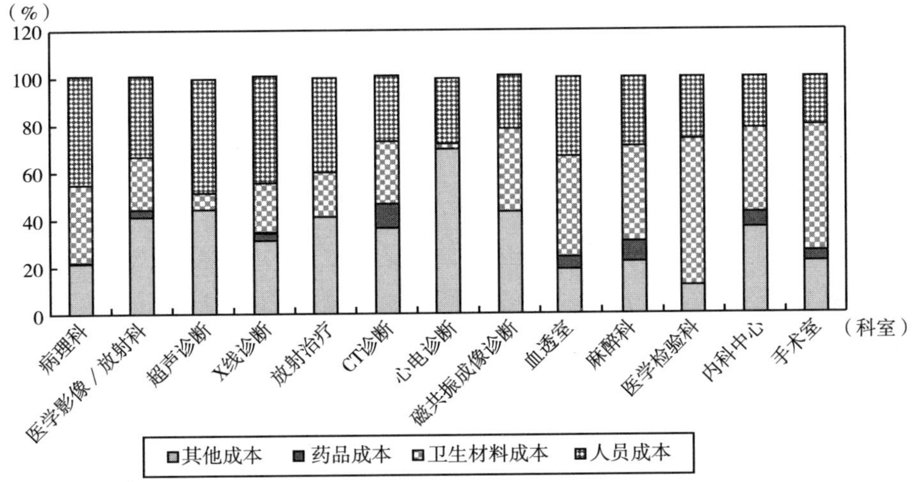

图 10　医院各科室成本构成

如图 11 所示，A 医院检验试剂成本（主试剂 + 耗材）占比 68.7%；人力成本占比 14.5%；外送成本占比 7.4%；检验设备成本 6.3%；非测成本及试剂损耗成本合计 2.6%；其他成本 0.5%。

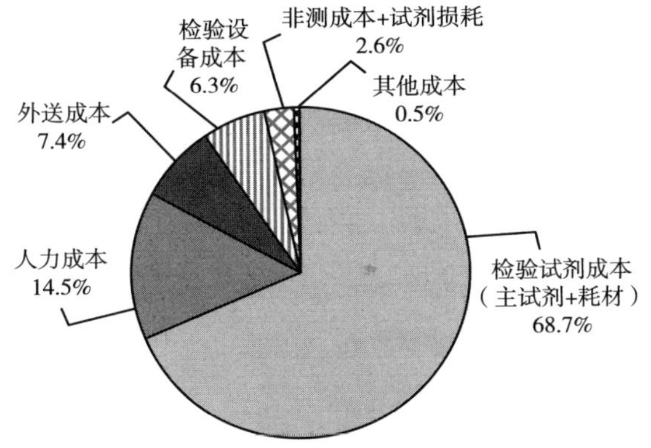

图 11　2020 年 7 月 ~ 2021 年 6 月 A 医院检验全成本构成

A 医院因为已上线生化免疫及血球流水线，自动化程度较高，故人力成本占比相对较低；外送成本，因统计期间系疫情期间，外送新冠核酸样本相对较多。

4. 成本率影响因素

检验科的试剂运行管理中，影响检验科总体成本率的因素还包括：（1）设备、试剂及耗材的采购成本。检验设备与试剂及耗材关系紧密，且影响质控。故需要考虑设备、试剂及耗材的综合成本。（2）设备的质控定标率：定标是制定项目测试的标准曲线。质控是检测质控品是否在控，以保准项目测试准确性。质控和定标都会用到测试标本，医院定标和质控的频率也会直接影响到医院检验科的成本率。（3）按实验室管理要求进行的标本复检。（4）因停电、卡杯等原因导致上机试剂不能完全利用等的试剂损耗。（5）医院的内部检测、人情检测等消耗的试剂耗材成本。（6）部分产品还存在生产厂家理论测试数与实际可测试数间的差异。（7）其中 2 ~6 项目统称非收费测试成本。非测率 =1 - 收费报告数/理论测试数。（8）自动化流水线购置使用成本与人力成本的比较选择。（9）人力成本：通过流程优化与再造，在不影响检测质量的前提下，降低人工处理时间（即检测试剂上机前后的人工处理时间）。设定非机器操作标准工时，通过比对分析逐步优化降低项目的单测试成本率。（10）库存资金占用成本：医院检验科一般都会备半个月至 1 个月库存试剂，以维持检验业务的正常运行。其资金成本占检验科总成本约 0.4%。实行后结算的检验科，此部分成本可忽略不计。

（二）管控需求调研

为了解医疗机构检验科对成本效益分析的需求，我们做了针对性的调研问卷。具体的内容、形式及结果情况如下：此次调研一共收到 42 份有效问卷。其中医院分类情况为三级医院占比 81%，二级医院占比 14%，其他占比 5%；被调研人情况为财务类岗位占比 45%，检验类岗位占比 55%。

（1）您认为必要有效的，科室效益分析的颗粒度有哪些（见表 8）？

调研汇总结果分析显示，效益分析中，1 - 科室维度“非常重要”选项超过一半；其次是 4 - 单项目维度、2 - 专业组维度及 3 - 设备维度。分析频次方面，主要以月度分析为主。

表 8 科室效益分析的颗粒度调研结果 单位:%

分析维度		按重要性打分					细化分析频次		
		非常重要	重要	一般	不太重要	不重要	日	周	月
1	科室维度	63	27	10	0	0	0	11	89
2	专业组维度（生化，免疫，临检等）	46	37	17	0	0	14	14	71
3	设备维度	46	39	15	0	0	0	0	100
4	单项目维度	49	29	22	0	0	25	0	75

（2）您认可的效益优化方案有哪些（见表9）？

表 9 效益优化方法调研结果 单位:%

按重要性打分		非常重要	重要	一般	不太重要	不重要
1	亏损项目外送	31	43	21	5	0
2	成本高且量小的项目延期出报告	17	33	29	14	7
3	用低成本率产品替换高成本率产品	31	31	26	12	0
4	梳理优化操作流程，提升效率	71	24	5	0	0
5	推进成本管控－控制合理用量，例如非测率	62	31	7	0	0
6	优化库存管理	52	38	7	2	0

调研汇总结果分析显示，在效益优化方案的选择中，大家认为最重要的是4－梳理优化操作流程，5－推进成本管控－控制合理用量，6－优化库存管理；其次是1－亏损项目外送，3－用低成本率产品替换高成本率产品；最后是2－成本高且量小的项目延期出报告。

（3）您对高成本率的新产品引入如何看待（见表10）？

表 10 高成本率的新产品引入调研结果 单位:%

新产品引入调研内容		结果
A	临床价值最重要，成本率高也能接受	64
B	就算临床价值非常高，成本率超过预期的就不考虑	24
C	只要有相近临床意义的项目，高成本率的不考虑	36

调研汇总结果分析显示，对于高成本率的产品引入，参加调研人员认为，A－临床价值最重要，成本率高也能接受；其次是C－只要有相近临床意义的项目，高成本率的不考虑；最后才是B－就算临床价值非常高，成本率超过

预期的就不考虑。

（4）您可接受的成本率［（试剂成本＋耗材成本）/收费］上限：【43%】（去最高值和最低值后平均值）。

（5）手机端或院端大屏展示，您希望看到哪些数据（见表11）？

表11　　手机或大屏分析展示调研结果　　单位：%

展示维度		按重要性打分					分析频次		
		非常重要	重要	一般	不太重要	不重要	日	周	月
1	库存—总体库存量	40	38	20	3	0	8	17	75
2	库存—物料库龄	36	41	21	3	0	0	9	91
3	库存—安全库存警示	51	37	7	5	0	25	33	42
4	库存—物料近效期情况，过期情况提醒	51	44	2	2	0	0	70	30
5	证照资质情况	46	31	21	3	0	0	0	100
6	订单进度情况—未送达订单量/订单总数	36	42	17	6	0	23	38	38
7	实验室完成率—送检报表的完成进度	42	45	11	3	0	36	18	45
8	成本效益—收入情况	51	36	8	5	0	7	20	73
9	成本效益—项目成本率	52	33	12	2	0	0	20	80
10	冰箱状态情况—温度/湿度	42	39	18	0	0	70	10	20
11	设备情况—开机时间，故障提醒，维保提醒等	41	54	2	2	0	80	10	10

调研汇总结果分析显示：

①重要性角度。

a. 非常重要＋重要合并超过90%的指标包括4－库存—物料近效期情况，过期情况提醒；11－设备情况—开机时间，故障提醒，维保提醒等。

b. 非常重要＋重要合并80%～90%的指标包括1－库存—总体库存量；3－库存—安全库存警示；7－实验室完成率—送检报表的完成进度；8－成本效益—收入情况；9－成本效益—项目成本率；10－冰箱状态情况—温度/湿度。

c. 非常重要＋重要合并超过70%～80%的指标包括2－库存—物料库龄；5－证照资质情况；6－订单进度情况—未送达订单量/订单总数。

②分析频率需求角度

a. 主要分析需求为月度的指标包括 1 – 库存—总体库存量；2 – 库存—物料库龄；5 – 证照资质情况；8 – 成本效益—收入情况；9 – 成本效益—项目成本率。

b. 主要分析需求为周的指标包括 3 – 库存—安全库存警示；4 – 库存—物料近效期情况，过期情况提醒；6 – 订单进度情况—未送达订单量/订单总数。

c. 主要分析需求为日或实时关注的指标包括 10 – 冰箱状态情况—温度/湿度；11 – 设备情况—开机时间，故障提醒，维保提醒等。

（6）您认为影响检验科效益的主要因素有哪些（见表 12）？

表 12 影响检验科效益的主要因素调研结果 单位：%

序号	按重要性打分	非常重要	重要	一般	不太重要	不重要
1	设备采购成本	55	38	5	2	0
2	主试剂成本	83	17	0	0	0
3	非测量（非收费检验标本量，例如人情，复诊，质控定标等）	19	43	33	5	0
4	人工成本/操作流程	48	45	7	0	0
5	试剂损耗（过期、报废，人为浪费等）	31	52	12	5	0

调研汇总结果分析显示，重要性角度考虑：

①非常重要 + 重要合并等于 100% 的指标包括 2 – 主试剂成本。

②非常重要 + 重要合并超过 90% 的指标包括 1 – 设备采购成本；4 – 人工成本/操作流程。

③非常重要 + 重要合并 80% ~90% 的指标包括 5 – 试剂损耗（过期、报废，人为浪费等）。

④非常重要 + 重要合并超过 60% ~70% 的指标包括 3 – 非测量（非收费检验标本量，例如人情，复诊，质控定标等）。

（三）项目成本核算模型搭建

随着医疗体制改革不断地深入，检验科作为医院利润中心的一部分，其成本效益的优化工作也面临越来越多的要求和挑战。检验科要对成本率管控，就需要对自身的运营成本作全方位的管控。

从实践的角度，要做全方位成本效益管控，就需要对检验科定期开展各维度的成本效益分析。了解各维度的真实成本率情况，分析成本率高的项目。并且关注变动及异常情况，及时发现问题管控风险。

根据前述调研反馈的重点需求，本章将以 A 医院数据为例，推进穿透分析及模型搭建：A 医院 5 大组室现共有设备 49 台。生化组现有设备 6 台，主要设备包括流水线分析仪及糖化血红蛋白分析仪等；免疫组现有设备 13 台，主要设备包括化学发光分析仪、免疫印迹分析仪及维生素检测仪等；血体现有设备 18 台，主要设备包括生化免疫分析仪、血细胞分析流水线及分析仪、凝血分析仪、血气分析仪、尿液分析流水线、粪便分析仪、特定蛋白分析仪等；微生物现有设备 7 台，主要设备包括微生物鉴定药敏分析仪、血培养分析仪、细菌内毒素/真菌葡聚糖检测仪、微生物飞行质谱鉴定仪、电泳仪等；分生组现有设备 5 台，主要设备包括核酸提取仪及 PCR 扩增分析仪。

1. 模型搭建前的准备工作及注意事项

医院成本率分析前期，需要先完成主数据梳理工作。主数据包括各组室设备明细、设备对应各收费项目明细、各收费项目所需主试剂、辅助试剂、耗材及定标质控品明细。收费项目与主试剂可一一对应；辅助试剂如与收费项目存在强关联，也可与收费项目一一对应；其他与收费项目不存在强关联的辅助试剂、耗材及定标质控品，则可将其先与设备绑定，根据其作业动因进行分摊。例如，按照设备上每个项目的实际测试数进行分摊。主数据表示例如表 13、表 14 所示。

如表 13 所示，每个检测项目有与其对应的组室及设备代码及名称。

表 13　　主数据对码表：项目－设备对应表例

收费代码	收费名称	收费单价	组室	设备代码	设备名称
70394	血清三碘甲状腺原氨酸 T3 测定	25 元	免疫	MY－L	雅培 I2000
70393	血清甲状腺素 T4 测定	25 元	免疫	MY－L	雅培 I2000
70292	血细胞分析（五分类）	20 元	急诊	XN550	全自动血液分析仪
70311	超敏 C 反应蛋白测定	30 元	急诊	XN350	特定蛋白仪
70526	丙型肝炎抗体测定（Anti－HCV）定量	100 元	免疫	MY－S	安图免疫分析仪

如表 14 所示，每个检测项目有与其对应的主试剂、辅助耗材、定标品、质控品。按照业务场景建立绑定关系后，才能从各维度提取数据进行分析。

表 14　　主数据对码表：项目/设备－试剂/耗材/定标/质控对应表例

设备代码	收费代码	主试剂代码	主试剂名称	辅助试剂或耗材代码	辅助试剂或耗材名称	定标商品代码	定标商品名称	代码	名称
MY－L	70394	120110445	甲状腺原氨酸测定试剂盒	111300001、110301423、211300085、111100019、211300101	浓缩清洗缓冲液、激发液、探针冲洗液、预激发液	120110382	甲状腺原氨酸定标液	120100029	
MY－L	70396	120110419	游离三碘甲状腺原氨酸测定试剂盒	111300001、110301423、211300085、111100019、211300101	浓缩清洗缓冲液、激发液、探针冲洗液、预激发液	120110380	游离三碘甲状腺原氨酸校准品	120100029	
MY－L	70395	120110713	游离甲状腺素测定试剂盒	111300001、110301423、211300085、111100019、211300101	浓缩清洗缓冲液、激发液、探针冲洗液、预激发液	120110446	游离甲状腺校准品	120100029	
MY－S	70523	130100307	乙型肝炎病毒表面抗原定量检测试剂盒（磁微粒化学发光法）/100 人份/盒/郑州安图生物工程股份有限公司/1 盒	211300211、111300003、110100037、211300558、110300032	1 号反应杯、清洗液、全自动免疫检验系统用底物液、系统清洗液、样本稀释液	—	—	—	乙型肝炎病毒表面抗原

续表

设备代码	收费代码	主试剂代码	主试剂名称	辅助试剂或耗材代码	辅助试剂或耗材名称	定标商品代码	定标商品名称	代码	名称
MY－S	70454	130100287	甲胎蛋白检测试剂盒（磁微粒化学发光法）/100人份/盒/郑州安图生物工程股份有限公司/1盒	211300211、111300003、110100037、211300558、110300032	1号反应杯、清洗液、全自动免疫检验系统用底物液、系统清洗液、样本稀释液	—	—	210100019、210100020	肿瘤标志物液体非定值Plus/水平2、肿瘤标志物液体非定值Plus/水平3
MY－S	70453	130100288	癌胚抗原检测试剂盒（磁微粒化学发光法）/100人份/盒/郑州安图生物工程股份有限公司/1盒	211300211、111300003、110100037、211300558、110300032	1号反应杯、清洗液、全自动免疫检验系统用底物液、系统清洗液、样本稀释液	—	—	210100019、210100020	肿瘤标志物液体非定值Plus/水平2、肿瘤标志物液体非定值Plus/水平3

2. 科室及组室成本率分析模型

主数据梳理完成后，可结合实际数据实现多维度的成本率分析。从上述调研情况及日常分析经验所得，主要关注的分析维度包括整体及组室成本率、设备成本率、项目成本率三大内容；分析内容主要包括本年度各期间对比及上年同期差异率情况分析。

如表15所示，2020年10月A医院检验收入合计1 535. 19万元，收入基本较上月增长9. 34%。其中免疫、生化、血体及微生物增速在8. 08% ~12. 33%；分生由于项目开展结构原因，收入下降2. 86%。

表15 月度收入及成本率分析－组室

组室	本月		上月		差异率（%）	
	收入（万元）	成本率（%）	收入（万元）	成本率（%）	收入	成本率
免疫	460. 14	53. 8	410. 27	56. 2	12. 15	-2. 38
生化	261. 65	35. 9	237. 88	33. 7	9. 99	2. 14
血体	723. 34	47. 0	669. 28	45. 3	8. 08	1. 64
微生物	44. 14	23. 8	39. 30	21. 1	12. 33	2. 69
分生	45. 92	51. 4	47. 27	48. 4	-2. 86	3. 00
合计	1 535. 19	46. 6	1 404. 01	46. 0	9. 34	0. 66

2020年10月A医院检验合计成本率46. 6%，成本率较上月增高0. 66%。其中免疫类项目成本率下降2. 38%；其他项目成本率增长1. 64% ~3. 00%。

从趋势分析角度，实际工作中需要通过扩展至历史12个月的数据分析。因论文篇幅有限，此处不赘述。如需进一步了解具体变动原因，需要进一步细化穿透到设备维度进行分析。

3. 设备成本率分析模型

在组室分析的基础上，可以进一步分析设备维度的收入及成本率的变动。

在组室的基础上，我们分析了A医院不同检测设备的收入及成本率。如表16所示，以编号为X00000007设备的全自动免疫分析仪当月收入183. 15万元，较上月收入下降3. 29%；成本率由上月的46. 14%增长为本月的56. 03%。值得关注分析。

表 16 月度收入及成本率分析－设备

组室	设备代码	设备名称	当月		上月		差异率（%）	
			收入（万元）	成本率（%）	收入（万元）	成本率（%）	收入	成本率
免疫	X00000007	全自动免疫分析仪	183.15	56.03	189.39	46.14	－3.29	9.90
免疫	X00000014	免疫分析仪	93.63	47.38	100.13	45.44	－6.49	1.94
生化	X00000006	生化流水线	254.16	27.78	249.05	26.49	2.05	1.30
血体	X00000005	全自动血液分析仪	18.28	39.35	19.47	34.23	－6.11	5.12
血体	X00000025	生化免疫分析仪	313.17	38.91	340.00	33.89	－7.89	5.01

实际工作中需要通过扩展至历史 12 个月的数据分析进行趋势分析。因论文篇幅有限，此处不赘述。如需进一步了解具体变动原因，需要进一步细化穿透分析此设备下的具体项目成本率变动原因。

4. 项目成本率分析模型

在设备分析的基础上，可以进一步分析项目维度的收入及成本率的变动。

表 17 所示的是免疫组室有代表性的两台设备的项目成本分析表。X00000007 设备和 X00000014 设备上可进行多种项目的测试。对比本月和上月的测试数和收入情况，测试数与收入波动一致。

表 17 月度收入及成本率分析－项目

组别	设备代码	收费代码	本月			上月			差异率（%）		
			测试数	收入（万元）	成本率（%）	测试数	收入（万元）	成本率（%）	测试数	收入	成本率
免疫	X00000007	70546	2 482	14.89	50.41	2 704	16.22	39.37	－8.21	－8.20	11.04
免疫	X00000007	72630	1 448	14.48	61.67	1 573	15.73	44.23	－7.95	－7.95	17.43
免疫	X00000007	70396	4 329	13.85	63.80	4 226	13.52	41.69	2.44	2.44	22.11
免疫	X00000007	70395	4 326	13.84	45.54	4 225	13.52	55.75	2.39	2.37	－10.21
免疫	X00000007	70386	4 787	15.32	41.57	4 410	14.11	48.36	8.55	8.58	－6.79
免疫	X00000014	70565	2 941	17.65	44.61	2 653	15.92	40.00	10.86	10.87	4.61
免疫	X00000014	70526	1 600	16	33.69	1 892	18.92	33.01	－15.43	－15.43	0.68
免疫	X00000014	70523	2 486	6.46	46.75	2 688	6.99	46.05	－7.51	－7.58	0.70
免疫	X00000014	70497	1 913	4.97	46.74	2 112	5.49	47.29	－9.42	－9.47	－0.55
免疫	X00000014	70465	1 672	9.2	44.56	1 636	9	47.22	2.20	2.22	－2.66

通过穿透至编号为X00000007的全自动免疫分析仪设备项下具体开展的项目，我们能看到，该设备上70546项目、72630项目、70396项目的成本率上升较大，增加了11.04%～22.11%。因收入变动并不大，初步分析是非测率异常导致的成本率波动。X00000014设备下的检测项目成本波动率基本维持在5%的波动范围内。

当成本分析的维度细化到设备后就可以逐一设备进行分析，找到影响成本率波动的具体原因。从而找到提高财务核算或成本管理水平的方法及途径。

5. 理论测试数比对分析模型

项目成本率除本年及上年同期对比外，还可考虑与理论测试数对应的收入及成本情况进行分析比较。理论测试数为厂家制定的应能检测的样本数。实际操作过程中，因无效测试、样本复检、厂家制定的理论测试数偏差等原因，使得实际测试数与理论测试数有所差异。我们通过以下分析可得出差异率。

顺延上述的分析，根据表18中X00000007设备的出库情况对比理论测试数和检测次数，发现存在较大差异。72630项目、70396项目非测率分别为20%和28%，需要进一步展开分析非测项目原因。例如前面提到的质控、定标、复检、人情检等原因，以制定管控优化方案。

表18　　测试数比对（实际vs理论）

组室	设备代码	收费代码	出库数（盒/包等）	收费报告数（次）	理论测试数（次）	非测率（收费报告数/理论测试数）（%）
免疫	X00000007	70546	6	2 482	2 400	-3
免疫	X00000007	72630	18	1 448	1 800	20
免疫	X00000007	70396	3	4 329	6 000	28
免疫	X00000007	70395	2	4 326	4 000	-8
免疫	X00000007	70386	2	4 787	4 000	-20
免疫	X00000014	70565	26	2 941	2 600	-13
免疫	X00000014	70526	20	1 600	2 000	20
免疫	X00000014	70523	24	2 486	2 400	-4
免疫	X00000014	70497	21	1 913	2 100	9
免疫	X00000014	70465	17	1 672	1 700	2

部分项目也会出现非测率为负数的情形。例如厂家产品的实际可测试数大于理论测试数，以及部分测试量较小的项目（例如表 18 中 70395 项目、70386 项目月度仅使用了 2 盒），试剂消耗存在跨月使用（检测设备上尚未使用完毕），收入成本配比存在时间性差异。对于消耗量较大的试剂，月底检测设备上尚未使用完毕的试剂则可忽略不计。

随着分析的逐层深入，我们从整体到组室，再细分到设备，然后是检测项目，最后到了理论测试与实际测试的分析，一层层细化分析影响试剂成本率的原因。从整体到细节，从财务到业务，探究不同的检测方法学及不同项目检测试剂的使用测试情况，找到影响成本率的原因，从而为成本率优化奠定基础。

（四）成本率优化及管控方案

通过多维度的成本率分析，了解了各维度的成本率情况，挖掘部分高成本率的项目及其成本率高的原因。针对以上分析，提出几个成本率优化及管控方案：

1. 直接变动成本亏损项目考虑外送

如果标准用量的单位试剂成本高于项目收费，即直接变动成本亏损，建议考虑外送给第三方检测平台。这样至少能保证不会出现亏损的情况。特别是如果项目的体量越大，那么将亏损项目外送，对检验科成本率的降低会有较好的效果。

2. 总成本（质控等 + 设备）亏损项目，或固定成本占比高，加强临床推广和报告时间再评估等

如果标准用量的单位试剂成本低于项目收费，但加上质控定标等成本后，高于项目收费，或固定成本占比高，建议考虑通过加强临床推广或适当延迟报告时间，通过增加每次测试量降低单位定标质控成本，从而解决总成本亏损问题。

3. 非测率高的项目，通过数据分析找出问题所在，推进优化

（1）数据分析中关注各项非测绝对数及相对比率，同时关注与历史数据及标准测试数据进行比对分析。生产工序角度，可跟进分析出库数—上机数—检测数—有效检测数，以支持发现具体问题工序点，分析差异原因，减少试剂的浪费。（2）加强不收费检测量的审批，降低该部分的成本。（3）通过定期设备的维护，减少设备原因而产生的检测异常情况。（4）生化试剂，分析厂牌的理论测试数与实际测试数的差异。若有发现较大差异情况，可与厂商协调。

4. 低性价比项目，可替代项目及可替代产品评估

随着国内医疗器械企业技术进步的飞速发展，配套产业链的日趋成熟，以及医改、分级诊疗、扶持国产设备等国家政策的推动，我国医疗器械行业出现了很多突破性的技术。国内产品和国外产品的技术差距越来越小，以前的进口品牌的不可替代性越来越小。未来10年器械领域，国产品牌替代进口品牌会变成发展的主旋律。

针对相同临床意义的项目，相比进口品牌，国产品牌在价格成本上更有优势；在保证临床检测质量的前提下，可以考虑用品质好且相对价低的国产品牌替代成本较高的进口品牌。医院在医疗设备的配置中，既要考虑到新设备的技术成熟度，也要考虑患者的接受能力。因此，对于一项新技术的开展，医院不能盲目采购。要进行充分论证，兼顾经济效益和社会效益。

5. 新项目单列考核

精准检验的前提和基础是精准检验，检验技术和应用在快速创新发展中。创新项目会面临医疗水平提升与成本率管控的矛盾。为了不影响医院医技发展及医疗水平的持续提升，医疗机构可考虑将高值项目单独列示，或给予新项目单列运行3年期限，3年后转入常规项目统一考核。

（五）信息智能化技术助力成本率管控及优化

精细化管理建立在有足够颗粒度且相对完整数据的基础上，而传统的数据采集方式会导致人力成本激增且无法保障数据的准确性与及时性。医疗机构原有系统包括his和lis数据。系统中包含患者所做的项目、项目收费、报告数量，以及lis系统及设备系统中包含的设备、项目、测试数、非测信息、上机数据等信息。检验科物资系统中包含了试剂耗材的进销存、价格及成本数据。在推进完成设备—项目—试剂的对码，及增加试剂理论测试数的主数据后，可以通过信息系统接口或搭建数仓的模式，将数据整合，并按分析维度搭建分析表。根据盈亏平衡及业务情况的主要逻辑，可以自动推送部分主要的优化建议（见图12）。

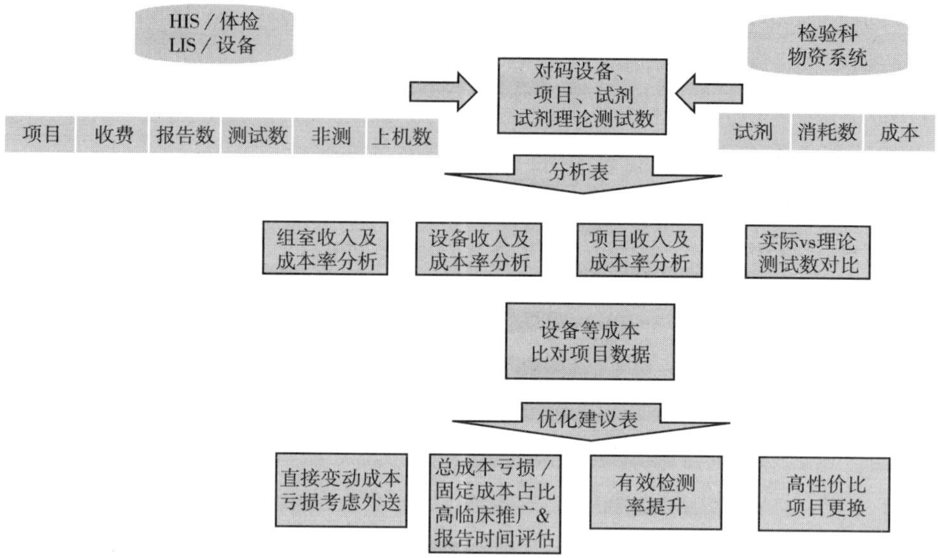

图 12　信息优化架构

（六）优化结果

（1）项目变动成本偏高下的优化方案。A 医院日常管理中即关注项目变动成本与成本率。选择合适的产品使用，或直接选择外送，不存在变动成本亏损还在实验室开展的项目。

（2）总成本中固定成本偏高下的优化方案。针对总成本中固定成本偏高导致项目成本率高的项目，推进项目临床推广工作，降低固定成本占比，降低成本率。部分项目举例如表 19 所示。

表 19　加强临床推广，降低项目成本率举例

组室	项目代码	项目名称	5月				8月				单位成本下降（%）	成本率下降（%）
			测试数	收入（万元）	单位成本（万元）	成本率（%）	测试数	收入（万元）	单位成本（万元）	成本率（%）		
急诊	70341	血浆氨测定	944	37 760	19.93	49.8	2 283	91 320	15.39	38.5	23	11.4
门诊	72702 + 72703	尿 ACR	2 193	72 369	11.67	35.4	4 950	163 350	10.34	31.3	11	4.0
免疫	70454	甲胎蛋白测定	1 187	37 984	16.00	50.0	2 517	80 544	14.56	45.5	9	4.5

（3）单台设备的优化方案。医院原某台进口设备上开展的免疫类降钙素、维生素、甲状腺等项目，成本率高。经综合评估，选择引入国产设备及试剂进行替换。项目成本率下降幅度 -3% ~47% 不等；月成本节约合计 6.754 万元；模拟年化节约成本 81 万元（见表 20）。

表 20　低性价比项目替换举例

项目	月测试量	医院收费（万元）	某进口		某国产		月成本下降（万元）	成本率下降（%）
			医院成本（万元）	成本率（%）	医院成本（万元）	成本率（%）		
降钙素	2 820	50	33.0	65.9	21.5	43.0	32 283	22.9
维生素 D	635	100	49.3	49.3	39.0	39.0	6 515	10.3
甲状腺球蛋白	1 939	64	21.5	33.5	23.4	36.6	-3 753	-3.0
TRAB	1 802	32	30.1	94.0	15.0	47.0	27 133	47.0
CA724	1 729	55	26.4	47.9	23.7	43.0	4 677	4.9
NSE	1 601	64	25.3	39.6	25.0	39.0	568	0.6
疱疹病毒Ⅰ型	73	60	23.6	39.3	22.8	38.0	59	1.3
疱疹病毒Ⅱ型	73	60	23.6	39.3	22.8	38.0	58	1.3

（4）加强检测项目的数据跟踪，推进非测率的持续优化。加强检测项目的数据跟踪管理，分析原因，推进非测率的持续优化。

如图 13 所示，科室月度检验收入从 2020 年月均 1 287 万元，增长到 2021 年月均 1 645 万元，增长率 28%。成本率从 2020 年的 46% + 下降至

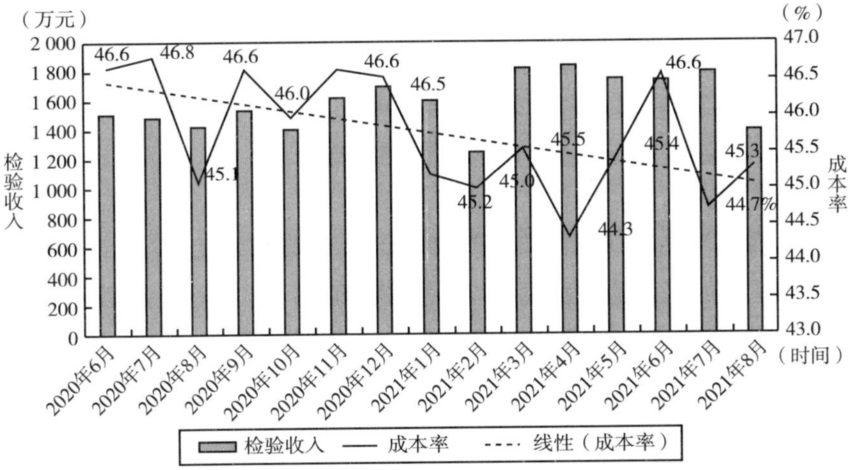

图 13　2020~2021 年检验收入及成本率统计分析

2021年的44%～45%。其中2021年6月成本率高，主要是由于ISO15189三年一次的复评审，集中购买了质控、定标液。

（七）数智化展望

为进一步方便科室及医院管理者及时了解运营数据、支持决策，包括按期调研结果显示的资产、效益、风险等信息，可以结合数仓搭建及BI端展示，支持管理者在PC端及移动端及时查看相关数据支持决策。

四、研究结论与未来展望

（一）研究结论

随着“十四五”医疗体制深化改革的推进，医保控费及检验收费下调将是未来几年持续的趋势。同时国务院也对推动公立医院高质量发展、建立现代医院管理制度提出了新的要求。医疗机构越来越关注运营成本的管理及优化。物联网和信息技术的发展，以及服务模式的升级，将会进一步助力医疗机构的降本增效。本文以A医院检验科为例，推进了后结算的方案设计及实施优化。结合企业及医疗机构调研，推进了分析优化框架的搭建及应用等工作。主要研究结论如下：

使用ABC分类方法，将检验科使用试剂及耗材设置定数，并据此规划试剂库位；按后结算方案推进医院采购及出入库流程管理的再造，并据此推进完成信息系统的升级。同时总结了项目实施前、实施中需要关注的事项，包括服务商的遴选要求、试剂采购目录管理、资质证照管理、唯一码管理及盘点等主要工作及注意事项。通过后结算的推进，该医疗机构的库存余额从420万元下降至56万元。其中定数管理品规采购金额占比达到94%。

在医疗机构对定数商品实施后结算的基础上，结合检验科冰箱及服务商院边库情况设置合理的补货机制。结合检验试剂备货需求（周备货、15189项目的季度批号管控等），上游厂商及供应商的响应情况（备货责任及送货时间）等，推进周采购订单系统自动触发人工审核。并总结期间的注意事项，进一步优化采购备货工作。降低服务商库存备货及仓储压力，提升服务商的持续服务能力。医院及服务商的总体库存水平，从原有模式下合计

892 万元的库存水平，逐步优化至合计 510 万元的库存水平，下降幅度达 42%。

通过医疗机构成本率管控需求的调研（检验科业务部门及财务管理部门回收调研问卷 32 份），推进完成科室成本组成及影响因素分析；通过将 HIS/LIS 及检验科物资系统中的相关数据进行总结，结合设备—项目—试剂（主、辅助、定标、质控）的对码及补充理论测试数，推进搭建科室—组室—设备—项目—试剂的分析模型。

在成本率分析模型基础上，结合变动成本或总成本分析等维度提出优化建议，推进理论测试数及非测率的分析及比对，推进试验管控优化。通过比对不同项目效益进行优化选择，推进制定成本率管控及优化方案。进一步借助信息化及数仓 BI，支持数据应用及运营管理提升。

（二）未来展望

受时间的限制，受现阶段可获取数据有限性的限制，本文未能就如下几点进一步展开研讨。但技术和行业均在快速发展，相信很快将得以进一步突破。

2021 年 9 月 17 日《国家药监局、国家卫生健康委、国家医保局关于做好第二批实施医疗器械唯一标识工作的公告》，在《国家药监局、国家卫生健康委、国家医保局关于深入推进试点做好第一批实施医疗器械唯一标识工作的公告》规定的 9 大类、69 个品种的基础上，将其余第 3 类医疗器械（含体外诊断试剂）纳入第 2 批实施唯一标识范围。支持和鼓励其他医疗器械品种实施唯一标识。2022 年 6 月 1 日起，生产的医疗器械应当具有医疗器械唯一标识。

在上述政策落地的基础上，供应链数据全程透明可追溯。结合算法的不断升级，根据医疗机构历史用量及因素变化情况，自动生成需求订单。订单传递给服务商，进一步自动传递给上游厂商，根据需求进行配送至科内冰箱。每一个患者测试报告所使用的试剂，也是全程可追溯。何时何地何家生产；何时经哪家服务商配送；何时在哪台机器由哪个检验医师完成的测试。都将更有利于整条供应链的高效管理及评价。

从检验总成本占比角度，人力成本占比第 2，也是应重点分析及优化的部分。但受限于人力工作时间，现阶段尚无足够颗粒度的数据积累或提取方案。本文未能推进标准工时的制定、比对及流程再造优化等工作，推进研讨及探索。

后续课题组将持续跟进相关政策及技术发展的变化，从而与业务人事共同探讨推进优化方案的升级，助力医疗机构高质量发展与降本增效工作。

参考文献

［1］关于深化医疗保障制度改革的意见．http：//www. gov. cn/zhengce/2020 – 03/05/content_5487407. htm.

［2］国家医疗保障局办公室关于印发区域点数法总额预算和按病种分值付费试点工作方案的通知．http：//www. gov. cn/zhengce/zhengceku/2020 – 11/05/content_5557627. htm.

［3］建立现代医院管理制度的指导意见．http：//www. gov. cn/zhengce/content/2017 – 07/25/content_5213256. htm.

［4］关于推动公立医院高质量发展的意见．http：//www. gov. cn/zhengce/content/2021 – 06/04/content_5615473. htm.

［5］刘性君，王景胜，高会广．基于二级库房系统对检验试剂和耗材的精细化管理［J］．医疗装备，2021（1）：71 – 72.

［6］朱甬倩，顾民，施识帆，衣鲁江，刘云，王忠民．公立医院体外诊断试剂绩效评价体系的设计与实现［J］．中国卫生信息管理，2017（5）：726 – 730.

［7］李琳，周伟，李爱东．成本核算与分析在公立医院体外诊断试剂管理中的应用［A］．北京：中国医药导报，2020，11（a）：170 – 173.

［8］刘欣卓，杨永林．检验类大型医疗设备成本效益分析［A］．南京：江苏科技信息，2019（9）：32 – 36.

课题负责人：周晶　国润医疗供应链服务（上海）有限公司财务总监，高级会计师

主要执笔人：李靓　上海市浦东新区公利医院财务负责人，高级会计师

王凌燕　国润医疗供应链服务（上海）有限公司财务部部长，高级会计师

杨闻妍　国润医疗供应链服务（上海）有限公司运营分析高级经理，会计师

课题组成员：李靓、王凌燕、杨闻妍、连霞、曹瑾

重大公共卫生事件下医院运营管理与财务对策研究

一、引言

近年来，全球突发公共卫生事件屡见不鲜。世界卫生组织（WHO）确定的国际关注的突发公共卫生事件（public health emergency of international concern，PHEIC）共6起，包括2009年的甲型H1N1流感、2014年的脊髓灰质炎疫情、2014年西非的埃博拉疫情、2015～2016年的“寨卡”疫情、2018年开始的刚果（金）埃博拉疫情以及2020年新型冠状病毒感染的肺炎（COVID－19）（以下简称新冠肺炎）。SARS之后，我国对公共卫生应急体系建设越来越重视。加大公共卫生服务支持力度，建立公共卫生服务经费保障机制成为医改重点任务。医院应急财务运营管理能力作为重要的管理抓手，在疫情应对中起到至关重要的作用（石钢，2018）。2020年新冠肺炎疫情是对我国公共卫生应急体系的一次考验。党和政府迅速反应，强有力地组织和动员全民“抗击疫情”，成效卓著。然而在抗击疫情当中，特别是在早期暴露出的医疗资源短缺、资源配置效率不高、应急医疗费用执行缺乏标准等问题，是当前突发事件应急财务管理中的短板。在当前医疗卫生改革的形势下，课题组以维护人民群众公共卫生安全为最终目标，开展重大公共卫生事件下医院运营管理的对策研究。总结新冠肺炎疫情应对经验，从医疗救治业务需求出发，将一线需求及时转化为预算需求。运用管理会计工具，采取有效应对措施，构建医院应急财务管理体系，为医院提升公共卫生应急应对能力提供助力。

（一）切实落实国家应急防控政策的要求

2020年初新冠肺炎疫情发生以来，各地陆续启动重大突发公共卫生事件一级响应机制，各级卫生服务机构全面投入应急救治。2020 年 1 月 25 日，中共中央政治局常务委员会召开会议，专门研究新冠肺炎疫情防控工作。习近平总书记主持会议并发表重要讲话，要求各级党委和政府必须把人民群众生命安全和身体健康放在第一位；1 月 27 日，习近平总书记作出重要指示，强调紧紧依靠人民群众坚决打赢疫情防控阻击战；4 月 7 日，上海召开公共卫生建设大会，出台《关于完善重大疫情防控体制机制健全公共卫生应急管理体系的若干意见》，提出到 2025 年，形成统一高效、响应迅速、科学精准、联防联控、多元参与的公共卫生应急管理体系，打造全球公共卫生最安全城市之一。疫情期间的医院运营管理工作责任艰巨。建立重大公共卫生事件下科学有效的应急运营管理体系，是落实国家应急防控政策，实现建设目标的要求。

（二）应急运营管理能力建设是疫情防控的重要保障力量

在各级医疗卫生服务机构抗击新冠肺炎的战斗中，需要通过有效的财务管理对策，建立医院应急财务管理体系，科学测算疫情防控经费需求，确保疫情防治经费到位，切实提高疫情防控阻击战物资保障水平。应急状态下资金流、物流、信息流的顺畅高效衔接方方面面都离不开财务管理。以业财融合的角度，通过管理会计工具的应用，建设应急财务管理体系，将一线应急救治业务需求与运营管理措施相融合（方蕾，2019），形成合力。能够科学合理有效配置应急资源，提升资金使用效率，助力应急救治，同时提升医院应急防控应对能力和管控效率。

（三）业财融合视角下运营管理能力建设是医院可持续发展的必要条件

疫情期间作为医院的财务管理部门，应深入临床及业务部门，运用《管理会计基本指引》中要求的“管理会计应嵌入单位相关领域、层次、环节，以业务流程为基础，利用管理会计工具方法，将财务和业务等有机融合”，全方位掌握重大突发公共卫生事件背景下医疗机构的运行情况，将业务需求转化为预算需求。通过资源配置，有效发挥资金使用效率，提升医疗服务机构运行效率。保障疫情防控需求的同时，也为恢复医院正常运行做好准备。

不仅是医院持续发展的要求，也是建立现代医院管理制度的要求。

（四）防范公立医院内控风险，促进反腐倡廉的要求

重大公共卫生事件的突发，要求医疗机构迅速响应，防控疫情。应急防控工作中，往往需要紧急采购医疗设备、医疗物资、应急药品等。在紧急状况下，无法充分开展需求调研、采购论证等前期工作，医院正常的采购招投标、比价流程被简化甚至省略，极易产生利益输送或者其他腐败行为。加强对重大突发公共卫生事件下医院财务管理的对策研究，保证效率的同时兼顾公平公正，才能最大限度满足人民群众的医疗健康需要。科学的应急财务管理体系是医院廉洁风险防控的有效手段，不仅进一步规范医院内部控制，对反腐倡廉工作也具有积极促进作用。

二、国内外研究现状

近年来，多起重大公共卫生事件在全球范围内发生，破坏性强、波及范围广，给全世界人民生命安全及财产安全构成巨大的威胁。美国和英国的应急管理体系都是“制度先行”，有较为完备的应急管理制度作为保障，包括应急资金筹措渠道管理、应急物资采购与储备，确保各部门职责管理权限清晰明确。各国在应急医疗救治、应急医疗管理模式等方面做了大量工作，基本形成一套文件规范。但在医院应急运营管理及财务管控举措方面尚缺乏规范及可借鉴经验；在应急运营管理，借助信息化手段提高应急财务管理效率等方面没有成熟的理论体系和保障机制供参考。

（一）国外重大公共卫生事件下运营管理财务对策的研究

美国公共卫生应急反应机制在法律基础和流程设计方面始终走在前沿。1994 年，美国政府通过关于防范传染病的联邦法律《美国检疫法》。“9・11”事件后美国政府陆续出台《国土安全法》《美国防备生物恐怖及突发性公共卫生事件法案》《大流行与全灾害应变法案》等法律文件，为重大公共卫生事件的处理提供法律基础（赵霖等，2007）。由此，美国形成了一个“法律完善、重视预防、集中应对”的危机管理机制。潘墨涛（2009）指出，应急

资金来源的多渠道是美国应急资金管理的重要特点。“9·11”事件之后，美国利用各种渠道加大对应急资金的投入（潘墨涛，2009）。美国针对重大突发公共卫生事件应急资金分为三大类。一是年度联邦政府财政预算拨款。从每年的国家财政预算中拨付。除按日常比例拨付外，根据灾害严重等级拨付比例浮动变化。美国预算法案对此不设上限。二是商业健康保险补偿。美国是世界上商业健康保险最发达的国家。商业健康保险的参保人数达到1.95亿，覆盖了总人口的64%，在美国的医疗保障体系中发挥着至关重要的作用。三是社会捐赠资金。主要由各种非政府组织的基金会募集和管理，这是一个很重要的渠道。基金会平日接受捐款，危机时投入救灾和重建（丁钰，2013）。目前每年的捐款已达到美国GDP的2.17%，可集中很大一笔资金，成为应急救灾的重要资金来源。

英国政府从20世纪80年代开始，陆续推进危机预防能力的法制建设，包括《国内紧急状态法》《2005年国内紧急状态执行规章草案》《2006年反恐法案》及《中央政府应对紧急状态安排——操作框架》等法律法规。明确政府各部门权责和处理程序，确保及时高效地应对紧急事件（石长华等，2011）。英国卫生经费的来源主要有三种途径：一是国家税收，占82%；二是各种商业保险，占12%；三是其他收入，约占6%。由财政部拨款给卫生部；卫生部再下拨给各地区卫生管理部门；再由各地区卫生管理部门分别将款项拨给医院和家庭医生（麻若鹏，2010）。

虽然发达国家的应急财务管理及应急反应体制较为完善和成熟，但是目前也存在诸多问题。比如地方不同程度地公共医疗基础设施老旧、应对能力薄弱；中央政府与地方政府间应急经费协作互动机制仍有很大提升空间等。

（二）国内重大公共卫生事件下运营管理财务对策的研究

目前，我国针对重大公共卫生事件建立相关的法律法规，初步形成疫情防控法律法规体系。在经历SARS危机后，国家加大了对公共卫生体系建设的投入，不断健全完善应急管理体系，各级疾病预防控制体系取得了前所未有的发展。但是在应对突发公共卫生事件时，仍然存在一些问题（汪娟等，2019）。

（1）国家对公共卫生事业的长期整体投入不足。我国实行的是分级财政体制，地方的医疗卫生经费列入地方预算。由于地区间经济发展水平存在很大差距（丁守海等，2019），不少落后地区缺乏发展医疗卫生事业的基本能力。清华大学危机管理研究中心危机应急课题组提出，由于经费不足，缺乏应对重大突发公共卫生事件的专业队伍和先进设备，专业实验室建设落后，导致对传染病疫情的早期诊断和处理不及时（清华大学危机管理研究中心sars危机应急课题组，2003）。

（2）筹资渠道单一，缺乏有效的风险分摊机制。在历次应急处理中，过度依赖中央财政资金，在政府与社会之间缺乏有效的风险分摊机制（武玲玲等，2015）。目前我国民间捐助渠道有限，仅限于民政部门、红十字会、中华慈善总会等。在社会捐助基金管理、使用等方面的法规还有待进一步完善。

（3）缺乏有效的应急经济体制，应急规范化管理程度不高。面对各种突发公共卫生事件，我们习惯举全国之力应对。在大规模的投入下，也暴露出了应急运行体制上存在着缺乏事前充分论证、体制不畅、无系统和科学的研究论证，无明确保障标准、监督评价不力等问题。比如说，地区间经费保障分配不合理；重建设，轻维护和运转；财政资金滞后、挪用、挤占、蒸发等现象严重（王伟平等，2017）；缺乏对财政补偿资金的监督及评价机制等。

三、问卷调查的分析与发现

课题组根据此次新冠肺炎医院运营管理中出现的问题，设计了《重大公共卫生事件下医院运营管理和财务对策调查研究调查问卷（以新冠肺炎为例）》。问卷中包括医院基本信息、新冠肺炎对于医院运营影响、应急预算管理、捐赠管理及绩效管理等相关内容，共涉及33个问题，为分析本次新冠肺炎期间医院运营管理情况提供了参考。

（一）问卷调查主要内容

本次重大公共卫生事件下，医院运营管理和财务对策研究调研问卷的调查内容主要包括：（1）医院基本情况；（2）医院运营管理重点调查；（3）应急救治资金来源调查；（4）应急预案管理情况；（5）新冠肺炎疫情期间的收费及物价管理；（6）捐赠管理问题；（7）补贴及疫情期间工资绩效情况。

（二）问卷调查范围

本次问卷调查采用问卷星的形式进行，在全国范围开展调研。收回有效问卷163份，填写调查问卷的医院（以下简称样本医院）分布在全国27个省份的60个城市。其中三级甲等医院占比近80%。与参与新冠肺炎应急任务的医院结构相似，样本具有代表性。

（三）问卷调研情况

1. 医院基本情况调查

从样本医院的基本信息来看，以三级甲等医院为主（占比79.14%）；床位数在1 000张以上的医院达106家，占比88.11%；2019年度医疗收入超10亿元的医院数量过半。这表明样本医院主体部分是大型医院，综合救治能力强。

样本医院大多都参与了此次新冠肺炎救治医疗服务（见图1）。主要医疗服务类型有开设发热门诊、核酸自愿检测、医疗援助任务及确诊患者收治等工作，且大多承担两项以上的应急医疗服务，是参与重大公共卫生事件医疗救治力量的主力军。在其深度参与重大公共卫生事件医疗救治过程中，医院运营管理和财务方面遇到的问题有很强的代表性。

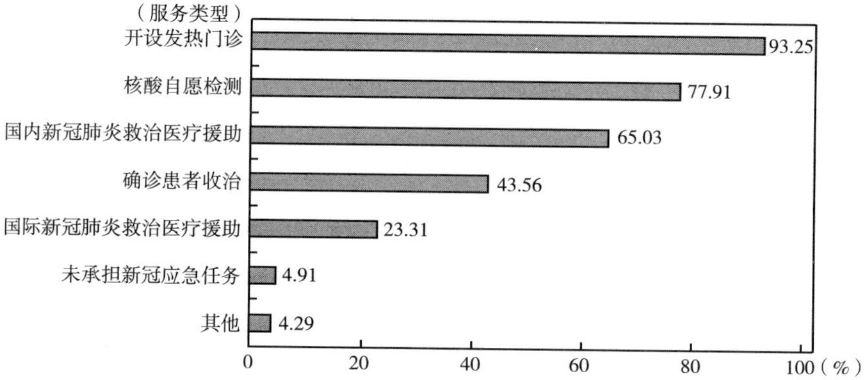

图1　样本医院提供新冠肺炎救治医疗服务类型

2. 医院运营管理重点调查

为调查研究在重大公共卫生事件下，医院应急运营管理关注的重点所在，通过样本医院对不同选项按重要程度打分的方法，取平均分得到样本医院财务管理者关注的重点管控领域（见图2）（注：6分制，数值越大代表越重要）。

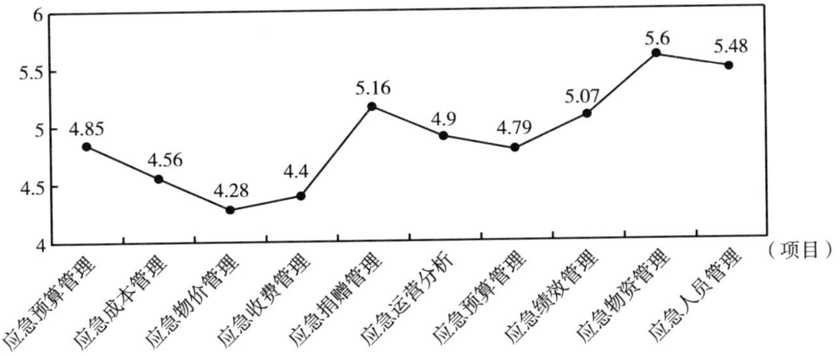

图2　样本医院应急运营管理重点

从图2可以看出，应急物资管理、应急人员管理和应急捐赠管理是医院管理者最为关注的三个问题。就财务运营职责范畴来看，应急捐赠管理、应急运营分析、应急绩效管理、应急预算管理、应急成本管理也是关注点。此次新冠肺炎疫情来势凶猛，因其传染性强，特殊人群重症率高，再叠加大规模人口流动因素，对现有医疗体系造成了不小的冲击。现有医疗体系在疫情初期，无法提供救治、防控所需的防护物资，故应急物资管理在重大公共卫生事件中显得格外重要。除了物资不足，应急人员管理也是运营管理的重点之一。一线参与救治的医生护士面临高强度的工作，存在缺乏休息和防护不足问题。对他们进行合理安排，管好用好医疗人员，是医院运营的重点之一。另外，本次疫情期间，医疗机构收到各界大量的捐赠物资。应急捐赠管理涉及物资的接收、领用、核算、内控等方方面面，需要妥善处理大量捐赠物资，使其物尽其用。

新冠肺炎疫情对医院运营的影响情况，现阶段主要表现在门诊/住院/体检业务量下降导致的收入下降。与此同时，防护耗材和医疗设备成本的上升，对医院的财务状况带来压力。此外，从中长期来看，作为定点救治、发热门诊开设医院，患者的就医心理和选择也会对于医院运营产生影响。相对而言，科研费用增加和对外技术服务、临床试验等收入下降的重要程度不高。说明样本中的一些医院科研和其他应税收入占比不高。

3. 应急救治资金来源

目前我国尚无常态化、制度化应急救治资金分摊机制，筹资渠道单一，过分依赖财政资金。此次新冠肺炎救治资金来源渠道如图 3 所示。

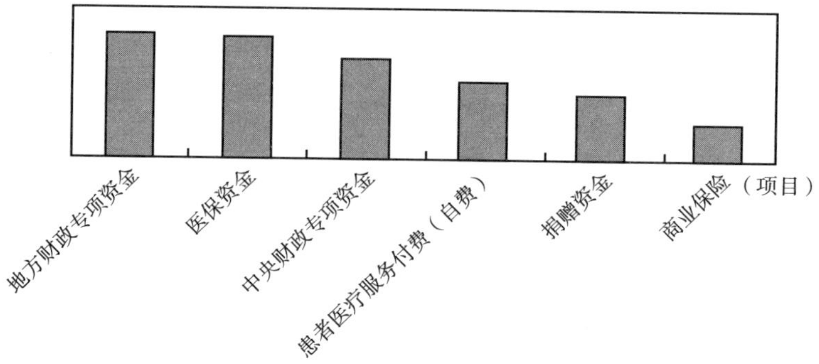

图 3　新冠肺炎救治资金来源

从问卷调查的结果看，新冠肺炎救治资金按金额大小排序依次为：地方财政专项资金、医保资金、中央财政专项资金、患者医疗服务收费（自费部分）、捐赠和商业保险。地方财政和医保资金占比较高。主要是因为根据财政部、国家卫健委下发的文件，要求确诊患者发生的医疗费用，遵循先医保、大病保险资金支付后，个人负担部分财政补助。资金由地方财政先行支付，中央财政按实际发生费用的 60% 结算。医务人员和防疫工作者的临时工作补助，也由地方财政先行垫付。故地方财政在新冠肺炎救治资金来源中占绝大部分；医保资金其次。在新冠肺炎疫情救治资金中，商业保险占比很小。表明我国居民购买商业保险方面仍较少，未来商保资金在应急资金来源中应占据更加重要的地位。

4. 应急预算管理情况

虽然此次重大公共卫生事件事发突然，但有 132 家医院已设立了新冠肺炎应急运营管理组织架构，占比超过 80. 98% 。单独设置应急运营管理组织架构能够更好地统筹协调院内资源，有利于提高应急运营效率。

从预算管理方面看，接近半数（44. 38%）医疗机构的预算管理模式为，按照应急要求，紧急申报预算，快速审核预拨，事后审计清算；另有 22. 5% 的医院无须申报预算，财政直接预拨，事后清算。上述两种模式都大大加快了资金流动速度，为尽快将资金用于应急运营提供了有利条件。但也带来了资金使用用途不当的风险。仅有约 10% 的医院需按全面预算管理模式，经过预算申报，论证及批复流程。

财政拨付的新冠肺炎应急资金项目主要为应急人员工作补贴、防控专用经费及新冠肺炎患者医疗费用（见图4）。防控专项经费主要支出范围为防护物资购置、医疗设备购置、核酸检测试剂、其他不可收费卫生材料等项目，占比均超过60%。这些支出项目都与新冠肺炎救治密切相关，是应急救治资金的主要用途。

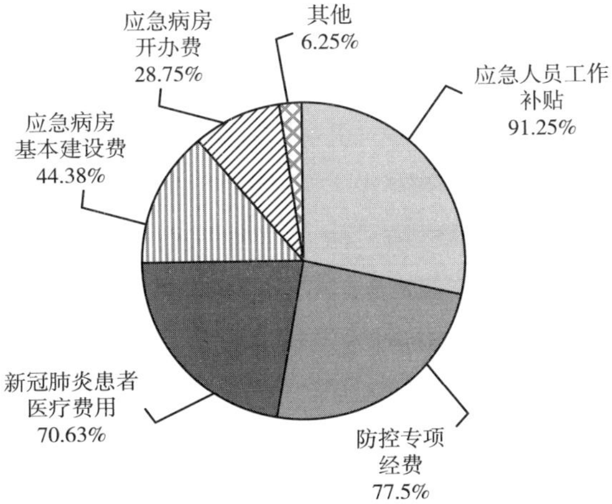

图4　新冠肺炎应急资金项目比例

关于新冠肺炎专项资金预算管理中存在的问题（见表1），从问卷调查的结果来看，样本医院大多认同预算管理中存在最严重的问题是疫情防护物资采购供货不足，医疗救治设备采购不及时，无法满足临床需求；另外应急物资采购时，采购部门无相关价格参考依据，也是普遍存在的问题。此外，诸如“医疗救治设备采购不及时，无法满足临床需求”“人员应急补贴发放不及时，未充分发挥激励作用”等问题，样本医院对问题严重程度的选择比较分散。说明这些问题个别存在。样本医院预算管理中存在的问题也反映出完整的应急预算编制、执行、分析、调整的重要性（问题严重程度判断中，1代表最不严重，6代表最严重）。

表1　预算管理中存在的问题　单位:%

存在的问题	1	2	3	4	5	6
预算编制不及时、不科学，缺乏论证，不能满足临床实际需求	15.9	15.9	16.6	15.3	19.6	16.6
预算资金到位不及时，影响临床救治	27	14.7	19.6	12.9	12.3	13.5

续表

存在的问题	1	2	3	4	5	6
资金审批授权不科学，审批流程长，环节多，审批缓慢	22.1	13.5	25.2	12.3	12.9	13.5
疫情防护物资采购供货不足，无法满足临床需求	10.4	11.7	8	17.2	17.8	35
医疗救治设备采购不及时，无法满足临床需求	14.7	11.7	17.8	16	20.3	19.6
病区设备设施维修改造不及时，无法满足临床需求	19	13.5	18.4	17.8	18.4	12.9
人员应急补贴发放不及时，未充分发挥激励作用	19	12.9	21.5	17.8	12.9	16
资金缺乏充分论证，资源配置不科学，存在资金浪费现象	22.1	12.9	17.8	19.6	19.6	8
应急预算缺乏信息化系统，未实现信息化预算管控及资金审批，效率低下	17.2	14.1	16	19	20.9	12.9
应急资金管理未履行集体决策，存在内控风险	26.4	19	15.3	18.4	11.7	9.2
应急物资采购走绿色通道，但采购部门没有相关价格参考依据	17.2	11	15.3	19.6	20.9	16

5. 新冠肺炎疫情期间的收费及物价管理

在新冠肺炎患者救治医疗费用收取管理方面，大部分医院并未将其作为十分严重的运营管理问题。样本医院对其严重程度的加权打分为2.92分（最高分6分）。最突出的问题是费用收取制度不健全，日常操作流程不适用。因为新发及再发传染病的危险性，常规医院，甚至传染病医院，并无针对甲类传染病的专门收费流程。在此次疫情中，新冠肺炎疫情持续时间长，成本高，又涉及境外人士治疗。收费问题逐步引起医院运营管理的重视，有必要建立健全传染性疾病的医疗费用收取流程。

调查显示，有66.88%的医院新冠肺炎救治中，医疗服务收费标准是按照普通患者收费标准执行；仅有33.12%的受访医院制定了甲类传染病特定收费标准并执行。这意味着按照常规患者的收费标准，势必无法弥补救治新冠肺炎患者的高额成本，会对医院造成巨大的资金压力。

在物价管理中，由于缺乏单独制定的传染病物价标准，样本医院普遍认为最主要的问题在于防护、救治及负压病房维护成本（若有）过高，无对应收费项目予以弥补或不足弥补。认为缺乏合适物价标准的问题严重，占比超过6成。

6. 捐赠管理问题

疫情期间，医疗机构收到了来自社会各界的捐赠物资，一定程度上缓解了物资缺乏情况。但也带来了与需求脱节、管理成本高等问题。从分管部门来看，捐赠管理由院办牵头负责的医院占最大比例；其次是财务部门和设备部门，设立了独立捐赠管理办公室的医院仅占11.04%。这种比例不甚合理。捐赠管理涉及环节多、物资杂，需要专业化的管理。而院办、财务及设备部门并无此种专业能力。从受捐物资来看，主要为防护物资（92.02%）、食品及原料（78.53%）、现金（64.42%）、医疗设备（58.9%）、其他卫生耗材（55.21%）等。可见捐赠物资数量多，种类杂，给捐赠管理提出了挑战。捐赠物资的分配主要是由院务会集体决策和按照制度授权决策两种方式构成。有利于发挥捐赠物资分配的科学性、合理性，也能有效避免内控风险（见图5）。

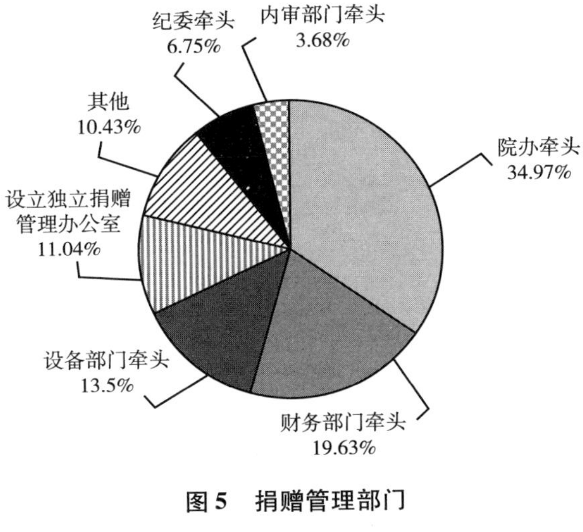

图5　捐赠管理部门

从调研情况来看，新冠肺炎救治捐赠管理中存在的问题，按照严重程度依次为捐赠物资资质、质量不明、捐赠物资与受捐方需求不匹配、捐赠物资价值确认缺乏依据、捐赠缺乏事前评估等。最受关注的是捐赠物资资质、质量不明。因大量物资是防护物资，难以确定防护有效性给其使用带来的隐患。在实务中，部分医院要求捐赠者提供认证证书等佐证资料。捐赠物资的价值难以准确确认也带来诸多问题。例如如何入账，开具的捐赠票据金额过高引发税务风险。在重大公共卫生事件发生时，需要建立捐赠机制，使社会各界捐赠的物资高效地接收、使用。

7. 补贴及疫情期间工资绩效情况

新冠肺炎疫情发生以来，党中央、国务院高度重视对医务人员的保护、关心和爱护。两部门发布通知，要求给一线医护人员每天补助 300 元。调查显示，有 73.62% 的单位向一线医务人员发放慰问费。未发放的原因主要是不符合一线人员标准或未承担应急任务。补贴的发放范围主要为发热门诊及应急病区医护人员、进入发热门诊和应急病区的其他工作人员。基本符合两部委划分的一线人员标准。同时，有 5 家医院向行政管理人员发放了补贴，仅有 12.88% 的医院表示人均职工工资总额上升。在新冠肺炎疫情期间，超过半数的医院绩效政策倾向于一线救治人员，对参与应急工作的医护人员给予超财政标准的额外补贴奖励；有 36 家医院制定了新的绩效方案，考核发放。人均月度绩效奖金也下降明显，超过 8 成的医院绩效奖金出现不同幅度的下降；持平的占比 11.04%。下降 20% 以内的占比 19.02%；下降 20% ~ 30% 的占比 19.02%；下降 30% ~50% 的占比 22.09%；下降 50% 以上的占比 18.4%。医疗机构此次绩效奖金下调，恢复时间与疫情结束密切相关。在重大公共卫生事件下，医疗机构如何制定切实可行的绩效考核政策，是调动医务人员积极性、留住人才的重要考虑因素。

（四）问卷调查的主要发现

通过对 27 个省份 163 家医院的问卷调查及 10 家典型医院的案例调研，课题组对于此次新冠肺炎疫情期间的医院运营管理有了大体的认识。主要结论如下：

（1）目前我国尚无常态化、制度化应急救治资金分摊机制，筹资渠道单一。公共卫生应急状况下救治资金绝大部分依赖财政资金，商业保险和捐赠资金占比极低。多渠道公共卫生经费保障体系有待完善。

（2）未建立完善的应急预算管理模式。有 44.38% 的医疗机构紧急申报预算，快速审核预拨，事后审计清算。应急资源配置缺乏标准。预算执行过程中，防控物资、医疗设备不能及时到位、应急物资采购绿色通道执行缺乏标准存在内控风险。应急预算管理体系亟待完善。

（3）尚未建议公共卫生应急（甲类传染病）物价收费管理体系，应急医疗服务项目亏损严重。建立健全与公共卫生应急医疗服务成本相适应的物价收费体系是保障医疗机构应急救治服务可持续发展的保障。超过 60% 的医疗机构认为现行收费无法弥补成本。应急患者医疗费用主要由医保和财政共同承担，但缺乏完善的结算体系。目前医疗费用仍未清算，为医院运营及后续发展带来压力。

（4）应急捐赠管理、应急运营分析、应急绩效管理、应急预算管理、应急成本管理是医院管理者关注重点。突发公共卫生情况下，医疗机构捐赠项目大幅度增加。无论在捐赠物资管理还是账务核算上，都缺乏系统的规范和指导。应急捐赠物资配置效率有待提高。

（5）除国家补贴外，绝大部分医务人员的绩效奖金出现较大幅度的下滑。大部分医院尚未建立应急状态下的绩效管理方案，绩效措施各家医院做法不一。在应急期间的绩效考核方案是医院运营管理的重点研究方向。

四、案例调研分析

在新冠肺炎疫情下，课题组选取国内 10 家样本医院进行案例调研。其中新冠肺炎定点医院 5 家（武汉、无锡、深圳各 1 家，上海 2 家）；非定点医院 5 家（均为上海市医院）。主要从医院基本情况、专项资金管理、医疗费用管理、捐赠经费管理、运营影响分析管理和应急绩效管理 6 个方面入手。通过分析汇总多家医院的样本数据，分析在应急期间医院运营中存在的普遍情况和困难，为建立重大公共卫生事件下医院应急财务管理体系提出有效的财务应对建议及策略。

（一）医院基本情况调查

参与问卷的样本医院共计 10 家，其中三甲医院 9 家，三乙医院 1 家；武汉市医院 1 家，无锡市医院 1 家，深圳市医院 1 家，上海市医院 7 家；新冠肺炎救治定点医院 5 家（其中专科医院 4 家），非新冠肺炎救治定点医院 5 家（其中专科医院 2 家）；开放床位数 1 000 张以下的 4 家，1 000 张以上的 6 家；新冠肺炎应急床位数占开放床位数比例 10% 以下的 6 家，40% ~70% 的 1 家，大于 70% 的 3 家。新冠应急床位数占比 40% 以上的均为新冠肺炎定点医院。样本医院具代表性，能够反映医院应急财务管理实际情况。

如图 6 所示，新冠肺炎医疗服务项目中，10 家样本医院，100% 开展发热门诊业务；50% 开展确诊患者收治业务（均为定点医院）；50% 开展核酸自愿检测业务（3 家定点医院，2 家非定点医院）；40% 开展国内新冠肺炎疫情援助（均为非新冠肺炎定点医院）；国际新冠肺炎疫情援助为 10%。

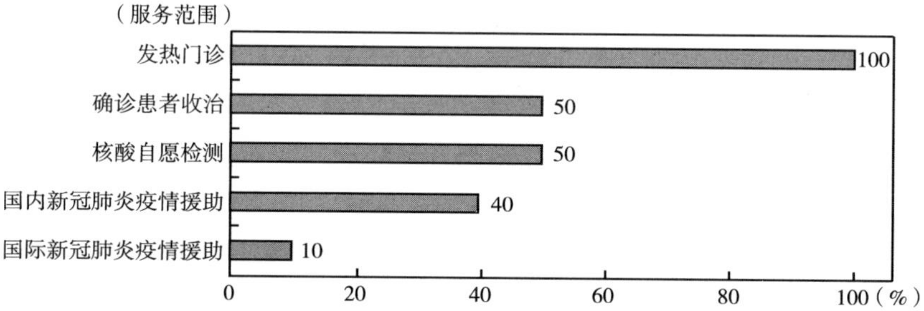

图 6　样本医院新冠肺炎医疗服务范围

（二）新冠肺炎专项资金管理情况

1. 新冠肺炎财政专项拨款收入情况

样本医院财政专项拨款收入来自中央财政和地方财政，其中地方财政专项收入占拨款总额的 65. 21%。5 家定点医院，地方财政收入占比为 65. 83%；非定点医院的地方财政收入占比为 54. 61%。地方财政投入比例均高于中央财政投入水平。

根据表 2 显示，新冠肺炎疫情防控经费最主要的资金来源还是中央与地方财政。其中中央财政拨款主要用于样本医院应急人员临时性工作补贴（80. 72%）；各级地方政府财政拨款主要用于应急病房基本建设（100%）、应急病房开办费（100%）、应急防控专项支出（53. 40%）。新冠肺炎财政补助项目中，应急防控专项支出占应急总补助收入的 54. 79%，占比过半。该项目具体明细包括应急材料费、患者医疗费、维修费、物业管理费等；其次是应急病房基本建设（27.68%），应急人员临时性工作补贴（11.62%）和应急病房开办费（5.90%）。

表2　　中央和地方财政补助情况　　单位：万元

新冠财政补助项目	中央财政收入	地方财政收入	地方财政占比（%）	占应急总收入比重（%）
应急病房基本建设（含发热门诊）	0	30 537.40	100	27.68
应急病房开办费（含发热门诊）	0	6 507.33	100	5.90
应急人员临时性工作补贴	10 209.53	2 612.58	20.38	11.62
应急防控专项支出	28 164.09	32 272.74	53.40	54.79
合计	38 379.62	71 930.05	65.21	100

2. 新冠肺炎专项资金收入来源

根据表3显示，4家样本医院发生应急病房基本建设支出（定点医院3家）；2家样本医院发生应急开办费支出。财政承担比例均为100%。

表3　　新冠肺炎专项资金投入财政承担比例　　单位:%

类型	样本医院	应急病房基本建设	应急病房开办费	应急人员临时性工作补贴	应急防控专项收入	国际国内援助收入
定点医院	武汉市某定点医院	—	—	44.44	54.98	—
	无锡市某定点医院	100	—	0	85.26	—
	深圳市某定点医院	100	—	55.68	85	—
	上海市某定点医院A	100	100	64.23	68.79	84.88
	上海市某定点医院B	—	—	83.73	75.95	—
非定点医院	上海市某综合性医院A	—	—	100	—	—
	上海市某综合性医院B	—	—	78.80	—	—
	上海市某综合性医院C	100	100	100	—	—
	上海市某专科医院	—	—	100	100	—
	上海市某中医医院	—	—	90	10	100

2 家样本医院应急人员临时性工作补贴，财政承担比例低于 50%；8 家样本医院超过 50%。其中财政全承担的有 3 家样本医院。7 家上海市医院工作补贴财政承担率均高于 60%，说明上海财政补偿率较高。

7 家样本医院有应急防控专项支出。其中 6 家样本医院应急防控专项中，财政补助承担部分均超过 50%（定点医院 5 家）；剩余资金大多由捐赠资金承担，小部分单位自筹经费承担。应急防控专项资金支出主要用于防护物资、检测试剂、医疗设备及信息化等方面。

2 家开展国际国内援助，财政补助承担超过 80%。样本医院新冠肺炎救治期间资金筹集渠道过于单一，财政补助资金为最主要来源。尤其是应急病房基本建设和开办费均为财政全额承担。

（三）新冠肺炎患者医疗费用收取管理情况

1. 医疗费用收取方式多样化，全面普及移动支付

如图 7 所示，样本医院费用收取方式多样化。100% 的样本医院可以通过支付宝、微信方式收取患者医疗费；超过 70% 的样本医院可以通过病区自助扫码、移动 POS 机、人民币银行汇款、现金（含外币）等收取医疗款；30% 的样本医院可以通过 App 小程序线上自助机的方式收取医疗费；而外币银行汇款方式和其他汇款方式（公众号付款）均为 10%。疫情影响下，“无接触”成为新的需求。医院需要加快全面普及移动支付方式，提高医疗费收取的安全性及效率。

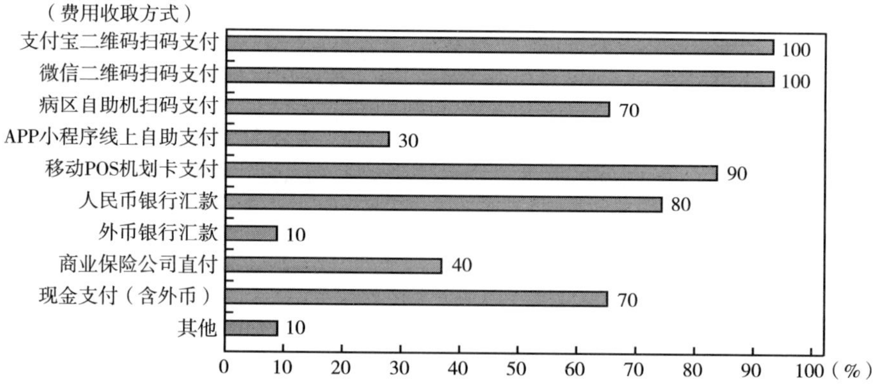

图 7　样本医院医疗费用收取方式

2. 患者费用情况

50%的样本医院存在患者医疗费用待结算的情况，均未签订《缴费告知书》。截至 2020 年 4 月底，医疗费用待结算患者 16 463 人次，待结算金额 6 988.67 万元。其中武汉某定点医院待结算患者 15 961 人次（占比 96.95%），待结算金额 5 612.71 万元（占比 80.31%）；无锡某定点医院，门诊待结算费用 1.42 万元，出院患者医疗费用均待结算，待结算费用根据政策均应由财政和医保承担。深圳市某定点医院待结算患者 416 人次，待结算金额 1 373.30 万元（占比 19.65%），均为异地医保结算患者。可见新冠肺炎患者医疗费用医保及财政清算工作尚未启动，应急状态下医疗费用的结算模式有待明确。

3. 新冠肺炎确诊患者住院医疗费主要来自医保及财政

如图 8 所示，10 家样本医院中，新冠肺炎确诊患者住院医疗费总额合计 27 453.72 万元。其中医保承担 20 406.22 万元（其中深圳市某定点医院采取全部由医保局先垫付后结算模式），占比 74.33%；财政补助经费承担 6 838.66 万元，占比 24.91%；患者自费金额和商业保险金额总占比 0.76%，不足 1%。

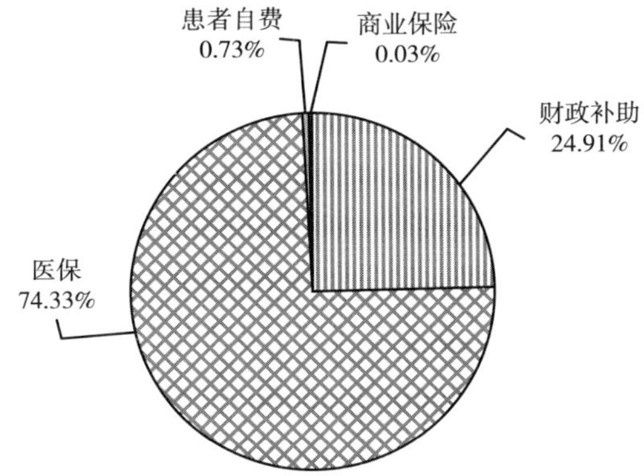

图 8　新冠肺炎确诊患者住院医疗费

（四）捐赠经费管理情况

1. 捐赠种类繁杂，与医院实际需求匹配度不明显

如图 9 所示，10 家样本医院捐赠经费总额为 52 892.96 万元。其中武汉市定点医院捐赠收入占比 52.34%。非现金捐赠收入部分暂未入账，待专业资产评估公司评估后做账务处理；其他 9 家样本医院捐赠经费合计 25 210. 89万元。其中现金捐赠收入占比 36. 47%，非现金捐赠收入占比 63. 53%。6 家样本医院非现金捐赠收入占捐赠收入比率均超过 60%。

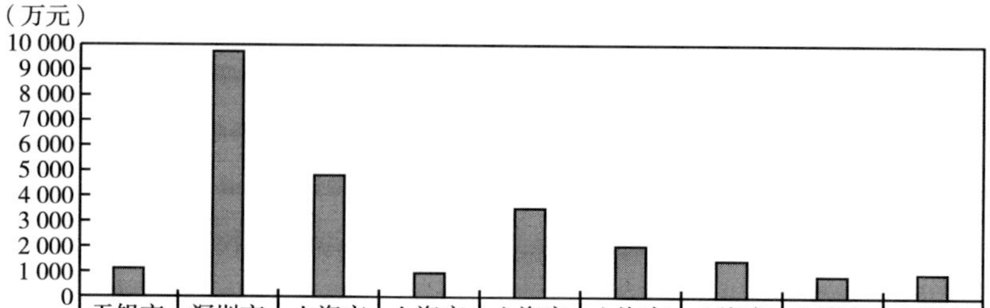

	无锡市某定点医院	深圳市某定点医院	上海市某定点医院A	上海市某定点医院B	上海市某综合性医院A	上海市某综合性医院B	上海市某综合性医院C	上海市某专科医院	上海市某中医医院
■非现金捐赠	720.65	5 868.33	4 595.95	719.64	727.02	251	1 440	793.79	900
■现金捐赠	361.67	3 776.75	201.18	225	2 831.35	1 784.97	10	0	3.60

图 9　捐赠收入分类

非现金捐赠收入包括防护物资、检测试剂、医疗设备、空气净化器及消毒设备、信息软件、食品及日用品和其他捐赠物资。根据 8 家样本医院反馈，非现金捐赠收入明细分类中，食品、日用品和其他捐赠物资收入合计 5 598. 64 万元，占非现金捐赠收入比例为 38. 41%。其中深圳市某定点医院占比最高，达 54. 91%；上海市某中医医院占比最低，仅 34. 96%。

疫情期间捐赠物资无法与医院真正需求匹配，针对性不强。关键防护物资和医疗设备严重短缺，无法解决燃眉之急。食品、生活用品等捐赠物资存在质量无法甄别和临近质保等问题，大量物资集中捐赠，手续不齐备，给收发工作带来巨大压力。样本单位建议大量接收捐赠物资时，可以委托公益性社会团体分支（代表）机构进行捐赠物资统一的收发工作。

2. 捐赠收入开票及入账金额确认有难度

如图 10 所示，样本医院捐赠经费入账方式，绝大多按照近期发票金额立项，占比 91. 48%；按市场价立项占比 4. 10%；签订捐赠协议项目占比 3. 35%；按照销售合同金额立项占比 1. 02%；其他方式占比 0. 05%。

按照捐赠开票类型分类，未开具票据项目占比 89. 89%；开具捐赠票据项目占比 9. 29%；开具往来票据项目占比 0. 82%。

新冠肺炎疫情影响下，捐赠资金和捐赠物资大批注入医院。但是在非现

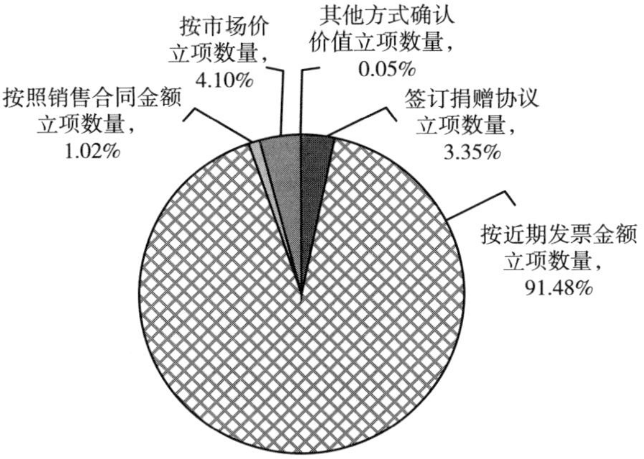

图 10　捐赠收入入账金额确认方法

金捐赠金额确认方式、捐赠协议签订与否及捐赠票据开具及时这几个方面存在困难。医院应根据《卫生计生单位接受公益事业捐赠管理办法》要求，规范捐赠和受赠行为，保护捐赠人和受赠人的合法权益。但应急状态下，实际执行存在偏差，管理上存在缺陷。

（五）运营影响分析管理情况

1. 业务量数据同比降低

10 家样本医院门急诊人次同比平均降低 41. 20%（定点医院同比平均降低 44. 52%）；出院人次同比平均降低 39. 01%（定点医院同比平均降低 44. 82%）；医疗收入同比平均降低 32. 39%（定点医院同比平均降低 37. 39%）。门急诊人次、出院人次及医疗收入同比降低最严重的都是武汉市某定点医院，平均降幅超 60%。根据图 11 显示，10 家样本医院医疗运营指标全部下降，原有按照业务量测算的绩效考核方案在应急期间无法使用。

10 家样本医院门诊均次同比平均增长 16. 64%（定点医院平均增长 9. 82%）。其中有 9 家样本医院门诊均次有所增加，上海市某中医医院涨幅最大，同比增长 33. 37%；无锡市某中医医院同比降低 6. 26%。全国各地根据国家卫生健康委办公厅、国家中医药管理局办公室发布的《关于做好应对 2020 年春节假期后就诊高峰工作的通知》，出台了适当延长门诊慢性病患者处方用量的通知，门诊均次及门诊药占比基本都有所增加。

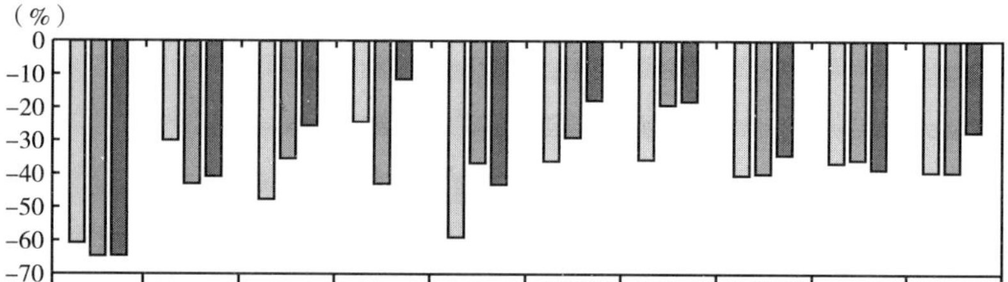

	武汉市某定点医院	无锡市某定点医院	深圳市某定点医院	上海市某定点医院A	上海市某定点医院B	上海市某综合性医院A	上海市某综合性医院B	上海市某综合性医院C	上海市某专科医院	上海市某中医医院
□门急诊人次（%）	-60.94	-30.18	-47.92	-24.39	-59.17	-36.68	-35.42	-40.71	-37.16	-39.43
■出院人次（%）	-64.78	-43.18	-35.42	-43.39	-37.30	-29.52	-20.04	-40.57	-36.06	-39.83
■医疗收入（%）	-64.57	-41.08	-26.01	-11.92	-43.36	-17.75	-18.14	-34.72	-38.95	-27.44

图 11　业务量同比变化

10 家样本医院出院均次同比平均增长 10.58%（定点医院平均增长 18.76%）。其中 7 家样本医院出院均次有所增加，上海市某定点医院 A 涨幅最大，同比增长 51.25%；上海市某专科医院跌幅最大，同比降低 8.42%。

2. 医疗成本同比变化

如图 12 所示，6 家样本医院医疗成本同比下降。其中最高降幅为上海市某专科医院，降幅 25.25%；3 家样本医院医疗成本同比上涨。其中定点医院 2 家，非定点医院 1 家。

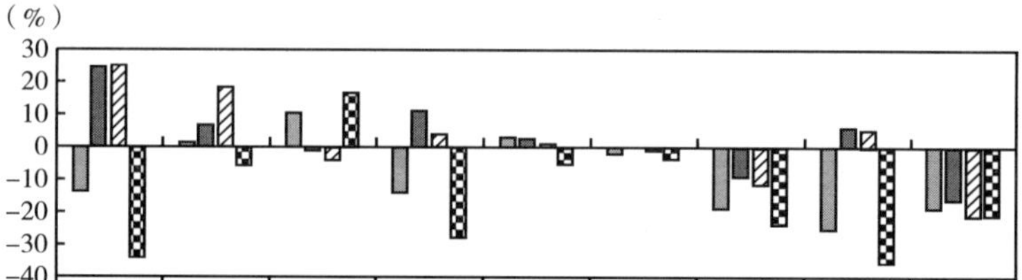

	无锡市某定点医院	深圳市某定点医院	上海市某定点医院A	上海市某定点医院B	上海市某综合性医院A	上海市某综合性医院B	上海市某综合性医院C	上海市某专科医院	上海市某中医医院
■医疗成本（%）	-13.24	1.93	10.65	-13.56	3.40	-2.24	-18.83	-25.25	-19.20
■（1）人员经费	25.04	7.26	-1.10	12.16	3.06	0.59	-8.94	6.34	-15.96
▨其中：工资总额	25.40	18.85	-3.50	4.42	1.00	-0.21	-11.83	5.37	-20.73
▩（2）公用经费	-34.56	-5.58	17.23	-27.76	-4.79	-3.54	-23.57	-35.63	-21.15

图 12　医疗成本同比变化

3 家样本医院人员经费同比下降。定点医院 1 家下降 1.10%；非定点医院 2 家，分别下降 8.94%、15.96%。由于临时性工作补贴原因，8 家样本医院人员经费占比上升。

8 家样本医院的公用经费同比下降，1 家样本医院同比上升 17.23%；随着业务量大幅降低，9 家样本医院药品支出均有不同程度降低。

由于疫情影响，所有样本医院医疗收入下降幅度都远远大于医疗成本下降幅度，自身造血能力不足。后期若财政补偿不足，势必造成年度亏损。

（六）应急绩效管理情况

如图 13 所示，10 家样本医院中，8 家对一线人员超额发放补贴。其中定点医院全部高于国家发放标准；6 家样本医院在原绩效方案基础上，调减比例发放；2 家样本医院按照正常绩效方案发放；2 家样本医院制定新绩效方案。其中无锡某定点医院绩效方案是根据职工岗位实行分层级分配，设置临时性个人岗位系数，体现不同岗位的风险性。全院职工一人一岗一系数；深圳某定点医院绩效方案按接诊新冠肺炎患者的严重程度分级（分危重、重症、普通、疑似、保障人员等）发放绩效奖。

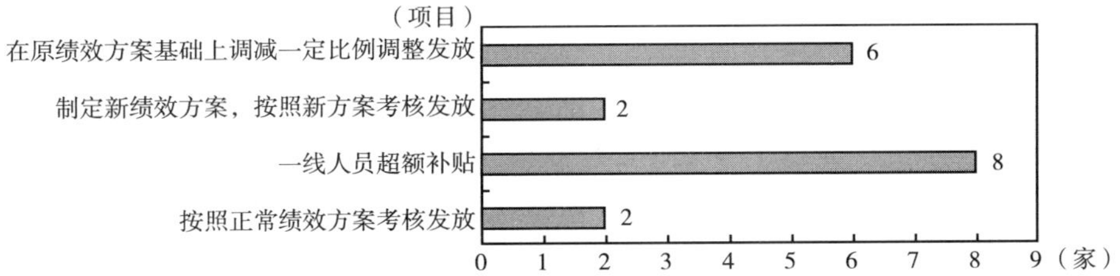

图 13　绩效方案管理情况

如表 4 所示，从收集到的 10 家医疗机构调研资料数据显示，有 9 家医疗机构“月度绩效奖金/医疗收入（不含药品及卫生材料）”指标，2020 年 1～4 月同比增长。其中 5 家定点医院、3 家综合性医院及 1 家中医医院。增长幅度最大的是武汉市某定点医院，增长 56.51%（医院被整体征用）；增长幅度最小的是上海市某定点医院 A，增长 1.14%（部分停诊）。根据指标计算公式推断，能促使指标向增长方向变化的原因有 3 种可能性：在医疗收入不变的条件下，月度绩效奖金增加；月度绩效奖金不变的条件下，医疗收入减少；

表 4 应急绩效调研结果

单位：%

参加调研单位		武汉市某定点医院	无锡市某定点医院	深圳市某定点医院	上海市某定点医院 A	上海市某定点医院 B	上海市某综合性医院 A	上海市某综合性医院 B	上海市某综合性医院 C	上海市某专科医院	上海市某中医医院
核定床位（张）		5 000	600	1 600	660	600	2 092	1 693	1 820	838	1 200
应急补贴发放金额/工资总额	2020 年 1～4 月	73. 17	0. 65	9	6. 84	0. 97	0. 91	2. 4～2. 94	—	0. 32	2
	同期	—	—	—	—	—	—	—	—	—	—
工资总额/医疗收入（不含药品及卫生材料）	2020 年 1～4 月	23. 59	196. 09	218	125. 76	87. 53	122. 90	70. 06	80. 82	72. 37	92
	同期	8. 12	86. 95	128	109. 75	48. 49	85. 04	55. 01	55. 55	40. 81	79
月度绩效奖金/医疗收入（不含药品及卫生材料）	2020 年 1～4 月	102. 43	48	68	50. 56	40. 10	93. 56	49. 62	40. 10	33. 32	76
	同期	45. 92	41. 85	41	49. 42	35. 24	64. 35	37. 29	31. 52	52. 21	67
人员经费同比增长率		-9. 81	25. 04	7	-1. 10	12. 16	3. 06	0. 59	-8. 94	6. 34	-16
工资总额同比增长率		10. 27	28. 77	13	-3. 50	4. 42	1	-0. 21	-11. 83	5. 37	-21
月绩效奖金同比增长率		-15. 33	-34. 51	9	-13. 84	-34	2. 33	4. 27	-22. 90	-7. 08	-23

医疗收入和月度绩效奖金同时减少或增加，且月度绩效奖金减小幅度小于医疗收入，或反之。结合疫情期间绝大多数医疗机构正常医疗秩序被影响，医疗收入大幅减少，还需保障医务人员基本收入。该指标增长说明疫情期间，大部门分医院月度绩效奖金减少幅度小于医疗收入下降幅度。为了激发医务人员工作积极性，绝大多数医院打破了原来的绩效政策，不同幅度地增大了绩效奖励额度。

如表5所示，“月绩效奖金同比增长率（%）”指标，从10家被调研医疗机构的资料数据显示，有7家医院该指标同比下降，下降幅度34.51%～7.08%；另3家医院该指标同比增长，增长幅度2.33%～9.0%。与参加调研单位各项医疗业务工作量和医疗收入相比，同比下降幅度要小得多。

表5　　案例调研业务量变动情况　　单位:%

期间	参加调研单位	门急诊人次同比变动	出院人次同比变动	手术人次同比变动	医疗收入同比变动
2020年1～4月	武汉市某定点医院	-60.9	-64.8	-70.2	-64.6
	无锡市某定点医院	-30.2	-43.2	-24.7	-41.1
	深圳市某定点医院	-47.9	-35.4	-100	-26
	上海市某定点医院A	-24.4	-43.4	-6.5	-11.9
	上海市某定点医院B	-59.2	-37.3	-2.7	-43.4
	上海市某综合性医院A	-36.7	-29.5	-10.1	-17.8
	上海市某综合性医院B	-35.4	-20	-24.3	-18.1
	上海市某综合性医院C	-40.7	-40.6	-36.8	-34.7
	上海市某专科医院	-37.2	-36.1	21.3	-38.9
	上海市某中医医院	-39.4	-39.8	-46.3	-27.4
	均值	-41.2	-39	-30	-32.4

在参加案例调研医疗机构中，因在疫情中所处环境不同，各自绩效分配方案也各不相同。武汉某定点医院在抗疫期间被整体征用，常规医疗业务全部停止。除抗疫一线医生、护士划分一类、二类人员标准，按天发放补贴外，其他人员在复工复产前仅发放原绩效水平的30%作为基本生活补助；深圳市某定点医院作为唯一定点收治单位，除艾滋病、结核病及重症肝移植外的所有病区，全部用于收治新冠肺炎患者。取消原以考核工作量、工作质量、满意度等指标的绩效分配方案，改为参照职称职务系数，按接诊新冠肺炎患者

的严重程度分级（危重、重症、普通、疑似、保障人员等）发放绩效；无锡市某定点医院作为定点收治医院，全院所有工作全部围绕疫情展开，大部分科室医疗业务暂停。除抗疫一线工作人员外，按照医院要求，部分职工轮流公休、调休。常态化的绩效考核无法对应到考核主体。因此医院根据职工岗位实行分层级分配绩效，设置临时性岗位系数来体现不同岗位风险；上海市某定点医院 B 作为新冠肺炎儿童确诊病例定点收治医院，部分科室停诊。除按照既定绩效考核方案发放绩效外，额外再按人数和编制岗位发放补贴，前者直接发放到个人，后者由科主任按考勤统筹发放。抗疫一线人员按国家补贴标准发放补贴；上海市某定点医院 A 作为新冠肺炎成人患者定点收治医院，根据抗疫需要拆分整合医疗资源，将非抗疫一线科室合并为大部制管理。影响正常医疗业务活动开展，无法按原以工作量为核算基础的方案分配绩效。按原绩效水平的 70% 发放，并根据疫情影响每月逐步调整发放比例。抗疫一线人员另按国家补贴标准发放补贴。

五、存在的主要问题及对策建议

（一）应急资金多渠道筹措管理

1. 应急资金筹措管理存在的问题

（1）公共卫生专项资金申请难度较大，医院应急医疗服务亏损严重。在经历了 SARS 疫情、甲流、H7N9 禽流感疫情之后，我国建立了“一案三制”的卫生应急管理体系。即应急预案和应急体制、机制、法制。但是不论是之前的 SARS 疫情、流感疫情，还是如今的新冠肺炎疫情，都存在着应急保障经费投入不足和使用不当等问题。从医疗服务收费来看，基于公立医院公益性的特点，医疗服务价格经过多轮调整，手术、护理、诊疗等体现医务人员劳务价值的项目收费价格有所提升。但对于公共卫生应急救治服务，如甲类管理传染病，仍未建立相应的收费体系，医院公共卫生服务收支亏损严重。从财政补助情况看，目前医院主要的财政资金渠道包括：财政全面预算基本补助及专项补助、财政公共卫生竞争性项目补助、突发公共事件应急专项补助。随着我国经济的发展，国家对公共卫生服务投入不断增加。根据国家统计局公布的数据，国家财政支出中医疗卫生支出的比重，2007 年为 4%，到

2018 年已上升到 7.07%。虽然从绝对数来看，政府投入不断增加，但相较于 GDP 和卫生总费用的增长速度仍处于偏低水平，医院承担的公共卫生服务、政府性指令任务成本得不到完全弥补。尤其是在公共卫生应急补助上，往往是在疫情发生后通过专项经费对救治期间发生的医疗成本给予部分补助，在应急人员储备、应急救治能力提升、应急科研等方面尚未建立系统的经费保障机制。

医疗机构在应急补助申请中存在的主要问题包括：首先，公共卫生服务实际成本核算数据难以获取，财政基本运行补偿缺乏依据（张岚等，2015）。随着医改的持续推进，公立医院成本核算工作逐步启动，快速推进。但是由于临床路径诊疗方案的标准化程度不高、信息化系统不够完善、基础数据准确度不足等原因，医院成本核算数据准确度不高。从初始数据收集阶段很难区分基本医疗服务成本和公共卫生服务成本，在申请财政公共卫生补助时难以提供实际成本数据，缺乏补偿依据，导致财政补偿不足（闵泽，2013）。其次，财政专项补助倾向于临床能力建设，公共卫生能力建设相关的人才储备、科研能力提升、信息化建设项目投入力度不足。财政项目库建设实施以来，入库项目需经过多次专家论证。支付方向以临床救治能力提升项目为主，倾向于医院基本建设及新技术临床应用。而公共卫生服务及紧急应对能力的提升，需要长期的人员储备和最尖端的研究设备设施投入，往往难以获得专项支持。

（2）应急资金主要来源于财政支持，社会办医、商业保险资金未起到应急保障应有的作用。在应对重大公共突发卫生事件的过程中，医疗资源是政府、企业和个人等社会主体向医疗部门提供的硬件资源与软件资源的总和。包括人力、物力、财力、医疗技术、医疗政策法规等各类软硬件支持。应急防控资金的投入是各类应急物资和人力供给的重要保证。新冠肺炎疫情的发生，使我国的公共卫生应急体系面临巨大挑战。面对疫情，党和政府迅速反应，强有力地组织和动员全民“抗击疫情”。医务人员义无反顾加入救治，成效卓著。公立医院作为国家稳定的基石发挥了重要的作用。然而社会办医作为医疗卫生体制的重要组成部分，并没有起到应有的作用。同时，在疫情防控的过程中，特别是在早期，医疗机构医疗资源短缺、调配不当等问题凸显。从 163 家医疗机构的调研数据来看，应急资金来源按照金额大小排序，分别是财政资金、医保资金、医疗服务收费（自费部分）、捐赠资金、商业保险。从案例调研的数据来看，资金来源渠道单一，严重依赖财政资金和医保经费。医疗机构运营资金来源还是十分有限。财政补助主要是对疫情防控相关的直接经费进行补助，而对疫情的整体运营影响没有建立相应补偿机制；商业保险及捐赠等社会资本的公共卫生应急救援资金占比极低。值得一提的是，仅有 1 家定点样本医院医疗费用由商业保险参与补偿，且占比仅为 0.39%，全部为境外人员所参保的商业保险。

2. 对策建议

（1）科学合理开展应急资金需求分析，积极争取财政资金支持。面对这种情况，医疗机构应进一步细化项目成本核算，对公共卫生服务成本单独记账。通过开展项目及病种成本核算，区分传染病公共卫生服务和其他基本医疗服务病种成本，以公共卫生实际成本为基础申请专项补助（李芬等，2016）。

基于公共卫生病种实际成本，建立公共卫生病种成本全额补偿机制。DRGS 付费、按病种付费模式的探索迫使公立医院成本核算工作逐步启动，快速推进。医院应加快推进公共卫生服务病种临床路径诊疗方案的标准化，提高信息化核算能力，重点关注公共卫生病种成本构成及基本财政补偿后的病种盈亏状况。一方面根据医院性质、公共卫生职责、床位规模、核定编制人数、医教研和转化条线资源配置比例，与人社及财政部门加强沟通，科学核定绩效工资水平线；另一方面在病种成本分析的基础上，加强可控成本管控，对公共卫生病种物价收费补偿和基本财政补助补偿不足的部分进行细化分析，申请通过财政公共卫生专项对此类病种实行全额补助，保障医院正常运行（汪瓒，2019）。

积极争取项目经费，通过项目建设提升公共卫生服务能力。项目补助包括年度财政专项、公共卫生竞争性项目及应急专项。财政专项补助是年度预算安排的设备购置、基建大修、学科建设及人才培养、信息化建设项目补助。在近年财政“过紧日子”的政策背景下，更倾向于临床救治能力建设。公共卫生服务能力属于重点支持范围；公共卫生竞争性项目补助是特定领域医疗能力提升建设项目。如临床重点专科建设、公共卫生三年行动计划等。需要医院整体规划，各部门通力配合组织申报；应急专项是突发公共卫生疫情状况下，财政资金批复的专项应急救治项目资金。项目经费补助是公共卫生服务能力建设重要的资金来源。医院应整体规划，组织各条线共同配合，积极争取。

（2）促进社会办医，加强医疗服务合作，发挥社会资本应急医疗服务作用。2017 年 5 月国务院办公厅发布的《关于支持社会力量提供多层次多样化医疗服务的意见》提出，随着国家经济社会发展和人民生活水平提高，多样化、差异化、个性化健康需求持续增长。在切实落实政府职责、保障人民群众基本医疗卫生需求的基础上，要进一步激发医疗行业社会投资活力，调动社会办医积极性，打造一批有较强竞争力的社会办医医疗机构（刘晴偲，2020）。2019 年 6 月《关于印发促进社会办医持续健康规范发展意见的通知》明确，政府将进一步加大支持力度，促进社会办医持续健康规范发展。2009 年新医改实施以来，国家从宏观、微观发布了多条政策鼓励社会办医（韦柳丝等，2020）。我国社会办医近年来也有所发展。根据《2018 年中国卫生健康统计年鉴》，我国民营医院数量增长迅速。2015 年民营医院数据首次超出公立医院；2017 年已达 60. 40%。虽然医院数量增长较快，但医院专技人员缺口较大（卫生人员数量占比不足 20%）、诊疗人次较低（不足公立医院的 1/7）。虽然床位数增长较快（增速约为 20%），但床位使用率较低（约为 63%），远低于公立医院（尹琳琳等，2020）。可见，民营医院医疗资源并没有得到重视利用。一方面国家应继续加大对社会办医医疗机构的监督和质量管理，提高医疗质量；另一方面要加大社会办医的政策支持，对符合标准的民营医院在财政、医保政策上给予支持。同时，公立医院应积极与民营医院加强合作。通过医联体、医疗合作、技术指导等多种形式，提升民营医院的服务能力，充分发挥社会办医机构资源的使用效率。尤其在突发公共卫生事件情况下，通过医联体的效应，鼓励民营医院加入应急救治，发挥社会资本医疗资源应急救治作用。

（3）加强与国内外商业保险机构合作，发挥社会保险资金应急医疗保障功效。保险是保护人身财产安全和管理风险的重要工具，能够帮助减少风险发生和在风险发生后提供经济补偿。在医疗领域，1978 年改革开放前，我国实行公费医疗制度、农村合作医疗制度，商业健康保险在医疗保障体系中没有生存空间。而改革开放后近 40 年，虽然商业健康保险有所发展，但与人民需求、与其他国家相比仍相对滞后（何文炯，2020）。在新冠肺炎疫情发生后，各家保险公司纷纷将新冠肺炎纳入赔偿责任范围，开通绿色赔偿通道（许闲，2020）。虽然也有新冠肺炎商业保险赔偿案例，但从调研数据来看，新冠肺炎患者医疗费用绝大部分是由医保和财政经费承担，商业保险支付比例较低，且基本集中在境外输入病例（外籍人员）。与国外相比，商业保险的公共卫生保障作用严重不足（于保荣等，2020）。2020 年 2 月 25 日，中共中央、国务院发布《关于深化医疗保障制度改革的意见》，提出到 2030 年，全面建成以基本医疗保险为主体，医疗救助为托底，补充医疗保险、商业健康保险、慈善捐赠、医疗互助共同发展的医疗保障制度体系。商业健康保险成为发展方向。补充医疗保险、商业健康保险作为医疗保障体系中的重要成员，在政策上得到了有力的支撑，更应发挥公共卫生保障作用。从医疗机构来说，首先要加强与国内外商业保险机构的合作。充分发挥信息化、互联网医疗的作用，打通商业保险支付渠道。通过提升自身医疗服务能力，尤其是高端医疗服务能力，与国际保险机构开展合作；其次共同参与保险机构公共卫生险种的开发，并不断普及公共卫生保险理念；最后应根据医院成本状况，配合主管部门合理制定重大突发公共卫生事件下医疗服务的价格体系，为商业保险赔偿标准提供专业意见。政府、医院、保险公司应共同努力，从患者需求及社会保障责任出发，提高商业保险的应急保障作用。

（二）应急救治收费体系建设与收费管理

1. 应急收费管理存在的问题

为有效应对重大突发公共卫生事件，国家集中协调医保资金、财政资金、商业保险基金以及社会各界的捐赠资金等多渠道投入，举全国之力抗击疫情。在样本医院问卷调查及案例专家咨询的研究过程中，发现在疫情防控期间，应急收费体系建设与应急收费管理作为财务管理的重要方面，是医院运营管理和财务对策研究的主要关注点之一。在样本医院疫情综合救治实践中，发现收费结算方面存在两个问题：

（1）缺少针对甲类传染病救治的医疗服务项目收费标准，尚未建立应急医疗服务收费体系。重大公共卫生事件中的传染性疾病往往是新发传染病，并不在人类已知的病毒或者病原体行列中。在传染性疾病救治暴发初期，救治新发传染性疾病患者需要多学科医疗专家联合会诊。通过患者临床表现、药物反应、身体各项指标情况，结合专家组经验判断，反复斟酌，共同协商，最终制定救治方案。目前广泛使用的医疗服务项目收费标准主要针对非疫情期间及非传染病项目，相关部门并没有制定甲类传染病收费标准。国家亟须建立针对突发甲类传染病床位费、诊疗费、护理费等项目的收费标准，完善医疗服务收费体系。

（2）针对不同类型应急患者，原有收费管理模式已不适用，应探索更为便捷的应急医疗费用收取模式。突发公共卫生事件情况下，应急患者往往具有高度传染性。患者直接送往隔离病区封闭治疗，治疗期间除了医生护士基本无法与外界接触。传统的窗口收费模式已经无法满足应急医疗费用收取管理的需求（陆婷娟等，2019）。虽然现今支付宝、微信等电子支付渠道逐步推广，但从调研情况来看，大部分医院仍停留在自费患者门诊预约付费，住院结算系统尚未实现线上结算。即使开展住院自助付费，后台医疗收入核算系统对账、差异核对，仍要耗费大量的人工；加上大量境外输入病例，商业保险对接不畅、外币结算困难等问题时有发生，亟须建立一套符合应急患者费用收取需求的管理模式。确保医疗费用收取信息能够在病区和患者间直接传达，财务、医疗、护理有序配合，做到政策宣教到位、费用应收尽收。

2. 对策建议

（1）细化成本核算，制定针对甲类传染病的医疗服务项目收费标准，完善医疗服务收费体系。

首先，医疗专家、护理人员和科研人员投入大量时间成本、试验药物成本、测试分析成本的探索治疗过程，在现有的医疗服务价格管理体系下，救治成本难以显现。以本次样本医院为例，2020 年席卷全球的新冠肺炎患者救治过程中，上海市某定点医院 A 制定实施了“上海方案”，应急救治做到“一人一策”。目前广泛使用的医疗服务项目收费标准不能真实反映医疗服务价值，不适用于实际情况。针对甲类传染病传染性强、危害大、救治难度高、护理人员数量多、护理难度高的特点，需要进一步调研、论证和完善现有的医疗收费体系。以护理费为例，目前收治新冠肺炎重症患者的护理费只能按传染病特级护理费标准收取。是在特级护理 120 元的基础上加收 30%，即 156 元/人·天。新冠肺炎重症患者护理费，在不包含高额防护物资成本的前提下，初步测算成本高达 563.46 元/人·天（人员成本 508.86 元/人·天，消毒成本 54.60 元/人·天）。目前国家并没有甲类传染病收费标准。国家亟须建立针对突发甲类传染病床位费、诊疗费、护理费等项目的收费标准（见表 6）（闫小如等，2020）。

表 6　　护理费医疗项目服务价格及成本

编码	项目名称	项目内涵	计价单位	价格标准
120100002	特级护理	含24小时设专人护理，严密观察病情，测量生命体征，做特护记录，进行护理评估，制订护理计划，做好各种管道与一般性生活护理等	日	156元
新冠肺炎	甲类传染病重症护理	护理要求是每个重症患者配备6个护士，2人为1组，以8小时为1个班次，24小时全天不间断护理；严密观察病情，测量生命体征，做特护记录，进行护理评估，制订护理计划，做好各种管道与一般性生活护理等	日	563.46元 测算成本（未包括防护物质）

其次，针对重大公共卫生事件的突发性，其成本的增长往往是暴发性的。公立医院原有的诊疗、治疗流程不再适用，医护人员、科研人员需要根据实际情况探寻治疗方案、护理方案、研究方案。在这个转变的过程中，公立医院积累的传统的学习经验曲线出现转折上升（如图14所示）。疫情暴发初期，学习曲线效用不显现，单位患者救治成本成倍上升，为完善针对甲类传染病的医疗服务项目收费标准提供了推动力。

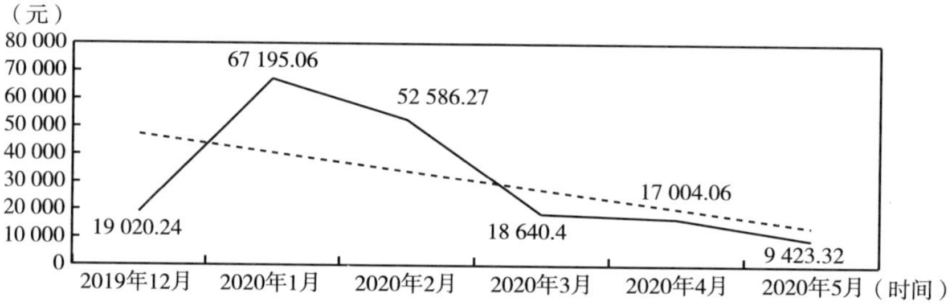

图 14　2019～2020 年重大公共卫生事件发生前后学习曲线

最后，准确核算应急医疗服务项目成本，充分考虑应急救治特殊成本。第一，公共卫生疫情救治往往要求在负压病房下隔离治疗，防护、检查、治疗、人员等成本远高于普通患者救治成本；第二，一些不明原因的病毒检测项目往往没有现成收费项目及价格标准，无法纳入医疗项目收费。需要对必要的检测项目进行成本测算，积极申请物价收费；第三，在现有的医疗服务价格管理体系下，医院应细化应急医疗服务实际成本核算，分析亏损额度及原因，为后续争取公共卫生补偿提供数据支持。

综上所述，面对突发公共卫生事件，医疗机构应细化科室、项目及病种成本核算，对应急服务项目成本状况开展细化核算。合理控制成本的同时与主管部门加强沟通，逐步建立甲类传染病医疗价格服务体系，纳入医保、商保结算范畴，保障医院正常运行。

(2) 建立应急物价收费管理制度，规范境内外新冠肺炎患者医疗服务收费。根据上海市卫健委《关于境外新冠肺炎输入病例医疗费用收取有关问题的通知》，医疗费用收取对象包括三类：参加基本医疗保险的确诊病例、未参加基本医疗保险但参加商业健康保险的确诊病例、未参加基本医疗保险也未参加商业健康保险的确诊病例。境外回国人员输入病例中参加基本医疗保险的人员，在基本医保、大病保险、医疗救助等按规定支付医疗费用后，个人负担部分财政给予补助；未参加基本医疗保险的人员，医疗费用原则上由患者个人负担。参加商业健康保险的人员，由商业保险公司按合同支付。对未参加基本医疗保险、确有困难的人员，经认定符合条件的，可按照法律法规给予医疗救助。

为了规范应急患者医疗费用管理，首先应针对不同的确诊患者类型制定相应的医疗费用收取流程，尤其是境外输入病例，减少传染病接触感染风险（见图 15）。其次，疫情暴发后，“无接触”成为新的需求。医院需要做到医疗费用收取方式多样化。在费用缴纳模式上，提供支付宝、微信、移动 POS 机、App 系统线上缴费、网银汇款等多种付费渠道（严谨等，2018）。明确职责，多部门合作，确保患者充分了解国家新冠肺炎医疗费用缴纳的政策（俞文雅等，2020）。加强与商保机构的沟通，确保医疗费用应收尽收。最后，通过规范合理的医疗收费流程（徐英，2020），加强与国内外商业保险机构的合作。有助于缓解医患矛盾，促进医院管理科学规范，提高医院声誉和竞争力，促进医院全面发展。

（三）应急预算筹划及管控

1. 应急预算管理存在的问题

重大突发公共卫生事件暴发不但考验着政府应对突发公共卫生事件的能力，也检验着医院财务管理应急反应和治理能力的有效性。而医院实施科学有效的应急预算管理能力，大大提升重大突发公共卫生事件下医院运营管理和财务对策能力。

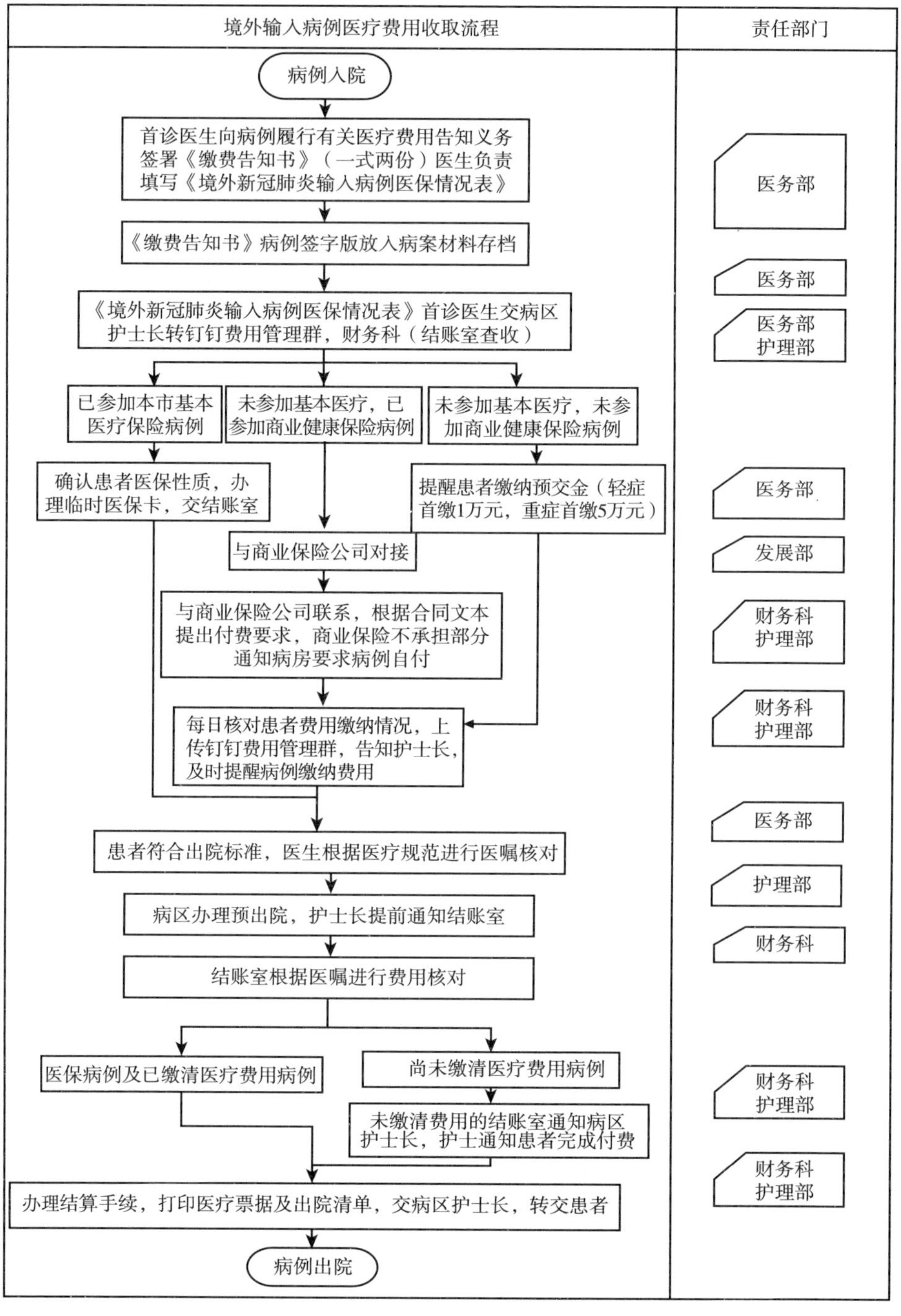

图 15　境外输入病例医疗费用收取流程

（1）预算收支平衡难度大。重大突发公共卫生事件下，医院几乎把所有精力投入其中，日常医疗业务萎缩，导致医疗收入可能大幅下降。但刚性增支因素有增无减，大大违背“以收定支”的预算管理原则。医院只能通过绩效奖金打折发放的措施来控制刚性支出。再加上近几年市级公立医院处于快速扩张期，基本建设、大型修缮、大型医疗设备购置等项目较多，资金不足问题更为突出。重大突发公共卫生事件下，医院运营面临困境，收支平衡极度困难。

（2）应急预算定价困难。重大突发公共卫生事件下，预算编制程序简化，预算资金采取预拨形式。专项预算可不执行政府采购法规定的方式和程序，采购进口物资无须审批。应急物资的定价，无法通过往常的招投标程序进行管控，存在廉洁从政从业风险；对人员补贴标准的制定等预算项目的预算执行标准提出了挑战。

（3）日常预算执行管控失效。重大突发公共卫生事件下，医院日常预算执行管控措施可能失效。预算分级申报、预算执行授权、预算执行归口管理、预算分析反馈等日常预算管理无法快速适应应急预算的执行时效，对医院原有的全面预算管控系统提出挑战。

2. 对策建议

（1）响应国家政策号召，以需求为导向编制应急预算。应急预算编制应以国家颁布的重大突发公共卫生文件为指引。如《突发事件应对法》《关于疫情防控采购便利化的通知》等。应充分考虑政策性因素对医院内外部环境以及内部运营的影响，涵盖所有应急运营中的收支业务，且全面考虑。

（2）制定应急预算定价策略。为保障一线抗疫需要，应急采购非常必要，于法也有根据。《政府采购法》和《关于疫情防控采购便利化的通知》明确指出，因严重自然灾害或其他不可抗力事件所实施的紧急采购和涉及国家安全和秘密的采购，可建立采购“绿色通道”。可不执行政府采购法规定的方式和程序，采购进口物资无须审批。

为确保采购质量、提高采购资金的使用效益，医院应制定应急采购定价机制。可依次遵循以下采购定价策略：经上级主管部门组织专家论证的金额进行采购；已有公开招标金额的按照招标金额执行，没有的参考医院物资管理系统中的历史采购金额进行采购；没有招标金额以及论证金额的项目，请供应商提供与其他单位交易的合同或者付款票据作为采购价格的依据；首次申购的物资，按本（省）市医药采购服务与监管信息系统的最低价进行购置。

（3）实行分级分类每日报告制度。医院预算管理是医院应急管理过程中重要的管理方法。医院应将所有应急收支纳入预算管理，总体按照“统一领导、分级分类管理”原则，按规定的标准流程予以审批后方可按预算执行。同时，由于预算申报时间紧迫，医院应采取简化的预算申报程序。基本应急预算应由预算归口部门直接测算各类预算项目的预算申报金额，实行分级分类预算编制（见表7）。

预算归口部门应制定各自的应急预算相关管理制度，以规范预算项目的资金使用。如人力资源部应制定应急工作人员补贴方案细则。根据国家规定的一类、二类人员补贴，结合医院自身情况制定医院额外补贴标准（见表8）。

表7　　　　基本应急预算编制

序号	项目	内容	已发生费用	阶段性预计费用	应急预算合计	备注
1	人员补贴					
2	材料费					
3	药品费					
4	设备费					
5	信息改造					
6	维修费					
7	物业管理费					
8	伙食费					
9	交通费					
10	培训费					
11	医疗费用					
12	科研费					
合计						
其中：内部转账待结算到位经费						

表 8　　人员补助标准

<table>
<tr><th colspan="2">补助类别</th><th>国务院补助标准</th><th>医院额外补贴标准</th><th>总额</th><th>备注</th></tr>
<tr><td rowspan="5">一类补助</td><td>普通医疗、医技、检验、病原体检测人员</td><td></td><td></td><td></td><td></td></tr>
<tr><td>重症医疗人员</td><td></td><td></td><td></td><td></td></tr>
<tr><td>重症护理人员（含 ECMO 护理人员）</td><td></td><td></td><td></td><td></td></tr>
<tr><td>普通护理人员</td><td></td><td></td><td></td><td></td></tr>
<tr><td>辅助和工勤人员</td><td></td><td></td><td></td><td></td></tr>
<tr><td rowspan="2">二类补助</td><td>专业技术人员</td><td></td><td></td><td></td><td></td></tr>
<tr><td>后勤保障、物资采购人员</td><td></td><td></td><td></td><td></td></tr>
<tr><td>二类补助（外包人员）</td><td>保安、保洁</td><td></td><td></td><td></td><td></td></tr>
<tr><td colspan="2">援鄂及援外</td><td></td><td></td><td></td><td></td></tr>
</table>

专项应急预算应采取采购绿色通道。医院向上级主管部门上报项目建议书，经专家论证后，省去政府采购环节，直接进入实施环节。如后勤保障部编制应急救治临时用房项目建议书，报医院预算管理委员会审批后报本省（市）应急专家组审批。获批后报上级主管部门审批，上级主管部门组织技术专家、医疗专家论证后审批。获批后根据建议书中的时间和内容开展项目实施。

（4）制定应急支出审批制度和流程。医疗机构应制定每日报告制度，分级分类结算基本预算和专项预算各类预算执行情况。及时分析各项预算资金的使用情况，及时向上级主管部门汇报。从数据的角度提供重大突发卫生事件的处理情况和发展趋势，为上级部门应急管理提供数据支持。

按照“科学论证、授权管理、信息审批、当日结算、实时分析”的应急资金管理原则，医院制定《应急支出审批制度》《应急支出审批流程》；同步落实信息化开发，在 OA 办公平台及钉钉手机平台同步上线；配合银行自助网银功能，即便银行休假，1 天之内也能及时支付，确保一线应急补贴及时发放到位。建立资金使用进度每日报告制度，及时报给上级主管部门及财政部门，在廉洁风险防控平台上实时记录。保证专项资金使用合规畅通透明，确保每一分钱都发挥应急资金的最大效用（见图 16）。

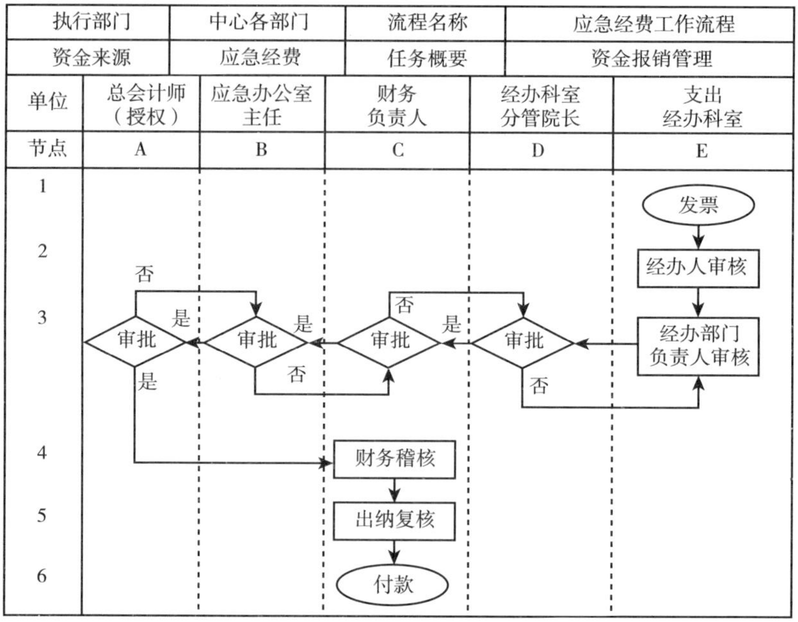

图 16　应急费用支出审批流程

应急费用范围内，医院法人授权总会计师、应急办公室主任及分管院长对支出进行审批；应急经费实施信息化审批。审批完成后，经办人应打印审批单并签名，将原始票据及相关附件交财务科稽核；财务科设稽核岗位，对审批及票据进行稽核。稽核过程中发现纸质版本与电子版本不符的，经财务负责人确认后将予以退回修改。审核一致后不再重新审批。存在重大问题的需向总会计师汇报，确有必要的由总会计师通报院务会（见图 17）。

（四）应急捐赠管理

新冠肺炎疫情的暴发，受到社会各界的关注和支持。公益基金会等慈善力量，广大爱心企业、爱心人士积极行动，踊跃捐献紧缺医疗物资及资金，成为抗击疫情的重要力量。针对疫情防控慈善捐赠工作，习近平总书记作出重要指示，要依法规范捐赠、受赠行为，确保受赠财物全部及时用于疫情防控[①]。

① 加强慈善捐赠款物管理使用　有力有序支持疫情防控工作——民政部慈善事业促进和社会工作司有关负责人就疫情防控慈善捐赠相关问题答记者问［J］. 中国社会工作，2020（7）：41－42.

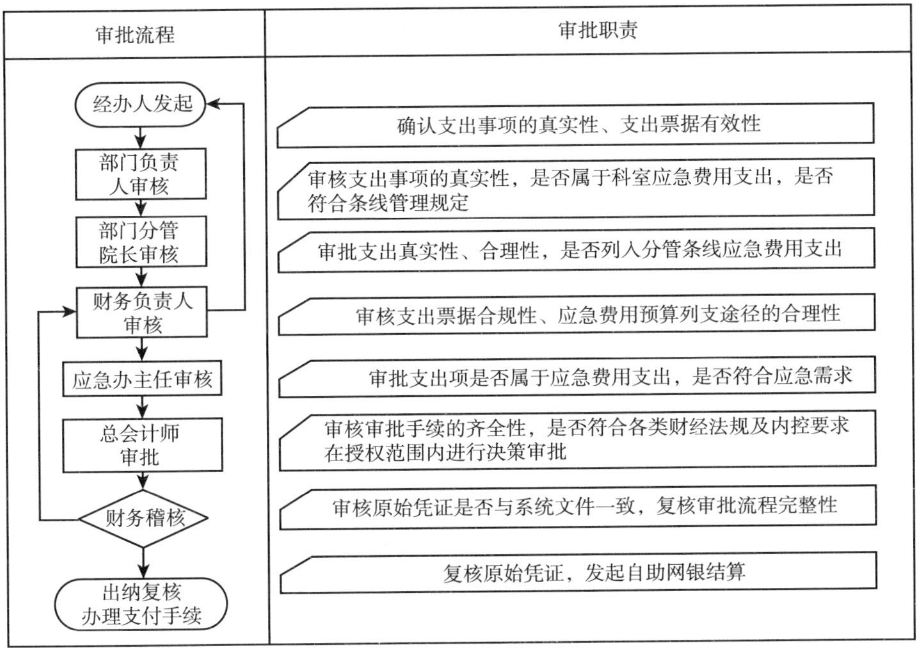

图 17　应急费用支出审批职责

医院常规状态下，捐赠事项不多，基本以现金捐赠为主。捐赠管理机构人员配备相对较少。在疫情突发情况下，社会各界人士、企业及机构，多以物资形式捐赠。捐赠物资种类及数量激增，现有的管理模式并不能完全适用突发状况下业务。管理部门需识别受赠的风险点，提前做好相应防控措施，保证捐赠业务合法合规。

1. 应急捐赠管理存在的问题

（1）捐赠物资质量存在风险（张利，2020）。捐赠方与受赠方需求不匹配。捐赠方缺乏医疗专业性，所捐物品无法达到医疗专用标准，使得所捐物品无法达到疫情所需，不能用于疫情防控，造成捐赠物品积压，增加相关部门负担。

捐赠物品价值不明。捐赠物品缺乏价值凭证，接收物资人员缺乏价格判断的专业性，且疫情期间无法实施组织价值评估。简化程序，物资管理人员凭捐赠协议或捐赠证书等材料办理入库手续，使得部分价格与物品价值不匹配。

捐赠物品物资、质量不明。接收人员对特定捐赠物资缺乏专业判断性，使得在接收捐赠物资时未同时取得相关资质证明。如药品接收必须同时取得检验报告、厂家资质、产品批次文件。涉及进口药品还需提供进口药品通关单、注册证等必要文件；医疗器械需提供医疗器械注册证、原厂授权、营业执照等相应证照。已接收的捐赠物品移交相关管理部门查验后无法达到临床使用要求，造成物品的闲置浪费。

（2）捐赠物资账务处理不规范。日常接收捐赠物资及资金来源单一，账务核算较为统一。在《政府会计制度》下，收入在“其他收入——捐赠收入”科目核算，相关物资消耗时记入“医疗业务成本”“管理费用”“其他支出”科目；预算会计只在收到货币资金时记入“其他预算收入——捐赠预算收入”科目。突发疫情情况下，捐赠来源较为复杂，部分通过基金会渠道捐赠的物资及资金需通过“受托代理资产”及“受托代理负债”科目进行核算。账务核算人员对资金的来源需了解、准确判断。资金收入可通过来款单位进行判断；资金使用时若经办人未注明，判断资金来源会出现失误的风险。账务核算是否准确对日后年报审计、专项审计均有披露风险（郑大喜，2018）。

（3）捐赠物资缺乏有效管理。一是缺乏应急情况下的捐赠管理办法，无捐赠专用审批流程；二是入库交接职责不明，部分物资在日常未纳入库房管理，造成捐赠物资无对应管理部门；三是未及时领用，使得部分过保质期物品无法使用，造成浪费。

2. 对策建议

疫情事发突然，医院在按原有捐赠流程基础上不断完善。针对在实际操作中发现的风险点制定相应措施，充分发挥整体协调作用，合理配置捐赠管理队伍，通过制度明确捐赠接受、验收、使用、公开等事项的管理职责。可以采取以下几点措施，有效规避以上风险：

（1）制定应急捐赠物资管理制度，规范捐赠流程。医院应按照《公益事业捐赠法》《医疗机构财务会计内部控制规定 》《行政事业单位内部控制规范（试行）》《关于印发卫生计生单位接收公益事业捐赠管理办法的通知》《国家卫生计生委、国家中医药管理局关于印发加强医疗卫生行风建设“九不准”的通知》的有关规定，同时根据自身应急防控工作，结合原有捐赠管理办法，制定疫情防控期间捐赠物资和资金管理办法。

在管理办法中列明接受物资的要求，包含提供必要的证件、价格核定规范性、捐赠物资的验收、保管、发放等均有相应的措施及规范。

验收明确有物资管理部门人员参与共同验收。接收捐赠物资时，应增派物资管理部门协同接收，同时开具签收流转单后协同捐赠协议、证书等交库房办理入库手续。物资管理部门人员参与验收，对物资的质量、资质材料的判断有一定的专业性。

规范保管职责，及时发放。仪器设备、家电家具、试剂耗材、防护用品和日用品等捐赠物资，妥善存放于物流库房，及时入库。由物资管理部负责管理和发放，科学合理配置资源，做好登记手续；药品类捐赠物资，妥善存放于药剂科库房，及时入库。由药剂科进行管理和发放，纳入药品管理系统统一管理。按需配置应急病房，并做好领用登记及落实药品不良反应报告和监测工作；食品、饮品类捐赠物资由工会进行管理和发放。优先发放一线人员的同时，根据保存方法、食用方式、数量规模、保质期等实际情况制定不同的发放方法。做到及时发放，避免造成浪费。

设计应急捐赠项目管理流程，制定接收捐赠物资的规范流程。示例为上海市某定点医院 A 的捐赠流程。如图 18 所示。

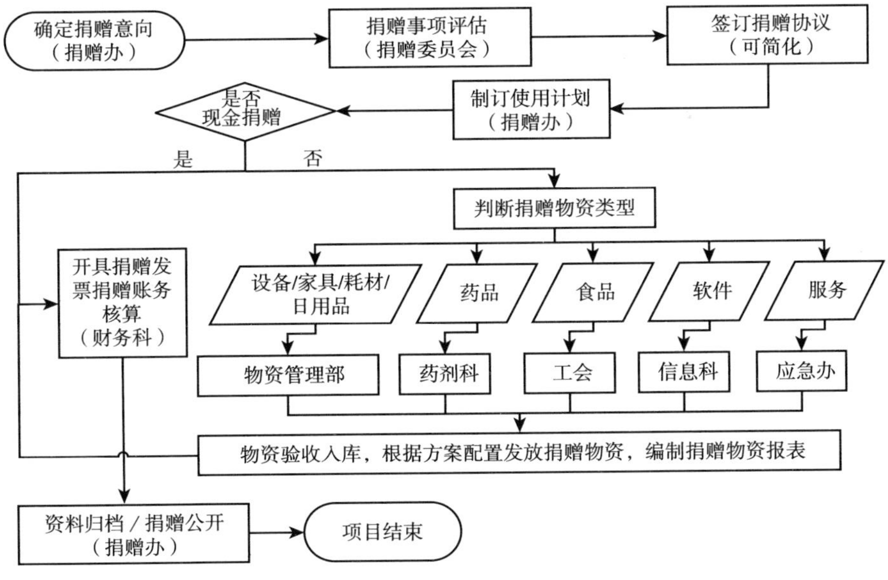

图 18　应急捐赠项目管理流程

（2）明确捐赠协议签订形式及内容，开具捐赠证书。依照规定应及时签订捐赠协议。签订时由捐赠人出具《捐赠意向书》，按照捐赠制度完成捐赠预评估。并与捐赠方签订书面捐赠协议，约定捐赠款物的种类、数量、用途、交付时间等内容。对于捐赠人匿名或者不愿签订捐赠协议的，捐赠办应当做好相关记录。可以请捐赠人配合提供捐赠物品清单，以便节约医院对捐赠物品登记造册的时间，提高登记效率和准确性，也便于对捐赠物品进行管理。对于所有捐赠，应向捐赠人开具捐赠证书。

（3）规范非货币类捐赠物资价格确定标准。捐赠物资入账价值由捐赠办会同采购部门进行评估确认。一般按照以下原则取值：首先捐赠方能够提供有关发票票据的，根据票据上标明的金额确定价值；其次，如果无法提供票据，采购部门可根据近期公允价值确定价值；如果既无法提供票据及采购合同，又无法确认公允价值的，可根据第三方评估机构评估价值确定或者采用名义价格 1 元入账。在价值确认过程中，捐赠办、采购部门、财务科应加强沟通合作，形成价值确认流程机制。

（4）规范票据管理，及时开具捐赠收据。出纳人员根据捐赠协议、捐赠证书、入库单、银行回单等有效凭据开具公益事业捐赠统一票据或事业单位资金往来票据。通常，政府拨款、党费和工会拨款、社会慈善机构开具事业单位资金往来票据，作为相应款项收到的凭证；单位或个人的捐赠款项应开具公益事业捐赠统一票据。因各地管理要求存在一定差异，部分地区社会慈善机构捐赠票据，应按当地政策实施。确定票据的开具类型，并足额开具票据。出纳人员在开具票据时对相关凭据进行复核，保证同一事项票据的名称、金额、物资种类、数量均应保持一致，不一致的退回捐赠管理部门核实；同时对捐赠物资的价格进行复核，对有疑义的价格应由捐赠管理部门提供相应的价格确认依据。

（5）明确区分捐赠和慰问经费，规范账务处理。财务科收到现金捐赠时，关注资金使用方向是否符合捐赠人意愿，准确区分捐赠资金和慰问资金。根据捐赠协议将捐赠资金计入捐赠收入、慰问资金计入受托代理项目，同时根据项目设置明细分类账或辅助明细账。慰问资金用于一线人员慰问支出，由人事部门负责核定发放标准，捐赠管理部门核定具体慰问资金项目，避免资金项目有误；捐赠资金不得用于职工工资福利发放；物资类捐赠在出入库时按项目设置辅助明细。账务处理中核实出入库项目、捐赠协议、捐赠收据中内容、金额、公司名称是否一致，核对无误后按项目入账。

（6）捐赠信息及时、公开、透明，接受社会监督。对捐赠款物接收和分配使用的详细情况应如实准确记录。包括捐赠人、捐赠时间、捐赠金额、捐赠物资、类别和数量、捐赠意向及受捐对象、发放（支出）时间、发放类别数量和支出费用、方向、具体用途等信息。待疫情结束后，捐赠款物的使用情况及时向社会公示，做到及时、公开、透明，接受监督。

总体来说，合理配置捐赠管理队伍，梳理并优化捐赠管理业务流程。通过制度明确捐赠接收、验收、使用、公开等事项的管理职责，通过内在管控、外在监督双重机制，实现突发事件下捐赠资金和物资的科学调度、规范管理，为今后医院应对突发事件下捐赠流程、提高运营能力提供重要价值。

（五）应急绩效管理

1. 应急绩效管理存在的问题

重大疫情突发期间，公立医疗机构积极响应国家号召，将工作重心转移到疫情救治与防控之中；医疗人员、设备、物资调配全部向抗疫一线倾斜；对部分医疗科室机构关停并转，整合医疗资源，最大限度提供医疗救治服务力量。在严峻的疫情防控形势下，医疗机构的正常医疗秩序被打破。医疗机构不能通过提供正常医疗业务活动取得医疗收入，降低了医疗机构的自身造血能力；进而使原以医疗业务工作效率、质量为主的绩效分配方式失效，无法实现多劳多得、优绩优酬的绩效分配原则。面临的主要问题包括：医疗机构医疗业务工作量减少，医疗收入断崖式下降；为加强医务人员职业暴露防护设施建设、大量购置配齐防护物资和防护设备、防护消杀物资消耗巨大，额外支出增加；疫情期间因工作量大幅下降，原以工作量为主的绩效分配失效（薛源，2019），需要制订与疫情相适应的绩效分配方案；受疫情影响多数医疗机构制订的临时绩效方案较为简单，分配欠缺合理性。

2. 对策建议

根据疫情期间各医疗机构承担的防疫任务不同，疫情不同时期（暴发严防时期、稳定复工复产时期）医院医疗业务受防疫任务影响的程度，制订相适应的应急绩效方案。

（1）应急救治期间绩效管理策略。

①医疗资源被整体征用的定点收治医院。医疗资源被整体征用的定点收治医院，医疗资源全部用于新冠肺炎应急患者救治，其他医疗业务全部暂停。

该类型医院建议根据人员分类，绩效向参加一线疫情救治的人员全面倾斜，一线工作人员月度绩效不低于疫情前个人岗位平均水平。在国家抗疫津贴的基础上，设置医院绩效抗疫津贴，根据参与救治的工作时间、工作强度、风险系数设置若干类津贴标准。对于未参与应急救治、休假职工保障基本工资和岗位绩效，暂停发放月度绩效，鼓励医务人员积极参与应急救治（见表9）。

表9　　无医疗收入情况下绩效建议方案

部门	具体说明	基本工资	岗位绩效	月度绩效	抗疫津贴（院内）	抗疫补贴（国家）
抗疫一线	一线工作人员	全额	全额	参照个人（岗位）疫情前平均数	按天给予（一类）	按天给予
临床科室	非一线	全额	全额	无	按天给予（二类）	无
医技科室	非一线	全额	全额	无	按天给予（二类）	无
科研科室	非一线	全额	全额	无	按天给予（二类）	无
行政科室	非一线	全额	全额	无	按天给予（二类）	无
其他	未返岗、隔离人员	全额	全额	无	无	无
目标		保基本、稳收入			定专项、奖一线	

注：①按人事考勤发放；②做好“一线工作人员”定义；③根据医院实际情况制定院内抗疫津贴标准。

②医疗资源被部分征用的定点医院。医疗资源被部分征用的定点医院，除了应急救治任务外，仍保留部门日常临床救治业务，有一定医疗收入。但大多受疫情影响，业务量大幅度下降。该类医院建议根据人员分类，绩效有针对性地向一线疫情救治的人员倾斜，疫情一线工作人员月度绩效不低于疫情前个人岗位平均水平。在国家抗疫津贴的基础上，设置医院绩效抗疫津贴，根据参与救治的工作时间、工作强度、风险系数设置若干类津贴标准；参与其他临床医疗服务人员，在原有绩效方案的框架下核算月度绩效，同时对受疫情影响部分给予抗疫补贴，以维持医院人员稳定。科研行政绩效水平根据临床业务恢复情况同步调整；对于未参与应急及临床救治、休假职工保障基本工资和岗位绩效，暂停发放月度绩效，鼓励医务人员积极参与应急救治（见表10）。

表 10　　疫情期间有医疗收入情况下公立医院绩效方案

部门	具体说明	基本工资	岗位绩效	月度绩效	抗疫津贴（院内）	抗疫补贴（国家）
抗疫一线	一线工作人员	全额	全额	参照个人（岗位）疫情前平均数	按天给予（一类）	按天给予
临床科室	非一线	全额	全额	实际工作量考核	按天给予（二类）	无
医技科室	非一线	全额	全额	实际工作量考核	按天给予（二类）	无
科研科室	非一线	全额	全额	参照临床收入（绩效）降低比例折扣	按天给予（二类）	无
行政科室	非一线	全额	全额	参照临床收入（绩效）降低比例折扣	按天给予（二类）	无
其他	未返岗、隔离人员	全额	全额	无	无	无
目标		保基本、稳收入			定专项、奖一线	

注：①按人事考勤发放；②做好“一线工作人员”定义；③根据医院实际情况制定院内抗疫津贴标准。

（2）疫情稳定复工复产时期绩效策略。疫情趋于稳定，医院启动复工复产，逐步恢复门诊、住院、手术等医疗业务期间，绩效政策建议逐步恢复常态。在大部分医疗资源投入正常医疗服务后，建议根据人员分类，绩效仍要保留向一线疫情救治的人员倾斜，确保一线工作人员月度绩效不低于疫情前个人岗位平均水平。在国家抗疫津贴基础上，院内绩效抗疫津贴除了对一线应急人员维持不变，对其他人员应逐步降低直至取消。正常临床业务按照原绩效方案开展考核；科研行政绩效水平根据临床业务恢复情况同步调整（见表 11）。

表 11　　复工复产后公立医院绩效方案

部门	具体说明	基本工资	岗位绩效	月度绩效	抗疫津贴（院内）	抗疫补贴（国家）
抗疫一线	一线工作人员	全额	全额	参照个人（岗位）疫情前平均数	按天给予（一类）	按天给予

续表

部门	具体说明	基本工资	岗位绩效	月度绩效	抗疫津贴（院内）	抗疫补贴（国家）
临床科室	非一线	全额	全额	实际工作量考核	按天给予（二类）	无
医技科室	非一线	全额	全额	实际工作量考核	按天给予（二类）	无
科研科室	非一线	全额	全额	参照临床收入（绩效）降低比例折扣	按天给予（二类）	无
行政科室	非一线	全额	全额	参照临床收入（绩效）降低比例折扣	按天给予（二类）	无
其他	未返岗、隔离人员	全额	全额	无	无	无
目标		保基本、稳收入			定专项、奖一线	

注：①按人事考勤发放；②做好“一线工作人员”定义；③根据医院实际情况制定院内抗疫津贴标准。

同时应积极鼓励非一线临床、医技科室“负重前行”。在做好疫情防护工作的同时，开展线上—线下医疗服务。利用“空窗期”加强远程学术、科研、教学交流学习，积极开展学科研究。

（六）应急财务信息化建设

1. 应急信息化管理存在的问题

应急财务管理最重要的原则就是高效。无论是应急预算审核、支出审批，还是各类财务信息的传送、数据分析，都离不开信息系统的支撑（赵振虹，2020）。应对公共卫生应急事件，区别于日常运营经费管理，应急财务管理更注重高效。日常预算管理系统往往缺乏满足应急工作需求的信息化模块，无法高效完成应急任务。

2. 对策建议

应急财务信息化建设必须融入医院整体信息化体系，才能高效发挥应急资金的使用效率，实现资源共享。研究团队根据医院预算内控制度，构建了一套基于预算控制为核心的内部控制信息化软件系统。集多项管理功能，共享于集成化平台上，实现网页端和手机端实时同步运行。预算事前、事中和事后控制相结合，将由多员工参与的流程置于内控信息化平台，便于所有员工使用。该系统在防范经济风险、提高预算执行率及医院运行效率的同时，也实现了业财融合一体化建设模式（见图19）。

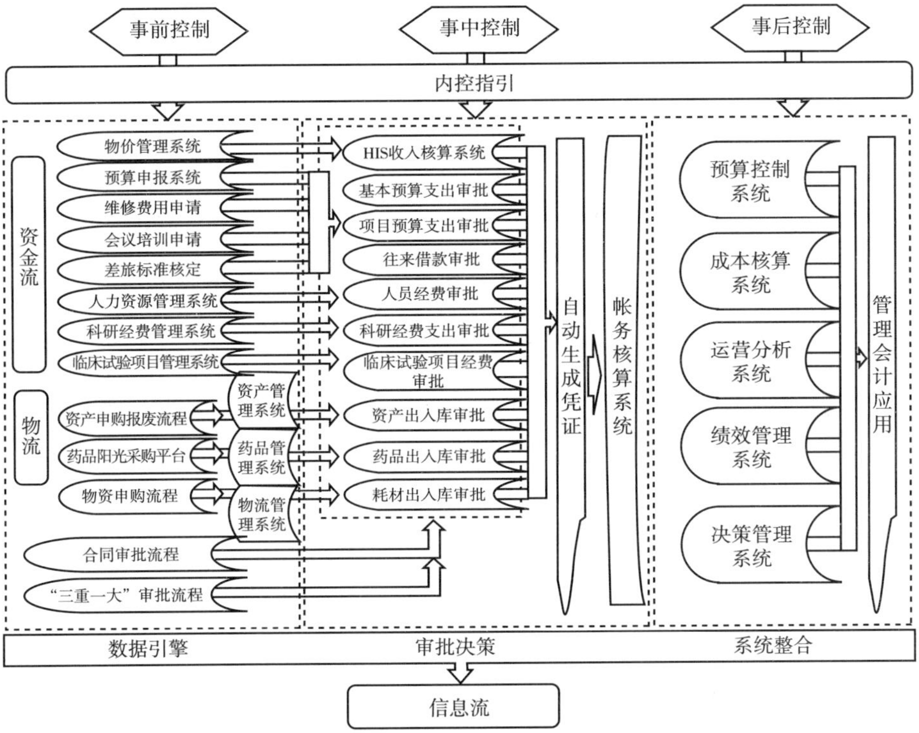

图19　以预算控制为核心的内控信息化体系

应急财务信息化平台根据应急支出项目的性质，在原预算执行体系中，新增应急防控公用经费支出审批流程，对应急公用经费预算进行执行管控；新增应急捐赠支出审批流程，对应急项目执行进行管控；增加应急人员经费预算项目，在原人员经费支出审批流程中进行执行管控；增加“各类应急慈善基金”预算项目，在原其他往来支出审批流程中执行管控；增加应急财政专项预算科目，并在原财政专项支出审批流程中进行执行管控。

（1）应急预算事前信息化控制。预算事前控制模块是一个资源获取系统，主要控制预算支出发生前的业务。包括“三重一大”审批、合同审批流程、培训申请流程、各种费用标准审核流程（如差旅费审核流程、出国费审核流程、汇率换算流程等），物资及固定资产申购、采购、报废和预算申报流程。通过预算事前控制为预算支出提供前端引擎信息。

①应急预算项目授权审批。支出审批权限授权书用于预算管理项目的授权分配。院长根据分管职责将预算管理项目分配给相应的分管领导，区分预算业务性质，制定相应的授权金额、授权期限，经授权人和被授权人签名认可。该授权书的制定与实施，规避权力的过于集中，做到分权管理。同时职责更为明确，使预算项目支出得到监控，经济风险得到有效控制。

授权审批信息化平台根据支出审批权限、授权书内容，将预算项目名称、预算项目编码、费用类型与预算管理系统实时同步；根据资金来源不同和分类流程不同，配置相应的报销流程类型，明确审批责任人及审批金额。一方面通过此平台对预算项目进行归类，对医院所有的预算支出流程进行划分；另一方面与预算管理系统进行有效衔接，便于预算执行管控和预算信息同步。

②应急预算申报。全员参与的预算管理过程，才能更好地发挥预算管理的效能。预算申报流程以此为出发点，将预算申报流程分为业务科室和预算归口管理部门预算申报流程。应急预算申报系统建设的主要控制点包括：

由于预算申报流程涉及的科室多、预算科目多、预算归口管理部门多、数据信息多等特点，为使该流程发挥最大的效用，在内控信息化平台后台中，设置预算申报科目维护模块，将日常预算科目、一般预算科目、专项预算科目分别维护，有利于预算分类管理；为预算管理员提供设置“项目内涵”的功能。通过系统显示，能够帮助负责预算申报的人员清晰了解预算的申报要求；明确预算归口管理部门，为后期预算管理员能将业务科室申报的预算项目进行快速的分类汇总，提交给相应的预算归口管理部门提供便利；对预算项目设置“二级科目（项目）”。该功能可以由预算管理员进行维护，也可由流程填报人进行填写，有利于预算编制更为细化和科学；设置“公共预算”项目属性。由于医院经济业务特点，预算项目多达数百个。通过此功能实现对预算项目的进一步筛选和管理，对业务科目预算申报流程仅开放需要填报的预算项目，对预算归口管理部门开放相应的预算项目，以便于填报人在预算申报时能快速找到需要使用的预算项目。

由于手工数据汇总的效率极低，在信息化平台报表模块中，通过对流程中已嵌入信息的筛选，可以获得各种维度的分析报表。预算管理员可以通过对业务科室预算申报流程设置“预算归口管理部门”筛选项，筛选出所有科室申报的关于某个预算归口管理部门的预算报表，有效节约原来线下手工汇总所需耗用的时间和精力。

预算归口管理部门的预算申报流程增加了预算工作的信息沟通功能。预算管理员能够将业务科室预算申报信息作为附件上传至该流程，并列明相关预算归口管理部门预算申报的要求和时间节点。发送给相应的预算业务科室，帮助业务部门及时了解掌握预算相关信息，将预算沟通环节置于流程中。预算申报流程将预算沟通、预算数据汇总统计、预算材料可追溯、预算流程可追溯等功能置于信息化平台，有效提升了预算申报工作的管理效率。

③费用标准审核。费用标准审核模块中可设置各种报销标准审核流程。比如差旅费、出国费、会议费、讲课费等。员工可以通过网页端或手机端自主查看各类费用标准，便于规范使用经费；同时财务人员可以审核各类费用标准，提高财务人员审核的效率和效果。

通过信息化平台，设置费用标准审核模块，实施系统管控。以差旅费为例，根据差旅相关文件标准，区分出行地点不同、出行月份不同，自动显示住宿费标准、伙食补助费和市内交通费补贴。一方面便于不同流程表单的读取，另一方面也便于相应制度修订后费用标准的更新。

出差人员可以在出行前，登录网页端或手机端。通过筛选出差地点和月份查询相应住宿费标准、伙食费标准、市内交通费补贴，以确定合理使用范围。财务人员可以通过出差人员报账时上传的相关发票和其他附件，以及流程表单中显示的费用标准，来审核发票可报销金额，提高审核精确度。也便于报销时，审批人员审核的依据更清晰，确保有据可依。

④合同审批。根据合同性质不同，设置不同的审理流程。包括采购合同、科研合同、服务合同、基建合同、其他合同，并设置不同的签审流程。在流程中嵌入党政联席会议精神通知、审计室意见、纪委书记意见，从内控的角度规范合同审批。流程中设置合同金额，以便于与报销流程对接，进行合同金额执行控制。流程中嵌入合同书名称、甲乙丙三方等合同信息，以便于利用内控信息化平台分析报表模块，对合同审批流程进行多维度分析。

⑤“三重一大”审批。“三重一大”集体决策要求重要干部任免、重要项目安排、大额度资金的使用必须经集体讨论后进行决策。属“三重一大”范围内的事项，必须按规定提交医院院长办公会（院务会）讨论，再提交党委会决议。根据“三重一大”制度，在申请院务会审核和合同审批流程中嵌入“三重一大”信息，以提高党政领导班子整体工作效能。并留有过程管理

痕迹，实现决策的科学化、规范化和民主化。

（2）应急预算事中信息化控制。

①应急防控公用经费支出审批。该流程审批内容为医院基本预算中除人员经费外的各项预算支出。该流程主要有以下特点：嵌入合同金额管控信息，便于合同执行管控；嵌入支出审批授权信息，控制相应责任人审批权限；嵌入汇款信息，便于在内控信息化平台后台报表模块中生成汇款信息报表，用于网银付款。

②应急防控人员经费支出审批。该流程审批内容为符合国务院补助标准的应急人员补贴。直接对接预算管理系统的预算管理模块，便于预算信息的直接获取或管控。同时对接账务凭证处理模块，实现账务凭证的自动生成。该流程主要有以下特点：嵌入支出审批授权信息，控制相应责任人审批权限；嵌入预算执行管控信息，控制预算执行；嵌入成本核算信息，便于成本核算数据结果的统计。通过凭证处理系统结账后，将最终成本核算所需信息传输给成本管理系统，自动生成科室成本核算报表；嵌入账务凭证借方要素，传输给凭证处理系统后，可以批量维护贷方科目。从而自动生成财务会计凭证和预算会计凭证；嵌入汇款信息，便于在内控信息化平台后台报表模块中生成汇款信息报表，可用于网银付款。

③财政专项支出审批。该流程审批内容为应急病房和开办费等专项支出。为严格规范专项财政资金的使用，单独设置此流程。该流程直接对接预算管理系统专项预算管理模块中的预算信息，以便于预算信息的实时管控。同时对接账务凭证处理模块，实现账务凭证的自动生成。该流程主要特点：嵌入支出审批授权信息、预算执行管控信息、账务凭证要素、合同金额管控信息、质保金信息、入库环节确认信息，以确保财政资金报销审批的规范。

④其他往来项目支出审批。该流程审批内容主要为各类慈善基金项目（如委托慰问等）。该流程涉及的会计科目为受托代理负债。该流程主要有以下特点：嵌入合同金额管控信息，便于合同执行管控；嵌入支出审批授权信息，控制相应责任人审批权限；嵌入账务凭证借方要素，传输给凭证处理系统后，可以批量维护贷方科目，从而自动生成财务会计凭证和预算会计凭证；嵌入汇款信息，便于在内控信息化平台后台报表模块中生成汇款信息报表，可用于网银付款。

⑤捐赠支出审批。该流程审批内容为签订捐赠协议。根据协议约定用途支出的各类捐赠款项。该流程直接对接捐赠项目管理平台中的预算信息，实现预算信息的实时获取及管控。直接对接账务系统的捐赠项目辅助核算明细库，确保流程最初发起的项目均为到账项目；直接对接账务凭证处理模块，便于账务凭证的自动生成。该流程主要特点：嵌入支出审批授权信息、预算执行管控信息、账务凭证要素、合同金额管控信息、入库环节确认信息，以确保科研资金报销审批的规范。

（3）应急预算事后信息化控制。应急预算事后控制系统主要包括预算支出审批项目凭证转换系统和预算分析系统。实现预算控制系统与其他管理系统的无缝连接，增强数据分析和应用能力，提供医院管理决策信息。支出审批凭证转化系统读取办公平台中支出审批流程批准的会计凭证借方信息、物资管理系统中入库凭证借贷信息、HIS 业务系统中会计凭证借贷信息。财务人员审核所有自动生成的会计凭证信息，批量维护支出审批流程中批准的会计凭证相应贷方信息，并批量生成财务会计凭证和预算会计凭证。财务人员主要进行审核，大大降低了会计凭证录入人员的工作量，有效提高了工作效率。同时实现了系统数据共享，降低了二次输入的差错率，通过信息化建设实现业财融合一体化。

预算分析系统主要包括财务分析模块和预算管理模块。财务人员通过账务报表功能，将定期需要分析的数据，转化为电子报表。结账结束后可以自动生成相应的分析报表，以提高数据汇总分析的效率。财务人员的分析工作可以转化为挖掘数据。即通过各管理系统的互联互通抓取数据，选取数据分析维度更好地向管理者展现数据背后所隐含的经济业务现状，并提出合理化建议。

预算事后控制系统主要涵盖预算分析系统、成本核算系统、绩效管理系统等。目的是通过数据分析，反映医院运营管理中存在的问题，为医院管理提供意见和建议。

①凭证转换系统。通过数据对接，系统可自动生成账务凭证。由于凭证信息来源于不同的业务系统，以及凭证处理的难易程度不同，自动生成账务凭证由两种形式组成。第一种是从业务系统直接推送完整的财务会计凭证和预算会计凭证到账务系统中暂存，由会计审核无误后提交归档。该形式主要用于物资系统的固定资产和物资出入库凭证，以及 HIS 系统的收入相关凭证

和药品出入库相关凭证；第二种是从内控信息化平台的各种报销流程中将一笔业务的借方信息推送到账务凭证处理系统。由出纳批量选择贷方科目，并形成完整的财务会计凭证和预算会计凭证到账务系统中暂存。由会计审核无误后提交归档。

②预算分析与反馈控制流程。应急预算分析与反馈是保障应急预算有效执行的过程管理。主要是通过对不同期间预算执行偏差数据进行分析，跟踪预算执行效率指标，揭示预算执行中存在的问题及其产生的原因。采取有效措施控制预算执行进度，全面、真实地反映医院预算的执行情况，并为实施预算考核和奖惩提供依据。

应急预算分析与反馈分三个层面：首先，归口预算管理部门通过 OA 支出审批系统，实时了解分管预算科目支出预算执行进度，按照年度计划合理调控。其次，应急预算管理办公室监控每日执行情况，每日对整体预算执行率、归口管理部门预算执行率、科目预算执行率等数据进行汇总。与前期数据进行比较，重点分析偏差较大的项目，反馈给归口预算管理部门，并形成书面报告上报应急预算管理委员会。最后，应急预算管理委员会对预算执行实施总体管控，指导预算归口管理部门分析业务情况，对偏离项目及异常情况给出说明。并采取控制改进措施，纠正预算执行偏差。

③应急财务决算控制。应急财务决算是指应急项目终了，医院根据会计核算资料等编制的应急财务决算报表和报告。应急财务决算可以综合反映医院各项应急资金管理情况、财务状况以及财务管理水平。只有做好应急财务决算工作，才能将应急产生的经济事项进行全面的汇总和反映。从而为今后的应急事项经济管理提供真实的数据和有效的参考信息，解决应急管理中存在的问题。提高对应急预算管理的监督力度和执行力度，为医院加强应急财务管理的监督和内部控制提供保障。

④应急财务分析。财务管理人员定期会在账务系统中形成一系列财务用报表。但由于数据信息庞大，财务人员手工分析汇总数据、提供分析报告的工作模式，存在数据不及时、不准确和不灵活等问题。分析系统采集账务系统、成本核算系统、HIS 系统中的数据，根据管理会计的不同需求编制自定义报表，将同比数据、环比数据、结构比数据、预算执行数据等信息嵌入各类自定义报表中，并根据管理需要形成不同维度的财务分析报表。财务人员结账后点击报表计算功能键，即可自动生成各类分析报表和透视图。能够很

好地提高分析工作的效率和效果，也为建立综合运营分析系统打下坚实的基础，有助于医院建设分析数据集成化平台，充分体现了管理会计在信息系统中的运用成果。

⑤应急预算考核。应急预算考核评价是对应急预算执行情况的评估和评价。以应急预算编制的内容为基础，以相应的预算负责人为考核对象，建立预算指标考评标准。通过对预算执行信息和预算指标的比较分析，评价管理成效。预算考核在充分发挥预算约束和激励作用、强化预算刚性、加强预算执行、保障预算目标实现等方面发挥着重要作用。通过预算目标的详细分解和激励措施的实施，有助于提高医院预算管理效率，提升资金使用效率。预算考核结果也应作为预算绩效奖惩及以后年度预算安排的重要依据。

⑥应急预算分析管理。内控信息化平台是一个集成化平台。所有科室都可以在此平台上将涉及其他科室的业务审批流程信息化于此，也可以与各自的管理系统互联互通，将一些信息进行互相读取和共享。目前该平台已运行16个科室共77个工作流程，大大提高了员工的工作效率和效果。内控信息化平台在后台设置报表分析模块，旨在利用流程表单中的信息为管理者提供多维度的分析报表，以便用于管理决策。

六、财务对策及其实施效果

（一）应急财务管理对策

课题组根据调研及专家论证的情况，就提出的应急财务管理举措在新冠肺炎定点医疗机构开展实证研究，采取了以下管控对策：

（1）建立医院应急财务管理组织构架。成立医院应急管理委员会，下设应急财务管理办公室，成员部门包括财务、人事、总务、设备、信息等重要预算归口管理部门。参与医院应急战略规划，排摸现有资源，充分利用科室运营助理的力量。在纪委监督下，将一线困难转化为预算需求。争取应急资金、物资和政策支持，发挥应急财务管理保障作用。

（2）建立应急物价收费管理制度，规范境内外新冠肺炎患者医疗服务收费。修订医院新冠肺炎患者医疗费用收取制度。在病例入院宣教时就签订中英文对照版本的《缴费告知书》。根据不同的患者类型（参加基本医疗保险、未参加基本医疗保险但已参加商业健康保险、未参加基本医疗保险也未参加商业健康保险）设置不同的费用收取流程。在费用缴纳模式上，提供支付宝、微信、移动POS机、App系统线上缴费、网银汇款等多种付费渠道。明确职责，多部门合作，确保患者充分了解国家新冠肺炎医疗费用缴纳政策。加强与商保机构的沟通，确保医疗费用应收尽收。

（3）完善应急预算管理，保障应急资金有效使用。在医院全面预算管理体系中单独构建应急预算管理平台，涵盖预算编制、论证、批复、审批、执行、调整、分析全过程。基于应急救治需求开展预算论证，合理编制应急预算。基于医院应急战略，综合考量收治规模、床位数、重症比例等因素，结合实际临床资源配置经验开展应急预算编制。弄清楚现有医疗资源，调研应急需求。联合医疗、护理、总务、设备、人力资源等部门开展内部需求论证后，申请主管部门开展专用设备、基建大修项目及信息化项目论证，提高预算的科学性和有效性。并实施授权审批，双预算执行口径统计，规范支出标准。预算执行时，实施集体决策制度。关注支出标准控制，并按照收付实现制和权责发生制建立每日报告制度。预算审批管理上注重授权审批，本着“授权管理、高效审批、当日结算、实时分析”的原则，制定应急审批制度和流程，明确职责，取消不必要的操作环节。在预算科目的设置上，区分卫生耗材费、设备购置、基建大修、物业服务、应急科研、人员补贴、医学观察和其他费用，改变日常预算归口管理方法。由应急办统筹资源，归口审批。紧急采购论证批复后可不执行招标流程，根据以往中标价或者论证价合理确定，院务会直接决策。审批完成后，启动自助网银，实现当日结算，提高资金执行效率。

（4）开展应急项目病种成本核算，为完善应急医疗服务价格体系提供数据支持。开展应急新冠肺炎病区科室、项目及病种核算，开展甲类管理传染病床位费、护理费（普通）、护理费（重症）、诊疗费实际成本核算；同时根据临床医疗救治需求，对2019nCoV核酸检测、GM试验、新冠肺炎病毒全基因组测序等10余项医疗专家提出的临床救治新项目开展成本核算。积极向卫生管理部门及医保部门汇报，为完善甲类传染病应急价格收费体系提供数据支撑。

（5）规范捐赠管理，通过多部门合作，提高捐赠物资使用效率。制定

《新冠肺炎疫情防控期间捐赠物资和资金的管理办法》。对于现金捐赠按照捐赠者意愿，制定资金使用方案，根据应急需求合理安排；对于物资捐赠，按照卫生耗材、设备、服务、日用品、食品分类，归口管理，明确职责，由捐赠办及时决策配置到需求最迫切的部门。同时按照财务核算要求，做好捐赠执行的资料归集及核算工作，适时公开，接受监督。

（6）开展应急运营分析，区分常规业务成本与应急防控成本，强化成本管控，应对疫情影响。受新冠肺炎患者救治影响，医院正常医疗业务量大幅度下降，给医院整体的财务运营管理带来极大的压力。在积极做好应急财务支持的情况下，医院整体财务运营分析也至关重要。财务部门坚持按旬做好运营影响分析。结合预算、成本相关数据，开展业务量及收支预估。根据分析结果及时调整经济管控措施，为医院恢复正常运营做好准备。

在财务分析方面，首先关注应急预算执行情况。对应急收支开展专项分析，打破原有统计原则。以资金已支付额、已发生待结算额、预计后续将发生额作为统计口径，实时分析预算执行情况，了解差异影响因素，采取管控措施。同时要加强基本财务运营影响分析，关注业务量变化，关注医院人、财、物资源调整现状。反馈疫情救治对医院经济运营实际影响程度及后续影响因素，及时调整年度预算，为争取后续补偿提供依据。在成本分析方面，一方面要关注应急期间常规业务量与成本的变化，合理配置人员和物资，避免资源浪费；另外更要关注应急病房的成本状况。将财政资金投入、捐赠物资、调拨物资、其他医院外援的人力成本等都合理纳入成本核算，客观反映医院应急救治的实际成本状况。开展应急项目及病种成本核算，为行业应急政策制定提供依据。

（7）建立应急人员激励机制，调整绩效政策，激发医务人员责任心和使命感。严格落实国家应急补贴要求确保补贴及时发放；其次在国家标准基础上，根据岗位和承担应急工作负荷及风险性不同，制定不同的补贴标准。对于在疫情防控中表现突出的医务人员和管理人员，给予绩效补偿、岗位晋升或者职称评聘倾斜。物质激励和精神激励相结合，按照贡献重点激励、同时兼顾公平，体现医务工作者的劳动价值，提高医务工作者的工作积极性。

（8）充分运用信息化管理手段，搭建应急财务管理信息化平台。包括应急预算控制系统、电子商务支付系统、支出审批系统、自助网银支付系统、应急物资管理系统、收入核算系统、成本核算系统等。基于医院 HRP 的整合力量，融入医院决策分析平台。并实现电脑端和手机端的同步，打破时间与空间局限。利用碎片时间，实现医院各类应急管理人员的实时反馈，有效提升工作效率。

（二）实施效果

疫情发生以来，课题组以在疫情防控中医院运营管理发现的问题为导向，直面问题探索解决方案，提出多项应急财务管理举措。并在试点医院开展管理实践，取得了积极效果。

（1）积极争取各级资金支持，建造应急储备楼，扩充床位规模，为收治新冠肺炎患者提供床位。疫情发生后，试点医院在市委市政府的果断决策下，科学合理开展项目，落实应急预算资金。在 20 天内建成建筑面积 9 710 平方米的应急储备楼，新建 200 张负压床位，为疫情防治提供有效的硬件保障。

（2）建立应急情况下医疗收费服务模式和物价收费体系。针对烈性传染病患者难以采用传统的收费方式收取医疗费用这一问题，课题组提出多种无接触收费方式及可操作的收费流程及规范。在试点医院提供支付宝，微信，POS 机等付款方式。并制定了《境外新冠肺炎输入病例医疗费用收取制度》及对应的收费流程和各部门职责，实现境外输入病例费用应收尽收。此外，试点医院详细测算新冠肺炎救治的医疗成本，共完成 10 余个医疗服务项目成本测算。向上级部门申请增加收费标准，为完善上海市应急价格收费体系提供了数据支撑。

（3）捐赠管理取得成效。针对疫情初期捐赠物资量大、不规范等问题，课题组通过规范捐赠项目管理，多部门协同合作，大幅提高了捐赠物资使用效率。截至 6 月底，试点医院共接收捐赠项目 398 项，资金近 6 800 万元。制定了《应急捐赠项目管理制度和实施细则》。针对不同类型的捐赠，梳理制定不同的流程，确保捐赠物资和资金切实用于疫情防控。

（4）进一步完善应急信息化平台建设。在原有以预算控制为核心的内控信息化体系的基础上，针对疫情期间的特殊需求，设计了 5 个与应急相关的流程。在内控风险较低的情况下，简化审批流程，减少节点数量，使其更加高效地为应急防控工作服务。该应急信息化平台的完善，大大提高了与应急相关的流程审批速度，使得资金流、物资流更加畅通高效。通过事前、事中、事后控制，降低了内控风险。

（5）克服疫情不利影响，复工复产取得积极成效。疫情给医院带来的冲击极大。全国范围内，门急诊人次降幅高达31.5%；医疗收入下降数量达到8 050家；超过76.5%的公立医院，医疗收入降幅超过10%。作为新冠肺炎救治定点医院，试点医院医疗收入受到的冲击更大。2021年2月起，门急诊人次、出院人次、手术人次等指标与去年同期相比，明显下降。试点医院通过多项举措，积极复工复产。适时制定符合疫情防控常态化要求的绩效管理政策，激发医务人员工作积极性。在全院职工的努力下，医疗收入已恢复至上年同期水平。2021年7月医疗收入已实现同比增长11.65%，复工复产取得积极成效。

（6）各部门全方位助力疫情防控工作，工作成果受到多方表彰。试点医院发挥“传染病综合诊疗为特色，临床多学科协作诊疗”的优势，救治患者。采取“一人一策”，全力救治新冠肺炎患者。试点医院位列全国治愈率最高的医疗机构之一。疫情期间，试点医院科研团队奋力科研攻关，多个科研团队完成了科研成果的转化。在试点医院各部门同仁的共同努力下，试点医院获得了“全国抗击新冠肺炎先进集体”称号；1人获得“全国抗击新冠肺炎疫情先进个人”称号；医院院长获得2020年优秀医院院长；党委书记获得上海市医师协会仁心医者，上海市杰出专科医师奖。医院财务团队合作的《重大突发公共卫生事件下应急财务管理体系建设案例》，荣获中国总会计师协会抗击新冠肺炎医院运营管理特优案例。

七、研究结论与展望

（一）研究结论

1. 构建应急财务管理体系

本课题以上海、无锡、深圳新冠肺炎患者定点收治医院，在防控疫情实践过程中发现的运营管理问题为切入点，结合医院1~4月实际运营状况，基于业财融合视角，运用经济学及管理学理论，建立重大公共卫生事件下医院应急财务运营管理体系。该体系包括应急资金多渠道筹措、应急救治收费体系建设与收费管理、应急预算管理、应急捐赠管理、应急绩效管理5个维度，提出财务应对策略。面对新冠疫情暴发给公立医院带来的巨大挑战，完善应急财务运营管理体系建设。通过完善制度、新建并优化应急管控流程、明确部门职责、开展部门协作、采取管控措施等方式，在应急资金预算管控、捐赠资金管理、捐赠物资管理方面做好风险防范。该体系在试点医院进行实证测试，成效显著，在新冠疫情救治过程中发挥了积极作用。体系的推广和应用，能够为公立医院在公共卫生应急状况下的财务管控提供指导意见，协助管理者提升管控效率，为应急救助提供助力。

2. 构建应急财务管理信息化平台

在医院应急财务管理体系框架建设的基础上，课题组开展应急财务信息化系统建设。以应急预算管控为核心，重点从应急公用经费及人员经费支出审批、应急基建及开办费专项支出审批、应急其他往来支出审批、应急捐赠经费支出审批管控出发，区别于医院日常预算审批系统，合理简化流程。在符合应急管理文件及内控要求的前提下，最大限度减少审批环节。并与医院物流、资产、HIS 收入、成本、账务核算等系统衔接，作为独立模块纳入整体 HRP 系统。完成手机端系统开发，实现电脑端与手机端同步。利用碎片时间，有效提升应急管控效率。

（二）研究展望

突发公共卫生事件的不断发生和持续发展，对医院公共卫生应急能力提出更高的要求。本文研究在调研目前医院应急财务管理现状及问题的基础上，对应急财务管理重点领域提出了管控建议和对策，实施有效，对医疗行业应急财务管理具有借鉴和推广作用。医院面临的实际问题和内外部环境都在不断变化。医院应急财务管理除了加强内部管理，提升应急管控能力外，还应积极争取外部支援，在国家公共卫生应急体系建设中发挥作用。首先，总结临床经验，制定轻症、重症、危重症患者救治所需的资源配置清单，做好应急储备。弄清楚现有资源，及时、准确提出预算需求，为行业管理部门制定不同级别疫情防控医疗资源供给及配置的标准提供参考。其次，将应急预算管理作为独立的模块纳入医院 HRP 管理系统，细化应急病区的科室成本核算。开展应急医疗服务项目及病种成本分析，为主管部门开展公共卫生应急医疗服务价格以及政策补偿研究提供数据支持。最后，加快智慧医院建设，拓宽线上线下移动支付渠道，开设互联网医院，提升医院诊疗系统、资源规划系统、分析决策系统之间的整合。行业管理部门可根据医院应急救治实际情况，拓宽应急物资采购渠道。推进各类医保线上结算功能的开发应用，完善异地实时结算流程。在经费保障、政策补偿依据、补偿标准、管理模式、监督评价机制等方面落实具体操作方案，形成科学、规范的行业操作体系，提升突发公共卫生疫情应对能力。

参考文献

［1］石钢．公立医院应急管理存在的现实问题和对策研究［D］．成都：中共四川省委党校，2018.

［2］方蕾．浅析公立医院业财融合现存问题与实践路径［J］．知识经济，2019（23）：82－84.

［3］赵霖，冯振翼，安建民．美国突发公共卫生事件应急管理体系一瞥［J］．继续医学教育，2007（30）.

［4］潘墨涛．美国的应急资金管理及其可借鉴之处［J］．理论探索，2009（5）：111－114.

［5］丁钰．美国商业健康保险发展的经验及对我国的启示［D］．成都：西南财经大学，2013.

［6］石长华，马敬东．世界主要发达国家突发公共卫生事件预警管理系统研究［J］．口岸卫生控制，2011，16（5）：43－49.

［7］麻若鹏．突发公共卫生事件应急经费保障及相关对策研究［D］．上海：第二军医大学，2010.

［8］汪娟，陈任，李程跃，郝模，胡志．浙沪两地法律对传染病防治体系的支撑程度分析［J］．南京医科大学学报（社会科学版），2019，19（4）：272－276.

［9］丁守海，吴迪．中国经济增长与发展：形势、问题与对策［J］．中国特色社会主义研究，2019（3）：25－34.

［10］清华大学危机管理研究中心 SARS 危机应急课题组．突发公共卫生事件的应急管理美国与中国的案例［J］．世界知识，2003（10）：8－15.

［11］武玲玲，常延岭，彭青．完善我国应急财政资金管理的途径［J］．河北经贸大学学报，2015，36（4）：54－58.

［12］王伟平，郑明磊，冯敏娜．我国突发公共事件应急资金管理使用的问题及对策研究［J］．经济研究参考，2017（33）：11－14.

［13］张岚，郭文博，郑小华，胡锦梁．公立医院公共卫生服务补偿存在的问题及建议［J］．卫生经济研究，2015（9）：50－52.

［14］闵泽．公立医院财政补偿机制完善研究［D］．武汉：华中师范大学，2013.

［15］李芬，王力男，金春林，李潇骁，王贤吉，徐志林．公立医院公共卫生服务补偿方式探析［J］．中国卫生资源，2016，19（3）：163－166.

［16］汪瓒．珠海市基本公共卫生服务项目成本测算及补偿政策研究［D］．武汉：华中科技大学，2019.

［17］刘晴偲．美英日德社会办医管理模式浅析［J］．湖南行政学院学报，2020（2）：51－56.

［18］韦柳丝，曾柳艳，张新花．我国社会办医政策评价及民营医院医疗服务发展预测［J］．卫生软科学，2020，34（2）：18－24，41.

［19］尹琳琳，王健，郝珮瑶，杨晓宇，单慧翠．我国社会办医现状及对策分析［J］．中国卫生经济，2020，39（2）：14－16.

［20］何文炯．医疗保障深化改革与健康保险加快发展［J］．中国保险，2020（3）：8－13.

［21］许闲．新冠肺炎疫情中保险发挥了什么作用？［J］．上海保险，2020（3）：15－17.

［22］于保荣，贾宇飞．中国商业健康险主要险种及理赔情况分析［J］．卫生经济研究，2020，37（5）：3－7.

［23］陆婷娟，斯友良，李洁，胡艳．互联网＋医疗健康模式下门诊自助系统的实施与应用［J］．东南国防医药，2019，21（5）：539－541.

［24］闫小如，金涛．高值耗材管理存在的问题与解决方法［J］．医疗装备，2020，33（3）：68－69.

［25］严谨，熊芳．基于诊间扣费的门诊业务流程的再造研究［J］．中国卫生信息管理杂志，2018，15（6）：655－658.

［26］俞文雅，王慧．传染性重大疫情下对基层医疗卫生机构职能的思考［J］．上海预防医学，2020（32）：1－6.

［27］徐英．优化医院门诊收费服务流程的探究［J］．中国产经，2020（2）：146－147.

［28］加强慈善捐赠款物管理使用有力有序支持疫情防控工作——民政部慈善事业促进和社会工作司有关负责人就疫情防控慈善捐赠相关问题答记者问［J］．中国社会工作，2020（7）：41－42.

［29］张利．突发公共卫生事件一级响应下医院接受捐赠的风险管理和应对［J］．卫生经济研究，2020（3）：20－22.

［30］郑大喜．公立医院接受捐赠内部控制、账务处理与信息披露［J］．现代医院管理，2018，16（3）：69－73.

［31］薛源．管理会计视角下的公立医院绩效管理变革［J］．商业会计，2019（7）：

30 – 33.

［32］赵振虹．业财融合视角下公立医院财务转型路径研究［J］．经济研究导刊，2020（3）：109 – 110.

课题负责人：陈志军　上海申康医院发展中心委派上海交通大学医学院附属上海儿童医学中心总会计师，正高级会计师

主要执笔人：包维晔　上海交通大学医学院附属上海儿童医学中心财务部主任，高级会计师

课题组成员：包维晔、周琳彦、章娇娇、徐婕、郭太生、李义平、孟付敏、王黎明、樊云杰、谢燕红、齐磊、沈婷雪

医院会计电子档案管理系统建设研究

一、引言

自20世纪90年代以来，计算机技术与现代通信技术的结合，使世界各国的会计档案工作正朝着数字化、网络化的方向发展。

会计电子档案建设将是由一个模拟（纸质实物）转变为信息数字化的过程。它是对传统的财务纸质档案的革命。财务会计电子档案建设是一个系统和复杂的过程，要统筹规划、统一标准、分级建设、安全保密的一系列操作过程。必须加强收录归档储存数据库的规范化管理，并形成“三化”。即档案信息的数字化；档案信息接收传递存储和提供利用一体化；档案信息的网络化。会计电子档案完全可提供给公众在信网上的查询档案服务（该保密的除外），达到提升财务档案管理和服务水平的要求。“营改增”后，电子发票数量逐日增加，用户可以通过扫码或邮箱获取电子发票。一些建立网上报销系统的企业，已不需要粘贴纸质发票，实现了无纸化报销。中国电信广东分公司2012年开始会计档案电子化试点。每年节约成本1 000万元，每年节省库房约400平方米。不需异地调卷，立卷环节减少，工作效率提高。在物联网、云存储、大数据、区块链等新技术不断推陈出新、飞速发展的背景下，医院完善会计档案管理信息化已迫在眉睫。

医院现有OA系统、HRP系统、电子病历系统、医学设备管理系统、LIS系统、档案管理系统等，分属各部门管理与运行，互不关联，输出与存储格式不同，与档案管理系统互不兼容。这些业务系统是医院在信息化建设方面的进展与体现，同时是信息化未能同步规划、同步建设所带来的负面结果。但也为医院信息化整体构建奠定了一定的基础。各自业务系统的运行或多或少都在产生电子文件。如财务工作中，工作核算、绩效考核、各项明细账目等都通过财务管理系统进行分析与生成；目前，医院会计档案信息化需要解决的是各业务系统的数据衔接及电子文件归档问题。

在医院众多的档案中，会计档案管理是其中非常关键的一项内容。会计档案的种类繁多。它记录着医院患者的医疗消费信息，是一种合法的凭证，更是医院运行的宝贵信息资源。医院会计核算具有非常强的专业性，特别是在当下的信息社会，会计核算模式的创新对于医院的现代化建设很重要。在计算机技术的推动下，医院的会计核算方式产生了很大的变化，逐渐从手工记账转变为核算电算化。而会计档案是会计信息的总体反映，档案管理也要发生一定的变化。不仅要优化纸质档案，更要积极地使用电子档案。利用网络化这一优势资源，将两种模式结合在一起，实现医院内部信息资源的共享。

会计电子档案是借助信息化手段进行处理的数字档案。将实体档案的真实信息通过数码形式输入到电脑中或直接从其他信息管理系统中获取的信息，表现出文字、图像、数字、图表、符号等信息。医院实行会计电子档案管理系统，有利于减轻档案管理人员的劳动强度，提高医院档案管理水平。

随着医院业务量不断增加，财务部门每日要装订归档大量的纸质会计档案，包括门诊、住院收据、药品器材采购单据，还有报销票据和许多合同文件等。医院财务部门口必须投入大量的人力和物力。随着互联网的广泛应用，云计算时代的来临，对会计信息化的要求也不断提高，医院电子档案的推行迫在眉睫。部分医院没有认识到电子档案管理的重要性，也不认可或不习惯进行档案现代化建设，依然使用传统的纸质档案。所以可能存在问题，比如电子档案保存不完整、归档不及时、内容不真实等问题。还有就是医院没有同步推出针对电子档案的管理制度，导致很多先进的信息技术和科学的管理方法不能有效应用，使得医院的电子档案管理工作难以满足医院的工作需求。

二、国内外文献研究

（一）国外文献研究

医院会计档案是医院日常业务活动的真实记录，反映医院经营过程中的各种经济活动。从会计报表到财务分析，从预算资料到决算资料，从会计凭证到记账凭证，从成本核算到工资发放，一系列的财务管理过程最终形成会计档案。

医院会计电子档案是指运用现代信息技术对医院财务会计档案信息资源进行科学收集整理并开发利用保管，使之成为科技含量大，保管方便且查阅迅速的，无纸质的完全电脑化、电子化的档案。

在会计档案的数字化管理和网络化利用方面，美国无疑是走在世界的前列。紧随美国之后，英国、加拿大、澳大利亚、新加坡等国也先后着手推进档案信息化建设。这里，我们重点介绍美国和英国的会计档案信息化建设进程。美国政府将会计档案管理信息化纳入国家信息总体框架中规划和设计。成立于1985年的国家档案与记录署（NARA）由总统直接领导，并对各联邦机构文件的产生、保管、提供利用、最后处置等给予指导和帮助。在总统管理与预算办公室的指导下，NARA于2005年开发了《联邦政务架构档案与记录管理纲要版本1.0》（Federal Enterprise Architecture Records Management Profile）（Yanagi K.，1986），这个纲要作为美国《联邦政务架构》（Federal Enterprise Architecture，FEA）（Stovall O. S.，1990）的附属纲要，与《联邦政务架构地理空间纲要》（Federal Enterprise Architecture Geospatial Profile）（Dan_Dan S. U.，2019）和《联邦政务架构安全与私密纲要》（The FEA Security and Privacy Profile）（Rusmaini R.，2020）共同构成3个基础性纲要文件。并且将3个基础性信息化纲要和需求有机地融合到国家信息化总体框架之中。而FEA是美国政府于2002年以来着力建设和推广的国家电子政务建设宏观规划和参考模型标准。从2006年以来，这套标准已经成为美国各级政府电子政务设计统一标准的参考体系。

英国的会计档案管理属分散式管理体制。全国没有设立统一的会计档案事业领导中心，各类会计档案馆之间也没有法定的业务联系。国家会计档案系统之外的其他档案机构不受国家档案馆的统辖和领导。英国会计档案信息化建设是围绕英国国家档案馆的信息化建设而展开的（Waug X. et al.，2019）。

（二）国内文献研究

2020年3月30日，财政部、国家档案局联合制定发布了《关于规范电子会计凭证报销入账归档的通知》。对于财务领域而言，这是一个十分重大的转折性发展事件。这也意味着会计电子档案将从纸质转为电子档案为主。基于此，我国很多大中小医院都纷纷了开展了医疗核算制度改革、系统升级工作。检索文献发现，我国在开展电算化会计研究方面已有20多年历史，现将具有代表性的学者的研究成果整理如下。

唐宁（2000）发表了《应切实加强电算化会计档案管理》。作者分析了电算化会计管理制度相关流程的建立。并重点阐述了加强这方面研究的意义，尤其是应建立起严格的会计审批管理制度以及复核制度等。

冉启卫（2015）发表了《医院会计凭证档案信息化管理》。作者分析了互联网计算机技术发展对医院会计信息化管理的影响。认为医院应加强会计档案信息化管理制度，完善系统管理，提高医院共享能力。

狄海涛（2017）发表了《医院财政票据会计档案电子化管理实践》。作者分析了厦门部分医院开展会计档案电子化实践管理情况。认为地方医院应加强医院无纸化会计票据管理工作，应建立起新的管理制度，以推进这一方面研究工作不断向前开展。

王廷群（2018）发表了《如何加强医院会计档案电子化管理》。作者认为，当前医院档案管理正处于纸质化档案管理发展阶段，正处于转型探索阶段。应结合新《会计档案管理办法》制定医院电子化档案管理策略，务实推进医院无纸化会计档案管理工作，及时收集更多的实时数据及信息内容。作者强调了加强医院电子会计档案移交管理的重要性。

吴鹏举（2016）发表了《谈电子会计档案移交利用》。作者发现应将电子会计档案纳入会计档案管理范畴当中可提高会计管理效率，而加强电子会计档案移交利用将提高电子会计应用效率。

周宪军（2017）发表了《会计档案电子化试点或将“扩围”现状研究》。作者重点阐述了会计档案电子化管理的重要性。重点分析了几大管理要素，即医院应将多样化技术应用于会计信息档案管理当中，以顺应时代潮流的发展。而这也是未来医院实施网络化会计档案管理建设的必经之路。

综上所述，最近 20 多年时间里，国内外国学者对企业电算化管理方面的研究经验及成果，不管在理论研究方面，还是在电算化、信息化操作方面都取得了一定的进展，为推动我国会计电子档案发展做出了功不可没的贡献。

三、我国医院会计电子档案的现状分析

（一）数量多、查档不方便

（1）档案数量增多。按照新《会计档案管理办法》的规定，会计档案中

数量最多的会计凭证，保管期限由 15 年增至 30 年，很多年难以销毁。销毁档案所腾挪的空间又不足以存放新产生的会计档案，为库房存储空间带来极大压力。(2) 纸质会计档案查档不便。会计档案经移交档案室后，财务人员及其他职工如需查阅会计档案必须到档案室。一旦财务人员与档案工作人员某一方无法到场，就无法进行档案查阅。(3) 电子发票报销未开展。自 2016 年开始，电子发票已被各行各业使用。而在很多医院，仍停留在纸质载体的管理层级。甚至在电子发票日益增多的情况下，财务报销仍需将电子发票验证打印。电子发票的便利与现行纸质发票的管理制度已然无法对接，甚至某种程度上反而增加了职工报销的难度。

(二) 领导对会计信息化工作缺乏重视

调查中发现，当前一些医院的领导层，不重视会计档案信息化管理工作。导致财务部门在日常工作中只重视会计业务相关的工作，而对会计档案信息不能及时收集和完善。导致会计档案管理工作效率低下，也导致医院在专业人才的引进上缺乏有效的工作思维。使得医院会计信息化档案管理专业人员极度匮乏，极大地影响了会计档案管理工作的开展，导致整个会计信息化管理工作停滞不前。

(三) 会计档案管理机制不健全

会计档案管理机制贯穿于档案管理工作的各个方面。可是，当前的医院会计信息管理机制依旧是根据“规定”来实施，并不具备强制性，一定程度上加剧了档案管理的惰性和怠慢性。伴随医疗工作和全民医保的建设，医院档案资料管理的作业量和复杂性会不断增加。但是与之配套的会计档案管理机制并未有效建立与健全，缺乏相应的监管机制和监管办法，导致会计档案管理工作无法高效运行。

(四) 信息化技术落实不到位

在数字化的计算机档案管理前提下，档案资料的调整产生无迹可寻。不法人员仅需要破除计算机信息平台的安全防护流程和档案平台的防火墙，就能够在档案资料中调整，同时不会预留任何物理痕迹。最终把其他资料实现复原。而在纸质化信息管理时期，所有对档案资料的调整均能够观察到修改的痕迹，给检查留下关键的线索。所以，信息化背景下医院会计信息档案管理的另一个关键问题便是技术落实不到位，特别是安全保密防控技术不全面，给不法人员的篡改提供机会。

（五）缺乏复合型的技术工作人员

通过对医院会计档案管理工作的调查发现，当前医院的会计人员，大多数是由之前从事手工操作的会计人员过渡而来。尽管在推行信息化会计管理工作的时候，他们接受了电算会计的培训课程，但是有的业务知识仍旧不过关（杨莉等，2013）。

相关专业人才匮乏，教育投入不足。要做好会计电子档案资料的管理工作，不仅要扎实的会计功底，同时还要具备专业的计算机操作和数据处理能力。当前，许多行业并未注重财务档案管理方面人才的培养和储备。财务系统构建，一般都交由软件开发公司设计研发。许多医院虽在外包软件开发方面拨付不少经费，但在软件交付医院使用后期的人员培训及系统更新上的关注较少（张静，2014）。导致很多系统功能财务人员不清楚，利用率低。这样不仅影响会计工作效率，也未将会计软件的使用得到充分有效的发挥。

（六）对财务档案管理软件、硬件投入的不足

会计档案电子化管理的基础是会计电算化的应用。会计电算化系统是纸质档案迈向电子档案的桥梁。随着电算化会计的发展，手工记账凭证已退出历史舞台，电子凭证已逐步覆盖到会计日常工作的各个领域。当前，各医院的财务部门均已构建内部联网报销系统，完成了迈向档案管理电子化的初步衔接和基础性工作。但对于具体的软件功能应用还处于浅尝辄止的阶段。相较于传统会计档案，电子化会计档案的形成更依赖于计算机的硬件及软件。但受预算经费限制以及管理人员思想认识不足等原因，存在计算机软硬件更新滞后，低版本操作生成的数据不能正常读取和使用，使数据的调取和分析受到了不同程度影响的可能（蔡际，2009）。另外，为了达到电子凭证与纸质凭证同期同步归档的工作要求，需要足够储存空间予以支持。而随着医院的发展，形成的历史数据资料随之增多，缺少适合的场地保存。各医院一般

把条件较好的楼层空间设定为医疗区，后勤综合保障部门一般设置在医院的边缘角落，场地设施存在缺陷。财务档案管理的硬件设施陈旧，物理储存环境不理想。

财务档案种类繁多，而做好财务资料的有效细分是财务档案管理工作的首要前提。当前由于档案管理人员对财务档案分类没有明确的准则依据，对电子档案的形成和使用没有准确认识，医院对会计档案资料管理制度的制定仅停留在档案装订时效、装订规格、入库程序等基础性工作。对会计档案电子化的工作要领没有深入的理解和掌握，还不具备针对具体的档案资料做出合理分类的能力，为会计档案电子化运行带来了阻碍。

四、医院会计电子档案管理的必要性

随着医院会计工作范围的拓展和管理要求的提高，迫切需要改进财务会计档案管理手段和提高管理效能。建设财务会计电子档案，实现财务档案的网络化管理，是适应现代化管理的需要，是搞好财务档案管理的必然选择。

（一）现代医院会计电子档案的新特点

信息量大、时效性强、实时更新、查阅频繁这一新的发展趋势，对当前的财务档案管理手段和方法提出了严峻挑战。随着国家财政经济工作的不断发展，财务法规标准的变化越来越频繁，甚至某些科目的经费标准一年内进行几次调整。各种指标标准，每年都在变化；各种会计账簿报表决算每年都有不同的内容，并且要求既要反映当年度经费活动情况，又要反映上年、下年或若干年的经费活动情况；各种标准划分越来越细，项目越来越杂，信息采集的工作量日益增大。这些都给财务档案管理工作增加了难度（张滨溪，2012）。各行业部门为解决此类问题，都编有年度财务文件汇编等资料。但是这些资料往往缺乏全面性、连续性和时效性，一些标准很快过时，得不到及时刷新。重新整理出版的周期长，计划赶不上变化，消耗大量人力和财力，有很多问题还是难以彻底解决。

（二）医院会计电子档案信息化是时代发展的要求

财务档案是国家档案系统中的一个“要素”，是社会信息系统中的一个

“细胞”。根据《全国档案事业发展“十一五”规划》，明确要求档案部门积极做好档案工作信息化的建设。作为基本建设项目管理的重要内容，财务管理能够有效推动财务组织参与到项目全方位管理之中，并达到节约建设投资的目的。从这一角度而言，财务管理工作也就越要逐步健全和完善。而且受国家宏观政策调整和发展形势等影响，财务管理需要进一步提高预算管理的科学化、精细化水平。然而，在当前整体财政体制改革逐步深入的宏观背景下，财务管理水平不断提高，财务工作的难度和强度也逐年增加。所以，随着财务工作范围的拓展和管理要求的提高，改进财务档案管理手段和提高管理效能的问题迫在眉睫。而建设电子财务档案，实现财务档案的网络化管理，既是适应现代化管理的需要，也是搞好财务档案管理的必然选择。

（三）会计档案信息化在医院管理中的积极作用

1. 会计档案信息化能够实现医院档案的长期安全保存

众所周知，纸质档案是传统的档案管理方式。这种模式存在很多不安全的因素，容易造成档案材料的丢失，使得长期保存的可能性降低。这种档案资料的不完善会给医院造成不可挽回的损失。如果医院使用电子信息化的方式来处理相关档案，就能够很好地避免出现档案信息丢失的情况，实现会计档案的长久保存。不仅如此，会计档案的信息化也给档案查阅带来了便利，很好地提升了查阅的效率。

2. 会计档案信息化能够提高会计档案管理质量

在当下计算机普遍使用的今天，医院档案管理人员能够充分使用信息技术来对会计档案编写目录，建立智能数据库，使得档案信息的检索与使用变得非常的方便。这在一定程度上能够大幅度降低相关工作者的工作量与时间。与此同时，利用计算机分析处理会计档案信息，可以更加有效地寻找出一些规律性的东西，为医院的决策提供参考价值。这将有利于医院布局未来，抓住发展机遇，更好地开展会计档案管理工作。进一步提升医院会计档案相关工作的效率和准确性，最终促使医院高效持续地发展下去。

3. 会计档案信息化能够优化档案信息资源的利用

现如今，医院一般会采用电子文档的模式对相关会计档案资源进行整理。在信息系统的支撑下，医院各个科室的工作人员以及患者都能够根据自身的需求快速及时地查阅相关档案信息。这在一定程度上能够更好地减少档案管理者的工作时间，并且为档案使用者提供更好的服务，最大限度发挥医院会计档案资源的价值。

4. 会计档案信息化能够保障会计信息的真实可靠

会计档案的形成过程非常的严密，需要采用专业的会计方式。医院会计档案信息化有利于会计信息的完整性和真实性，降低医院会计工作者的工作量。最近几年，我国出现了很多医患矛盾。会计档案管理实现信息化后，一旦出现医疗纠纷事件，医院就能够及时地提供真实、准确的会计信息。在解决纠纷的过程中，这些信息就会成为客观且重要的法律依据。既能维护患者的正当权益，也能够督促医生承担责任，更好地为患者负责。

5. 医院会计档案信息化管理的主要优势

（1）全面性。该优势主要体现在其功能上，不仅可以实现节约成本的目标，同时也能大幅降低会计档案管理过程中各种人力、物力的消耗。此外，现代医院采用信息化管理模式能实现会计数据处理过程中各种非必要费用的降低。（2）专业性。医院会计档案信息化管理系统的建设需要依赖于各种专业性的硬件和软件。计算机技术、网络信息技术等在医院资金流动管理、财务预算控制以及审计环节的应用，使会计档案管理工作的专业性得到很大程度的提升。（3）高效性。在开展会计档案信息化管理的时候，需要用到一些集成处理技术对海量数据加以分析和整理，并完成数据归类、计算等难度较高的操作。在平常的工作中，需要每天对当天产生的新数据加以分类和整理。并对一些重要数据进行统计学分析，以便依据统计结果对成本管理、预算控制等提供有效参考。由于目前医院的会计档案管理工作负担较重，将信息化技术应用于管理过程中，不但能大大提高数据处理的效率，同时也能大幅降低失误率，有效避免管理过程中的各种漏洞和问题。

6. 医院财务会计电子档案的优越性

与传统的手工财务档案相比，信息化财务档案彰显优越性。首先，将财务文件档案转变为电子信息，即电子介质的财务档案后，可以存储于磁盘、光盘及移动设备中。这种虚拟数据模式下的各种票据、凭证、账簿、报表等财务数据资料，在携带、传输及使用方面都更加方便灵活。较之传统的财务档案，《财务文件汇编》等电子财务档案具有无可比拟的优点，能够较好地适应高数据量的财务档案的发展需求。具体表现在：电子财务档案易于修正、复制和重置，便于纠错、携带和传递；电子财务档案的存储形式多样，既可以存储于软盘、硬盘、光盘中，也可以打印输出到纸质材料中。其次，随着信息科学的发展，当前数据统计分析的软件很多，以信息化方式存储的数据便于计算、分析，能够方便、快捷获得所需结果。而且，财务档案信息化后，还可以通过计算机操作和网络交流，满足档案信息资源共享、无纸化查阅等目的需求。这样既节约了办公成本，避免了原始档案由于频繁翻阅而带来的磨损，还有利于专业管理，便于档案资源的统一整合，极大地提高了工作效率和质量。

五、我国医院会计电子档案建设存在的问题

（一）会计电子档案建设目标不明确

医院会计电子档案建设看似简单，似乎仅仅是财务管理部门自己的事情，最多把档案管理部门牵涉进来。“统一领导、分级管理”的档案管理体制尚未真正落实。仍沿用传统的管理模式管理财务档案，思想和行动还未转移到档案信息化管理方面来。再说财务档案还未和其他部门有效协调，需要的流程化、数字化和档案数据库等要利用网络资源，但涉及有关职能部门较难协调配合。有些财务档案信息化的管理缺乏统一领导，各机构和管理部门在财务档案信息化进程中没有尽到应尽义务，配合工作不到位。以至于财务档案信息化建设的目标非常模糊。

（二）医院会计电子档案标准不规范

医院会计电子档案建设内容包括网络系统、数据库系统、标准化统安全系统、信息规模、信息服务等。财务档案信息化概念的提出虽然已经10几年了，一些相关主管部门尽管也曾零敲碎打地制订了并不系统的规章制度，但档案信息化建设毕竟是一个新兴事物，人们对旧的理念和观念已经有了很深的根基。因而在实际工作中，财务档案信息化的理论并没有与实践有机结合。几乎所有的财务信息化工作都是从一张白纸开始的，缺乏可以照搬的经验和标准范例，使得财务人员产生畏难情绪，一定程度上阻碍了这项工作的有力推进。

尽管《会计法》《会计档案管理办法》在会计档案的保管、保管期限、

销毁移交等方面都作出了比较全面和细致的规定，然而，实践却显示：会计档案制度仍不能满足现有的需要。例如，医院三甲评审是对医院的一次大检查。然而，医院却没有一套完整、严格的会计档案管理检查制度。一旦出现问题，有关单位发现问题追索会计信息时，却无法查寻到相关的会计档案的情况。由于《会计法》等法律法规规定的会计内部监督不具备超然独立性，其涉及高层主管的会计监督将形同虚设。会计档案的合法、完整、真实性面临着公然的挑战；随着科技的进步，许多医院已经使用磁性介质保存会计信息，内部也实现财务系统联网。然而，在会计电子档案管理立法上却常常出现空白或是刚刚着手起草，存在着一定程度上的立法滞后和财务安全隐患，必须加快相应制度的制定；对二级财务部门的会计档案收集归档松散。要从根本上改变它，必须上升到形成制度化上来，以保障财务主管部门会计档案的完整、系统；部分医院没有制定相关的借阅制度，造成查询会计信息无章可循，会计档案随意借出、复制、调阅等。这些都应该上升至制度层面去进一步地改进和完善。

（三）医院会计电子档案管理人员缺乏相应知识

经过漫长的变革与发展，医院财务管理人员的素质已经有了很大改观，在学历、职称等方面已经基本符合岗位要求。但是，长期以来所形成的工作惯性，使得他们在业务上仅仅重视财会理论与实践的学习与研究。而对档案业务特别是档案信息化这项工作的重视程度没有提升到一定的高度。档案资料的收集、整理往往被忽视，以致单位形成的计划、总结、专题报告、预决算资料、基建预决算、市场报告等资料、合同协议书、荣誉证书、工资转移单、工资调整、人员录用资料等散失、霉变；有的甚至将一些资料据为已有，在工作调动、岗位调整、离退休时一并带走。在现有的财务人员中，真正懂得财务档案搜集整理的人员很少，懂得把纸质财务档案转化为电子档案的人员更少。这方面的人才缺少并非整个财务部门人员少，而是对财务档案钻研和熟悉的人员少。主要原因有：一是部分人员固守传统观念，认为财务档案管理工作是简单的，只要管好不丢失就行；二是不够重视对财务档案管理人才的培训培养，没有前瞻意识，特别是没有针对性地培养财务档案信息化建设方面的人才；三是目前医院财务部门虽设专职财务档案管理工作人员，但是人员太少，尤其是懂得把纸质财务档案转化为电子档案的人员更少。

（四）医院会计电子财务档案的安全风险

1. 数据安全风险

在手工方式下，财务信息以账、证、表等形式存储在纸介质上，修改过的会计凭证或账簿可以从财务人员笔迹和印章上分清责任。但是电算化系统的会计数据直接存储在磁盘上，对电子数据的非法修改可以做到不留痕迹，存在着档案无纸化和电脑操作无形化带来的数据风险。利用计算机的舞弊具有很大的隐蔽性，被发现的难度较之手工会计系统更大，其造成的危害和损失也更大。因此，在电算化系统下做好安全保密工作意义重大。

2. 管理安全风险

由于相关人员缺乏计算机信息安全基本知识，不遵守本部门的信息安全规则，造成数据损失等。很多财务工作人员普遍对病毒的危害性程度认识不够，任意从互联网上下载资料，在计算机间、局域网和互联网之间交替使用软盘和可移动硬盘、U 盘，将计算机病毒带入财务系统中。另外，由于一些计算机的配置较低，安装防病毒软件后计算机运行速度会受到影响。一些员工对安装的防病毒软件私自卸载，造成整体防病毒工作的被动。因此，往往由于某一个人使用过程中的疏忽，而给整个会计电算化系统带来风险。

3. 非人为事故风险

如意外事故。包括非预期的、不正常的程序结束操作造成的故障；由于电源故障造成各种设备无法使用；存储数据的辅助介质部分或全部遭到破坏；已输入数据的凭证丢失等。如果这些数据已经及时备份尚可恢复；如果未及时备份，则造成财务数据永久丢失，给企业造成不可估量的损失。

（五）基础设施落后

设备落后是目前制约财务信息化建设的最大障碍。目前，一些财务档案资料存放在办公室，缺乏档案资料存放的安全性。且易潮湿、污损，与防虫、防火、防湿、防盗、防尘、防霉、防光的“七防”要求相差甚远。有些单位财务部门现有的电脑设备比较落后。容量低、速度慢，远不符合建设财务档案信息化的要求。要更新设备，需要大笔资金投入。有的医院经费困难，难以改善。

六、我国医院会计电子档案管理应用研究

（一）档案管理业务范围

我国公立医院，需要留存大量反映公立医院医疗卫生行业特殊属性的会计档案资料。通过会计电子档案智能管理平台，可以管理医院在会计核算中形成的会计凭证、会计账簿、财务会计报告、其他会计资料等各种形式的会计资料。包括电子票据管理系统生成的医疗电子票据和管理报告等。系统实现了对医院会计凭证进行全口径、全流程的电子化归集、接收、入账和归档（如图1所示）。

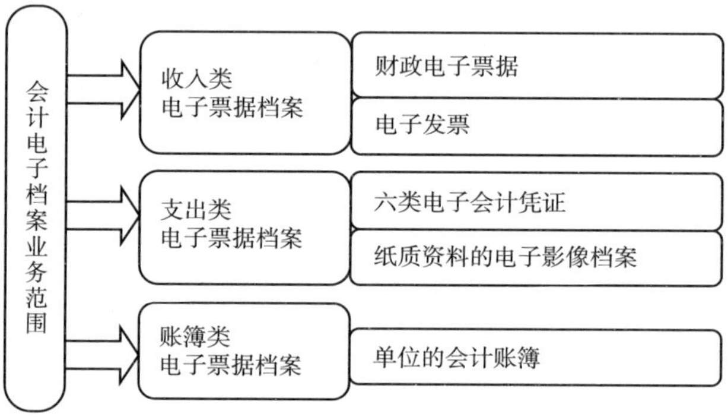

图1　会计电子档案业务范围

（二）平台的实现目标

（1）实现原始凭证的电子化和数字化。通过影像系统平台的建设，实现支持对接来自医院内各业务系统、外部系统、线下业务产生的各类电子或纸质的文档等各类数据的采集和预处理。通过人工智能进行识别和语义理解，形成结构化数据。通过各种人工智能的技术手段真正实现全面的数字化。（2）实现多应用下的影像数据共享管理。建立统一的影像版本管理，实现影像数据存储和关联。通过数据的统一集中和处理，实现了应用数据的查看、调用和共享。通过影像系统平台建立清晰的协调机制和统一的影像数据管理渠道。（3）实现影像的标准业务流程对接。实现所有业务系统的标准化对接

及应用。协助实现业务流程的规范和标准，为共享中心服务的标准化及规范化建立基础。

（三）平台业务处理设计

平台通过与医院多业务系统、会计系统的集成接口获取会计档案。医院内财务人员、报销人和各个往来单位只需完成电子发票的提交和接收，即可由系统自动完成票据的采集整理，归档保存。档案利用、档案移交环节的规范管理，实现了电子档案采集、管理和利用等基础功能应用，大大减轻了人员工作量和管理成本（见图2）。

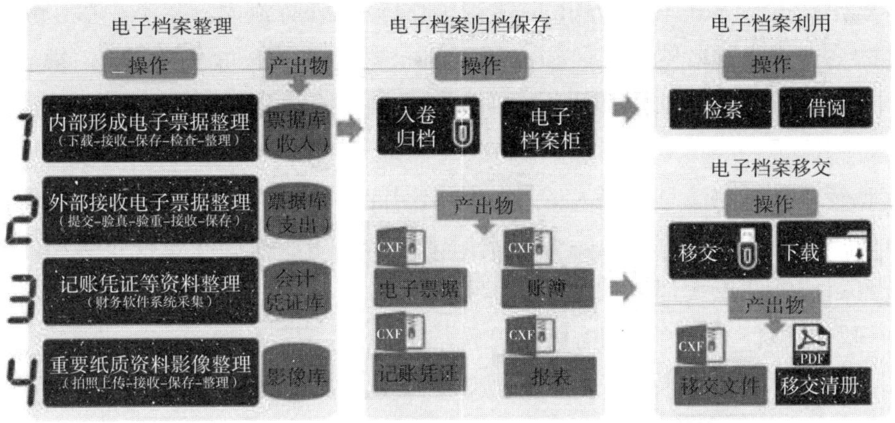

图2　会计电子档案平台业务处理流程

（四）主要系统功能

（1）影像采集功能。影像扫描是会计档案无纸化的关键环节。该系统支持多场景下的影像采集及各种图像格式。影像扫描系统支持馈纸式扫描仪、高拍仪、手机移动设备等多种采集设备，还支持PDF、BMP、JPG等多种图像格式。影像采集功能还具有多票切割采集技术，可智能分割理票。扫描客户端票据时，对于票据的切割、归类、识别可以全流程智能机器人一体化运行。快速扫描自动分组，无须人工干预或手动进行切割，实时高效。影像采集功能拥有强大的图像优化能力，全面提升影像凭证质量。拍照采集票据时，利用四点定位、图像转正以及增强、黑白、锐化、灰度等图像处理技术对拍照图片进行处理。图像预处理功能，则通过投影、边缘检测等图像处理技术，自动判断碎片位置。对于少切、多切的碎片能够自动重定位。目前对于定位错误的碎片经过重定位后，识别正确率提高 50%；通过膨胀、腐蚀等图像形态学技术，剔除印章干扰、部分线条干扰、背景噪点干扰，以提高 OCR 识别率；图像归一化。运用模板图像与待处理图片特征信息的匹配，把待处理的图像与模板图像能对应起来（特征点对应及大小对应）；还能去除边缘、黑边，呈现完整的影像。此外，采集功能还支持发票验真服务，支持对异常发票进行预警。例如，发票重复报销等。

（2）图像识别功能。全票种识别能力，奠定智能化财务共享中心基础。系统基于深度学习和图像处理的票据识别服务，具有强大的自动模版识别分类能力。采用人工智能技术，运用深度学习算法和全版面识别算法，集成版面识别、定位切割以及 OCR 识别引擎技术。运用人工智能的深度学习算法自动进行切割，精准切割准确率高达 100%。通过 OCR 技术和定位信息，将图片信息转化为文本信息。强大的二维码识别能力，能针对针式打印机打印的二维码进行优化。采用快速定位、缺损重构、模糊还原和畸变校正等图像处理技术，能够适应大部分的二维码缺损、污损、畸变、模糊等应用场景。全票种识别能力，文本、表格等各类文件均支持。

（3）影像检索和管理功能。支持快速检索影像文档。支持业务系统通过 API、单点登录等方式进行调阅查询，关键字段信息精准查询，模糊搜索和查询。还支持影像相关业务数据展示。影像管理支持针对影像的编辑功能，包括影像图片的增、删、改、批注等。支持业务信息索引。基于相关票据档案的结构化数据及归档信息，实现相关票据档案的业务透视地图。影像管理实行严格的会计信息系统准入授权。采用“用户—角色—功能”的权限配置流程，可以更灵活方便地对用户权限进行配置和管理；支持用户组的管理，支持按菜单、数据、报表等权限来统一管控。依影像档案功能或用户类型设置是否添加水印，自定义水印内容。防止盗用，确保档案借阅和打印安全；还支持依影像或档案类型设置电子签章，有效防止篡改。依影像档案功能或用户类型设置是否添加水印，实行脱敏遮挡打印管理，敏感信息提供部分遮挡，以确保电子化会计信息的安全性、完整性。

（4）影像归档功能。影像类型分为固定类型和自定义类型。档案类型可设置为自定义档案类型、多级档案目录和档案自动分类规则。支持根据影像信息自动归档及分类。根据系统预先设置的归档规则，将影像文件自动归档到目标目录里。在影像不满足自动归档规则的情况下，用户可手动将该影像归档到指定档案目录。日常操作日志：对影像档案的新增、修改、删除、查阅、功能配置等日志；完整日志记录：根据操作用户、记录时间、操作描述的内容进行详细记录。

（5）数据归档功能。对于电子会计凭证，电子票据系统直接获取。版式文件定时自动下载。电子发票自动查验接收，专业归档存储。对于账簿数据，平台内的归档适配器，可以对任意账务软件采集，无须二次开发软件。

（6）数据查询功能。跨系统、跨版本历史财务数据查询，不用维护老旧系统，不用登录多系统查询。提供档案阅读器和定制式摘录电子账本，可脱离实际业务系统，进行记账凭证、账簿、报表、合同等电子档案管理。文件完整导出至移动存储设备，打开即可查询。有效解决了财务软件更新换代后历史财务查询不便的问题，便捷高效。

（7）借阅和移交功能。档案借阅，按借阅申请人要求，精准提供查阅资料。提供授权查阅密码和借阅期限限定，在线或离线电子文件查阅，免归还，便捷、高效、留痕。方便内外部借阅，财务审计、检查等资料提供。对于档案移交，归档文件下载备份独立存储，可移交，可备份，保存移交接收处理记录。便于档案长期保存，节省空间。

七、研究结论与展望

医院的发展越来越快，业务量越来越多。医院信息化建设需要大数据的支撑。如果没有信息化支持，则无法适应医院快速发展的要求。医院会计电子档案智能管理平台的上线，提高了流程效率和管理能级，适应社会大数据时代的快速发展。医院会计电子档案系统可以把大量财务数据进行过滤和处理，给医院相关部门提供个性化的财务数据需求。可以发现不足和寻找到新的业务增长点，从而做出更好的决策。原先需占据大量物理空间的会计档案通过数字化呈现，通过加密功能保障信息安全，也可以随时调阅有利于信息共享，提高了在审计、纪检、内控工作中的利用率。电子会计档案处理流程，引入医院风险控制制度，有利于医院进行多层次、全方位的风险管控。会计档案电子化依托信息技术，聚焦“现代化、数智化、高效化、精准化”方向，将档案信息存储在专业设备中，降低了成本，提高了效率。医院电子会计档案将推进医院会计信息化的深度开发和高效利用，为医院的发展提供不同维度的参考数据，为医院全面信息化、科学化发展注入新的动力源泉。在档案管理的有效性和规范性上显著提质增效。医院电子会计档案管理工作的上线，将更快地提升财务管理工作效率、更优地提升患者就医体验、更好地提升院内外财务信息相关使用者的感受度。同时也为公立医院财务数字化转型，使资金流、业务流、信息流相融合，能有效提升医院整体管理水平与质量，提升医院整体精细化管理能力，助力医院持续健康的高质量发展提供实践探索借鉴。

（一）加强医院会计电子档案管理的有效途径

1. 强化医院会计电子档案的法律保障

信息技术得到广泛应用，电子档案及其法律效力逐渐得到认同。2015年，国家税务总局发布《关于推行通过增值税电子发票系统开具的增值税电子普通发票有关问题的公告》。自2015年12月1日起，在全国范围推行增值税电子普通发票。2015年12月，财政部和国家档案局联合发布了新修订的《会计档案管理办法》，认可了电子会计档案的地位和效力。2019年4月26日公布的《国务院关于在线政务服务的若干规定》第12条提到，符合档案管理要求的电子档案与纸质档案具有同等法律效力。2019年12月26日公布的《最高人民法院关于修改〈关于民事诉讼证据的若干规定〉》中提到，“电子数据包括下列信息和电子文件：……文档、图片、音频、视频、数字证书、计算机程序等电子文件；其他以数字化形式存储、处理、传输的能够证明案件事实的信息。”2020年新修订的《档案法》明确提出，电子档案与传统载体档案具有同等效力，可以以电子形式作为凭证使用。这些法律法规的出台与修改，为电子会计档案提供了法律保障。

为确保电子会计档案的真实、完整、可用、安全，对于电子会计资料仅以电子形式归档保存的方式，新《办法》提出要求：一是形成的电子会计资料来源真实有效，由计算机等电子设备形成和传输；二是使用的会计核算系统能够准确、完整、有效接收和读取电子会计资料，能够输出符合国家标准归档格式的会计凭证、会计账簿、财务会计报表等会计资料，设定了经办、审核、审批等必要的审签程序；三是使用的电子档案管理系统能够有效接收、管理、利用电子会计档案，符合电子档案的长期保管要求，并建立了会计电子档案与相关联的其他纸质会计档案的检索关系；四是采取有效措施，防止会计电子档案被篡改；五是建立会计电子档案备份制度，能够有效防范自然灾害、意外事故和人为破坏的影响；六是形成的电子会计资料不属于具有永久保存价值或者其他重要保存价值的会计档案；七是电子会计资料附有符合《电子签名法》规定的电子签名。以上要求中：第一、七项规定是确保电子会计档案的真实；第二、三、六项是确保电子会计档案的准确、完整、可用；第四、五项规定是确保会计电子档案的安全。单位内部生成的电子会计资料仅以电子形式归档保存，必须同时满足第一至六项规定；单位外部接收的电子会计资料仅以电子形式归档保存，必须同时满足第一至七项规定。

2. 顶层设计：跨系统的信息共享平台

（1）统筹协调，系统数据兼容对接。大数据、云存储时代，数据集中、共建共享是发展趋势。高度系统集成是会计档案信息化的关键，分散式档案管理已不适应发展需求。新修订的《档案法》第36条提到，推进电子档案管理信息系统与办公自动化系统、业务系统相互衔接；第41条提到，推动档案数字资源跨区域、跨部门共享利用。构建医院信息资源服务平台，集成办公系统、财务管理系统、档案管理系统等各业务工作系统，分系统内各自部门运行，并最终都与档案管理系统关联。对各业务系统中应归档的原始数据统一采集。所有系统内形成的电子档案都可直接归档至档案管理系统，并通过档案管理系统获取数据。

（2）统一标准、技术规范、设计科学。在医院层级实行统一管理流程、统一元数据管理、统一归档标准。财务管理系统作为重要部分，既包含前段财务业务流程，也应符合电子档案的归档格式与标准要求。首先，梳理财务业务工作，确保会计凭证、账簿、报表输出电子格式。明确电子会计档案的归档范围及归档流程，确定“单套制”与“双套制”的适用范围；其次，制定数据接入技术规范，包括文件格式、接入频率、背景结构、校验规则等标准，实现数据在线归档。

（3）利用优化，归档与查档流程简化。纸质会计档案的归档流程可细分为打印、组卷、编目、装订、装盒、上架。实现跨系统的信息共享后，对于实行“单套制”保管的会计档案，可以省略打印、手动组卷、装订、装盒、上架等过程，将组卷、编目、移交等流程转至系统间进行。财务人员在财务管理系统中对待移交档案定期移交，编制目录并根据统一设定的档号规则生成档号，打印移交清单。经领导审批后提交归档，编目信息、电子会计档案元数据等信息一并移交。档案管理系统接收移交数据后，对归档信息各项要求进行审核，确认无误后归档流程完成。查档利用流程进一步优化。会计电子档案移交后，拥有权限的财务人员可自行查阅系统内生成的会计电子档案，也可通过档案查询功能申请查阅存量会计档案的原文“数字化”版本；普通职工查档经由财务人员审批并提交申请。

3. 电子会计档案：数字化走向“单套制”

存量会计档案数字化。选取重要程度高、用户利用率高、纸张损坏率高的存量会计档案进行数字化扫描。存量会计档案的数字化可以解决异地利用的困难，方便财务人员的查档需求，提高工作效率。同时，在会计档案保管期限到期销毁后，可延长电子会计档案保存期限，以备可能性的查考。存量会计档案“数字化”的范围应进行明确限定。会计档案的利用主要集中在形成时间的近 10 年。形成时间越久的会计档案，其利用率会相对越低。随时间推移，基本呈逐步下降的趋势。同时，医院会计档案的利用范围相对集中于药品采购、大型设备购置、“三公”经费、科研课题经费、固定资产等方面。因此，可以将数字化范围限定在以下三个方面，建立专题数据库，方便利用。

会计凭证。利用率高的原始凭证和记账凭证进行原文扫描，甚至是保存为 OCR 识别后可以全文检索的双层 PDF/OFD 格式；非计算机生成、手工填写的总账、明细账、日记账；非计算机生成、手工填写、永久保存的年度财务报告、部门决算。

4. 会计电子档案“单套制”

电子档案“单套制”已势在必行。虽然目前实行全部会计电子档案“单套制”在短期时间内难以实现，但部分会计档案“单套制”具有现实可操作性。财务部门推进电算化后，核算、内控等业务工作都在计算机端生成、查阅，打印出的明细账、工资册除了保存备考外很少被财务人员查阅，极大地浪费纸张与库房空间。实行会计电子档案“单套制”，记账凭证、工资发放清册、总账、明细账、会计报表、固定资产卡片等经由财务管理系统生成。

在财务管理系统与档案管理系统数据对接的基础上，都可直接归档至档案管理系统，可以不打印纸质版本。逐步扩大“单套制”适用范围，提高会计电子档案占比，通过条码条、影像系统扫描等方式关联原始凭证与记账凭证；通过与其他业务系统信息共享，对单位内部形成的原始凭证进行数据交换。减少原始凭证打印步骤，分阶段、分批次逐步推进会计电子档案的开展。从实践来看，“单套制”“双套制”将会长期并存，但信息技术的应用和依赖会越来越强。因此，推进会计电子档案“单套制”，甚至向“单轨制”管理探索，势在必行。

5. 技术支撑：区块链技术保障“四性”

会计电子档案管理的风险因素主要是如何保障真实性、完整性、可用性和安全性。运用区块链技术可以对“四性”进行信息检测与安全保障。区块链技术将各个区块通过指针形成不可逆的链式结构，每个区块都含有非对称公钥与私钥、数字签名、时间戳等信息。且每个区块都含有上一个区块的哈希值，以此来验证信息的有效性，并允许下一区块的生成。区块数据存储于节点上，节点之间再通过网络形成共享平台。如档案管理系统、财务管理系统可以看作区块链中 2 个节点，各自系统中的每一条包含加密信息的元数据就是区块。财务管理系统依照统一标准，对数据进行捕获。由财务部门对元数据信息加密，提出移交存储请求。通过区块链共识机制将信息封装成新的区块，存储于区块链中。档案管理系统通过区域链获取此信息。由于区块链技术的去中心化特点，一旦遭受网络攻击，必须掌握全部数据节点的 51%，才可以操控修改网络数据。篡改难度大，几乎不可修改，从而保证档案信息的真实性。区块链智能合约机制可以按照预设的规范流程自动执行。通过时间戳等技术记录信息状态，可追溯信息，保障可靠性（孔繁杰，2015）。运用区块链技术收集数据信息，减少人为参与，并通过共识机制检查文件格式、数据背景等元数据信息。各节点相互配合，保障完整性。区块链技术是新型的分布式数据库，数据存储于财务管理系统与档案管理系统两个节点上。即使某一系统信息遭到篡改或丢失，只要另一系统正常运行，数据仍可恢复。并继续更新记录，从而保证可用性。区块链技术并不是独立的，而应与大数据、云计算等技术融合实践。只要有利于会计档案信息化的建设与发展，都应用辩证与发展的眼光看待。

6. 人才保障：培养复合型人才

培养兼具档案、财务、计算机三方面基础知识的复合型人才，弥补精细化分工的弊端。无论是系统的开发运作，还是利用工作的审核批准，都无法脱离“人”的参与。现代社会，分工愈加细化。工作专业化的同时也造成复合型人才的缺失。同时，系统互联，数据信息高度集中，对相关管理人员的要求更高。财务系统与档案系统互联互通。在运行过程中，必然会遇到归档与利用的各种问题。具备财务知识与档案知识，可以解决归档的具体范围与在线利用操作细节。同时，系统互联构架于信息技术之上，掌握基础的计算机技能和互联网知识，可以自行处理简单的系统问题，减少因计算机人员忙碌而造成的在线查档延迟。因此，对涉及财务归档及利用的部门都要指定专人负责。并定期组织培训，包括财务、档案、计算机知识、职业道德等方面内容，由浅入深，逐步深化拓展培训深度与广度，为医院会计档案的智慧化管理储备人才。

7. 构建专门的医院财会档案信息平台

研发适用于医院的财务档案管理平台，是实现会计档案电子化的重要保证。对实施电子化前产生的纸质档案进行数字化转换，将其整体录入到数据库平台，减轻医院财务档案管理人员的工作强度和压力，在一定程度上补充财务档案信息的完整性。使会计资料的阅览调取更便捷和高效，全面实现医院财会档案的信息化。且能够更科学合理地整合相关的人力和财力资源，从而最大限度地提升医院财务档案管理的质量和效率。

8. 制定管理办法，优化管理理念

推行会计档案电子化管理，要提高会计档案管理人员的思想认识。当前，各医院正处在会计档案电子化管理的探索期。为确保医疗资金的安全可靠，应保持纸质财务档案与电子档案并存，待时机成熟后再逐步降低纸质档案资料的使用。新管理制度中规定“形成的会计电子资料不属于具有永久保存价值或者其他重要保存价值的会计档案”。说明电子档案是纸质档案的辅助资料，要以纸质档案为依托，要具备与纸质资料的对应检索性。所以，电子档案和纸质档案并存的档案管理方式，是我们目前必须遵守的档案管理原则。医院应由专门负责档案的管理人员，定期将会计电子资料进行分类管理及查重补漏。使会计信息在不同存储模式下，相互监督、互为补充，发挥二者的协同效应。这种探索实践对财务管理者来说，不仅是极大的飞跃，也是未来会计档案的管理趋势。

9. 加强教育投入，培育专业人才

要实现档案管理的信息化，人是最核心的因素。档案人员队伍能力强弱，水平高低，直接关系到这一新模式的实施效果。医院应注重专业人才培养和储备，逐步推进档案管理电子化工作的有序开展。设置专门岗位人员投身于会计档案管理，确保会计信息的接收及时、分类准确，确保会计信息的真实完整性。为此医院应加大专业人才教育投入，制定合理的工作流程和管理办法。

10. 加强电子档案保密意识，做好档案安全防范工作

医院会计档案管理工作的首要任务就是保障会计档案的安全。保护财务信息不受到网络侵犯，显得尤为重要。医院数字化档案应基于医院内网，与因特网做好物理隔离。由于电子数据具有数据高度集中的特点，因而非常容易泄密。为防止这类问题的发生，确保会计信息安全运转，应对信息调取进行分级管理，加强监督，定期更换密码，严密财务工作流程，确保会计账务组织体系的完整性和严肃性。

（二）优化医院会计电子档案管理的措施

1. 提高领导对会计电子档案管理数字化的认识

加强医院领导对会计信息档案管理实现信息化的关键性认识，以及转变医院管理者对会计信息档案管理的老旧思想，这对医院会计信息管理数字化的发展能够起到领导带头作用。医院领导认识到会计资料档案管理信息化的关键性，将会实施会计信息管理与考核机制的建立与健全。医院会计信息档案管理机制与考核制度的优化，不但能够增强医院会计信息档案管理者开展会计信息管理任务的责任性、服务观念及自身的专业水平，还有利于医院会计信息管理数字化发展。另外，医院的领导人员若要实现医院的可持续发展以及增加医院的经济利益，必须重视医院会计信息档案管理数字化的发展。同时，将医院会计信息档案管理数字化的发展同医院提升医院的市场竞争力有效结合起来。

2. 对医院会计电子档案数字化管理机制的建立与完善

医院会计电子档案机制，不仅有利于医院会计档案管理的体制化与标准化，还有利于医院会计档案资料的准确性、完整性、稳定性以及利用的简便性。进而能够较好地促进医院会计信息管理数字化发展。在开展医院会计信息数字化管理机制的建立与完善过程中，需按照国家相关会计信息的法律规范及医院会计信息管理的具体状况，对医院会计信息管理过程的立卷、归档以及保管等，建立科学的制度规范。进而保证医院会计档案数字化管理的完整、高效以及安全等。比如，会计信息的管理机制中明确规定需保证会计信息管理的“双备份”及定期检查体制。如此能够较好地避免会计档案管理资料的遗漏与丢失等现象。另外，医院的领导需按照医院会计信息管理的实际状况，建立科学的内控机制与实施严格的职责制度。如此不但能够提升医院会计档案管理者的责任性，同时能够提升医院会计档案管理数字化的稳定性。

3. 加强信息技术创建

信息技术创建给信息化背景下医院的会计信息档案管理提供支持。社会的快速发展对医院会计信息档案管理进一步提出新的标准和要求，医院唯有经过不断加强信息技术创建方可适应瞬息万变的社会形势。经过引入和制定新的档案管理流程及系统、加强安保设备、培育人才、促进硬件改进等，来确保档案管理的数字化技术安全稳定，便于使用。另外，经过升级信息管理的硬件结构，与供应商讨论完整体系的信息保密和病毒查杀作用，以达到会计信息的无缝控制（董旭芳，2016）。在软硬件升级过程中，要充分留意技术的正版和合格，不得由于贪图便宜而利用盗版系统，导致因小失大。

4. 强化医院会计电子档案相关基础设施建设

医院会计电子档案管理必须要具备一定的基础设施。医院要在人力、物力等方面加大投入，为工作的开展奠定良好的环境基础。首先，医院要优化档案工作者的办公条件，设立专门的档案室。并且引入先进的计算机设施，做好硬件设施的建设；其次，医院要强化会计档案信息化的网络平台建设，逐渐形成有效准确的会计档案资源数据库，将现有的纸质档案资源转换为电子化和数字化的信息资源，最终给查阅者带来更多的便利。

档案信息化过程中，基础设施建设是重中之重。它决定了档案信息化建设的成败与水平。我们所谓的基础设施包括计算机、存储器、操作系统、路由器、交换机、服务器、数据库管理系统、安全系统等。档案信息化基础设施建设包含硬件平台建设与网络平台建设。信息化建设的基础在于网络建设，而成功的关键在于软件建设。这里的软件指系统软件和应用软件。系统软件是用计算机本身的逻辑功能，来方便使用者管理和使用计算机系统中各项资源的程序。它包括计算机监控管理程序、语言翻译程序、调试程序、数据库管理程序、存储与安全管理程序、操作系统等；而应用软件是指能够方便使用者解决具体应用问题的程序。它包括电子文件管理系统软件、档案信息管理软件等。在档案信息化基础设施建设中，应在硬件建设与软件建设之间形成平衡。特别是设计和开发应用软件时，要力求完美，做到精益求精。只有完善基础设施建设，才能使档案信息化工作健康、稳步、高效地向前推进。

5. 进一步提升医院会计电子档案管理工作者的整体素质

首先，会计档案管理人员必须要掌握一定的专业管控知识和技能。不仅如此，还要积极学习先进的信息化管理手段，形成信息化管理意识。进一步更新自身的相关知识储备，提升会计档案信息资源的管理能力与技巧。其次，医院要依据实际情况对档案工作者进行相关的培训。不仅要掌握一些必需的档案专业知识，还要熟练掌握计算机知识与操作技能以及一些医疗知识，学会当下的信息化工具。深入一线，真正地了解各个科室以及患者的档案信息需求，及时地提供信息支持，使得会计档案信息管理更加地可靠高效。

此外，医院应定期组织其参与专业知识与技能的培训活动。可采取在医院内部举办专题知识讲座或者外出交流学习的方式，使管理人员的专业知识和专业技能得到进一步提升。医院在进行人才招聘的时候，应当提出明确的岗位准入门槛，以招收具有专业知识背景的人员为主。同时，在新招聘的管理人员入职之前，应当对其进行系统化的培训，使之了解会计档案管理岗位的基本职责，并能熟练操作相关的信息化技术。这样才能确保会计档案信息化管理目标的实现。

6. 建立健全医院会计电子档案管理制度

在医院会计档案管理过程中，规范性是非常重要的一点，必须按照一定的流程管理档案信息。医院要制定相关的档案信息管理制度。对于会计信息档案，保管、查阅、归档都要按制度规定执行。这一方面能够提升档案信息管理效率；另一方面也能够保障会计档案信息化管理工作落实到位，管理过程有据可依、有据可查。不仅如此，医院还要优化档案信息化管理流程，并且将此流程宣贯给医院的全体员工，让大家在制度规则的指导下开展会计档案信息化的工作。在遇到突发状况时能够做出良好的应对，快速解决产生的一些问题，更好地保障医院和患者的利益。

7. 建立健全财务会计电子档案的管理制度

要站在科学发展观的高度，建立健全财务档案信息化管理制度。俗话说，“没有规矩，不成方圆”。“安全保障，制度先行”要以财务管理部门和档案管理部门为主，相关部门与单位积极参与。通过积极探索，真正做到理论结合实际，从实践中来，到实践中去，制定一系列切实可行的财务档案信息化管理制度。比如对数据库系统的监控制度、重要数据备份制度、内网与外网要实现物理隔离制度等。类似地，如国家档案局《电子文件归档与电子档案管理办法》中“至少一式两套，一套封存，一套供查阅使用”的要求。只有健全系统的档案管理制度和管理体系，才能从根本上加强档案软环境建设，做到日常的财务档案管理活动有章可循。如综合性的规章制度、立卷归档、档案保管制度，档案保密、保卫制度，开放档案的利用制度，未开放档案的利用制度，档案专（兼职）人员的岗位责任制。

8. 树立医院会计电子档案意识

财务档案管理工作要不断适应发展的需要，提高管理人员素质是关键。首先，要挑选文化素质高、工作能力强的人员负责档案管理工作。财务档案人员必须掌握计算机、数据库、网络以及微缩、音像、光盘刻录等知识和技术，以满足信息化建设工作的需要；其次，对档案人员要加强财务档案管理的信息化技术培训及应用新技术、新设备、新方法的培训，提高他们掌握和运用信息技术和信息手段的意识和技能，使其具有时代意识。其中包括信息意识、市场意识、现代化意识、法制意识。要有建设财务档案信息化意识。要有建设财务档案信息化的价值、地位、作用、意义的认识。这个认识是全体性的，从院领导到全体医护人员。而且会计电子档案的建设是趋势。会计电子档案建设好与否，是衡量一个医院现代化管理水平高低的指标之一。建设好会计电子档案，可以给医院的全面发展提供诸多方便。由于时代信息化、知识化、网络化发展的要求，会计档案管理必须打破传统依赖于手工操作和管理的手段，改变“安于现状，坐等上门”的服务方式。这是医院会计档案历史发展的趋势。要充分凸显医院会计档案为卫生发展事业承前启后、继往开来的历史价值。

必须强化三种观念：第一，要有长远的发展观念。目前，医院的发展定位已经倾向于“经济效益”向“社会效益”的转变。作为服务于公共卫生事业的会计档案工作必将具备经济效益性和社会性。应充分运用会计档案的特性为医院管理者提供信息，为医院预测和决策服务，适时地指导医院经济活动的高效运转。在提高医院经济效益的同时，从而也提升医院的社会效益，提高企业知名度。第二，强烈的信息转变观念。医院会计工作已进入电子计算机处理时期。从三甲复评评估的实践看，评估专家组主要通过财务系统调阅财务制单凭证、电子账本来搜集和检查与“专项经费”有关的主要信息。因此，强化会计档案信息化意识，改进管理手段和模式，强化网络环境下财务人员的岗位职责，成为当务之急。第三，树立创新服务观念。会计档案的利用目的是为医院的未来服务的。所以，必须立足于创新。只有创新，会计档案才能长久地保存鲜活的生命。服务的创新内含服务内容和手段的创新。内容上必须从会计档案的数量要求向质量要求转变，手段则要从单一方式向整合利用转变（狄海涛，2017）。

9. 医院会计电子档案建设规范化

医院会计电子档案的总体规划是档案信息化建设的关键。要积极将电子文件归档管理和档案信息化资源数据库等档案信息化建设的重要内容纳入建设规划，探索利用统一的网络平台整合档案信息资源，是实现信息资源共享的有效途径。同时，根据企业自身规模，明确各人员负责的工作，处理好文件的收集、整理、鉴定、保管、编研、归档。并做好财务档案的日常管理、查阅接待、登记工作，建立和完善财务档案管理网络（何飞，2015）。会计档案价值的充分发挥来源于长期的积累和扎扎实实的基础工作。要提高会计档案的质量，充分发挥其作用，必须从源头抓起，将基础工作及日常管理规范化。

（1）完善收集归档工作。会计档案的收集是最基础的，也是最烦琐的工作。一级财务部门需要协调各二级财务部门的业务联系，明确会计档案归档的范围，统一口径，进行有目的的收集、整理并移交（肖忠，2012）。此项工作也是对高校二级财务部门会计档案工作的检查与督促。形成严密的归档制度，从而达到不断提高档案归档率、完整率和合格率的目的。

（2）严格按类立卷。首先，要保证归档资料的质量应加强立卷人员的业务培训，提高其责任心；其次，应从管理体制上彻底解决“重数量、轻质量”的问题；最后，结合高校评估指标体系制定适用的会计档案分类标准，使会计档案管理更趋向合理化、规范化。

（3）规范利用。有效保存和管理会计档案的最终目的是为了更好地利用。因此，为了充分发挥高校会计档案的作用，必须重视和加强会计档案的利用规范化（王晔，2011）：第一，运用计算机检索和编制功能，提高会计档案利用效率和准确率；第二，必须制定相关的借阅、调阅和查询制度，设专人负责此项工作，严格落实岗位责；第三，考虑到会计档案的长远利用问题，必须采取相应的安全保护措施，制定会计档案的安全与保密制度，严格规范保管和利用程序（张佩佩，2011）。

10. 强化财务档案人员的继续教育工作

医院会计电子档案的信息化，要求档案工作人员不但要拥有传统档案管理中组卷、编目、分类、录入等工作技能，还要能练掌握计算机、网络、信息安全及信息分析等新的知识与技能。档案信息化的建设成功与否，不但取决于工作人员的固有知识与技能水平，还取决于工作人员在工作中的知识更新与技能培训的效果（蔡定国，2011）。由于电算化会计，不仅仅是要实现传统会计的功能，更要有其他利用计算机高速度计算、分析能力的功能。所以必须相应增加专业人才，加强对电子档案的管理，为提供更有效的会计信息打好基础。要通过实践锻炼、交流培训等多种途径和方式培养会计信息人才，有针对性地对财会人员进行网络技术培训。加强对现有的会计人员进行分层次的计算机专业知识培训，使之成为既懂计算机技术又熟悉财会知识的复合型人才。会计人员是会计档案整理的第一责任人。会计人员对会计档案规范化管理的熟知、熟练程度，决定了会计档案案卷质量的高低。因此，必须将会计档案管理及操作技能的培训，纳入会计人员上岗前的培训中。从会计档案管理的基础业务学起，使其熟练掌握会计档案管理的基本知识与操作技能。

总之，信息时代对医院档案管理人员提出了更高的要求。只有档案管理人员素质的不断提高，才能让档案管理工作高效、快捷、顺利地进行，实现质的飞跃。在新技术飞速发展的时代，会计档案管理信息化建设是适应技术发展的必要过程。构建会计电子档案管理平台，可以节约管理成本，减少资源浪费。由对会计档案的实体管理转向数据管理，由基础核算工作转向管理监督工作，发挥档案的决策辅助作用。开展会计电子档案与档案管理的共建共享，实行部分会计档案“单套制”保管，甚至向“单轨制”管理模式探索。可以有效地提高档案利用效率，节约资源。

（三）完善医院会计电子档案的几点建议

1. 建议医院对会计电子档案进行全流程控制

对数据所有操作进行全流程记录，做到操作可追溯、可审计、可监控的目的，确保档案的全生命周期可追溯。档案形成过程要细化权限，严格限制操作人员的可访问数据范围。对关键业务环节采用严格审批流程控制。

2. 建议医院对电子档案采用双重数字签名 + 专有数字身份认证的方式

该方式能够对 PDF 文件进行内容及水印双重签名，防止对原文和水印进行篡改。对安全级别高端的档案可以采用针对借阅人身份（员工 USB 可以）进行专业数字认证的方式，保证借阅人是唯一具有查看权限的人。

3. 建议医院采用完全自主研发的工作流

由于各个医院的实际情况区别很大，所以用于图形化的流程配置工具，建议各医院采用完全自主研发的工作流。针对医院会计电子档案的实际业务情况，灵活配置出准确、高效、满足审批业务需求的工作流。

医院会计电子档案管理系统建设是一项投入大、长积累、见效晚的工作。虽然会计档案管理离真正的电子化管理尚有不少距离，但本次课题在研究过程中也发现了新《会计档案管理办法》对会计档案电子化的发展必将产生十分深远的影响。新《办法》第 3 条明确规定，通过计算机等电子设备形成、传输和存储的会计档案是会计电子档案。本概念既参照了《电子档案管理基本术语》（DA/T58 –2014）中电子档案的概念，又不同于下定义。而是以范围界定的方式确定了什么是会计电子档案。在这个表述中，特别强调了会计电子档案的原生性，即是通过计算机等设备形成的，以区别于将纸质会计档案扫描形成的数字化副本（蔡盈芳，2011）。

与此同时，也为会计资料档案管理提出了更高的要求。财务共享数字化为档案电子化管理带来了机遇，也带来了挑战。这些都是医院财务管理人员未来要努力完善的方面。

参考文献

[1] Yanagi K., Accounting and Electronic Spreadsheet Programs [J]. Journal of Com-

merce, 1986: 27 - 42.

[2] Stovall O. S., Accounting for human resources [electronic resource]: implications for theory and practice /. Unt Theses & Dissertations, 1990: 56 - 66.

[3] Dan-Dan S. U., Electronic Accounting File Management Based on Financial Sharing Mode in Big Data Era. Computer Knowledge and Technology, 2019.

[4] Rusmaini, R., The Development of Electronic Accounting Book of Service Companies in Improving Student Accounting Ability [J]. Economica, 2020, 9 (1): 17 - 23.

[5] Wang X., Yingxiang Y. U., Applicability of Blockchain Technology in Accounting Electronic Records Management [R]. Secretary, 2019.

[6] 冉启卫. 医院会计凭证档案信息化管理 [J]. 医药卫生（文摘版），2017 (15): 355.

[7] 狄海涛. 医院财政票据会计档案电子化管理实践 [J]. 当代经济，2017 (24): 102 - 105.

[8] 王廷群，李佳. 如何加强医院会计档案电子化管理 [J]. 财会学习，2018，201 (27): 139，142.

[9] 吴鹏举. 谈电子会计档案移交利用工作 [J]. 秘书之友，2016 (6): 26 - 28.

[10] 周宪军. 会计档案电子化试点或将“扩围”现状研究 [J]. 科技视界，2017 (4).

[11] 田巧芬. 会计电算化条件下的会计档案管理 [J]. 中国卫生经济，2004 (10): 77 - 78.

[12] 杨莉，王小红，杨昭昭. 医院会计档案管理信息化研究 [J]. 管理观察，2013 (20): 127 - 128.

[13] 张静. 浅谈会计电算化在医院财务管理中的应用 [J]. 中国电子商务，2014 (21): 217 - 217.

[14] 蔡际. 医院财务会计电算化浅析 [J]. 中国电子商务，2009 (10): 21 - 21.

[15] 张滨溪. 新医院财务制度下的会计信息化 [J]. 世界华商经济年鉴·科技财经，2012 (10).

[16] 梁燕莹. 浅谈医院会计档案管理的信息化 [J]. 中国管理信息化，2016，19 (15): 165 - 166.

[17] 李倩，于蔚，张少萍等. 加快信息化建设提升医院会计档案管理水平 [J]. 经济师，2020 (4): 103 - 104.

[18] 刘锐. 会计电算化在医院财务工作中的应用 [J]. 现代审计与会计，2005 (3): 59.

[19] 唐焱. 试论信息化在医院内部会计控制中的应用 [J]. 中国总会计师，2012,

3 (3): 112 - 112.

[20] 孔繁杰. 创新档案管理，打造绿色账本 [J]. 中国档案，2015 (2): 28 - 29.

[21] 于志莹，于英香. 区块链技术在电子文件四性维护中的适用性及其路径探析 [J]. 山西档案，2021 (4).

[22] 王志超. 做好医院会计档案管理与缓解医患矛盾的关联性评价 [J]. 中国卫生产业，2015，12 (31).

[23] 董旭芳. 对当前医院会计档案信息化应用管理的分析 [J]. 低碳世界，2016 (17).

[24] 侯贤祥. 新形势下我国高校财务档案信息化建设的思考 [J]. 会计之友，2011 (7): 89 - 90.

[25] 陈丽羽. 企业电算化会计系统的内部控制 [J]. 会计之友，2008 (9): 61 - 62.

[26] 王晔. 谈对现代会计档案管理的分析 [J]. China's Foreign Trade，2011 (4): 121.

[27] 蔡定国. 会计档案管理存在的问题及对策 [J]. 财会审计，2011 (7): 54.

[28] 王桂玲，张兆远，魏鑫. 推进会计档案电子化迫在眉睫 [N]. 北京：中华合作时报，2013 - 10.

[29] 何飞. 会计档案电子化让财务管理更高效 [N]. 中国会计报，2015 - 7 - 17.

[30] 肖忠. 让医院财务档案管理井井有条 [J]. 科学大众，2012 (3): 175.

[31] 单艳. 浅谈加强医院电算化会计档案管理 [J]. 中国管理信息化，2012，15 (9): 11 - 12.

[32] 王晔. 谈对现代会计档案管理的分析 [J]. China's Foreign Trade，2011 (4): 123.

[33] 张佩佩. 提升高校会计信息化水平的思考 [J]. 沧桑，2011 (1): 237 - 238.

[34] 蔡定国. 会计档案管理存在的问题及对策 [J]. 财会审计，2011 (7): 55.

[35] 蔡盈芳.《会计档案管理办法》修订内容要点——《会计档案管理办法》解读之一 [J]. 中国档案，2011 (2): 5.

[36] 杨茜雅. 会计档案电子化助力财务管理转型 [J]. 中国档案，2015 (2): 25 - 27.

[37] 杨知先. 大数据时代财务共享模式的电子会计档案管理研究 [J]. 兰台内外，2019 (9): 20 - 21.

[38] 朱玲君. 财务信息化背景下财务电子档案建设路径研究 [J]. 齐鲁师范学院学报，2018，33 (5): 60 - 64.

[39] 程美旺. "互联网 +" 时代会计行业的发展趋势 [J]. 管理观察，2018 (16): 159 - 160.

［40］孙海媛．试论信息化条件下会计档案电子化管理问题［J］．科技创新导报，2019（32）：170.

课题负责人：高养利　浙江大学医学院附属精神卫生中心（杭州市第七人民医院）总会计师，高级会计师

主要执笔人：高养利　浙江大学医学院附属精神卫生中心（杭州市第七人民医院）总会计师，高级会计师

课题组成员：高养利、冯敏、姚书韵、范海敏、孙卫